HISTOIRE COMPLÈTE

DE LA VIE

DE

VOLTAIRE

PAGES EXTRAITES DES ŒUVRES DE SES PRINCIPAUX BIOGRAPHES
DES MÉMOIRES DU XVIIIe SIÈCLE ET DE DIVERS AUTRES OUVRAGES

PRÉCÉDÉE

DE L'ÉPITRE A VOLTAIRE ET D'UN FRAGMENT DE L'ESSAI SUR LA SATIRE PAR M.-J. CHÉNIER

ET SUIVIE

D'UNE NOTICE BIBLIOGRAPHIQUE DES PRINCIPAUX ÉCRITS DE VOLTAIRE
DES ÉDITIONS DE SES ŒUVRES COMPLÈTES ET CHOISIES
DES ÉCRITS RELATIFS A SA PERSONNE ET A SES OUVRAGES ET D'UNE ICONOGRAPHIE
AVEC NOTES ET ÉCLAIRCISSEMENTS HISTORIQUES, BIOGRAPHIQUES ET LITTÉRAIRES

PAR

RAOUL D'ARGENTAL

S'il y avait sur la terre une autorité infaillible que je reconnusse, ce serait celle de Voltaire.
DIDEROT. *Œuvres complètes.* (Éd. Brière, 1821) T. I, p. 170.

Vieil athlète, à toi la couronne! Te voici encore, vainqueur des vainqueurs.
J. MICHELET, *Histoire de la Révolution.* T. I.

Il faudra des siècles avant que la nature produise un Voltaire....
FRÉDÉRIC II. *Lettre à d'Alembert,* du 30 décembre 1775.

He did more to destroy intolerance than any other of the sons of men.
W.-E. HARTPOLE LECKY. *History of the rise and influence of the spirit of rationalism in Europe.*

PARIS
LIBRAIRIE SANDOZ ET FISCHBACHER
NEUCHATEL | GENÈVE
LIBRAIRIE J. SANDOZ | LIBRAIRIE DESROGIS
1878

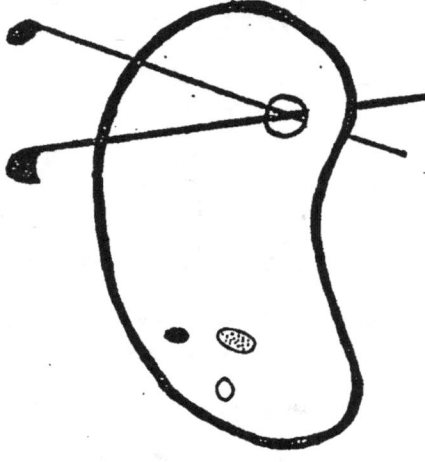

DEBUT D'UNE SERIE DE DOCUMENTS EN COULEUR

Couverture inférieure manquante

À mon ami G.,

citoyen de l'Ile de Cuba.

Raoul d'Argental.

HISTOIRE COMPLÈTE DE LA VIE

DE

VOLTAIRE

HISTOIRE COMPLÈTE
DE LA VIE
DE
VOLTAIRE

PAGES EXTRAITES DES ŒUVRES DE SES PRINCIPAUX BIOGRAPHES
DES MÉMOIRES DU XVIII° SIÈCLE ET DE DIVERS AUTRES OUVRAGES
PRÉCÉDÉE
DE L'ÉPITRE A VOLTAIRE ET D'UN FRAGMENT DE L'ESSAI SUR LA SATIRE PAR M.-J. CHÉNIER
ET SUIVIE
D'UNE NOTICE BIBLIOGRAPHIQUE DES PRINCIPAUX ÉCRITS DE VOLTAIRE
DES ÉDITIONS DE SES ŒUVRES COMPLÈTES ET CHOISIES
DES ÉCRITS RELATIFS A SA PERSONNE ET A SES OUVRAGES ET D'UNE ICONOGRAPHIE
AVEC NOTES ET ÉCLAIRCISSEMENTS HISTORIQUES, BIOGRAPHIQUES ET LITTÉRAIRES

PAR

RAOUL D'ARGENTAL

S'il y avait sur la terre une autotorité infaillible que je reconnusse, ce serait celle de Voltaire.
DIDEROT, *Œuvres complètes.* (Ed. Brière, 1821) T. 1, p. 170.

Vieil athlète, à toi la couronne ! Te voici encore, vainqueur des vainqueurs.
J. MICHELET, *Histoire de la Révolution.* T. I.

Il faudra des siècles avant que la nature produise un Voltaire....
FRÉDÉRIC II. *Lettre à d'Alembert,* du 30 décembre 1775.

He did more to destroy intolerance than any other of the sons of men.
W.-E. HARTPOLE LECKY. *History of the rise and influence of the spirit of rationalism in Europe.*

PARIS
LIBRAIRIE SANDOZ ET FISCHBACHER

NEUCHATEL | GENÈVE

LIBRAIRIE J. SANDOZ | LIBRAIRIE DESROGIS

1878

ÉPITRE
A VOLTAIRE

PAR

M.-J. CHÉNIER

(1806)

Immortel écrivain, dont les brillants ouvrages
Enchantent les héros, les belles et les sages ;
Qui sais par le plaisir captiver son lecteur,
Effroi du sot crédule et du lâche imposteur,
Mais du bon sens, du goût, aimable et sûr arbitre ;
Voltaire, en t'adressant ma véridique Épître,
J'aurai soin, pour raison, de ne pas l'envoyer
Devers le Paradis dont Céphas[1] est portier ;
Lieu saint, mais ennuyeux, où les neuf chœurs des anges
Au maître du logis entonnent ses louanges,
De prologues sans fin lassent la Trinité,
Et chantent l'opéra durant l'éternité.
Rien n'est plus musical ; mais l'Élysée antique,
Malgré Chateaubriand, paraît plus poétique :

---

[1] L'un des soixante-douze disciples de Jésus-Christ, dont parle Saint-Paul dans l'Epitre aux Galates. On admet généralement que c'est le même personnage que Saint-Pierre. Voyez, dans les œuvres complètes de l'illustre Boulanger, sa savante *Dissertation sur Saint-Pierre*, à la suite de l'*Examen de Saint-Paul*, t. X de l'édition de 1791. (R. d'A.)

On s'y promène en paix sans flagorner les dieux ;
On y chante un peu moins, mais on y parle mieux :
Et c'est là que, du temps bravant la course agile,
Entre Sophocle, Horace, Arioste et Virgile,
Tu jouis avec eux des honneurs consacrés
Aux talents bienfaiteurs qui nous ont éclairés.

D'un âge éblouissant tu vis la décadence :
Il expirait sans gloire aux jours de ton enfance ;
Et Louis n'était plus cet heureux potentat
Qui de l'éclat des arts empruntait son éclat,
Quand Pascal et Boileau, par une habile étude,
Polissaient le langage encor timide et rude ;
Quand Molière, à grands traits flétrissant l'imposteur,
Créait la comédie et marquait sa hauteur ;
Quand, égal à Sophocle et vainqueur de Corneille,
Racine d'Athalie enfantait la merveille.
Tout avait disparu. L'écho de Port-Royal
Dès longtemps, mais en vain, redemandait Pascal ;
Corneille dans la tombe avait suivi Molière ;
Racine en courtisan terminait sa carrière ;
Et Boileau sans succès faisant des vers chrétiens,
Reste des grands talents, survivait même aux siens.
Heureux sous Luxembourg, sous Condé, sous Turenne,
Leurs soldats orphelins fuyaient devant Eugène ;
Au héros de Marsaille [1], éloigné par son roi,
On voyait dans les camps succéder Villeroi,
Favori de Louis plus que de la victoire,
Et grand à l'OEil-de-Bœuf, mais petit dans l'histoire.

[1] Catinat. (R. d'A.)

Il est vrai toutefois que le sabre à la main
On savait convertir les enfants de Calvin ;
Mais des tribus en pleurs qui fuyaient leur patrie
Vingt peuples accueillaient l'hérétique industrie.
Chaque jour la Sorbonne admirait sur ses bancs
D'Ignace et d'Escobar les doctes partisans ;
Il faut bien l'avouer : mais la triple alliance
D'un règne ambitieux punissait l'insolence ;
Et dans Versailles même, au nom du peuple anglais,
Bolingbroke à Louis venait dicter la paix.

Un temps moins sérieux vit briller ta jeunesse :
S'amusant à Paris de la commune ivresse,
Plutus ôtait, rendait, retirait tour à tour
Ses dons capricieux et sa faveur d'un jour [1].
Le laquais enrichi, prompt à se méconnaître,
Se carrait dans l'hôtel qu'abandonnait son maître,
Et de ce même hôtel le lendemain chassé,
Par son laquais d'hier s'y trouvait remplacé.
En soutane écarlate on voyait le scandale
Souiller de Fenélon la mitre épiscopale :
Plus de frein : le plaisir fut le cri de la cour ;
De quelque jansénisme on accusait l'amour ;
Et Philippe [2], entouré de cent beautés piquantes,
Semblait le dieu du Gange au milieu des Bacchantes.

Mais couvert si longtemps du manteau de Louis,
Du moins après sa mort les bigots moins hardis

---

[1] Allusion à la banque de Law. (R. d'A.)
[2] Philippe d'Orléans, ou le Régent. (R. d'A.)

Avaient perdu le droit d'opprimer tout mérite :
A la ville on bernait leur emphase hypocrite ;
A la cour de Philippe ils n'avaient point d'accès.
Déjà vers le déclin du vieux sultan français [1],
Bayle, savant modeste, et raisonneur caustique,
Tenait loin de Paris sa balance sceptique.
A pas lents quelquefois s'avançait à propos
Le Normand Fontenelle, amoureux du repos,
Bel esprit un peu fade, et sage un peu timide.
Montesquieu, plus profond, plus fin, plus intrépide,
Amenant parmi nous deux voyageurs persans,
Essaya sous leurs noms de venger le bon sens.
D'Usbec et de Rica les mordantes saillies,
Par la raison publique en naissant accueillies,
Couvraient les préjugés d'un ridicule heureux,
Et le Français malin s'aguerrissait contre eux.

Tu parus. A ta voix, maint dévot sycophante
Tressaillit de colère, et surtout d'épouvante,
Soit lors qu'en vers brillants, par Sophocle inspirés,
Tu déclarais la guerre aux charlatans sacrés ;
Soit quand tu célébrais sur la trompette épique
Ce Bourbon, roi loyal, mais douteux catholique.
Hélas ! bien jeune encor tu connus les revers,
Et ta muse héroïque a chanté dans les fers.
Sortant du noir château [2] qu'habitait l'esclavage,
Tu courus d'Albion visiter le rivage,
Et, par elle éclairé, tu revins sur nos bords

---

[1] Louis XIV. (R. d'A.)
[2] La Bastille. (R. d'A.)

De sa philosophie apporter les trésors.
Cirey te vit longtemps, sous les yeux d'Emilie [1],
Te faire un avenir et préparer ta vie;
De Locke et de Newton sonder les profondeurs;
Soumettre la morale à tes vers enchanteurs;
Ou, prenant tout à coup l'Arioste pour maître,
L'imiter, l'égaler, le surpasser peut-être.
Cet aimable mondain qui vantait les plaisirs
A l'austère Clio dévouait ses loisirs :
Aux mœurs des nations désormais consacrée,
L'histoire n'était plus la gazette parée [2];
Et de la Vérité le rigoureux flambeau
Des oppresseurs du monde éclairait le tombeau.
Ce n'était point assez : d'un ton plus énergique
Ta raison, s'élevant sur la scène tragique,
Du genre humain trompé retraçait les malheurs,
Et l'auditoire ému s'instruisait par des pleurs.

De ces nobles travaux quel était le salaire?
Le même qu'obtenaient et Racine et Molière,
Quand leur gloire vivante importunait les yeux :
Des succès contestés et beaucoup d'envieux.
A force de combattre une ligue ennemie,
Tu vins à cinquante ans en notre Académie,
Siéger avec Danchet, Nivelle [3] et Marivaux,

[1] Mᵐᵉ du Châtelet. (R. d'A.)

[2] Allusion à l'*Essai sur les mœurs*, le plus beau livre d'histoire qui ait jamais été écrit. Voy. sur ce chef-d'œuvre, le jugement de Thomas Buckle, *Histoire de la Civilisation en Angleterre*, t. III. (R. d'A.)

[3] Nivelle de Lachaussée (1692-1754), l'auteur du *Préjugé à la mode*. (R. d'A.)

Que pour l'honneur du corps on nommait tes rivaux.
Tu vainquis cependant l'orgueilleuse ignorance;
Desfontaines, Fréron, n'abusaient point la France.
Si du bon Loyala ces renégats pervers
d'Alzire et de Mérope outrageaient les beaux vers,
Tous les soirs le public en savourait les charmes,
Et sifflait des journaux réfutés par ses larmes.
Caressant des bigots le crédit oppresseur,
Dévotement jaloux, Crébillon le censeur,
Crébillon, dont le style indigna Melpomène,
A ton fier Mahomet voulait fermer la scène :
Mais bientôt d'Alembert, censeur moins timoré,
Opposait au scrupule un courage éclairé.
Contre un vieux cardinal quinteux et difficile [1]
Tu soulevais un pape, au défaut d'un concile ;
Et si, loin des beaux-arts, l'amant de Pompadour,
Soigneux de respecter l'étiquette de cour,
T'interdisait Versaille, où, portant sa livrée,
Dominait en rampant la bassesse titrée,
Frédéric à Berlin t'appelait près de lui,
Et l'égal d'un grand homme en devenait l'appui.

Là régnait chez un roi l'esprit philosophique,
Et l'empire à souper passait en république.
Frédéric oubliait de fastueux ennuis :
Tout riait à sa table, excepté Maupertuis.
Recherchant la faveur, craignant le ridicule,
Et cru, lorsqu'il flattait, par un prince incrédule,
Maupertuis de la cour exila les bons mots.

[1] Fleury.

Eh! qui ne connait point la gravité des sots?
Aux bons mots toutefois rarement elle échappe.
Médecin de l'esprit plus encor que du pape,
Tu conçus le projet de guérir un Lapon
Se croyant à la fois Fontenelle et Newton,
Bel esprit géomètre, aspirant au génie,
Et grand calculateur en fait de calomnie.
Il t'avait offensé. N'en déplaise au pouvoir,
La défense est un droit, souvent même un devoir.
Tu fis bien de répondre, et mieux de disparaître,
En regrettant l'ami, mais en fuyant le maître.

Loin de lui cependant que de fois tes regards
Ont suivi ce héros qui chérit tous les arts;
Qui sur tant de périls fonda sa renommée;
Qui forma, conduisit, ménagea son armée;
Qui fut historien, philosophe, soldat;
Qui t'écrivit en vers la veille d'un combat;
Rima le beau serment de mourir avec gloire;
Vécut, et pour rimer remporta la victoire;
Appauvrit les Saxons, enrichit ses sujets;
Fit toujours à propos et la guerre et la paix;
Aima sans l'estimer l'autorité suprême,
Et sourit sur le trône à la Liberté même!

Ah! cette Liberté qui régnait dans ton cœur
Ne sait pas d'un coup d'œil attendre la faveur,
Et, du palais des rois hôtesse passagère,
N'y peut gêner longtemps son allure étrangère.
Elle rit de te voir apprenti courtisan,

Et te fit ses adieux quand tu fus chambellan.
Mais, dégagé bientôt de tes liens gothiques,
Tu vins la retrouver sur les monts helvétiques.
Elle vit tout entière en ce chant inspiré
Qu'aux nymphes du Léman ta lyre a consacré.
O silence des bois ! solitude éloquente !
Sans appui, loin de vous, la pensée inconstante,
Au milieu du torrent des esprits agités,
Dans la pompe des cours, dans le bruit des cités,
Par un mélange impur s'affaiblit et s'altère :
Mais, prompte à dépouiller sa parure adultère,
Seule, dans les loisirs d'un champêtre séjour,
Elle croît et s'épure aux rayons d'un beau jour.
Qui sait aimer les champs ne peut rester esclave.
Égaré quelquefois dans le palais d'Octave,
C'est au sein des forêts que Virgile en repos
Se retrouvait poëte, et chantait les héros ;
C'est là que Cicéron, libérateur de Rome,
Sur les devoirs humains écrivait en grand homme,
Peignait de l'amitié les soins religieux,
Et sur leur providence interrogeait les dieux.

Les bords du Mincio, les rives du Fibréne,
Qu'aimait à célébrer l'urbanité romaine,
Ne l'emporteront pas dans la postérité
Sur le rivage heureux de ton lac argenté.
Remplissant de Ferney l'asile solitaire,
Ta gloire avait rendu chaque heure tributaire.
A des succès nombreux ajoutant des succès,
Et, pour mieux les instruire, amusant les Français,
Joignant à la raison la grâce et l'harmonie,

Tu planais sur le siècle où brilla ton génie.
Quel siècle! vainement un ramas d'écrivains
Ose lui prodiguer d'injurieux dédains ;
Sans pouvoir éclairer leur aveugle ignorance,
L'éclat de son midi luit encor sur la France.
Montesquieu, dans ce siècle, osant juger les lois,
Des peuples asservis revendiqua les droits,
Du pouvoir absolu vengea l'espèce humaine,
Et fit rougir l'esclave en lui montrant sa chaîne.
Diderot, d'Alembert, contre les oppresseurs
Sous un libre étendard [1] liguèrent les penseurs ;
Et l'arbre de Bacon, bravant plus d'un orage,
Par degrès sur l'Europe étendit son ombrage.
Buffon de l'art d'écrire atteignit les hauteurs :
Prodiguant la richesse et l'éclat des couleurs,
Il peignit avec art la nature éternelle.
Moins paré, mais plus beau, mieux inspiré par elle,
D'après elle toujours voulant nous réformer,
En écrivant du cœur, Rousseau la fit aimer.
O Voltaire! son nom n'a plus rien qui te blesse :
Un moment divisés par l'humaine faiblesse,
Vous recevez tous deux l'encens qui vous est dû :
Réunis désormais, vous avez entendu,
Sur les rives du fleuve où la haine s'oublie,
La voix du genre humain qui vous réconcilie.

Que votre âge imposant a bien rempli son cours !
Quand, de l'expérience empruntant le secours,
Les sciences d'Hermès, d'Archimède et d'Euclide

---

[1] L'Encyclopédie. (R. d'A.)

En des chemins frayés marchaient d'un pas rapide :
Parmi de vains débris, écueil de nos aïeux,
Le génie imprimait ses pas audacieux ;
Des sens, de la pensée il tentait l'analyse,
Et la nature humaine à l'homme était soumise.
On la chercha longtemps : dédaignant d'observer,
Descartes l'inventa ; Locke sut la trouver :
Condillac, après lui, d'une marche plus sûre,
Pénétrait plus avant dans cette route obscure.

Pour toi, des imposteurs ennemi déclaré,
Tu signalais partout le mensonge sacré,
L'encensoir à la main, conquérant la puissance ;
Partout l'ambition, l'intérêt, la vengeance
Élevant tour à tour sur un tréteau divin
Moïse et Mahomet, Céphas et Jean Calvin.
Bayle en des rets subtils enveloppa sans peine
Des pieux ergoteurs la logique incertaine ;
Et Fréret, descendu sur la route des temps [1],
Sapa l'antique erreur jusqu'en ses fondements :
Mais, armant la raison des traits du ridicule,
Toi seul as renversé sous tes flèches d'Hercule
La superstition qui, du pied des autels,
Instruit l'homme à ramper devant des dieux mortels.
Tu n'as pas combattu le dogme salutaire

---

[1] Les beaux travaux de Fréret sur la chronologie. — Fréret, l'un des plus savants hommes que la France ait produits, l'auteur de la célèbre *Lettre de Trasybule à Leucippe,* et qui fut tout à la fois chronologiste, géographe, philosophe, grammairien, mythologue et philologue (1688-1749). (R. d'A.)

— XVII —

Que Socrate expirant annonçait à la terre ;
Et, laissant les docteurs librement pratiquer
L'art de ne rien comprendre et de tout expliquer,
Sans crier, *Tout est bien* [1], lorsque le mal abonde,
Sans trop examiner si les troubles du monde
Sont les vrais éléments de l'ordre universel,
Tu reconnus ce Dieu, géomètre éternel,
Aperçu par Newton dans la nature entière,
Pur esprit dont les lois font marcher la matière,
Mais que, d'un télescope armant ses faibles yeux,
Lalande après Newton n'a pas vu dans les cieux.

Échappés cependant à l'empire des prêtres,
Des élèves nombreux, dirigés par des maîtres,
Animés de la voix, du geste et du regard,
De la philosophie arboraient l'étendard.
Les talents imploraient son appui nécessaire :
Elle aida Marmontel à peindre Bélisaire ;
Elle ouvrit ses trésors au jeune Helvétius,
Qui lui sacrifia les trésors de Plutus ;
Elle aima de Raynal la fière indépendance ;
Saint-Lambert la charma par sa noble élégance ;
Laharpe... Je m'arrête ; il osa la trahir ;
Champfort la défendit jusqu'au dernier soupir ;
Thomas fut son organe en louant Marc-Aurèle ;
Et Condorcet périt en écrivant pour elle.

---

[1] Dans le *Poëme sur le désastre de Lisbonne.* Schopenhauer a fait le plus grand éloge de ce poëme dans « Le Monde comme volonté et représentation » (Die Welt als Wille und Vorstellung), Chap. 46 : ***Du néant et de la douleur de la vie.*** (R. d'A.)

Puissance reconnue, elle obtint à la fois
L'amour des nations et le respect des rois.
Le fils et non l'égal [1] des généreux Gustaves,
L'invoquait sans pudeur en faisant des esclaves ;
Aux bords de la Néva, deux reines [2] tour à tour
La révéraient de loin sans l'admettre à la cour ;
Joseph [3] lui confiait les droits du diadème ;
Lambertini [4] l'aimait ; Clément [5] le quatorzième
La laissait quelquefois toucher à l'encensoir ;
En plein conseil d'Etat, Turgot la fit asseoir ;
Au sein des parlements qu'étonnait sa présence ;
De Servan [6], de Monclar [7] elle arma l'éloquence ;
Et, chez les fiers Bretons, elle dicta l'écrit
Que traça dans les fers la Chalotais [8] proscrit.
Elle unit le savoir à des mœurs élégantes ;
Inspira dans Paris à cent femmes charmantes
Le goût de la lecture et des doux entretiens ;
De la société resserra les liens ;
Des rangs moins aperçus rapprocha la distance ;
Des pédants à rabat trompant la vigilance,
Sur les bancs du collége elle osa se placer,
Et dans le couvent même on apprit à penser.

[1] Gustave III, roi de Suède. (R. d'A.)
[2] Elisabeth Petrowna et Catherine II, impératrices de Russie. (R. d'A.)
[3] Joseph II, empereur de Russie. (R. d'A.)
[4] Le pape Benoit XIV. (R. d'A.)
[5] Ganganelli. (R. d'A.)
[6] Célèbre avocat-général au parlement de Grenoble (1737-1807. (R. d'A.)
[7] Célèbre procureur-général au parlement de Provence. (1711-1773.) (R. d'A.)
[8] Célèbre procureur-général au parlement de Rennes (1701-1785). (R. d'A.)

Méprisant des rhéteurs le stérile étalage,
Tu connus l'art de vivre, et tu vécus en sage.
Les siècles rediront aux siècles attendris
Cent traits plus beaux encor que tes plus beaux écrits.
Lorsque Beccaria blâmait l'excès des peines,
Et pour le genre humain voulait des lois humaines,
Exerçant à regret une sévérité
Lente, équitable, utile à la société,
Ta voix fit retentir au sein de ta patrie
Des vœux dont la sagesse honorait l'Italie ;
Ta voix rendit l'honneur à l'ombre de Calas ;
Et Sirven, au supplice échappé dans tes bras,
Vit par un juste arrêt la hache menaçante
S'écarter à ta voix de sa tête innocente.

Les riches, nous dit-on, sont rarement humains :
Mais jamais l'opulence oisive dans tes mains,
Aux plaintes du malheur n'endurcit ton oreille :
C'était peu qu'adoptant la nièce de Corneille,
Ton génie acquittât la dette des Français,
Et recueillit la gloire en semant des bienfaits :
Chez toi les arts brillants guidaient les arts utiles ;
Le travail, qui peut tout, couvrait d'épis fertiles
Des champs que de Calvin les enfants consternés,
A la ronce indigente avaient abandonnés.
Sous le joug monastique asservi dès l'enfance,
L'habitant du Jura, traînant son existence,
N'osait se délivrer, ni même se bannir :
Ses bras, chargés de fer, tendus vers l'avenir,
Invoquaient sans espoir la liberté lointaine :
Tu vis son esclavage, il vit tomber sa chaine.

— XX —

Il avait en pleurant nommé ses oppresseurs ;
Mais c'est toi qu'il nommait en essuyant ses pleurs.

Faut-il donc s'étonner si la France unanime
Au déclin de tes ans, brigua l'honneur sublime
De léguer sur le marbre à la postérité
Les traits d'un écrivain cher à l'humanité ?
O généreux concours des amis de l'étude !
Non, ce n'est pas ainsi que l'humble servitude,
Offrant comme un tribut son hommage imposteur,
Consacre à la puissance un marbre adulateur.
Tairons-nous ce beau jour où Paris dans l'ivresse
D'un triomphe paisible honorait ta vieillesse ?
Qu'on étale avec pompe aux yeux des conquérants
Des gardes, des vaincus, des étendards sanglants,
Le glaive humide encore et fumant de carnage,
Et le profane encens vendu par l'esclavage :
Ta garde était un peuple accouru sur tes pas;
Il bénissait ton nom, te portait dans ses bras;
Des pleurs de sa tendresse il ranimait ta vie ;
A vanter un grand homme il condamnait l'envie ;
Admirait les éclairs qui brillaient dans tes yeux;
Contemplait de ton front les sillons radieux,
Creusés par soixante ans de travaux et de gloire,
Et qui d'un siècle entier semblaient tracer l'histoire.

Ces temps-là ne sont plus: les nôtres sont moins beaux;
Les Français sont tombés sous des Welches nouveaux.
Malheur aux partisans d'un âge téméraire,
Trop longtemps égarés sur les pas de Voltaire !
Nous conservons le droit de penser en secret ;

Mais la sottise prêche et la raison se tait.
Aux accents prolongés de l'airain monotone,
S'éveillant en sursaut, la pesante Sorbonne
Redemande ses bancs, à l'ennui consacrés,
Et les arguments faux de ses docteurs fourrés.
Ainsi qu'un écolier honteux devant son maître,
La Harpe aux sombres bords t'aura compté peut-être
Des préjugés bannis le burlesque retour,
Et comment il advint que lui-même un beau jour
De convertir le monde eut la sainte manie :
Tu lui pardonneras ; il a fait Mélanie.
Mais qu'a fait ce pédant [1] qui broche au nom du ciel
Son feuilleton noirci d'imposture et de fiel ?
Qu'ont fait ces nains lettrés qui, sans littérature,
Au-dessous du néant soutiennent le Mercure ?
Oh ! si, dans le fracas des sottises du temps,
Tu pouvais reparaître au milieu des vivants,
Les mains de traits vengeurs et de lauriers armées,
Comme on verrait bientôt ce peuple de pygmées
Dans son bourbier natal replonger tout entier,
Avec Martin Fréron, Nonotte et Sabatier !

Tu livras les méchants au fouet de la Satire.
Et qu'importe en effet qu'un rimeur en délire
Publie incognito quelque innocent écrit ?
Qu'Armande et Philaminte en leurs bureaux d'esprit
Vantent nos Trissotins parés de fleurs postiches?
A quoi bon faire encor la guerre aux hémistiches ?

---

[1] Geoffroy (1743-1814), le fameux critique du *Journal des Débats*.
(R. d'A.)

Il faut la déclarer au vil adulateur
Qui répand dans les cours son venin délateur ;
Au Zoïle imprudent que blesse un vrai mérite ;
A l'esclave oppresseur, à l'infâme hypocrite :
Sans cesse il faut armer contre leur souvenir
Un inflexible vers que lira l'avenir.

Voilà donc le parti qui veut par des outrages
A la publique estime arracher tes ouvrages !
Qui prétend sans appel condamner à l'oubli
Un siècle où la raison vit son règne établi !
Vain espoir ! tout s'éteint ; les conquérants périssent ;
Sur le front des héros les lauriers se flétrissent ;
Des antiques cités les débris sont épars ;
Sur des remparts détruits s'élèvent des remparts ;
L'un par l'autre abattus les empires s'écroulent ;
Les peuples entraînés, tels que des flots qui roulent,
Disparaissent du monde ; et les peuples nouveaux
Iront presser les rangs dans l'ombre des tombeaux...
Mais la pensée humaine est l'âme tout entière ;
La mort ne détruit point ce qui n'est point matière ;
Le pouvoir absolu s'efforcerait en vain
D'anéantir l'écrit né d'un souffle divin.
Du front de Jupiter c'est Minerve élancée.
Survivant au pouvoir, l'immortelle Pensée,
Reine de tous les lieux et de tous les instants,
Traverse l'avenir sur les ailes du Temps.
Brisant des potentats la couronne éphémère,
Trois mille ans ont passé sur la cendre d'Homère,
Et depuis trois mille ans, Homère respecté
Est jeune encor de gloire et d'immortalité :
Nos Vérès, que du peuple enrichit l'indigence,

Entendent Cicéron provoquer leur sentence ;
Tacite en traits de flamme accuse nos Séjans,
Et son nom prononcé fait pâlir les tyrans.
Le tien des imposteurs restera l'épouvante.
Tu servis la raison : la raison triomphante
D'une ligue envieuse étouffera les cris,
Et dans les cœurs bien nés gravera tes écrits.
Lus, admirés sans cesse, et toujours plus célèbres,
Du sombre fanatisme écartant les ténèbres,
Ils luiront d'âge en âge à la postérité :
Comme on voit ces fanaux dont l'heureuse clarté,
Dominant sur les mers durant les nuits d'orage,
Aux yeux des voyageurs fait briller le rivage,
Et, signalant de loin les bancs et les rochers,
Dirige au sein du port les habiles nochers :

EXTRAIT

DE L'ESSAI SUR LA SATIRE

DE M.-J. CHÉNIER.

Sous l'empire indolent de la folle Régence,
Voltaire, en l'âge heureux où se mûrit l'enfance,
Vit les ris succéder à ces sombres ennuis
Dont la pompe attristait le déclin de Louis.
Du Maine [1] applaudissait aux chants de Saint-Aulaire [2],
Quand du riant vieillard la voix jeune et légère
Egayait au printemps les bocages de Sceaux [3];
Dans les jardins du Temple [4], assis sous des berceaux,
Et Vendôme et son frère [5], oubliant la victoire,

---

[1] La duchesse du Maine. — Une note lui est consacrée plus loin.

[2] De Beaupoil, marquis de Saint-Aulaire (1643-1742). L'un des familiers des salons de la duchesse du Maine et de Mme de Lambert, où il disait de jolis vers qui lui valurent une certaine réputation. Il passait pour le plus charmant causeur de son temps. Reçu à l'Académie en 1706, en dépit de Boileau. (R. d'A.)

[3] Ancienne baronie que le duc du Maine, fils naturel de Louis XIV, acheta en 1700. La duchesse du Maine y réunissait une cour nombreuse de seigneurs et de beaux esprits ; les fêtes qui s'y donnaient sont restées célèbres. (R. d'A.)

[4] C'est dans le vaste enclos du Temple, cet antique monastère de Paris, chef d'ordre des Templiers de France, qu'était situé le somptueux et célèbre hôtel de Philippe de Vendôme, grand prieur, hôtel où se donnaient les fameux *Soupers du Temple*, chantés par Chaulieu. (R. d'A.)

[5] Le grand prieur Philippe de Vendôme (1635-1727), et Louis-Joseph,

Déposaient leur grandeur, et délassaient leur gloire :
Loin des cours, des camps, ils trouvaient des amis.
Tartufe à leurs festins n'était jamais admis ;
Mais Chaulieu [1], dans l'excès d'une élégante ivresse,
Y soupirait ses vers, enfants de la paresse ;
Il couronnait de fleurs sa dernière saison ;
Il prêchait le plaisir, et chantait la raison.
Voltaire, de Chaulieu suivant le doux exemple,
Apprit à ses côtés, dans l'école du Temple,
Cet art si peu connu d'orner la vérité,
D'être sage en riant, d'instruire avec gaieté.
Il y puisa surtout l'horreur des fanatiques,
La haine et le mépris des préjugés gothiques ;
Domaine des tyrans qui règnent sur les sots :
Le besoin de tromper rend les tyrans dévots.
A Vénus-Uranie il offrit ses hommages ;
Elle a de son poète inspiré les ouvrages.
Il eut tous les talents, ces premiers dons des cieux :
S'il veut de Torquato, rival audacieux,
Emboucher la trompette et chanter nos ancêtres [2],
Ou plus brillant, plus riche, et seul entre les maîtres,
Egaler l'Arioste en ses divins tableaux [3] :
Si Clio lui remet ses austères pinceaux [4],
Ou si, durant un siècle enrichissant la scène,

---

duc de Vendôme 1654-1712), le vainqueur de Villaviciosa (1710). Ils descendaient l'un et l'autre d'Henri IV et de Gabrielle d'Estrées. (R. d'A.)

[1] L'abbé de Chaulieu (1636-1720), surnommé l'*Anacréon du Temple*, et, par Voltaire, le *premier des poètes négligés*. (R. d'A.)

[2] Allusion à la Henriade. (R. d'A.)

[3] Allusion à la *Pucelle*. (R. d'A.)

[4] Allusion aux diverses histoires écrites par Voltaire. (R. d'A.)

Il ceint de vingt lauriers le front de Melpomène [1],
D'un pas toujours égal en sa route affermi,
Il sait, du fanatisme implacable ennemi,
Affaiblir un pouvoir qu'il eût voulu détruire,
Charmer le genre humain, le venger et l'instruire.
Pour la philosophie armant jusques aux rois,
De la satire entière il étendit les droits.
Elle a pris de Minerve et l'égide et la lance.
En vain pour condamner le grand homme au silence,
La Sottise en fureur écrit des mandements,
Soulève les prélats, émeut les parlements,
Déchaîne ce troupeau de pédants sacriléges,
Qui, dans quelque paroisse, ou du fond des colléges,
De Dieu, par bonté d'âme, intrépides soutiens,
Vendent à bon marché des libelles chrétiens.
Le pétulant sarcasme et la fine ironie,
Les bons mots, les bons vers, coulent de son génie :
C'est un vin généreux qui, dans l'air élancé,
Loin du liége importun dont il était pressé,
Fait jaillir à longs flots la mousse et l'ambroisie,
Et l'oubli des chagrins dont notre âme est saisie.
Quelquefois la vengeance égara ses pinceaux :
Lorsque de traits hideux il peint les deux Rousseaux [2],
De la satire injuste on méconnaît l'empire ;
Le rire à peine éclos sur les lèvres expire ;
Le bon mot le plus gai se lit avec douleur.
Sacrés par le talent, plus saints par le malheur,
Que de titres unis pour désarmer sa haine !
Mais, tant que sur les bords embellis par la Seine

---

[1] Allusion aux tragédies de Voltaire. (R. d'A.)
[2] Jean-Baptiste et Jean-Jacques. (R. d'A.)

Des charmes du langage on sentira le prix ;
Tant que d'un art divin les deux mondes épris,
Offrant un libre hommage aux muses de la France,
De nos chantres fameux chériront l'élégance ;
L'avenir sifflera Nonotte, Sabatier,
Desfontaines, Fréron, Clément, Trublet, Berthier,
Et tout ce noir essaim d'immortelles victimes[1]

[1] Un mot sur chacune de ces « immortelles victimes » :

NONNOTTE. Littérateur et Jésuite (1711-1793). Ayant publié contre Voltaire l'*Examen critique ou Réfutation du livre des mœurs* (1757), puis les *Erreurs de Voltaire* (1762), il s'attira la colère du célèbre philosophe qui, depuis lors, ne cessa de l'accabler de sarcasmes, le couvrit de ridicule et lui fit ainsi la notoriété encore aujourd'hui attachée à son nom.

SABATIER, dit de CASTRES (*Sabotier*, natif de Castres, dit Voltaire). Compilateur et critique (1742-1817). Dans les *Trois siècles littéraires*, — l'une de ses œuvres ou plutôt celle d'un certain abbé Martin, — il avait terminé l'article *Voltaire* par ces mots : « Tel est cependant l'homme qu'on préconise, au point de ne pas craindre de le rendre ridicule, en se proposant de lui élever une statue. » C'est alors que Voltaire, qui n'a jamais attaqué le premier ses contradicteurs et ses ennemis, répondit à Sabatier dans un opuscule intitulé *Fragment d'une lettre sous le nom de M. de Morza à M**** (1772) ; et depuis lors il ne cessa de flageller de main de maître le téméraire agresseur. Sabatier était, du reste, un écrivain qui mettait sa plume à prix pour écrire le pour et le contre. Voltaire l'a placé dans la chaîne des forçats qui figure dans le XVIIIe chant de la *Pucelle*. Il fait dire à Fréron :

Voyez plus loin cet avocat sans cause ;
Il a quitté le barreau pour le ciel.
Ce Sabatier est tout pétri de miel.
Ah ! l'esprit fin ! le bon cœur ! le saint prêtre !
Il est bien vrai qu'il a trahi son maître,
Mais sans malice et pour très-peu d'argent.
Il s'est vendu, mais c'est au plus offrant.
Il trafiquait comme moi de libelles :
Est-ce un grand mal ? On vit de son talent.

Voir en outre contre Sabatier, dans les Satires, la note B. du *Dialogue*

Que le malin Voltaire enchainait dans ses rimes.
Il fut persécuté, même au fond du tombeau :
Mais qui peut du génie éteindre le flambeau ?
Son nom qui rendait seul la raison triomphante,

de *Pégase et du Vieillard* (1774); dans les *Mélanges historiques*, l'art. XVI du *Fragment de l'Histoire générale*; dans la *Correspondance*, « A Marmontel, 24 juillet 1773, » « A Saint-Lambert, 1er septembre 1773, » « A d'Argental, 30 avril 1774. »

L'abbé GUYOT DESFONTAINES. Voir plus loin le chapitre : **Les Ennemis de Voltaire**.

FRÉRON. Entre ses nombreux ennemis, Fréron est pour Voltaire l'élu de son choix, et c'est pour lui qu'il aiguise ses traits les plus acérés. On connaît la *Satire du Pauvre Diable* et cette comédie aristophanesque de l'*Ecossaise* (1760), qui eut un si grand retentissement et où Fréron est représenté comme un pamphlétaire vénal, impudent et avili. On connaît aussi la fameuse épigramme :

L'autre jour, au fond d'un vallon,
Un serpent mordit Jean Fréron :
Que pensez-vous qu'il arriva ?
Ce fut le serpent qui creva.

Mais cette épigramme est d'origine grecque : On la trouve dans l'*Anthologie* (liv. II, tit. 43, épig. 9), et elle est attribuée à l'aède Demodocus. Grotius l'a traduite ainsi en latin :

Cappadocem morsu petiit fera vipera, verum
Ipsa venenifero sanguine tacta perit.

En voici la traduction française :

« Un jour une vipère mordit un Cappadocien ; elle aussi mourut, ayant goûté d'un sang empoisonné. »

A partir de la grande et inepte réaction anti-voltairienne, plusieurs écrivains, Jules Janin le premier, tentèrent, mais en vain, de réhabiliter la mémoire de Fréron ; il reste — de par Voltaire — le type de l'écrivain sans foi ni loi.

CLÉMENT (1742-1818). Critique littéraire, surnommé l'*inclément* par Voltaire, à cause de la dureté de son style. — Après avoir flagorné Voltaire,

Son nom, cher aux Français, restera l'épouvante
De tous les imposteurs et de tous les tyrans.
S'il caressa les rois, s'il ménagea les grands,
Flatteur pour obtenir le droit d'être sincère,
Il paya malgré lui ce tribut nécessaire ;

sollicité à baisemains son amitié, obtenu de lui des services, — ainsi que le prouvent ses lettres publiées à la suite de la *Vie de Voltaire* par Condorcet, — il ne craignit pas de critiquer avec la plus grande violence les écrits de l'illustre philosophe. Celui-ci écrivait à Saint-Lambert le 7 avril 1771 : « Ce petit procureur de Dijon ne gagnera pas son procès où je me trompe. Il rend des arrêts comme le parlement sans les motiver. Il est bien fier ce Clément ; c'est un grand homme. Il lut, il y a deux ans, une tragédie aux comédiens qui s'en allèrent tous au second acte. Voilà les gens qui s'avisent de juger les autres. J'aurai l'honneur de lui rendre incessamment la plus exacte justice. » Et Voltaire se tint parole.

TRUBLET (l'abbé). Écrivain français (1699-1770). Il lui avait échappé de dire dans ses *Essais de littérature et de morale*, qu'il ne pouvait lire de suite et sans dégoût la *Henriade*, et avait osé même appliquer à ce poème le mot de madame de Longueville sur la *Pucelle* de Chapelain, et que Boileau a mis en vers :

Et je ne sais pourquoi je baille en le lisant.

Voltaire se vengea en fourrant ce brave abbé Trublet dans le *Pauvre Diable*, et voici comment il le drape :

L'abbé Trublet alors avait la rage
D'être à Paris un petit personnage ;
Au peu d'esprit que le bonhomme avait,
L'esprit d'autrui par complément servait.
Il entassait adage sur adage ;
Il compilait, compilait, compilait ;
On le voyait sans cesse écrire, écrire
Ce qu'il avait jadis entendu dire,
Il nous lassait sans jamais se lasser....

A ce rude coup, Trublet se contenta de dire modestement, mais avec une sorte de courage, que *s'il avait eu tort au sujet de la Henriade, il avait le nouveau tort de persister*. Ayant été élu à l'Académie française

Mais de loin, sous ses coups, les rois ont succombé ;
Il ébranla l'autel, et le trône est tombé¹.

. . . .

Rien n'a pu de Gilbert désarmer les dégoûts,
De Voltaire lui-même osant être jaloux,

(1761), il envoya à Voltaire son discours de réception en lui demandant son amitié. Voltaire, aussi facile à revenir que prompt à s'offenser, répondit à la lettre de l'abbé avec reconnaissance et avec une sorte de regret de ce qui s'était passé. Voir, dans les *OEuvres complètes de Voltaire* (Beuchot), t. XIX, p. 403-405, Lettre de Voltaire à l'abbé Trublet, au château de Ferney, ce 27 avril 1761 ;— et même tome, p. 418, Lettre de l'abbé Trublet à Voltaire, du 10 mai 1761.

BERTHIER, célèbre jésuite (1714-1782). Il rédigea le *Journal de Trevoux* de 1745 à 1763, et participa à l'éducation de Louis XVI. Voir dans les *OEuvres complètes de Voltaire (Facéties)* : « Relation de la maladie, de la confession, de la mort et de l'apparition du jésuite Berthier. » (1759.)

1 M. Louis Blanc, le plus oratoire et quelquefois le plus brillamment faux de nos historiens révolutionnaires, comme l'a fait remarquer si justement M. Louis Combes, dans son remarquable article sur la *Nuit du 10 août* (*Encyclopédie générale*), M. Louis Blanc dit de Voltaire dans le « Préambule » de son *Histoire de la Révolution :* « C'est à peine s'il avait foi dans la possibilié d'une vaste rénovation du monde. » On lit cependant le passage qui suit dans une lettre de Voltaire au marquis de Chauvelin, en date du 16 avril 1764, c'est-à-dire vingt-cinq ans avant la Révolution : « Tout ce que je vois jette les semences d'un RÉVOLUTION QUI ARRIVERA IMMANQUABLEMENT, et dont je n'aurai pas le plaisir d'être témoin. Les Français arrivent tard à tout, mais enfin ils arrivent. La lumière s'est tellement répandue de proche en proche, qu'on éclatera à la première occasion, et alors ce sera un beau tapage. Les jeunes gens sont bien heureux, ils verront de belles choses. » En écrivant cette remarquable prophétie, — qui s'est réalisée à la lettre et d'une bien toute autre façon que celle de tous les Calchas profanes ou sacrés. — Voltaire éprouvait, on le sent, toutes les espérances, toutes les ardeurs d'un révolutionnaire. Le peu de sang qui coulait dans ses vieilles veines pétille, il s'exalte, il jubile. Chose singulière !

Jeune homme, il attaqua sa gloire octogénaire [1];
Qui vanta Baculard [2] dut décrier Voltaire.
Il prétendit flétrir d'un souffle criminel
Les palmes qui couvraient le vieillard solennel ;
Mais OEdipe et Brutus, mais Tancrède et Zaïre,
Mérope, Mahomet, Sémiramis, Alzire,
Accablèrent bientôt de leur poids glorieux
Le Titan révolté luttant contre les dieux.

voici qu'on va célébrer son Centenaire, et le vaste programme de réforme politique, sociale, administrative, religieuse, contenu dans le *Dictionnaire philosophique*, cette nouvelle *Ecriture*, comme a dit si bien M. Eugène Noël, n'est pas même entièrement réalisé ! (R. d'A.)

[1] Dans la satire intitulée : *Le dix-huitième siècle* (1775). (R. d'A.)

[2] D'Arnaud, ou Arnaud Baculard, littérateur (1718-1805). On trouvera plus loin de plus amples détails sur ce triste personnage. (R. d'A.)

HISTOIRE COMPLÈTE
ET DÉTAILLÉE
DE
VOLTAIRE

CHAPITRE PREMIER

ENFANCE DE VOLTAIRE [1].
1694-1704.

Le véritable maître de l'enfant ne fut pas, quoique Voltaire

---

[1] La famille de Voltaire (la famille Arouet) était une ancienne et honorable famille du Poitou. Son père, né le 21 août 1649, d'abord notaire au Châtelet, devint plus tard payeur des épices. Il avait pour clients beaucoup de membres de la noblesse, alors qu'il exerçait cette première charge, notamment les Sulli, les Saint-Simon, les Caumartin, les Praslin, etc. Il épousa, en juin 1683, Marguerite d'Aumard, fille de Nicolas d'Aumard, greffier au Parlement. Cette famille, elle aussi, était issue du Poitou.

Tous les biographes et littérateurs ayant vécu avec Voltaire, l'ont fait naître à Paris, et il y avait sur ce point une sorte de prescription, lorsque, en 1789, Condorcet s'avisa, sans aucune preuve, de le faire naître à Châtenay, village situé à 12 kilom. de Paris : c'était là une erreur, car indépendamment de tous les témoignages dignes de foi, il existe un acte authentique et officiel qui place le berceau de Voltaire à Paris. Ce n'est pas tout : les uns faisaient naître François de Voltaire le 20 février 1694, les autres le 20 novembre de la même année. « Grâce à un chercheur qui a eu le hasard de rencontrer tout un dossier relatif aux origines de la famille du

en dise¹, le poète Rochebrune, qui lui portait pourtant le plus vif intérêt, mais son parent, l'abbé de Châteauneuf², l'ami de Ninon de Lenclos.

poète, dit M. Gustave Desnoiresterres, la question se trouve désormais résolue au profit de la vraisemblance et du bon sens. Un cousin du Poitou, mais qui avait été élevé chez des parents à Paris, Pierre Bailly, écrivait à son père, à la date du 24 novembre (1694) : « Mon père, nos cousins ont « un autre fils, *né d'il y a trois jours;* madame Arouet me donna pour « vous les dragées du baptême. Elle a été très malade ; mais on espère « qu'elle va mieux. L'enfant n'a pas grosse mine, s'étant senti de la cheute « de sa mère (a). » Cette lettre dont le moindre mérite est de nous donner le secret de cette santé si délicate et jusqu'à la fin si chancelante, est décisive... » (*La Jeunesse de Voltaire*, p. 4.) On peut donc soutenir avec les registres de la paroisse de Saint-André-des-Arcs, que « François-Marie Arouet est né le dimanche 21 novembre 1694. » Il eut pour parrain François de Castagner de Châteauneuf, abbé commendataire de Varennes, et pour marraine Marie Parent, épouse de Symphorien d'Aumart, écuyer, contrôleur de la gendarmerie du roi. La maison où s'écoula l'enfance de Voltaire a aujourd'hui disparu du sol parisien. Elle était située rue de Jérusalem, à l'angle de la rue de Nazareth, en face de celle où vécut Boileau. (R. d'A.)

¹ « Je crains bien qu'en cherchant de l'esprit et des traits,
    Le bâtard de Rochebrune
    Ne fatigue et n'importune
Le successeur d'Armand et les esprits bien faits. »

(*Corresp. génér. Au maréchal de Richelieu*, 8 juin 1744). Qu'on ne cherche pas une équivoque dans ces vers. Il s'agit bien évidemment d'une paternité poétique, la seule que Voltaire eut pu respectueusement avouer. (Note de l'auteur.)

² Homme d'esprit et de savoir (1645-1078), auteur de deux ouvrages estimés : *Dialogues sur la musique des anciens*, 1725, in-12, *et Observations sur la musique, la flûte et la lyre des anciens*, 1726, in-12. Il fut, dit-on, le dernier amant de Ninon de Lenclos, autre cliente du père de Voltaire. (R. d'A.)

(*a*) Benjamin Fillon, *Lettres écrites de la Vendée* à M. Anatole de Montaiglon (Paris, 1861), p. 13. (Note de l'auteur.)

Tandis que l'abbé Gédoyn[1] dissertait sur Homère, Pausanias et Quintilien avec les grands robins qui fréquentaient le cabinet du receveur au compte[2], l'abbé de Châteauneuf faisait apprendre par cœur à *Zozo* (c'était le nom familier de Voltaire) les vers impies de la *Moïsade*[3]. Cette édifiante éducation commençait dès la quatrième année, et l'on ne voit pas malheureusement que la mère de famille s'y soit opposée. HENRI BEAUNE. *Voltaire au Collège.* — *Sa Famille.* — *Ses Études.* — *Ses premiers amis.* — *Lettres et documents inédits.* (Paris, Amyot, 1867.)

CHAPITRE II.

VOLTAIRE AU COLLÈGE [4].
1704-1711.

Il s'accuse, dans sa correspondance, d'avoir toujours été gourmand et d'avoir eu surtout, dès son jeune âge, une pré-

---

[1] L'un des familiers de la maison Arouet. (R. d'A.)

[2] C'est à tort que l'on a donné souvent au père de Voltaire le titre de receveur au compte ou de trésorier de la Chambre des comptes. Ses véritables fonctions étaient celles de *receveur des épices*. Les plaideurs, on le sait, payaient alors leurs juges. (R. d'A.)

[3] « Ma chère amie, disait un jour Châteauneuf à Ninon, qui lui demandait des nouvelles de son filleul, il a un double baptême, et il n'y a rien qui n'y paraisse, car il n'a que trois ans, et il sait déjà toute la *Moïsade* par cœur. » (Duvernet, *Vie de Voltaire*, Genève, 1876, p. 13.) Ce poème de la *Moïsade*, que le jeune Arouet récitait à Ninon, avait pour auteur un certain Lourdet, sceptique déterminé. (R. d'A.)

[4] C'est à l'âge de dix ans qu'il fut placé au collège Louis-le-Grand,

dilection marquée pour les sucreries [1]. Il aimait la bonne chère, — au temps où il avait un bon estomac, — le luxe dans les vêtements, la recherche et l'élégance dans les soins de sa personne. Il prenait volontiers ses aises et ne se piquait point d'austérité. Lui-même nous a appris qu'il était très-frileux, à ce point que plus tard il faisait du feu à la Saint-Jean [2]. Plusieurs anecdotes, rapportées par ses biographes ou conservées par la tradition, en font foi.

Il était d'usage à Louis-le-Grand de prendre la récréation dans la cour, tant que l'eau du bénitier n'était pas gelée. C'était le thermomètre du collége. Comme la porte de la chapelle était constamment ouverte pendant le jour, Voltaire s'y glissait et déposait de la glace dans le bénitier, afin de ne pas quitter le poêle de la salle d'études.

Chaque classe avait son banc d'honneur, réservé aux pre-

---

dirigé par les P. Jésuites, et qui était encore à cette époque l'école favorite des grandes familles de l'aristocratie. « Les principaux régents du collége, dit M. Henri Baune, étaient alors les P. P. Porée, Lejay, de Tournemine, Thoulier (l'abbé d'Olivet), Tarteron, Charlevoix, Paulloux, qui tous, à des titres différents, ont laissé une mémoire honorée... On ignore quels furent les premiers maîtres d'Arouet. Il est probable que le P. Charlevoix, âgé de 22 ans seulement en 1704, n'était encore que profès et ne l'eût pas pour élève. Des biographes ont affirmé sans preuve le contraire. On sait seulement que le père Tarteron, beaucoup plus ancien dans l'Institut, mit entre les mains de l'enfant Horace et Juvénal, soigneusement expurgé *ad usum juventutis*, et qu'il fut frappé de ses surprenantes dispositions pour la poésie. C'est Jean-Baptiste Rousseau qui nous l'apprend, et son témoignage n'est pas suspect en faveur de Voltaire. » (R. d'A.)

[1] *Corresp. génér.* A Thiériot, 17 octobre 1725. Voy. aussi une pièce de vers dont il accompagnait en 1716 une recette de potage qu'il envoyait à une dame. (Note de l'auteur.)

[2] *Corresp. génér.* A M. Pierron, 21 janvier 1760. (Note de l'auteur.)

miers élèves. A ce titre, François Arouet s'y asseyait fréquemment. Mais, en hiver, la meilleure place, la plus enviée, n'était point la première; c'était la plus rapprochée du poêle, et, pour s'en emparer, il fallait user d'adresse ou livrer de rudes combats, longuement disputés. Un jour, survenu trop tard ou moins heureux dans ses attaques, Voltaire, qui grelottait derrière un épais rempart d'épaules, dit à l'un de ses camarades plus jeunes que lui : « Range-toi donc, sinon je t'envoie chauffer chez Pluton. — Que ne dis-tu enfer ? il y fait encore plus chaud. — Bah ! riposte-t-il, l'un n'est pas plus sûr que l'autre... » — HENRI BEAUNE. *Voltaire au Collége*. (Paris, Amyot, 1867.)

Le démon de la poésie n'avait pas même attendu jusqu'en 1709, pour mettre sa griffe sur l'écolier.

Dès avant l'âge de douze ans, le jeune Arouet faisait des vers, non pas de bons vers, mais des vers qui annonçaient d'heureuses dispositions poétiques. Ce n'est pas sans une certaine satisfaction d'amour-propre paternel que Voltaire, soixante-dix ans plus tard, mentionnait ces premiers essais de sa muse. Il en a même inséré un spécimen, avec notables corrections, dans le *Commentaire historique*.

C'est le placet pour un soldat invalide. Ce soldat avait servi dans le régiment Dauphin, sous Monseigneur, fils unique du Roi. Il voulait se recommander, pour le premier Jour de l'an 1706, à la libéralité de son ancien chef. Il imagina d'aller rue Saint-Jacques, et de prier un des régents du collége de lui composer une petite pièce de vers à l'adresse du prince. Le régent n'avait pas le temps ; peut-être ne se souciait-il point de la besogne ; il se déchargea sur le jeune Arouet. Le soldat eut bientôt, s'il faut en croire Voltaire, les vers que voici :

Digne fils du plus grand des rois,
Son amour et notre espérance,

> Vous qui, sans régner sur la France,
> Régnez sur le cœur des François ;
> Souffrez-vous que ma vieille veine,
> Par un effort ambitieux,
> Ose vous donner une étrenne,
> Vous qui n'en recevez que de la main des dieux ?
> On a dit qu'à votre naissance
> Mars vous donna la vaillance,
> Minerve la sagesse, Apollon la beauté ;
> Mais un Dieu bienfaisant, que j'implore en mes peines,
> Voulut me donner mes étrennes,
> En vous donnant la libéralité.

Cela n'est pas parfait, et la version première laisse encore davantage à désirer pour le style ; mais la tournure du compliment ne manque pas de délicatesse. Le secrétaire du pauvre invalide eut pu se tirer plus mal. Ce n'est pas Voltaire encore ; c'est déjà un esprit qui dit gracieusement des choses aimables. « Cette bagatelle d'un jeune écolier, ajoute Voltaire après la citation, valut quelques louis à l'invalide, et fit quelque bruit à Versailles et à Paris. »

M. Arouet eut pu craindre que ce succès précoce ne jetât son fils dans la métromanie. Mais un père est toujours un père. Le vieux magistrat ne gronda guère, s'il gronda, de ce qu'on eût distrait un moment l'écolier de son rudiment et de ses thèmes. Il laissa même vanter, dans sa propre maison, les vers de son fils. Il se disait, sans doute, que ce n'était qu'un exercice de collége, et qui ne tirait point à conséquence. Il se souvenait, peut-être, d'avoir rimé aussi dans les classes ; ce qui ne l'avait point empêché de devenir un bon notaire et un bon trésorier. Il pardonnait assurément au poète en faveur de l'intention, et sauf à lui prêcher des travaux plus essentiels et plus fructueux. Mais l'abbé de Châteauneuf, le parrain de l'écolier, était ravi de son filleul. Il ne se borna point à le vanter dans la famille ; il colporta partout son éloge, et jusque chez l'antique Ninon. Mademoiselle de Lenclos voulut voir l'auteur du placet au Dauphin, un poète qui jouait encore aux billes et à la toupie.

. . . .

Voltaire raconte lui-même, dans ses *Mélanges littéraires*, sa visite à Ninon : « L'abbé de Châteauneuf me mena chez elle dans ma plus tendre jeunesse. J'avais environ treize ans. J'avais fait quelques vers qui ne valaient rien, mais qui paraissaient bons pour mon âge. » Nous le savons par le *Commentaire historique*, que les vers qui avaient excité la curiosité de Ninon étaient le placet du soldat invalide. Ce placet avait été écrit pour les étrennes de 1706, deux mois avant que l'écolier eût douze ans. Voltaire était donc plus jeune encore qu'il ne dit, quand il vit la fameuse vieille. Elle lui fit compliment de son talent poétique. « Elle m'exhorta à faire des vers ; elle aurait dû plutôt m'exhorter à n'en pas faire. » Voltaire nous montre ailleurs Ninon telle qu'il l'a vue : une momie affreusement ridée, n'ayant sur les os qu'une peau jaune, tirant au noir. Elle avait alors quatre-vingt-cinq ans. « Il lui plut, dit Voltaire, de me mettre dans son testament ; elle me légua deux mille francs pour acheter des livres. Sa mort suivit de près ma visite et son testament [1]. » — ALEXIS PIERRON. *Voltaire et ses maîtres. Épisode de l'histoire des Humanités en France.* (Paris, Didier et C°, 1866.)

[1] « Si on prenait à la lettre les dates de Voltaire, dit, à propos de cette anecdote, M. G. Desnoiresterres, il n'y aurait qu'à s'inscrire en faux. Il ne peut pas avoir été présenté à Ninon, à l'âge de treize ans, puisqu'alors Ninon dormait depuis deux ans de son dernier sommeil ; mais il put l'avoir été à onze ; et bien qu'on nous dise qu'il bégaya ses premiers vers en cinquième, par conséquent en 1706, rien ne prouve qu'il n'ait pas rimé plus

... En 1706, longtemps avant la rhétorique, il fit la tragédie de rigueur, celle que rêvait tout honnête collégien... Cette œuvre immortelle, qui devait révolutionner la scène tragique, s'appelait *Amulius et Numitor*. Voltaire devenu célèbre la découvrit un jour dans ses papiers et la jeta au feu; on en retrouva pourtant quelques fragments en 1815, à l'île de Noirmoutier, dans la bibliothèque de M. Jacobsen, qui les tenait de la succession Thieriot [1], HENRI BEAUNE. (*Voltaire au Collège.*)

tôt. Pour le legs de deux mille francs, force est bien d'en croire Voltaire sur parole. Après tout, son père ne faisait-il pas les affaires de Ninon, n'était-ce pas son notaire ? Nous le voyons suivre sa dépouille mortelle à son dernier gîte, et l'acte de décès de la spirituelle fille est signée de lui et du fils de Gourville (a). Que Ninon ait laissé à son ancien notaire, comme témoignage de sa gratitude, une somme d'argent pour ce bambin qui semblait déjà tant promettre, c'était assez dans son caractère généreux et désintéressé ; et le peu de concordance des dates n'est pas une raison, surtout quand on connait Voltaire, pour repousser un fait qui n'est pas sans vraisemblance et qu'il n'a pas dû complétement inventer. » *Voltaire et la Société au XVIIIe siècle. La Jeunesse de Voltaire.* (Paris, Didier et Ce 1871), p. 34-34.

[1] Voy. un volume assez rare publié en 1820 sous ce titre : *Pièces inédites de Voltaire, imprimées d'après les manuscrits originaux, pour faire suite aux différentes éditions publiées jusqu'à ce jour.* Paris, Didot l'aîné, in-8°. (Note de l'auteur.) — Thiérot ou Thiriot, dont il est parlé plus haut, est un personnage connu par sa longue intimité avec Voltaire. Ils s'étaient rencontrés en l'étude de maître Alain, procureur au Châtelet, alors qu'ils y travaillaient tous les deux comme clercs (1714). Leur amitié dura, non sans quelque nuage pourtant, jusqu'à la mort, et c'est à elle que Thierot dut une célébrité qu'il a conservée jusqu'à nos jours. Voltaire, en parlant de lui, le désigne souvent sous le nom de P. Mersenne.

(a) Archives de la ville, *Registre des décès de la paroisse de Saint-Paul,* du 17 octobre 1705, p. 53. (Note de l'auteur.)

M. Henri Beaune, après avoir cité deux fragments d'*Amulius et Numitor*, continue en ces termes :

« Cés bégaiements de la muse n'étaient, malgré la discrétion du jeune poète, un secret pour personne. Un jour, pendant la classe, Arouet s'amusait à lancer sa tabatière en l'air. Le régent la confisque. La classe finie, l'écolier alla réclamer sa boîte, qu'on promit de lui restituer en échange de bons vers. Au bout d'un quart d'heure, la pièce suivante était faite :

> Adieu, ma pauvre tabatière,
> Adieu, je ne te verrai plus,
> Ni soins, ni larmes, ni prières
> Ne te rendront à moi, tous mes pas sont perdus ;
> J'irais plutôt vider les coffres de Plutus.
> Mais ce n'est point en lui que l'on veut que j'espère ;
> Pour te revoir, hélas ! il faut prier Phœbus.
> Et de Phœbus à moi si forte est la barrière,
> Que je m'épuiserais en efforts superflus ;
> C'en est donc fait : adieu, ma pauvre tabatière
> Adieu, je ne te verrai plus.

. . . .

« Je signalerai encore aux biographes curieux un quatrain de sa première jeunesse, paru dans les recueils d'épigrammes du dix-huitième siècle, et que l'on doit restituer à l'élève du P. Porée (Voltaire). Ce quatrain est imité du latin de Santeuil :

> Persécuteurs du genre humain
> Qui sonnez sans miséricorde,
> Que n'avez-vous au cou la corde [1]
> Que vous tenez dans votre main ?...

On sait que le P. Mersenne, religieux minime, fut le condisciple de Descartes au collége de la Flèche, et resta toujours son ami. (R. d'A.)

[1] Voltaire n'a jamais aimé ni les clochers ni les sonneurs. Quand il

« ... Il travaillait sans relâche, non point comme les autres, à coup de dictionnaire, mais à force de causeries et à coup de questions. L'heure du repos était son heure d'étude. Dès la quatrième, il passait ses récréations avec les PP. Porée, Thoulier (l'abbé d'Olivet) et Paullou qu'il ne laissait pas d'interroger et qui ne se répugnaient pas de lui répondre.

. . . .

« On lui reprochait de ne point courir, sauter, rire avec les autres, il répondait que chacun se divertissait à sa manière. Tandis que ses camarades jouaient au passe-volant dans la cour, il allait s'enfermer dans la bibliothèque et secouait la perruque du P. Tournemine, toujours plongé dans ses tableaux de chronologie. Alors, commençait une discussion où les *car*, les *mais*, les *si*, les *pourquoi* tombaient dru comme grêles sur le bon Père...

« Pendant son séjour d'été à Gentilly, le préfet des études tomba malade et fut mis par le médecin au lait d'ânesse. Un matin, l'ânesse, abandonnée par son gardien, pénétra dans la classe. Vous entendez d'ici les clameurs qui saluent le baudet à son entrée : quel précieux et rare épisode! Le professeur le saisit et le donna pour sujet de la narration latine qu'on allait commencer. Tandis que tous les écoliers se creusent la tête, Arouet seul rit et folâtre sur son banc... Enfin l'heure sonne, les copies se relèvent. Arouet, qui n'a pas encore mis la main à la plume, prend une feuille de papier et y écrit lestement cette phrase de l'Évangile de Saint-Jean : *In propria venit et sui* EAM *non receperunt*. On ignore qui eut

---

habitait la rue du Long-Pont vis-à-vis Saint-Gervais, près de la Grève, il se disait plus étourdi du bruit des cloches qu'un sacristain. — *Corresp. génér*. A Cideville, 15 mai 1733. (Note de l'auteur.)

la première place, mais on devine sans peine qui remporta le plus bruyant succès. //

. . . .

« La jeunesse arrivait, Arouet avait atteint sa dix-huitième année. Il était las du collége déserté par ses amis, las du grec et du latin, las de cette vie claustrale, monotone et réglée, qu'entrecoupaient seules des retraites silencieuses où l'esprit s'aiguisait plus que la foi, où le cœur replié sur lui-même, s'émeuvait plus que la raison : il attendait comme un prisonnier sa délivrance... Les lettres qu'il adresse, en 1711, à son ami Fyot de la Marche respirent toutes ce désir impatient de l'indépendance. Il est triste, inquiet, il a du chagrin, il s'ennuie ; il passe à chaque instant sa tête à la fenêtre, comme pour respirer une bouffée d'air libre, et la vue des chambrettes que remplissait naguère le rire de ses compagnons chéris, lui arrache de longs soupirs ; la cage est vide, les oiseaux se sont envolés, mais son cœur est peut-être moins gonflé par leur fuite joyeuse que par l'impuissance de les suivre.

Bien tristement je passe mon année...

« Je finirois en vers, mais le chagrin n'est point un Apollon
« pour moy et j'aime autant dire la vérité en prose. Je vous
« assure sans fiction que je m'aperçois bien que vous n'êtes
« plus icy, toutes les fois que je regarde par la fenêstre, je
« voi votre chambre vuide ; je ne vous entends plus rire en
« classe ; je vous trouve de manque partout, et il ne me reste
« plus que le plaisir de vous écrire [1]... »

« Pauvre plaisir en vérité ! Le collégien s'en fatigue bien

---

[1] Voy. les lettres publiées plus loin (c'est-à-dire dans l'ouvrage même de M. Henri Beaune). A Fyot de la Marche, 8 mai 1711. (Note de l'auteur.)

vite, et se hâte de conquérir aussi la clef des champs, c'est-à-dire de subir sa thèse. Il la soutint dans les premiers jours de mai 1711, assez mal, dit-il lui-même, peut-être par modestie ; mais enfin il sortit victorieux de cette première épreuve et se disposa sans retard, quoiqu'il en voulût, à affronter la seconde, qui devait lui conférer le grade de maître ès-arts, grade utile sinon nécessaire pour commencer l'étude du droit. Son père, qui le destinait à la magistrature, l'avait impérieusement exigé [1]. » HENRI BEAUNE. *Voltaire au Collège*. (Paris, Amyot, 1867.)

CHAPITRE III.

PREMIERS DÉBUTS DANS LE MONDE. — VIE DISSIPÉE D'AROUET. — ANECDOTES. — REFUS D'UNE CHARGE D'AVOCAT DU ROI. — VOLTAIRE EST ADMIS AU TEMPLE (HOTEL BOISBOUDRANT).
1711-1713.

Les Triboniens du temps étaient fort mal logés. On n'avait pas encore eu l'idée d'élever des palais à la jeunesse : les leçons se faisaient, dit Duvernet, dans une espèce de grange. Voltaire, qui méprisa toujours les légistes, sans dédaigner

---

[1] Voltaire eut pour condisciples au collége Louis-le-Grand, les frères d'Argenson, Le Gouz de Guerland et Fyot de la Marche, qui devint premier président du parlement de Dijon. « Son affection, dit M. Gustave Desnoiresterres, ne semble pas moins grande pour ses maîtres que pour ses condisciples. Tous ses souvenirs du collége restent, à quelque âge de la vie que ce soit, pleins de charme et de fraîcheur pour lui, et sa pensée reconnaissante s'y arrête avec délices. » — *Voltaire et la Société au XVIII° siècle. La Jeunesse de Voltaire*. (Paris, Didier et C°. 1871.) (R. d'A.)

leurs services, écrit dans son *Commentaire historique* qu'il
« fut choqué de la manière dont y enseignait la jurisprudence, que cela seul le tourna entièrement du côté des belles lettres... »

Il rimait la nuit, dans un gai souper, pour chasser la soporifique leçon du jour. Il quittait dès l'aube et ne regagnait le plus souvent qu'à la nuit close, quand il rentrait avant le matin, la petite et délicieuse maison de la cour du palais où l'attendaient invariablement les exortations paternelles...

La gravité n'était point son fait, pas plus que la patience. Il aimait le luxe, l'étalage, le bruit. M. Gustave Desnoiresterres nous en donne, d'après Paillet de Warcy, une preuve assez plaisante :

« Une grande dame, qui faisait profession de bel esprit, l'avait choisi pour corriger ses vers, pour en être le teinturier, dirait-on de nos jours. Probablement s'acquitta-t-il de sa tâche au grand contentement de la duchesse ; au moins celle-ci récompensa-t-elle son collaborateur assez généreusement, par une bourse de cent louis. Jamais il s'en était vu autant. Que faire de cette fortune qui lui paraissait intarissable ? En traversant la rue Saint-Denis, ses regards se reportent sur un carrosse, des chevaux, des habits de livrée qu'on vendait à l'encan. Il achète tout, passe une journée de délices, traîné par ses chevaux, qui le versaient à l'angle de la rue du Long-Pont, mais sans lui faire le plus petit mal. Après s'être montré à tous ses amis dans cet attirail de prince, après avoir soupé en ville, il fallait bien rentrer, et ce fut alors qu'il s'aperçut de l'embarras des richesses. Il avait payé des gens pour endosser la livrée de rencontre, il les congédia ; mais que faire de la voiture et des chevaux ? Le concierge de son père attacha au-dehors le carrosse avec une chaîne et mit les deux survenants à l'écurie du trésorier de la Chambre des comptes, écurie étroite qui n'était faite que pour un cheval. On comprend dès lors la mauvaise humeur du titulaire, forcé de partager avec deux intrus sa paille et son avoine. M. Arouet est réveillé à trois heures du matin par un tapage infernal ; il s'informe de la cause de ce sabbat, il monte, furieux, dans la chambre de son fils et le met à la porte de chez lui. Ce n'était résoudre qu'une partie du problème : restaient les chevaux, restait le carrosse. Le portier du palais les attelle, et son jeune fils, appelé Fleurot, les mène chez un charron qui consent à l'en débarrasser à moitié prix. Cette espièglerie, nous dit Paillet de Warcy, quoique contestée par quelques partisans de l'auteur, n'en est pas moins de toute vérité. »

Voici une autre légende un peu postérieure en date et qui n'est peut-être pas plus authentique, quoiqu'elle ait été précieusement recueillie par les biographes, ces fureteurs aveugles qui prennent pour de l'or tout le fumier d'Ennius. Afin de réprimer les trop fréquentes incartades de son fils cadet, qui rentrait fort tard au logis et quelquefois même ne rentrait pas du tout, le digne receveur de la Chambre des comptes fit fermer sa porte à double tour et garda sur lui la clef. Arouet arrive, trouve le huis clos et, après avoir vainement frappé, se décide à demander asile au portier qui, à défaut de lit, lui donne le conseil de se blottir dans une chaise à porteur abandonnée dans la cour. Le jeune homme accepte, s'allonge tant bien que mal sur les coussins et s'endort. Deux Conseillers au Parlement surviennent de grand matin, l'aperçoivent et pour se divertir avant l'audience, font transporter la chaise et son hôte au café de la *Croix de Malte*, sur le quai Neuf, où les lazzis des laquais et des maîtres le réveillèrent [1].

[1] Le Pan, *Vie de Voltaire*, p. 62. — Paillet de Warcy, *Histoire de Voltaire*, t. 1, p. 16. (Notes de l'auteur.)

.....La vénalité des charges et la facilité des admissions ne séduisirent pas le jeune poète, bien au contaire : les exemples que son père plaça sous ses yeux ne firent que fortifier sa répugnance et l'encourager dans sa rebellion... M. Arouet lui fit offrir une charge d'avocat du roi au Châtelet ou un siége au Parlement. « Dites-lui, répondit-il au tiers complaisamment intervenu entre le père et le fils, dites-lui que je ne veux point d'une considération qui s'achète, je saurai m'en faire une qui ne coûte rien¹. » Fière parole, dont il donna plus tard le commentaire. « Comme j'avais peu de biens, écrit-il au marquis d'Argenson le 22 juin 1739, quand j'entrai dans le monde, j'eus l'insolence de penser que j'aurais eu une charge comme un autre, s'il avait fallu l'acquérir par le travail et la bonne volonté. Je me jetai du côté des beaux-arts, qui portent avec eux un certain air d'avilissement attendu qu'ils ne font point un homme Conseiller du roi en ses Conseils. On est maître des requêtes avec de l'argent, mais avec de l'argent on ne fait point un poëme et j'en fis un². »

. . . .

Le grand siècle était à son déclin : Louis XIV, affaissé par le poids des années et des revers, survivant à lui-même, allait bientôt s'éteindre dans les mornes silences de Versailles, au milieu des splendeurs importunes pour une royauté découronnée par les défaites... Les grands orateurs, les grands guerriers, les grands artistes, les grands poètes, les grands écrivains, les grands seigneurs eux-mêmes, ces nobles et fiers ducs, que Voltaire pût à peine entrevoir, mais qu'il a loués

---

¹ Duvernet. *Vie de Voltaire*, p. 25. — Voir aussi le *Commentaire historique* où Voltaire raconte qu'il refusa la charge d'avocat du roi à Paris. (Note de l'auteur.)

² Voy. *Mémoires du marquis d'Argenson*. (Note de l'auteur.)

d'instinct dans leurs fils, toutes ces gloires viriles d'une forte et compacte nation s'étaient ensevelies dans la solitude ou reposées dans la mort. La race s'abâtardissait avec les mœurs...

Cependant toute pudeur n'a pas disparu ; le libertinage se voile et n'ose pas encore se lâcher au grand jour. Dissimulé sous des dehors hypocrites à la cour, il s'enferme à la ville dans les murs discrets du Temple, ou plutôt de l'hôtel de Boisboudrant, sous la prudente égide d'un vieillard, l'abbé de Chaulieu. Voltaire avait été introduit dès 1706 dans ce mystérieux asile du mysticisme et de la volupté par son parrain, l'abbé de Châteauneuf, qui ne l'y suivit pas longtemps, puisqu'il mourut deux ans après; le 16 décembre 1708. Il y rencontra non point le grand prieur de Vendôme, que ses débauches avaient fait exiler par Louis XIV, et qui ne devrait y rentrer qu'avec la Régence, mais l'abbé Servien, — un abbé pour rire, qui n'avait du prêtre que le petit collet, — oncle des Sully, dont M. Arouet père, avait possédé la clientèle, et dont il était resté l'ami ; Caumartin, l'abbé de Bussy, fils du célèbre Royer de Rabutin et héritier de son esprit, le bailly de Froulay, les chevaliers d'Aydie et de Caux, Courtin, la Fare, le duc d'Arenberg, Maximilien-Henri de Béthume, et le président Hénault.

. . . .

... Fier d'être admis, à dix-huit ans, dans ce cercle de spirituels libertins dont le moins âgé avait vu la jeunesse galante de Louis XIV, au milieu de princes et d'hommes de qualité qu'il essaie parfois de traiter en égaux [1], le hardi jeune homme lutte de scepticisme avec eux et les bat à l'aide de leurs propres armes. Il s'y montre tour à tour grave et

---

[1] On se rappelle le mot qu'il adressa un jour au prince de Conti : « Sommes-nous ici tous princes ou tous poètes? » (Note de l'auteur.)

enjoué, frondeur, audacieux, sans être téméraire ; fougueux par instants, avec d'inévitables retours de bon sens et de docilité intelligente ; délicat, nerveux, raisonneur, expansif et excitable, satirique et inquiet, confiant par fois et trop souvent incrédule ; libre, original et primesautier avec des instincts de patience et des goûts d'érudition ; embrassant tout, discutant tout, s'attaquant à tout, aux vérités les plus respectables comme aux abus les plus criants, à l'autorité, à la religion, à la morale, comme aux plus gothiques préjugés et aux plus vifs ridicules ; épris des applaudissements, du bruit, des louanges, de l'influence et dédaigneux de la foule ; mêlant le bien au mal, la générosité à la malice [1], l'amitié ardente aux haineuses colères, l'amour de la domination au culte de la liberté ; il y inaugure en un mot, un peu avant l'heure, le rôle de l'homme d'esprit et de l'homme de lettres, ou, si vous aimez mieux, le rôle de Voltaire dans la société moderne...... — HENRI BEAUNE. *Voltaire au Collége. Lettres et documents inédits.* — (Paris, Amyot, 1867.)

[1] En voici un exemple assez piquant : « Comme les vieillards aiment à conter et même à répéter, écrit Voltaire à La Harpe (juillet 1772), je vous raconterai qu'un jour les beaux esprits du royaume, et c'étaient le prince de Vendôme, le chevalier de Bouillon, l'abbé de la Chaulieu, l'abbé de Bussi, qui avait plus d'esprit que son père, et plusieurs élèves de Bachaumont, de Chapelle et de la célèbre Ninon, disaient à souper tout le mal possible de Lamotte-Houdard. Les fables de Lamotte venaient de paraître ; on les traitait avec le plus grand mépris ; on assurait qu'il lui était impossible d'approcher des plus médiocres fables de La Fontaine. Je leur parlai d'une nouvelle édition de ce même La Fontaine, et de plusieurs fables de cet auteur qu'on avait retrouvées. Jamais Lamotte n'aura ce style, disaient-ils ; quelle finesse et quelle grâce ! On reconnait La Fontaine à chaque mot. La fable était de Lamotte. » Voltaire oublie d'ajouter que les convives du prince de Vendôme, s'étant fait répéter la fable, la trouvèrent détestable. (R. d'A.)

CHAPITRE IV.

PREMIER VOYAGE DE VOLTAIRE EN HOLLANDE. — SES AMOURS AVEC MADEMOISELLE DU NOYER.

1713.

Une folie, assez excusable à cet âge, rendit son séjour en Hollande très-court [1]; il y trouva cette madame du Noyer, connue par quatre volumes de mémoires très-suspects, et qui présidait alors à la rédaction d'une gazette. Sa fille, aimable, jolie et intéressante, possédant l'esprit de sa mère sans ses défauts, fit connaître au jeune Arouet cette passion impérieuse qui n'écoute ni les conseils de la raison, ni les lois sévères de la décence. Mademoiselle du Noyer, honnête, mais sensible, n'opposa à son amant que ces difficultés, qui rendent l'amour plus vif encore, et bientôt les imprudences irréparables de ces espèces de liaisons trahirent le secret de leurs cœurs. Madame du Noyer, malgré l'expérience qu'elle devait avoir acquise, au lieu d'essayer les conseils de la tendresse maternelle, n'employa qu'une autorité absolue et trop sévère dans les femmes qui ont cessé de plaire. On éluda ses défenses. Des lettres surprises, où l'amour persécuté se répandait en murmures et en reproches, portèrent cette mère

---

[1] C'était en 1713, et Voltaire avait alors dix-neuf ans. Son père, ne voyant pas d'issue à la vie dissipée qu'il menait à Paris, résolut de l'en éloigner : il connaissait de longue date le marquis de Châteauneuf qui venait d'être nommé ambassadeur en Hollande ; il le supplia de vouloir bien se charger de son fils à titre de page ou d'attaché, et Châteauneuf y consentit. (R. d'A.)

offensée, à invoquer l'autorité de l'ambassadeur, et celui-ci, pour éviter les scènes, qu'une femme naturellement intriguante aurait pu donner au public, mit l'amant désespéré aux arrêts dans son hôtel.

Ce premier malheur n'était que le prélude de ceux qui devaient suivre. On lui annonça, qu'il fallait partir pour Paris. Les amants concertèrent par lettres les stratagèmes que l'amour inspire pour suppléer à l'absence. Une dernière entrevue était ou du moins paraissait indispensable. « Ce serait vous trahir, écrivait M. Arouet à mademoiselle du Noyer, que de venir vous voir ce soir, il faut absolument que je me prive du bonheur d'être auprès de vous, afin de vous mieux servir. Si vous voulez pourtant changer nos malheurs en plaisirs, il ne tiendra qu'à vous. Envoyez *Lisbette* sur les trois heures, je la chargerai d'un paquet, qui contiendra des habillements d'homme, vous vous accommoderez chez elle, et si vous avez assez de bonté pour vouloir bien voir un pauvre prisonnier qui vous adore, vous vous donnerez la peine de venir sur la brune à l'hôtel. »

Ainsi l'Amour aveugle le flattait que des habits d'homme déroberaient sa maîtresse à tous les yeux. Un valet intriguant se charge des détails, et ce périlleux projet s'exécute, comme on le voit par les jolis vers qu'il occasionna le lendemain :

>Enfin, je vous ai vu, charmant objet que j'aime,
>   En cavalier déguisé dans ce jour,
>   J'ai cru voir Vénus elle-même
>   Sous la figure de l'Amour.
>L'Amour et vous, vous êtes du même âge,
>   Et sa Mère a moins de beauté ;
>   Mais malgré ce double avantage,
>J'ai reconnu bientôt la vérité :
>Pimpette, vous étiez trop sage
>   Pour être une Divinité.

Cette imprudente démarche fut encore découverte et suivie de nouveaux chagrins. Il partit le 18 décembre 1713 pour Paris, avec le ferme projet d'engager M. du Noyer à rappeler sa fille auprès de lui. Comme son âge et ce qui venait de se passer n'aurait pas donné un grand poids à *son éloquence, il parvint à employer* la protection d'un évêque et les intrigues d'un jésuite[1]. Rien ne réussit. D'ailleurs, des soins personnels ne lui permirent pas de se livrer tout entier à cette négociation. Son père, effrayé de son début dans le monde, voulait, avec le secours d'une lettre de cachet, lui donner une de ces sortes de leçons qui influent sur le reste de la vie ; son fils, instruit à temps, désarma sa colère, en se jetant dans l'étude d'un procureur, où il promit de seconder les vues de sa famille[2]. — LE MARQUIS DE LUCHET. *Histoire littéraire de M. de Voltaire.* (Cassel, 1780.)

[1] « La première chose que je ferai en arrivant à Paris, écrit Voltaire à « son *adorable* Olympe, ce sera de mettre le P. Tournemine dans vos « intérêts. » Grâce à ses démarches, grâce à son influence sur l'évêque d'Evreux, parent de Mlle du Noyer, le père de *Pimpette* consentit à la recevoir chez lui, l'arracha ainsi pour quelque temps à la corruption maternelle, et lui aurait peut-être fait contracter un bon mariage si l'intrigante madame du Noyer n'était bientôt parvenue à reconquérir sa fille, et à la rejeter dans les aventures romanesques, jusqu'à sa malheureuse union avec le prétendu comte de Winterfeld. — HENRI BEAUNE. *Voltaire au Collége.* (Paris, Amyot, 1867.) (R. d'A.)

[2] Nous compléterons le récit de cet épisode de la vie de Voltaire par ce passage du *Voltaire* de Strauss : « ... La correspondance continua encore quelque temps après le retour de l'amant ; mais bientôt la mère décida avec un monsieur Winterfeld une union qui se termina aussi malheureusement que la précédente. Enfin, cette femme si fausse mourut en 1719, et Olympe (c'était le nom de mademoiselle du Noyer), déjà séparée d'avec son mari, revint en France, où elle mena au commencement une existence difficile ; mais au bout de quelques années, la mort d'un oncle la plaça dans

CHAPITRE V.

VOLTAIRE CHEZ LE GRAND-PRIEUR. — VOLTAIRE A SAINT-ANGE
1714-1715.

Dans l'entière liberté de la Régence, reconnaissante envers les Vendôme qui l'avaient préparée, il y eut au Temple continuité de fête et recrudescence d'orgie. Commencées le soir, les séances bachiques duraient jusqu'au jour; quelquefois même, un souper ne finissait qu'à l'heure où devait commencer l'autre. Voltaire était de ces soupers. « Je sais, se fait-il dire par François Ier, dans une Epître à Vendôme,

> « Je sais que vous avez l'honneur,
> Me dit-il, d'être des orgies
> De certain aimable Prieur,
> Dont les chansons sont si jolies.... 1 »

En 1706, à l'époque où Châteauneuf l'avait présenté, il n'avait fait qu'entrevoir l'*Altesse chansonnière*, cette année

une situation plus favorable et elle sut se faire dans la société une place respectée. Voltaire, qui aussitôt après sa rentrée avait tenté de venir à son aide, lui donna plus tard encore des preuves de son constant attachement, voilà encore un de ces traits qui, se renouvelant dans des circonstances semblables durant toute sa vie, témoignent en faveur de son cœur, et que dès lors nous ne devons pas laisser se perdre. » (VOLTAIRE. Six conférences de David-Frédéric Strauss. Ouvrage traduit de l'allemand par Louis Narval. Paris, Reinwald et Ce, 1876, p. 16.) — Le procureur, dont il est parlé plus haut, était maître Alain, et son étude était située rue Favée-Saint-Bernard, près les degrés de la place Maubert. (R. d'A.)

1 *OEuvres*, t. XIII, p. 15. (Note de l'auteur.)

ayant été précisément celle de l'exil du Grand-Prieur ; mais en 1715, il trouva dédommagement dans l'accueil gracieux que lui fit le maître du Temple . . . .
. . . .
Au sortir de ces sociétés brillantes, après une nuit d'orgie, comment Voltaire aurait-il pu s'enfermer dans l'ombre et la poudre du greffe? Aussi laissait-il là maître Alain et ses dossiers pour courir à quelque fête nouvelle, ou il ne s'enfermait que pour faire des vers. Son père était désolé et songeait encore à quelque mesure de rigueur. La désolation du vieillard fut au comble à l'apparition du *Bourbier* [1] (1714), qui suscita tant de colère et de projets de vengeance. Il allait demander contre son coquin de fils une autre lettre de cachet, lorsque le jeune Caumartin, un des habitués du Temple et des amis de Voltaire, obtint du père irrité la permission de l'emmener à Saint-Ange, près de Fontainebleau, château bâti par François Ier pour la duchesse d'Etampes, qui était passé dans la maison des Caumartin. Là, en effet, ses résolutions d'avenir se fixèrent, mais non dans le sens qu'aurait voulu le vieil Arouet. A Saint-Ange il trouva le vieux Caumartin [2], l'ancien élève de Fléchier, qui le nourrit d'histoire et de littérature.... Ce que Saint-Simon et tous les contemporains exaltent surtout en lui, c'est sa mémoire prodigieuse, sa science unique de toute l'histoire de son temps, et le charme de sa conversation et de son commerce. Voltaire a dit de son côté :

[1] C'était une satire dirigée contre ses rivaux et ses juges, car ayant pris part deux ans auparavant au concours de poésie ouvert par l'Académie française, ce fut l'œuvre d'un de ses concurrents, un certain abbé du Jarry, qui fut couronnée. (R. d'A.)

[2] Louis Urbain de Caumartin (1653-1720), ancien intendant des finances et conseiller d'Etat. (R. d'A.)

> « Caumartin porte en son cerveau
> De son temps l'histoire vivante ;
> Caumartin est toujours nouveau
> A mon oreille qu'il enchante ;
> Car dans sa tête sont écrits
> Et tous les faits et tous les dits
> Des grands hommes, des beaux esprits,
> Mille charmantes bagatelles,
> Des chansons vieilles et nouvelles,
> Et les annales immortelles
> Des ridicules de Paris [1].

. . . .

... Saint-Ange lui était une retraite commode pour échapper aux reproches de son père et aux vengeances de ses ennemis, un alibi plus commode encore qu'il se hâtait d'invoquer, lorsqu'on lui imputait certaines ordures [2] qu'il répandait à Paris.

Il ne paraît pas néanmoins avoir fait, cette première fois, un long séjour à Saint-Ange, ayant à revoir des amis du Temple, et à négocier la représentation de son *OEdipe*, dont il s'occupait déjà. Mais il y retourna plus d'une fois, de Sully ou d'ailleurs, et il prit l'habitude d'aller s'y reposer des fatigues de la vie parisienne. — L'ABBÉ MAYNARD. *Voltaire, sa vie et ses œuvres*. (Paris, Ambroise Bray, 1868), 2 vol. in-8°, t. I.

[1] Epitre à M. le prince de Vendôme (1716 ou 1717). *OEuvres*, t. XIII, p. 13. (Note de l'auteur.)

[2] Les vers contre le Régent et sa fille la duchesse de Berry. (R. d'A.)

CHAPITRE VI.

PREMIER EXIL A SULLI [1].
1716.

La Régence, on l'a dit plus haut, était une réaction contre le règne du grand roi et la rigidité chagrine des dernières années. Le duc d'Orléans, le premier, donna l'exemple de tous les excès. Son existence désordonnée fut telle, que les pires accusations purent être accueillies comme des faits avérés : les gens charitables se contentaient de douter, sans se récrier sur l'invraisemblance de pareilles énormités... Il n'est besoin que de lire les *Philippiques* de Lagrange-Chancel pour apprécier jusqu'à quel degré d'audace la médisance et la calomnie pouvaient se porter. Mais c'est là une goutte d'eau dans l'Océan ; tous les sottisiers du temps sont pleins de couplets satiriques qu'on ne saurait reproduire dans leur épouvantable teneur. Ces compositions, sans autre talent que leur venin, étaient à la mode et c'était à qui rimerait la plus atroce. Il eut été bien étonnant que le jeune Arouet eût résisté à une pareille tentation et n'eût pas hasardé son couplet tout comme un autre. Deux petites pièces coururent sous son nom : l'une sur le duc d'Orléans, l'autre sur madame de Berry [2]. Voltaire

---

[1] Sully-sur-Loire, à 21 kil. N.-O. de Gien, sur la rive gauche de la Loire ; ch.-l. de canton (Loiret). Sully, devint le titre d'un duché érigé en 1606 par Henri IV en faveur de son ministre. (R. d'A.)

[2] Madame de Berry, fille aînée de Philippe d'Orléans, depuis Régent, (1695-1719), et femme de Charles, duc de Berry, petit-fils de Louis XIV. Elle mena une vie pleine de scandales. (R. d'A.)

les a toujours répudiées. Son ami Cideville ne les lui attribue pas moins, et elles ont été finalement réunies à ses poésies mêlées [1]. De pareilles satires méritaient un châtiment, et, à une autre époque, la cage de fer du Mont-Saint-Michel eût recélé le coupable [2]. Heureusement pour Voltaire, le Régent, indifférent à tout, même au mal qu'on débitait sur lui et les siens, eût laissé volontiers la bride sur le cou aux faiseurs de libelle, si on ne lui eût pas fait comprendre la nécessité de sévir. Pour cette fois, la répression fut des plus bénignes, et le prince outragé se borna à éloigner le poète de Paris (5 mai 1716). Tulle avait été désigné. Une simple démarche de M. Arouet obtint que son fils fût envoyé à Sully-sur-Loire, où il avait quelques parents sur lesquels il comptait pour surveiller et réprimer au besoin la conduite de ce Juvénal en herbe.

Les plaisirs et les fêtes qui se succédaient à Sulli [3] rendaient plus que supportable un exil en plein pays enchanté ; mais, comme il le dit bien, c'était un exil, et il était naturel de chercher à apaiser le courroux d'un prince qui, vraisemblablement, serait plus clément que ne le fut Auguste pour l'auteur des *Tristes*. Des vers avaient fait le mal, c'étaient à des vers à le réparer. Arouet se met à rimer une belle épître au Régent, où il n'épargne ni la louange ni la flatterie ; mais il n'a fait que céder à l'autorité de ceux auxquels il s'est confié :

---

[1] Voltaire, *OEuvres complètes* (Beuchot). t. XIV, p. 317, 318.

[2] En 1749, on enfermait dans une cage de fer, au Mont-Saint-Michel, pour des vers injurieux au roi, Desforges, l'auteur d'une critique de *Sémiramis* et de *Natilica*, critique de *Catilina*. (Notes de l'auteur.)

[3] Tous les épicuriens spirituels s'y ébattaient : L'Espar, La Vallière, Guiche, Roussy, Périgny, l'abbé Courtin. C'est Voltaire lui-même qui les énumère dans son *Epitre à madame de Gondrin* (1716). OEuvres. t. XIII. (R. d'A.)

Chaulieu, à qui il a communiqué sa pièce, lui a donné le conseil de louer, et il s'est exécuté avec soumission [1] . . .
. . . .

Au surplus, ce séjour forcé à Sulli ne dut point dépasser de beaucoup les premiers jours de la nouvelle année (1717). Le Régent se laissa présenter le poète et pardonna sans paraître fort persuadé de son innocence. Arouet, édifié sur l'humeur du prince, ne trouva rien de mieux, pour effacer le fâcheux effet des deux couplets dont ce dernier et sa fille étaient l'objet, que l'envoi d'un couplet non moins licencieux que nous ne nous hasarderons pas à reproduire et qui démontre bien, sans en dire plus, que le duc d'Orléans était homme à s'amuser de tout, à tout permettre et à tout entendre [2]. — GUSTAVE DESNOIRESTERRES. *La Jeunesse de Voltaire*. (Paris, Didier et Ce, 1871.)

CHAPITRE VII.

VOLTAIRE A LA BASTILLE.

1717-1718.

Peu de temps après la mort de Louis XIV, il circula dans Paris une pièce satirique imitée des *J'ai vu* de l'abbé Regnier,

---

[1] Voltaire. *OEuvres complètes* (Beuchot), t. II, p. 34. **Lettre de Voltaire à l'abbé de Chaulieu; de Sulli**, 20 juin 1716.

[2] Voltaire, *OEuvres complètes* (Beuchot), t. XIV, p. 318. **Poésies mêlées**. Au Régent 1716. (Notes de l'auteur.)

qui, sans être un chef-d'œuvre, avait le mérite de l'à-propos, et frappait juste et dru sur les fautes, les scandales, les abus dont on était journellement témoin... On voulut voir dans cette diatribe la plume, la verve du jeune Arouet. Il appartenait à une famille de jansénistes, on lui supposait l'âge que l'auteur se donnait[1], on n'en demanda pas davantage, et personne ne douta qu'il ne fût le coupable. . . . . . .

Les *J'ai vu* n'étaient pas, en effet, d'Arouet : ils étaient d'un poète du Marais appelé Le Brun, auteur d'un opéra *d'Hippocrate amoureux*, ce qui ne fut su, il est vrai, que bien après et par les confessions du coupable[2]. Ce petit poëme, a-t-on prétendu, déplut fort au Régent ; ce dut être par une cause autre que la sollicitude qu'il se sentait, au fond, pour la mémoire et la réputation de ceux à qui s'adressaient ces attaques. Il se promenait un jour dans le jardin du Palais-Royal, Arouet le traversait ; il le fait approcher : « Monsieur Arouet, lui dit-il, je gage vous faire voir une chose que vous n'avez jamais vue. — Quoi ? demanda le jeune homme. — La Bastille. — Ah ! monseigneur, je la tiens pour vue. » Le lendemain, le duc d'Orléans écrivait à M. de la Vrillière :

« L'intention de S. A. R. est que le sieur Arouet fils soit arrêté et conduit à la Bastille.

« Philippe d'ORLÉANS. »

« Ce 16 mai 1717[3]. »

. . . .

---

[1] La satire incriminée finissait par ce vers :
   J'ai vu ces maux, et je n'ai pas vingt ans. (R. d'A.)

[2] *Voltaire à Ferney* (Didier, 2ᵉ édit.), p. 520, *Appendice*. Lettre de Voltaire à Gabriel Cramer ; à Ferney, ce 31 mars 1770.

[3] Delort, *Histoire de la détention des philosophes et des gens de*

… Mais si les *J'ai vu* sont de Le Brun, le *Puero regnante*, satire des plus outrageantes et des plus amères, est bien d'Arouet, qui la fit courir en mars [1]. Au moins eût-il été sage de n'en pas réclamer la paternité. Mais l'amour-propre d'auteur l'emporta sur les considérations de prudence les plus sommaires, et il n'eut pas le courage de garder le silence devant de faux amis qui n'étaient que des mouches appostées près de lui pour l'amener à se trahir, comme cela ressort du procès-verbal, même de son arrestation.

. . . .

… Après avoir été confiné quelque temps dans un logement provisoire, Arouet fut transféré dans la tour de la Basinière, où, assure-t-on, il composa plus de la moitié du poëme de *la Ligue*. Delort semble en douter par la raison qu'il dut rester sans encre et sans papier; mais l'obstacle rend indus-

---

lettres à la Bastille et à Vincennes (Paris, 1829), t. II, p. 21. *Revue rétrospective* (1834), t. II, p. 124. (Notes de l'auteur.)

[1] Regnante puero,
Veneno et incestis famoso
Administrante,
Ignaris et instabilibus consiliis,
Instabiliore religione,
Ærario exhausto,
Violatâ fide publicâ,
Injustitiæ furore triumphante,
Generalis imminente seditionis
Periculo,
Iniquæ et anticipatæ hæreditatis
Spei coronæ patriâ sacrificatâ,
Gallia mox peritua.

Ce qui signifie : « Sous le règne d'un enfant, sous l'administration d'un homme fameux par un empoisonnement et des incestes, sous des conseillers ignorants et indécis ; la religion étant instable, le trésor épuisé, la foi publique violée, la fureur de l'injustice triomphante, le danger d'une sédition générale imminent, la patrie sacrifiée à l'espoir inique et anticipé de l'héritage d'une couronne, la France doit bientôt périr. » (R. d'A.)

trieux, et le poète, privé de papier.¹, en fut quitte pour transcrire des vers entre les lignes d'un livre, avec un crayon sans doute, à défaut de plume. C'est le président Hénault qui nous donne ces détails qu'il tenait de Voltaire même ². D'un autre côté, Voltaire a assuré à Wagnière qu'il avait composé le second chant de la *Henriade* en dormant, qu'il le retint par cœur, et qu'il n'a rien trouvé à y changer³. . . . . .
. . . .

Ce ne fut que le 11 avril 1718 que l'ordre fut donné à M. de Bernaville de lui ouvrir les portes de la Bastille ⁴. — GUSTAVE DESNOIRESTERRES. *La Jeunesse de Voltaire.* (Paris, Didier et Cᵉ, 1871.)

---

¹ D'Arnaud affirme qu'il était sans plume ni encre. *Préface d'une édition des œuvres de M. de Voltaire,* corrigée par Voltaire.

² Président Hénault, *Mémoires* (Dentu, 1855). p. 33.

³ Longchamp et Wagnière, *Mémoires sur Voltaire* (Paris, 1826), t. 1, p. 23. (Notes de l'auteur.)

⁴ « M. le duc d'Orléans, dit Condorcet (*Vie de Voltaire*), instruit de son innocence, lui rendit sa liberté et lui accorda une gratification. « Monseigneur, lui dit Voltaire, je remercie votre Altesse royale de vouloir bien continuer à se charger de ma nourriture, mais je la prie de ne plus se charger de mon logement. » Cette grâce complète ne vint pas immédiatement après la sortie de Voltaire de la Bastille : l'exil étant alors le complément obligatoire du séjour dans une prison d'Etat. Voltaire fut envoyé à Châtenay où son père avait une propriété. Le poète ignorait alors que l'on savait parfaitement que c'était bien lui l'auteur du *Puero regnante.* Il avait été dénoncé par un officier du nom de Beauregard, qu'il avait connu au café et devant lequel il avait parlé à cœur ouvert ; cet officier, qui était un espion de police, ne tarda pas à le trahir. (R. d'A.)

CHAPITRE VIII.

LA PREMIÈRE REPRÉSENTATION D'*OEdipe*
1718.

A une représentation d'*OEdipe* [1], il parut sur le théâtre, portant la queue du grand-prêtre. La maréchale de Villars [2] demanda qui était ce jeune homme qui voulait faire tomber la pièce. On lui dit que c'était l'auteur. Cette étourderie qui

---

[1] C'était à la première, le 18 novembre 1878. — Voltaire dédia sa pièce à Madame, mère du Régent. Cette dédicace a cela de remarquable qu'elle est signée « Arouet de Voltaire. » On s'est beaucoup évertué sur l'origine de cette nouvelle appellation, mais on se rallie aujourd'hui à l'hypothèse qui fait de « Voltaire » un fief subsistant ou ayant subsisté dans la famille de l'auteur d'*OEdipe*; « Si encore, l'on ne préfère admettre, dit M. Desnoiresterres, que « Voltaire » soit tout simplement l'anagramme de son nom Arouet L. J. (le jeune)? » (R. d'A.)

[2] Jeanne-Angélique Roque de Varengueville. Elle était fille de l'ambassadeur de Venise, et femme du vainqueur de Denain. — « Quand parut Voltaire, madame de Villars n'avait pas encore abdiqué, et la chronique scandaleuse, quelques années après, lui donnait l'abbé de Vauréal, « mauvais prêtre, mais aimable abbé, » que lui disputait la duchesse de Gontaut, et qui ne devait pas tarder à être nommé à l'évêché de Rennes.»—(GUSTAVE DESNOIRESTERRES. *La Jeunesse de Voltaire*.)

Le maréchal, qu'on nous peint si jaloux, ne paraît pas avoir été du tout inquiet de Voltaire. Pendant les années 1717-1724, le château de Villars était devenu comme la maison du poète. On en a la preuve assez piquante dans une lettre inédites du maréchal. (C.-A. SAINTE-BEUVE. *Causeries du lundi*. Paris, Garnier frères, 1869). T. XXX, p. 125. — Il a reproduit dans son étude sur Villars la lettre qu'il cite. (R. d'A.)

annonçait un homme si supérieur aux petitesses de l'amour-propre, lui inspira le désir de le connaître. Voltaire, admis dans sa société, eut pour elle une passion, la première et la plus sérieuse qu'il ait éprouvée. Elle ne fut pas heureuse et l'enleva pendant assez longtemps à l'étude qui était déjà son premier besoin ; il n'en parla jamais depuis qu'avec le sentiment du regret et presque du remords. — CONDORCET (*Vie de Voltaire.*)

CHAPITRE IX.

LES AMOURS DE VOLTAIRE AVEC SUZANNE DE LIVRY.
1719-1720.

Pendant son premier exil à Sully, en 1716, il (Voltaire) avait connu Suzanne-Catherine Gravet de Corsembleu de Livry, dont tous les historiens, jusqu'à ce jour, ont fait à tort deux personnages [1]. Née à Paris, comme Voltaire, en 1694, Mlle Corsembleu de Livry venait passer le temps des vacances chez son oncle, Joseph de Corsembleu, avocat et procureur-général fiscal du duché de Sully, et maire de la petite ville de ce nom. Par ses fonctions, par son amour pour les lettres, dont la culture était héréditaire dans sa maison, Joseph de Corsembleu était un familier du château de Sully, et il y introduisit sa nièce. A une époque où la mode était de

---

[1] M. Jules Loiseleur, le premier, dans la *Revue Contemporaine* du 15 décembre 1866, a rétabli la vérité sur ce point, d'après des documents authentiques trouvés chez un notaire à Sully. (Note de l'auteur.)

jouer la comédie à la campagne, le château de Sully avait son théâtre, dont quelques débris se voient encore au premier étage du donjon. Riche en acteurs choisis parmi les beaux esprits qui affluaient au château, ce théâtre était fort pauvre en actrices, et Mlle de Livry, avec sa vocation ou sa manie dramatique, lui était une grande ressource dans l'emploi de jeune première. Mais, pour se former à l'art qu'elle voulait embrasser, Mlle de Livry avait besoin de leçons, et elle en demanda à Voltaire, un maître tout trouvé. Voltaire l'aima, s'en fit aimer, battit des mains avec les complaisants polis du château, aux faibles succès de la débutante, et l'auteur d'*OEdipe*, applaudi déjà dans les salons, lui promit que s'il recevait le même accueil devant le public, il l'associerait à son triomphe et la ferait entrer au Théâtre Français.

. . . .

Dans ses tête-à-tête avec Suzanne à Paris, Voltaire avait eu l'imprudence d'admettre en tiers un ami d'enfance, un compagnon de l'étude de M. Alain, jeune, aimable, La Faluère de Génonville, dont les graves fonctions de conseiller au Parlement de Paris n'avaient pas éteint l'ardeur amoureuse. Génonville supplanta aisément Voltaire dans le cœur de Suzanne, qui, d'ailleurs, voulait peut-être se venger, par cette trahison, de l'infidélité que son poëte lui avait faite à elle-même pour madame de Villars. Mais, quand ils se retrouvèrent à Sully, dans l'année 1719, Voltaire et Suzanne renouèrent ensemble, et le théâtre fit leur raccommodement comme il avait fait leur première liaison. Désireuse, par amour-propre ou par vocation réelle, de se relever de son échec[1], Suzanne demanda à son poëte un nouveau rôle, plus

---

[1] Elle avait échoué au Théâtre-Français, dans le rôle de Jocaste. (R. d'A.)

approprié à sa nature et à ses moyens que celui de Jocaste. Voltaire conçut alors le sujet d'*Artémire*, et il y mit tout son travail et tout son temps, voulant absolument que sa pièce et son amie fussent essayées, vers la fin de l'automne, sur le théâtre de Sully, avant d'affronter le goût plus difficile des acteurs et du public de la Comédie Française.

Si imprudent déjà et si bien averti, il fut assez fou pour inviter son traître à venir le rejoindre, et Génonville arriva à Sully dans cet été de 1719. Ce rapprochement unit plus intimement deux cœurs que la distance seule avait séparés. Voltaire s'aveugla encore ou dissimula. Peut-être était-il assez indifférent désormais à l'amour de Suzanne ; à coup sûr le vaniteux poète y tenait encore beaucoup moins qu'au succès de son *Artémire*.

La pièce fut donc achevée et jouée à Sully, où elle fut applaudie avec l'indulgence de l'amitié et la politesse de la bonne compagnie. Ainsi aveuglé sur *Artémire* comme sur Suzanne, Voltaire obtint du Régent la permission d'amener l'une et l'autre à Paris[1]. Tragédie et maîtresse furent égale-

---

[1] SECOND EXIL A SULLY. « Voltaire semblait avoir le besoin de se créer des ennemis ; il s'en faisait un du Régent en fréquentant le duc du Maine(*a*), l'âme de toutes les intrigues contre le Régent. Il était d'ailleurs familier avec le baron de Goety, ambassadeur de Charles XII, qui méditait avec le cardinal Albéroni le bouleversement de l'Europe. Le baron ne pouvait se passer de Voltaire ; il parlait même de l'emmener en Italie, et de lui faire faire un beau chemin sous le costume d'abbé. Ces relations compromirent Voltaire et le firent exiler de Paris. Ayant le choix de sa retraite, il se rendit à la terre de Sully, où l'on trouvait bonne compagnie et liberté parfaite. Il écrivit des poésies légères adressées à d'aimables ou d'importants personnages,

(*a*) Fils légitime de Louis XIV et de Mme de Montespan (1670-1736.) (R. d'A.)

ment agréées des comédiens français, et la première représentation eut lieu le 15 février 1720. Au premier acte, Corsembleu fut sifflée [1] ; au second acte, les sifflets redoublèrent et déconcertèrent naturellement la débutante. Doublement indigné de l'accueil fait à sa pièce et sa maîtresse, Voltaire saute de sa loge sur le théâtre et harangue la foule. Sifflé d'abord lui-même, il se fait reconnaître pour l'auteur d'*OEdipe*, et obtient silence et attention. Il parle alors de l'indulgence due et aux pièces nouvelles et aux nouvelles actrices, et il parle avec tant de raison et d'agrément, de politesse et d'esprit, qu'on bat des mains et qu'on demande *Artémire* et Livry. Reprise aussitôt, la pièce s'acheva au milieu des applaudissements.

Ne se laissant pas plus prendre que la malheureuse comédienne aux applaudissements affectés qu'il avait provoqués, et qu'il attribuait, avec raison, plutôt à son intervention bizarre qu'au mérite de la pièce, il la retira le jour même. . . .

. . . .

Il écrivit à Madame de Bernières : « Je suis fâché de la *justice* qu'on a rendue à la petite Livry. Si on faisait dans tous les corps ce qu'on vient de faire à la Comédie, il me paraît qu'il resterait peu de monde en place. [2] » Il ne s'affligea pas davan-

---

qui devenaient et demeuraient des appuis, et préparaient les voies de son double règne, en faisant de ses ouvrages un objet de mode et d'attention sérieuse... » LE PLUTARQUE FRANÇAIS. (Langlois et Leclercq, 1866.) *Voltaire*, par Philarète Chasles, 3ᵉ vol., p. 198. (R. d'A.)

[1] Caumartin de Boissy, qui assistait à la représentation, dit pourtant, dans la lettre à sa sœur du 17 février, que le 4ᵉ acte fut fort applaudi (Mˢˢ de la bibliothèque Mazarine, découvert par M. Desnoiresterres). — Nous suivons ici la narration de Duvernet, p. 50 ou 55. (Note de l'auteur.)

[2] *Recueil* de 1856, t. I, p. 4.

.tage de la trahison de Génonville (1719)[1], il se plaint des larmes que lui a fait répandre le *fripon*, il se plaint plus haut de l'empressement du *fripon* à ravir ce qu'il lui eût volontiers prêté. Pourquoi, dit-il,

> Aimer mieux ravir ma maîtresse
> *Que de la tenir de ma main ?*

Et il ajoute aussitôt :

> Mais je t'aimai toujours, tout ingrat et vaurien.

Ne faut-il pas, comme il l'écrivait en même temps au duc de Sully, « se passer des *bagatelles* dans la vie[2] ? »

Pour expliquer cette insensibilité, cette indifférence grossière, il faut se rappeler que Voltaire était alors absorbé par sa passion pour la Maréchale ; mais Génonville mort (1722), et ayant renoncé lui-même à poursuivre madame de Villars, il eut pour Suzanne un réveil de tendresse. En 1723, dans son Épître au médecin Gervasi[3], qui venait de le guérir de la petite vérole, il exprime la crainte qu'elle ne le veuille plus reconnaître sous les ravages de la maladie ; et, en 1729[4], s'adressant aux mânes de Génonville lui-même, il rappelle, avec un souvenir encore senti, l'affection qui réunissait leurs trois cœurs, et il ajoute qu'entre Suzanne et le survivant, l'amitié a remplacé l'amour, « envolé sur l'aile du bel âge. »

A la date de cette Épître, mademoiselle de Livry était devenue, sous le nom de la marquise de Gouvernet, une riche et grande dame. Après son échec dramatique, elle était passée en Angleterre avec une troupe de comédiens français. Ceux-

---

[1] *OEuvres de Voltaire,* t. XIII, p. 46.
[2] *Ibid.,* p. 50.
[3] *Ibid.,* t. XIII, p. 60.
[4] *Ibid.,* p. 72. (Notes de l'auteur.)

ci ayant mal fait leurs affaires, elle se retira chez un compatriote, tenant café. Celui-ci parlait à tous venants de la position intéressante et de la conduite réservée de la jeune Française. Un habitué du lieu, Charles-Frédéric de la Tour-du-Pin de Bourbon, marquis de Gouvernet, surnommé le Fleuriste, qui fut un moment notre ambassadeur en Angleterre, parvint, non sans peine, à la voir, et lui offrit sa main et sa fortune. Refusé par une pauvreté délicate, il lui fit accepter un billet de loterie, qui, par une supercherie généreuse, gagna le gros lot, et, l'égalité ainsi rétablie en apparence, le mariage ne rencontra plus d'obstacle [1]. Il se célébra au commencement de 1727, à Paris, où les deux fiancés s'étaient empressés de revenir, et il eut pour témoin, du côté du marquis, le frère de Voltaire, Armand Arouet.

Voltaire lui-même, avec qui on a prétendu que Suzanne était partie, dut la rencontrer du moins à Londres, pendant son exil en Angleterre, et il la retrouva certainement à son retour. Rentré à Paris dans les premiers mois de 1729, il se présenta à l'hôtel de Gouvernet, et le suisse de la marquise lui refusa d'abord une porte que mademoiselle de Livry lui avait ouverte tant de fois. De là, la pièce charmante des *vous* et des *tu*, vraie vengeance de poète [2]. Soit qu'il y eût erreur du suisse, soit que l'ancienne Suzanne eût demandé grâce à la marquise en faveur de l'amant de Sully, Voltaire fut reçu ; mais, dès les premiers mots, il dut comprendre que tout était changé entre eux, et que le présent ne se réchaufferait pas des souvenirs du passé. On remua pourtant ces souvenirs ; on parla de Génonville, mort récemment ; on relut ses vers et d'autres vers qui parlaient des anciennes passions ; mais, de

---

[1] C'est le fond de l'*Ecossaise*, et du *Tableau de Roger*.
[2] *OEuvres de Voltaire*, t. XIII, p. 78. (Notes de l'auteur.)

tout cela, s'il sortit quelques larmes d'attendrissement, il ne sortit pas une étincelle... Suzanne ne voulut plus même d'une simple amitié qui pouvait compromettre la marquise et elle éconduisit doucement le poète indiscret. Voltaire ne la revit plus qu'à un demi-siècle de là, à son retour à Paris, en 1778, veuve et comme lui plus qu'octogénaire. « Ah! mes amis, s'écria-t-il en sortant, je viens de passer d'un bord du Cocyte à l'autre. » Il lui témoigna le désir de revoir son portrait, peint pour elle par Largilière, qu'il lui avait donné au temps de leur belle jeunesse, et elle ne fit aucun effort pour retenir ce dernier gage d'une passion si bien éteinte sous les glaces de l'âge et peut-être sous l'horreur des impiétés du philosophe. Le portrait passa à Madame de Villette[1]. L'ancienne Livry survécut de quelques mois à Voltaire, et ne mourut que le 28 octobre 1778. — L'ABBÉ MAYNARD. *Voltaire, sa vie et ses œuvres*. (Paris, Ambroise Bray, 1868), t. I.

[1] Mlle de Varicourt, d'une famille noble du pays de Gex, élevée à Ferney par Mme Denis, épousa en 1777 le marquis de Villette. Voltaire lui avait donné le nom de *Belle et Bonne*. Mme de Villette est morte en 1822. (R. d'A.)

CHAPITRE X.

VOLTAIRE CHEZ BOLINGBROKE [1], AU CHATEAU DE LA *Source*.
1721.

... Voltaire, à vingt ans, rencontrant chez l'abbé de Chaulieu un exilé qui détruisait la Bible, qui haranguait comme Périclès, raillait ses ennemis, se moquait des formules et enlevait aux seigneurs leurs plus belles maîtresses, fut émerveillé; le jeune fils du notaire crut voir Alcibiade sortir du tombeau.

Ce devaient être de charmants soupers que ceux auxquels assistaient Voltaire à vingt ans, le vieux Chaulieu, Bolingbroke

---

[1] Henri Saint-John lord et vicomte de Bolingbroke (1678-1751), fut un des hommes d'Etat les plus célèbres du XVIII° siècle, et l'un des fondateurs de ce que l'on nomma en France et en Angleterre le parti philosophique — « Venu en France en 1712, pour y négocier la paix d'Utrecht, dit M. l'abbé Maynard (*Voltaire, sa vie et ses œuvres*, t. 1, p. 98), il se lia avec madame de Tencin, et fit connaissance et resta, en commerce épistolaire avec sa sœur, madame Ferriol, mère du comte d'Argental. Telle fut l'origine probable des rapports de Voltaire avec lui, rapports qui commencèrent peut-être dès 1712, mais ne se renouèrent qu'en 1720, et ne devinrent intimes qu'en 1722. Proscrit et fugitif en 1715, après la mort de la reine Anne, Bolingbroke, vers la fin de 1719, s'était installé au château de la Source avec Marie-Claire-Isabelle Deschamps de Marsilly, veuve depuis 1707, du marquis de Villette-Mursay, parent de M°° de Maintenon... Bolingbroke s'éprit d'elle, et, devenu veuf lui-même, il l'épousa vers 1720, mais en lui laissant toujours le nom de son premier mari. » — Pendant le séjour que Voltaire fit en Angleterre de 1726 à 1728, il fréquenta beaucoup Bolingbroke, et à son retour il lui dédia sa tragédie de *Brutus*, jouée en 1730. Voici en quels termes Voltaire parle de Boling-

exilé, et le comte Hamilton, le plus délicat des esprits. Ces échanges de pensée ne laissent pas plus de trace dans les livres, que la puissance électrique n'en laisse à travers l'espace ; mais là, dès l'année 1720, un XVIII° siècle se trouvait préparé. Le désir de la vie politique et l'impiété de haut goût y pénétraient avec Bolingbroke. La révélation croulait ; le règne des capacités politiques se substituait en théories aux pouvoirs hiérarchiques.

Bientôt fatigué du tourbillon frivole qui emportait avec le plaisir les courtisans de la régence, Bolingbroke épousa madame de Villette, et vint habiter auprès d'Orléans la *Source*, domaine charmant où le Loiret commence son cours. A la *Source*, auprès de cette petite rivière couverte de joncs, et dont Boucher aurait volontiers fait le portrait, le jeune Voltaire vint écouter les leçons de l'Alcibiade exilé et du libre-penseur ; il y passa plusieurs mois. Esprit infiniment plus vif et plus alerte que Bolingbroke, Voltaire reçut de l'homme du monde et de l'homme politique l'impulsion générale de la vie intellectuelle. Bolingbroke et Voltaire, l'homme mûr et l'adolescent, l'homme d'état et l'homme de lettres y trouvaient leur compte ; Voltaire puisait largement à cette nouvelle

broke, dans une lettre à Thiériot du 2 janvier 1722 : « Il faut que je vous fasse part de l'enchantement où je suis du voyage que j'ai fait à la Source, chez milord Bolingbroke et chez madame de Villette. J'ai trouvé dans cet illustre anglais toute l'érudition de son pays ; et toute la politesse du nôtre. Je n'ai jamais entendu parler notre langue avec plus d'énergie et de justesse. Cet homme, qui a été toute sa vie plongé dans les plaisirs et dans les affaires, a trouvé pourtant le moyen de tout apprendre et de tout retenir. Il sait l'histoire des anciens Egyptiens comme celle d'Angleterre. Il possède Virgile comme Milton ; il aime la poésie anglaise, la française et l'italienne ; mais il les aime différemment, parce qu'il discerne parfaitement leurs différents génies. » (R. d'A.)

source qui jaillissait d'une région hardie, inconnue, féconde, et qui allait abreuver tout un siècle. Bolingbroke, de son côté, savait ce que vaut pour ses amis et ses ennemis un homme d'esprit qui tient la plume. — PHILARÈTE CHASLES. *L'Angleterre au XIXe siècle.* (Paris, Amyot, 1850.)

CHAPITRE XI.

L'AVENTURE DU PONT DE SÈVRES.
1722.

...Nous savons que le misérable qui le (Voltaire) dénonça était un officier du nom de Beauregard, capitaine dans le régiment de Provence. Il ne fut pas difficile à la victime de démêler la vérité : elle n'avait guère le choix qu'entre ce Beauregard et M. d'Argental [1]; ce dernier étant donc au-dessus du soupçon, il n'y avait pas à hésiter, et le poète ne douta point qu'il ne fût redevable de sa captivité à la trahison d'un homme admis trop légèrement dans son intimité. Quelques années s'étaient écoulées, et Voltaire avait eu le temps d'oublier sa mésaventure. Il l'avait oubliée en effet ; mais, un jour, à Versailles, le hasard les mit en présence : à l'aspect de son délateur, l'auteur d'*OEdipe* ne put se contenir et les mots de malhonnête

---

[1] Conseiller d'honneur au Parlement, plus tard ministre de France à Parme, homme aussi distingué par son caractère que par son mérite. C'était, comme on le sait, l'ami et le critique le plus dévoué à Voltaire. (R. d'A.)

et d'espion furent articulés assez haut pour être ramassés par celui auquel ils s'adressaient. Beauregard, qui avait de bonnes oreilles, lui dit qu'il l'en ferait repentir. M. Le Blanc [1] le recevait familièrement, bien qu'il eût des raisons pour ne pas ignorer le métier du personnage. Voltaire, capable de tout oser quand la passion l'emportait, ne craignit pas de dire à ce dernier : « Je savais bien qu'on payait les espions, mais je ne savais pas encore que leur récompense fût de manger à la table du ministre... »

Beauregard, furieux, était très-résolu à ne s'en pas tenir aux menaces; il fit part même de son projet à M. Le Blanc, qui, loin de l'en détourner, lui eût répondu : « Fais donc en sorte qu'on n'en voye rien [2]. » En effet, ayant arrêté la chaise de Voltaire au pont de Sèvres, il le contraignit à descendre, le bâtonna à outrance et la marqua même au visage. Tel est du moins le récit de Marais...

On comprend la fureur et la rage de Voltaire : sur sa requête, le bailli de Sèvres délivre un décret de prise de corps contre l'assassin, qui s'était hâté de rejoindre son régiment [3]. Rien ne l'arrête, rien ne le rebute pour atteindre le misérable ou par lui-même ou par la justice [4]. Il lui intente un procès

[1] Alors ministre de la guerre. (R. d'A.)

[2] Marais, *Journal et Mémoires* (Didot), t. II, p. 311, 312 ; juillet 1722.

[3] Bibliothèque Mazarine. Manuscrits. *Correspondance de la marquise de La Cour.* T. VII. *Lettre* 115 ; à Paris, le 12 juillet 1722.

[4] Nous trouvons dans un recueil que nous avons déjà cité un mot du duc d'Orléans, auquel nous ne croyons guère. Voltaire, éperdu, courut à Versailles se plaindre à ce prince qui, après l'avoir écouté froidement, lui répondit : « Monsieur Arouet, vous êtes poëte et vous avez reçu des coups de bâton ; cela est dans l'ordre et je n'ai rien à vous dire. » Bibliothèque impériale. Manuscrits. Fonds Bouhier 178, f. 365. (Notes de l'auteur.)

criminel au Châtelet, qu'il poursuit avec une ténacité, une volonté inébranlable, de loin comme de près. Ce sera son affaire capitale ; ses travaux et ses plaisirs ne viendront qu'après. Est-il absent, il prie ses amis d'agir pour lui......

Il veut, il lui faut une vengeance. Il n'épargnera rien pour l'obtenir. « Je vais dans la Sologne, à la piste de l'homme en question, mande-t-il de chez M. de la Feuillade à l'éternel Thiériot. Cependant j'ai chargé Demoulin de poursuivre continuellement l'affaire, afin que si je ne puis pas avoir raison par moi-même, la justice me la fasse [1]. »

En bon français, cela veut dire qu'il se battra et qu'il se fera peut-être tuer. L'on est très-peu disposé à prendre une telle déclaration au sérieux. Voltaire brave, cela paraît plus que paradoxal. Ses meilleurs amis ne croyent guère à son courage, et le marquis d'Argenson a dit de lui, sans entendre malice et par une dictinction qui, en définitive, a dans sa pensée le plus grand éloge : « Il y a longtemps qu'on a distingué le courage de l'esprit de celui du corps. On les trouve rarement réunis. Voltaire m'en est un exemple. Il a dans l'âme un courage digne de Turenne, de Moïse, de Gustave Adolphe ; il voit de haut, il entreprend, il ne s'étonne de rien ; mais il craint le moindre danger pour son corps, et est poltron avéré [2]. »

. . . .

On sait avec quelle lenteur tout se traitait alors : la justice et les gens de loi n'étaient alertes que pour vider la bourse des plaideurs : quant au reste, cela arrivait sur le tard, si le crédit de l'une des parties ne parvenait point à entraver

---

[1] *OEuvres complètes* (Beuchot), t. LI, p. 83, *Lettre de Voltaire à Thiériot*, au Bruel, 1722.

[2] Marquis d'Argenson, *Mémoires* (Jannet), t. V, p. 144. (Notes de l'auteur.)

l'affaire. Voltaire, à la fin de décembre, n'était guère plus avancé que le premier jour.....

Quelques mois après, les intrigues de madame de Prie [1], les tripotages de la Jonchère, dont on fit assumer la responsabilité au ministre, amenaient l'exil de M. Le Blanc à quatorze lieues de Paris, à Doux, près Coulommiers; et l'on nommait à sa place M. de Breteuil, le cousin germain de la docte Uranie (la marquise du Châtelet [2]). L'on avait fini par mettre la main sur Beauregard, qui se trouvait écroué au Châtelet. Pour le coup, Voltaire tient sa vengeance. « Je fais recommencer son procès et j'espère qu'il ne sortira pas de sitôt de prison. Il a des lettres de rappel qui pourront bien lui devenir inutiles, attendu que je ferai tous mes efforts pour le faire condamner à une peine plus conforme à son crime et aux lois, qu'un simple bannissement [3]. » Dix jours plus tard, il écrivit de rechef à la présidente : « Beauregard est toujours au Châtelet ; j'ai envie de le laisser là un peu de temps [4]. » A partir de ce moment, il n'est plus trace de cette affaire et l'on en est à savoir quand elle finit et comment elle finit. — GUSTAVE DESNOIRESTERRES. *La Jeunesse de Voltaire.* (Paris, Didier et Ce, 1871.)

[1] Femme galante, célèbre par son ambition, ses désordres et ses intrigues. Elle s'empoisonna, en 1727, à l'âge de 29 ans. (R. d'A.)

[2] Voltaire, *OEuvres complètes* (Beuchot), t. LI, p. 97. *Lettre de Voltaire à la présidente de Bernière;* ce samedi (juillet) 1723. — Marais, *Journal et Mémoires* (Didot), t. II, p. 472, 473, 474.

[3] Voltaire, *Lettres inédites* (Didier, 1857), t. 1, p. 23, 24. *Lettre de Voltaire à la présidente de Bernière;* à Maisons, ce 20 octobre 1723.

[4] Voltaire, *Lettres inédites* (Didier, 1857), t. I, p. 25, 26. *Lettre de Voltaire à madame de Bernière;* à Maisons, 30 octobre 1723. (Notes de l'auteur.)

CHAPITRE XII.

VOYAGE EN HOLLANDE AVEC MADAME DE RUPELMONDE[1]. — RUPTURE AVEC JEAN-BAPTISTE ROUSSEAU.

1722.

En 1722, Voltaire accompagna madame de Rupelmonde en Hollande[2]. Il voulait voir, à Bruxelles, Rousseau dont il plaignait les malheurs et dont il estimait le talent poétique. L'amour de son art l'emportait sur le juste mépris que le caractère de Rousseau devait lui inspirer. Voltaire le consulta sur son poëme de *la Ligue*, lui lut l'*Épître à Uranie*[3], faite pour madame de Rupelmonde, et premier monument de sa liberté de penser, comme de son talent pour traiter en vers et rendre populaires les questions de métaphysique ou de morale. De son côté, Rousseau lui récita une *ode à la Postérité*, « qui,

---

[1] Fille du maréchal d'Aligre, et veuve du comte de Rupelmonde, tué à Villa-Viciosa en 1710. A partir de ce moment, elle se montra plus que galante, d'après les vaudevilles et les chansons du temps. « A une âme pleine de candeur et à un penchant extrême à la tendresse, dit Duvernet (*Vie de Voltaire*), elle joignait une grande incertitude sur ce qu'elle devait croire. » Voltaire et elle s'étaient pris de quelque passion, et Voltaire avoua que l'amour se mit en tiers avec eux dans le voyage. Elle était née vers 1688, et mourut en 1752. (R. d'A.)

[2] En juin. Le voyage se fit à petites journées. En juillet, ils s'arrêtèrent à Cambrai où ils restèrent jusqu'au commencement de septembre. Après avoir passé à Bruxelles, ils allèrent à La Haye et à Amsterdam et ne furent de retour à Paris que vers la fin d'octobre. (R. d'A.)

[3] Ou *le Pour et le Contre*, composé d'abord sous le titre d'*Epître à Julie* ou à *Uranie*. (R. d'A)

comme Voltaire le lui dit alors, à ce qu'on prétend, ne devait pas aller à son adresse ; » et le *Jugement de Pluton*, allégorie satirique, et cependant aussi promptement oubliée que l'ode. Les deux poètes se séparèrent ennemis irréconciliables. Rousseau se déchaîna contre Voltaire, qui ne répondit qu'après quinze ans de patience. On est étonné de voir l'auteur de tant d'épigrammes licencieuses, où les ministres de la religion sont continuellement livrés à la risée et à l'opprobre, donner sérieusement pour cause de sa haine contre Voltaire, sa contenance évaporée pendant la messe, et l'*Épître à Uranie*[1]. Mais Rousseau avait pris le masque de la dévotion ; elle était alors

[1] « Je ne puis m'empêcher, dit Rousseau, de raconter ici de quelle manière je fus informé de son arrivée. M. le comte de Lannoy, que je trouvai à midi chez M. le marquis de Prié, me demanda ce que c'était qu'un jeune homme qu'il venait de voir à l'église des Sablons, et qui avait tellement scandalisé tout le monde par ses indécences durant le service, que le peuple avait été sur le point de le mettre dehors. J'appris le moment d'après, par un compliment de Voltaire, que c'était lui-même qui était arrivé dans la ville à minuit, et qui avait commencé à y signaler son arrivée par ce beau début. » (*Lettre* de 1736, dans Chaudon, 1re partie, p. 59 et suivantes.) — « Il est vrai, a répondu Voltaire, que j'accompagnai vers l'an 1720 (1722), une dame de la cour de France qui allait en Hollande. Rousseau peut dire, tant qu'il lui plaira, que j'allais à la suite de cette dame ; un domestique emploie volontiers les termes de son état ; chacun parle son langage. Nous passâmes par Bruxelles. Rousseau prétend que j'y entendis la messe très-indévotement, et qu'il apprit avec horreur cette indécence de la bouche de M. le comte de Lannoy, car il a toujours cité de grands noms sur des choses peu importantes. Je pouvais, en effet, avoir été un peu indévot à la messe. M. de Lannoy dit cependant que « Rousseau est un menteur qui se sert de son nom très mal à propos, pour dire une impertinence. » Je ne parlerai pas ainsi. Il se peut, encore une fois, que j'aie eu des distractions à la messe, j'en suis très-fâché. Mais, de bonne foi, est-ce à Rousseau de me le reprocher. » (*Aux auteurs de la Bibliothèque française*, 20 septembre 1746. — *OEuvres*, t. LII, p. 287 et suiv.) (R. d'A.)

un asile honorable pour ceux que l'opinion mondaine avait flétris, asile sûr et commode que malheureusement la philosophie, qui a fait tant d'autres maux, leur a fermé depuis sans retour. — CONDORCET. (*Vie de Voltaire.*)

CHAPITRE XIII.

VOLTAIRE A MAISONS. IL EST ATTEINT DE LA PETITE VÉROLE. — *Mariamne.* — LECTURE DE *la Henriade.* — *L'Indiscret.*

1723.

... Voltaire n'avait point à Paris de demeure fixe. Mal reçu chez son père [1], ou point reçu du tout, il trouvait l'hospitalité dans toutes les grandes maisons. La maréchale de Villars, qu'il aimait toujours inutilement, le recevait à la terre de Vaux, embellie par le fastueux et infortuné Fouquet. Le vieux maréchal, tantôt ennuyeux et tantôt charmant, était toujours précieux pour Voltaire. Les présidents de Bernières [2] et de Mai-

---

[1] Mort le 1ᵉʳ janvier 1722, âgé d'environ soixante-douze ans. Voltaire assista aux funérailles, avec son frère Armand et leur beau-frère Mignot, conseiller du Roi, correcteur en la Chambre des comptes. (R. d'A.)

[2] Ou plutôt la présidente, née Marguerite-Madeleine du Moustier, mariée à Henri Maignard, marquis de Bernière, président à mortier au Parlement de Rouen. C'est la présidente qui attirait Voltaire, soit à l'hôtel Bernière situé à Paris, au coin de la rue du Beaune et du quai, hôtel où devait mourir Voltaire en 1778, soit au château de la Rivière-Bourdet, en Normandie. (R. d'A.)

sons [1], se le disputaient, et le gardaient tantôt dans leurs terres, tantôt dans leurs hôtels à Paris. Le château de Maisons [2], près de Paris, était la résidence favorite de Voltaire. Le président y donnait des fêtes brillantes, ordonnées avec un goût parfait. L'élite des artistes et des gens de lettres s'y mêlaient avec les plus hauts personnages de l'État. Quand Voltaire avait composé quelque chose, il n'avait pas de plus noble public à craindre ou à espérer. Un jour [3] il était attendu à Maisons, où la société se trouvait déjà réunie. Il devait y lire sa tragédie de *Mariamne*, le cardinal de Fleury avait promis de paraître. Voltaire arriva souffrant, et fut obligé de se mettre au lit. Tout à coup une nouvelle terrible court la maison. Le docteur Gervasi, l'une des célébrités du temps, trouve à Voltaire la maladie la plus redoutée alors, la petite vérole. En moins de rien, le château fut presque désert, et Voltaire fut déclaré perdu. Il en revint miraculeusement, grâce à la méthode hardie et nouvelle du docteur, qu'il défendit ensuite avec force et succès [4]. Cette maladie avait beaucoup enlaidi Voltaire, et lui-même ne pouvait s'empêcher d'en rire. . . . .

. . . .

[1] Président à mortier, fils d'une sœur aînée de la maréchale de Villars, mort à 33 ans, le 13 septembre 1731. (R. d'A.)

[2] Cette magnifique demeure, bâtie sur les bords de la Seine et sur la lisière de la forêt de Saint-Germain, avait alors pour maître le jeune président de Maisons; il n'en reste plus que le corps principal, et elle fut achetée par le banquier Laflite, dont les successeurs ont morcelé le parc pour y bâtir de petites maisons de campagne. (R. d'A)

[3] Le 4 novembre 1723. (R. d'A.)

[4] « Il guérit, grâce au concours que l'amitié prêta à la science. Prévenu par mademoiselle Lecouvreur, Thiériot accourut en poste de la Rivière-

Un quolibet avait fait tomber *Mariamne*¹, et forcé l'auteur de changer le dénoûment. Voltaire ne perdit pas courage ; il courut s'enfermer à Maisons, et y mettre la dernière main à la

Bourdet (*a*), et se tint jusqu'au bout au chevet du malade, qui n'oublia jamais cet acte de dévouement. Le 15 (décembre 1723), Voltaire était hors de danger, et le 16 il faisait des vers. — Le 1ᵉʳ décembre, il fut en état d'être transporté à Paris. A peine était-il à deux cents pas du château, qu'une partie du plancher de sa chambre tombe tout enflammée. Les chambres voisines, les appartements qui étaient au-dessous, les meubles précieux dont ils étaient ornés, tout fut consumé par le feu. La cause de cet incendie était une poutre qui passait précisément sous la cheminée, et qui, embrasée peu à peu par la chaleur de l'âtre, communiqua le feu au reste. Le feu qui couvait depuis deux jours, n'éclata qu'un moment après le départ de Voltaire. C'était payer tristement ses frais d'hospitalité, et il s'en affligea ; mais il n'était point coupable, et le président eut la générosité de l'en consoler...» (L'abbé Maynard, *Voltaire, sa vie et ses œuvres*, (Ambroise Bray, 1868), t. I. (R. d'A.)

Piron adressa à Voltaire, sur sa convalescence, une épître en vers des plus élogieuses, datée de décembre 1723. Cette épître a été imprimée pour la première fois, et d'après le manuscrit autographe, à la suite du t. II, p. 521-525, des *Mémoires sur Voltaire et sur ses ouvrages*, par Longchamp et Wagnières, ses secrétaires. (Paris, Aimé André, 1826). En voici le début :

    Chacun s'étonne avec raison, Voltaire,
    Par quel bonheur la Mort vous a raté :
    Tout jeune corps d'esprit rare habité
    Ne vieillit point, du moins l'on en voit guère ;
    Hélas ! témoin le gentil La Faluère (*b*),
    Qui ja n'est plus et n'a qu'à peine été. (R. d'A.)

1 Au moment où Mariamne prenait des mains d'Hérode la coupe empoisonnée, un plaisant du parterre s'écria : « la Reine boit ! » Ce qui empêcha d'achever la pièce, qui fut représentée pour la première fois le 6 mars 1724.

(*a*) Campagne voisine de Rouen et qui appartenait à la présidente de Bernière. Voltaire y séjourna lors d'un voyage qu'il fit, dans la capitale de la Normandie, en cette même année 1723. (R. d'A.)
(*b*) La Faluère de Génonville, l'intime ami de Voltaire. (R. d'A.)

Henriade. Cela fait; il rassembla des juges et fit sa lecture. On loua beaucoup, on blâma beaucoup, et les critiques surtout furent sensibles à l'auteur; dans un moment de dépit, il jeta le manuscrit au feu. Le président Hénault brûla ses manchettes pour l'en tirer, et décida Voltaire à le revoir patiemment[1]. Tandis que le poète mettait ses conseils à profit, l'abbé Desfontaines se procurait une copie de l'ouvrage. Il y inséra des vers satiriques de sa façon, sans pouvoir gâter l'ensemble, et le publia à son profit sous le titre de la *Ligue*. Voltaire fut d'abord outré du vol, mais il eut bientôt de quoi s'en consoler.

Le 6 mars, dit M. l'abbé Maynard (*Voltaire, sa vie et ses œuvres*, t. I, p. 129), on donnait pour petite pièce, le *Deuil* : « C'est le *deuil* de la tragédie nouvelle. » s'écria quelqu'un; mot qui en décida la chute. Il en fut encore ainsi à la reprise. Le rôle de Varus était alors joué par un acteur fort laid. Au moment où le confident lui adressait ce vers :

Vous vous troublez, seigneur, et changez de visage,

« Laissez-le donc faire, cria-t-on, il ne peut que gagner au change (*a*). » (R. d'A.)

1 Suivant le président Hénault, cité par M. l'abbé Maynard (*Voltaire, sa vie et ses œuvres*, t. I, p. 148), ce n'est pas au château des Maisons, comme le dit Duvernet après Voltaire, c'est chez La Faye qu'eut lieu l'aventure : « Il s'éleva une dispute sur ce poème, raconte le président. Il y eut de l'aigreur, que Voltaire supporta assez patiemment. Mais La Faye, qui était fort gai, fit quelque mauvaise plaisanterie qui déconcerta Voltaire; et de dépit, il jeta ce livre au feu. Je courus après et le tirai du milieu des flammes, en disant que j'avais plus fait que ceux qui n'avaient pas brûlé l'*Enéide*, comme Virgile avait recommandé de le faire : j'avais tiré du feu la *Henriade*, que Voltaire allait brûler de sa propre main. Si je voulais j'ennoblirais cette action, en rappelant ce beau tableau de Raphaël, au Vatican, qui représente Auguste empêchant de brûler l'*Enéide*. Mais je ne suis point Auguste, et Raphaël n'est plus (*b*). » (R. d'A.)

(*a*) OEuvres. t. XLVIII, p. 322.
(*b*) *Mémoires*, Paris, 1855, p. 33. (Notes de M. l'abbé Maynard).

Le poëme avait un prodigieux débit. Voltaire était loué au-delà de ses espérances, et le sacrifice des manchettes était plus que justifié; mais le succès du poëme n'était pas sans péril. On parlait hautement d'une censure en Sorbonne. On refusa le privilége pour l'impression de l'ouvrage, et Louis XV n'en accepta point la dédicace. Le petit succès de la comédie de l'*Indiscret*[1] ne dédommagea pas Voltaire de ces désagréments. Quelques puissants que fussent ses amis, la religion et la royauté lui imposaient, et la plume ne pouvait pas être encore la souveraine puissance; d'ailleurs, la renommée de Voltaire et sa fortune avaient encore du chemin à faire, et le commerce des grands seigneurs l'en faisait quelquefois souvenir. — PHILARÈTE CHASLES. *Voltaire*, dans le *Plutarque français*. (Langlois et Leclerc, 1866), t. V.

[1] Dédiée à la marquise de Prie, et représentée pour la première fois le 1ᵉʳ août 1725. — Vers le milieu d'octobre de la même année, madame de Prie, qui avait obtenu du marquis de Livry qu'il lui cédât pour un temps son château de Bélébat, situé près de Fontainebleau, invita Voltaire à venir y passer quelques jours, et ce fut là qu'on improvisa la *Fête de Bélébat*, en l'honneur de deux nouveaux mariés, la marquise de Curzay et M. de Mauconseil, grand veneur du roi de Pologne. « Tous les vers, à beaucoup près, disent les éditeurs de Kehl dans leur avertissement, ne sont pas de Voltaire, et ceux qui sont de lui sont faciles à distinguer. » (R. d'A.)

CHAPITRE XIV.

OUTRAGES EXERCÉS SUR LA PERSONNE DE VOLTAIRE PAR LE CHEVALIER DE ROHAN.

Décembre 1725.

 La *Henriade*, *OEdipe* et *Mariamne* [1] avaient placé Voltaire bien au-dessus de ses contemporains et semblaient lui assurer une carrière brillante, lorsqu'un événement fatal vint troubler sa vie. Il avait répondu par des paroles piquantes au mépris que lui avait témoigné un homme de la cour, qui s'en vengea en le faisant insulter par ses gens, sans compromettre sa sûreté personnelle [2]. Ce fut à la porte de l'hôtel de Sulli, où il dînait, qu'il reçut cet outrage [3], dont le duc de Sulli ne daigna témoigner aucun ressentiment, persuadé sans doute que les descendants des Francs ont conservé droit de vie et de mort sur ceux des Gaulois [4]. Les lois furent muettes; le Parlement

---

 1 *Mariamne* avait été représentée le 6 mars 1724. (R. d'A.)

 2 Le président Hénault et le maréchal de Villars sont d'accord pour faire passer ce conflit à la Comédie Française et devant mademoiselle Lecouvreur. Cet homme de la cour était Guy-Auguste de Rohan-Chabot, dit le chevalier de Rohan. Il avait alors 43 ans. (R. d'A.)

 3 Des coups de bâton distribués par les gens du noble chevalier, tandis que celui-ci surveillait dans une voiture, à portée de donner ses ordres. A la nouvelle de cet odieux attentat, le prince — de Conti dit que les coups de bâton étaient bien reçus et mal donnés, et le prince de Conti avait, à l'apparition d'*OEdipe*, adressé des vers à Voltaire où il le plaçait entre Corneille et Racine! (R. d'A.)

 4 « Il (Voltaire) avait fait de M. de Rosny, dit le président Hénault, le Mentor de sa *Henriade;* et M. de Sully était son protecteur déclaré... Il

de Paris, qui a puni ou fait punir de moindres outrages lorsqu'ils ont eu pour objet quelqu'un de ses subalternes, crut ne rien devoir à un simple citoyen qui n'était que le premier homme de lettres de sa nation, et garda le silence.

Voltaire voulut prendre les moyens de venger l'honneur outragé, moyens autorisés par les mœurs des nations modernes et proscrits par leurs lois : la Bastille [1] et, au bout de six mois l'ordre de quitter Paris, furent la punition de ses premières démarches. Le cardinal de Fleuri n'eut pas même la petite politique de donner à l'agresseur la plus légère marque de mécontentement [2]. Ainsi, lorsque les lois abandonnaient les citoyens, le pouvoir arbitraire les punissait de chercher une vengeance que ce silence rendait légitime, et que les principes de l'honneur prescrivaient comme nécessaire. Nous osons croire que de notre temps la qualité d'homme serait plus respectée, que les lois ne seraient plus muettes devant le ridicule

---

demanda justice à M. de Sully qui n'en tint compte ; et Voltaire se la fit à sa manière, en substituant, dans son poëme, le nom de Mornay à celui de Rosny... » (R. d'A.)

[1] Il y fut incarcéré le 17 avril 1726, et en sortit dans les premiers jours de mai de la même année pour être conduit en Angleterre, car telle était la volonté du roi et celle du premier ministre, le duc de Bourbon, plus connu sous le nom de *Monsieur le Duc*. On a prétendu, non sans raison, que la jalousie de ce ministre ne fut pas étrangère à l'arrestation de Voltaire. Le brave chevalier de Rohan, pour se débarrasser de Voltaire, qui faisait des pieds et des mains pour arriver à se battre avec lui, aurait charitablement averti le prince de la grande intimité qui régnait entre Mme de Prie, sa maîtresse, et le poète. (R. d'A.)

[2] Condorcet, fait observer ici M. G. Desnoiresterres, se trompe doublement : Fleury, qu'il appelle cardinal, ne le fut qu'en septembre, et il ne fut ministre également qu'au mois de juin, époque de la disgrâce de M. le Duc. (R. d'A.)

préjugé de la naissance, et que, dans une querelle entre deux citoyens, ce ne serait pas à l'offensé que le ministère enlèverait sa liberté et sa patrie.

Voltaire fit encore à Paris un voyage secret et inutile; il vit trop qu'un adversaire qui disposait à son gré de l'autorité ministérielle et du pouvoir judiciaire, pourrait également l'éviter et le perdre. Il s'ensevelit dans la retraite et dédaigna de s'occuper plus longtemps de sa vengeance, ou plutôt il ne voulut se venger qu'en accablant son ennemi du poids de sa gloire, en le forçant d'entendre répéter, au bruit des acclamations de l'Europe, le nom qu'il avait voulu avilir.

L'Angleterre fut son asile. — CONDORCET. *(Vie de Voltaire.)*

CHAPITRE XV.

VOLTAIRE A LONDRES.
1726-1729.

.... Voltaire, fuyant la Bastille et la France, arrive à Londres au mois d'août 1726.

Accueilli par des amis de Bolingbroke, il se retira d'abord à Wandsworth, à deux lieues de Londres, dans la maison d'un riche négociant, M. Falkener, à qui, dans la suite, il dédia *Zaïre*. Ce fut là qu'il vécut pendant deux années dans l'étude des lettres anglaises et le commerce des hommes les plus célèbres du temps. Malheureusement, il y eut alors lacune dans cette correspondance infatigable, le plus curieux et le plus piquant de ses ouvrages. On ne peut assez regretter que pendant ce long séjour, il ait à peine écrit trois ou quatre fois à ses amis de France. Que de choses il eut dites qui ne sont pas même dans ses *Lettres philosophiques* sur les Anglais et qu'il faut chercher jusqu'à la fin de sa vie, dans les réminiscences quelquefois un peu effacées qui remplissent ses derniers écrits ! car ce voyage, ce noviciat anglais, a puissamment agi sur tout Voltaire. Son imagination en resta colorée d'une teinte plus libre et plus vive, et sa raison en devint plus hardie. Les études qu'il fit alors se retrouvent partout dans l'histoire de son génie. S'il en rapporta d'abord des formes de tragédie et de poésie morale, bien des années après, il y puisait la maligne philosophie de ses *Contes* et l'érudition de ses pamphlets sceptiques.

.... Voltaire ne parait guère avoir bougé de la fumée de Londres et de sa banlieue : il n'y a trace dans ses souvenirs des beaux sites d'Angleterre et d'Ecosse. Quant à la constitution politique du pays, il n'en rendit qu'un compte fort sommaire, pour s'en moquer autant que pour la louer. Que fait-il donc à Londres pendant deux ans ? Que rapporta-t-il avec lui ? Ce qui fut son caractère, son privilège, ce qui manquait à l'Europe du continent, la liberté de penser, loin de cette fausseté convenue que le préjugé, l'habitude, l'étiquette de cour, l'esprit de corps, maintenaient en France. C'est par là que l'Angleterre le frappa dans ses théâtres, ses livres, ses sermons, ses journaux ; c'est par là que cet esprit élégant se complût à la foule d'originaux dont l'Angleterre abondait à ses yeux, et qui choquaient d'abord son goût délicat et moqueur.

Le mouvement, la vie d'une société libre, voilà ce qu'il avait entrevu dans l'activité d'Amsterdam, et ce qu'il retrouvait avec délices, sous une forme plus brillante, dans le luxe et la richesse de Londres. Il n'y vit pas la cour, cependant Bolingbroke, son ami, était le chef d'une opposition à demi-*jacobite*, demi-républicaine, qui luttait contre l'ascendant habile et corrupteur de Walpole. Voltaire sortit peu de ce cercle dont il aimait les hardis entretiens, sans partager ses passions. Il vit Congreve, et s'indigna de le trouver plus gentilhomme que poète, et plus flatté de ses exploits publics que de ses anciens succès au théâtre. Il rechercha Pope, et surtout étudia ses écrits.

... Les deux poètes se virent, mais la gaieté caustique et prudente du poète anglais goûta peu la fougue brillante et la gaieté de Voltaire. Un jour, à table chez Pope, Voltaire ayant plaisanté sur le catholicisme, Pope, qui versifiait les idées de Bolingbroke, sans être incrédule comme lui, se leva d'impatience et sortit avec humeur. Le bruit se répandit que ce jeune Arouet, qui parlait si étourdiment et si haut, avait quelque mission secrète du ministère de France, et qu'il fallait s'en défier. Il n'en était rien. Le cardinal de Fleury ne l'eut pas choisi pour agent ; et Voltaire, qui aimait fort les affaires d'État, n'eut jamais de mission qu'auprès du roi de Prusse. Mais on conçoit sans peine que l'intimité de Bolingbroke, suspect par tant de rôles qu'il avait joués, et cette alternative de faveur et de disgrâce qu'avait éprouvée Voltaire, pouvait jeter quelque doute sur lui.

Voltaire, d'ailleurs, prêtait à ces calomnies par une certaine affectation de crédit à la cour de France. On le vit, à la même époque, offrir à Swift, qui voulut visiter Paris, une lettre de recommandation pour notre ministre des affaires étrangères, M. de Morville, personnage fort oublié, que Voltaire, dans cette lettre, accable de louanges en lui adressant le malin auteur de *Gulliver*.

Retenu par Bolingbroke, Swift ne partit pas ; et Voltaire, qui ne négligeait rien, le pria bientôt à son tour de recommander en Irlande son poëme de la *Ligue*, qu'il réimprimait sous le titre de *Henriade*. Il lui écrivait pour cela de jolies lettres, en assez bon anglais, et lui envoyait dans la même langue son *Essai sur les guerres civiles en France*.

Je ne sais si la *Henriade* eut de nombreux souscripteurs en Irlande, mais parmi la haute société de Londres, cette publication fut très-favorisée ; et Voltaire, qui, avec son goût habituel d'entreprises financières, venait d'aventurer beaucoup d'argent sur la mer du Sud, se vit dédommagé par sa *spéculation épique*.

Ce qui valait mieux pour le poëte, c'était l'inspiration qu'il recevait de l'Angleterre. Avec l'esprit de liberté, il voyait partout à Londres le sentiment de la dignité des sciences et le respect des lumières. Il faut en convenir, les minces faveurs que le talent et la gloire pouvaient obtenir en France, une invitation à Fontainebleau, une pension sur la cassette, une place à l'Académie, tout cela devait paraître peu de chose à Voltaire, en comparaison des récents souvenirs du ministère d'Addison, de la diplomatie de Prior et de l'influence de Swift.

Pendant son voyage même, Voltaire avait pu voir un autre exemple des grands honneurs que l'Angleterre réservait au génie. Newton mourut le 20 mars 1727. Après que son corps eût été exposé aux flambeaux sur un lit de parade comme le corps d'un souverain, on le porta dans la sépulture royale de Westminster, suivi d'un immense cortége où marchaient les plus grands seigneurs d'Angleterre, le chancelier, les ministres, et qu'entourait le respect public. Voltaire qui, dès lors, étudiait les grandes découvertes de Newton, en même temps que le théâtre anglais, fut sans doute frappé de ce glorieux spectacle et de cette apothéose décernée au génie par la main d'un peuple éclairé. On ne peut douter même qu'il n'ait gardé souvenir des beaux vers que fit alors le poëte Thomson pour honorer la mémoire de Newton ; on y trouve la première pensée, et pour ainsi dire, l'accent de la belle épître à madame du Châtelet ; et on conçoit sans peine que, tout ému de ces funérailles de Newton, il ait jeté dans sa *Henriade* la magnifique explication du système du monde.

. . . .

.....Londres était pour lui une Athènes un peu sérieuse, où il puisait la force et l'étendue des connaissances plutôt que le goût et la grâce ; mais quel trésor d'idées et d'images s'ouvrait devant lui ! Quel nouvel élan pour cet esprit si libre ! Il n'est aucun écrit de Voltaire où l'on ne trouve la marque de ces trois années de séjour à Londres. Nulle part sa vie ne fut plus laborieuse, plus affranchie du monde, plus occupée de réflexions et d'études : « Je mène la vie d'un rose-croix, écrivait-il, toujours ambulant, toujours caché. » Son *grand'œuvre*, c'était de former, d'exercer ce génie si varié, érudit, léger, historique, sceptique, dramatique, fait pour animer et dominer l'Europe. Pas un moment perdu ; il refaisait la *Henriade*, tout en lisant Newton ; d'un entretien métaphysique de Bolingbroke, d'une lecture de Pope ou de Swift, il allait aux pièces de Shakespeare méditer ce pathétique terrible, qu'il appelait *barbare*, et dont il reporta l'émotion dans son élégant théâtre. Il étudia donc Milton et Butler, le sublime et le burlesque anglais, et méditait l'esprit encyclopédique dans Bacon. Il s'inquiétait peu du parlement, alors fermé au public ; mais parfois, quittant sa solitude de Wandsworth, il se glissait dans quelqu'une des réunions de sectaires, communes à Londres, et dont l'enthousiasme un peu bizarre amusait son incrédulité.

Au milieu de cette vie de poëte et d'observateur, Voltaire entrevoit avec joie l'occasion de rentrer en France. Sa moisson était faite. S'il aimait la liberté anglaise, il voulait la France pour y vivre, pour y être applaudi, en dépit de la censure et de la Bastille. Un nouveau ministre, le jeune Maurepas, leva la défense qu'un caprice avait fait mettre; et Voltaire accourait à Paris avec l'édition de la *Henriade*, et vingt projets d'ouvrages, rêvant ses *Lettres philosophiques*, ses *Eléments de Newton*, *Brutus*, *Zaïre*, la *Mort de César*, et tout le XVIII⁰ siècle. — VILLEMAIN, *Cours de littérature française.* — *Tableau de la littérature au XVIII⁰ siècle.* (Paris, Didier et C⁰, 1876), t. I.

CHAPITRE XVI.

RETOUR DE VOLTAIRE EN FRANCE ET DANS SES PENSIONS.
1729.

Voltaire rentra en France dans les premiers mois de 1729, et il y rentra avant l'expiration de son arrêt d'exil. Aussi, pendant quelques jours se cacha-t-il en banni, rôdant autour de la capitale, en faisant le siége, jusqu'à ce que les portes lui en fussent ouvertes par le ministère. Le 10 mars, il écrivait à Thieriot, en anglais : « Avant que je puisse me cacher à Paris, je m'arrêterai quelques jours dans un village voisin de la capitale; il est vraisemblable que je m'arrêterai à Saint-Germain, et je compte y arriver avant le 15. C'est pourquoi, si vous m'aimez, préparez-vous à venir m'y trouver au premier appel. » C'est à Saint-Germain, en effet, qu'il s'établit d'abord, chez un perruquier appelé Châtillon, y gardant sous le nom de *Sansons*, le plus strict incognito, et ne donnant son adresse qu'aux amis indispensables. Le 25 mars, il offrait à Thieriot un « trou dans cette baraque, » qu'il le priait d'accepter avec un mauvais lit et une chère simple et frugale. Le 29, il lui donnait rendez-vous à Paris, chez Dubreuil, « dans le cloître du bien heureux Saint Médéric, » puis dans une vilaine maison de la rue Traversière, chez M. de Mayenville, conseiller-clerc....

Là, il vit le duc de Richelieu, à qui il permit de dire à un de ses protecteurs, Pallu, maître des requêtes, « qu'il lui avait apparu comme un fantôme. » Peu rassuré à Paris, où il n'était toujours qu'en rupture de ban, il retourna à Saint-Germain [1]. Cédant aux remontrances de Richelieu, de Pallu et de Thieriot, qui le pressaient d'obtenir un *warrant* [2] signé Louis, il écrivit le 7 avril, « au vizir Maurepas, pour qu'il lui laissât traîner sa chaîne à Paris. » Sa requête fut admise, et, à peine rentré légalement dans sa patrie, il s'occupa de rentrer aussi dans ses rentes et pensions [3]. Il envoya à Thieriot la patente de la pension que lui faisait la reine, trouvant juste qu'elle lui en daignât faire payer quelques années, « puisque monsieur son mari lui avait ôté ses rentes contre le droit des gens. » — M. L'ABBÉ MAYNARD, *Voltaire, sa vie et ses œuvres*. (Ambroise Bray, 1868), T. 1.

---

[1] *Recueil* de 1820, p. 204-220. La lettre datée de Saint-Germain, le 2 mars ne peut être que du 12, puisque le 10 Voltaire n'était pas encore établi à Saint-Germain. (Note de l'auteur.)

[2] Mot qui, dans la législation anglaise, signifie prise de corps, mandat d'amener. (R. d'A.)

[3] On lit cependant le passage suivant dans le *Commentaire historique:* « Il (Voltaire) avait eu long-temps auparavant une pension du roi de deux mille livres, et une de quinze cents francs de la reine, mais il

CHAPITRE XVII.

Brutus. — VOLTAIRE ASPIRE A L'ACADÉMIE. — *La Mort de César.* — *L'Elégie sur la mort de Mlle Lecouvreur.* — FUITE EN NORMANDIE. — *Charles XII.* — *Eryphile.* — *Zaïre.* — *Adélaïde Duguesclin.* — *Le duc de Foix.* — *Le Temple du Gout.* — Les *Lettres philosophiques* ET LES *Remarques sur Pascal.* — POURSUITES. — FUITE DE VOLTAIRE A MONJEU ET EN HOLLANDE. — L'*Epitre à Uranie.* — VOLTAIRE CHANGE DE VIE. — ACCROISSEMENT DE SA FORTUNE. — L'EXCELLENT USAGE QU'IL EN FAIT.

1730-1735.

La tragédie de *Brutus* (11 décembre 1730), fut le premier fruit de son voyage en Angleterre.

Depuis *Cinna*, notre théâtre n'avait point retenti des fiers accents de la liberté; et dans *Cinna* ils étaient étouffés par ceux de la vengeance....

n'en sollicita jamais le paiement. » (Ed{on} de Khel, t. XLVIII, p. 135.) Wagnière, dans ses *Additions*, dit, à la suite de ce passage : « Dès que le duc de Choiseul fut entré dans le ministère, il fit, à l'insu de M. de Voltaire, qu'il ne connaissait pas personnellement, renouveler le brevet de cette pension du roi, et le lui envoya ; mais M. de Voltaire n'a jamais voulu la toucher. Pendant les vingt-six dernières années de sa vie, il n'a retiré aucune pension de personne ; au contraire, il en faisait lui-même plusieurs, et, entre autres, une au nommé Jore, ancien libraire, son ennemi, qui lui avait intenté autrefois (en 1734) un procès cruel. Je la lui ai fait tenir à Milan jusqu'à sa mort. » (*Mémoires sur Voltaire et sur ses ouvrages*, par Longchamp et Wagnière, ses secrétaires. (Paris, Aimé André, 1826.) T. I, p. 30.) (R. d'A.)

Voltaire crut alors pouvoir aspirer à une place à l'Académie Française, et on pouvait le trouver modeste d'avoir attendu si longtemps : mais il n'eut pas même l'honneur de balancer les suffrages. Le Gros de Boze prononça, d'un ton doctoral, que Voltaire ne serait jamais un personnage académique.

Ce de Boze, oublié aujourd'hui, était un de ces hommes qui, avec un peu d'esprit et une science médiocre, se glissent dans les maisons des grands et des gens en place et y réussissent parce qu'ils ont précisément ce qu'il leur faut pour satisfaire la vanité d'avoir chez soi des gens de lettres, et que leur esprit ne peut ni inspirer la crainte ni humilier l'amour-propre. De Boze était d'ailleurs un personnage important, il exerçait alors à Paris l'emploi d'inspecteur de la librairie, que, depuis, la magistrature a usurpé sur les gens de lettres, à qui l'avidité des hommes riches ou accrédités ne laisse que les places dont les fonctions personnelles exigent des lumières et des talents.

Après *Brutus*, Voltaire fit la *Mort de César*, sujet déjà traité par Shakespeare, dont il imita quelques scènes en les embellissant. Cette tragédie ne fut jouée qu'au bout de quelques années, et dans un collége [1]. Il n'osait risquer sur le théâtre une pièce sans amour, sans femmes, et une tragédie en trois actes ; car les innovations importantes ne sont pas toujours celles qui soulèvent le moins les ennemis de la nouveauté...

---

[1] Au collége d'Harcourt, en 1735. « Savez-vous, écrivait-il le 24 *auguste* 1735, à l'abbé d'Olivet, que j'ai fait jouer depuis peu, au collége d'Harcourt, une certaine *Mort de César*, tragédie de ma façon où il n'y a point de femmes ; mais il y a quelques vers tels qu'on en fesait il y a soixante ans. J'ai grande envie que vous voyiez cet ouvrage. Il y a de la férocité romaine. Nos jeunes femmes trouveraient cela horrible ; on ne reconnaîtrait pas l'auteur de la tendre Zaïre.... » (R. d'A.)

On ne voulut point permettre d'imprimer la *Mort de César*. On fit un crime à l'auteur des sentiments républicains répandus dans sa pièce ; imputation d'autant plus ridicule que chacun parle son langage, que Brutus n'en est pas plus le héros que César ; que le poëte, dans un genre purement historique, en traçant ses portraits d'après l'histoire, en a conservé l'impartialité. Mais, sous le gouvernement à la fois tyrannique et pusillanime du cardinal de Fleuri, le langage de la servitude était le seul qui pût paraitre innocent.

Qui croirait aujourd'hui que l'élégie sur la *Mort de Mlle Lecouvreur* [1], ait été pour Voltaire le sujet d'une persécution sérieuse qui l'obligea de quitter la capitale, où il savait

---

1 Elle mourut en 1730. Voltaire, qui avait assisté à son agonie, écrivait à Thiériot, le 1er juin 1731 : « Vous savez que je vous envoyai, il y a environ un mois quelques vers sur la mort de mademoiselle Lecouvreur, remplis de la juste douleur que je ressens encore de sa perte, et d'une indignation peut-être trop vive sur son enterrement, mais indignation pardonnable à un homme qui a été son admirateur, son ami, son *amant*, et qui, de plus, est poète... (Voltaire, *OEuvres complètes* (Beuchot), t. LI, p. 213-214.). Voici ces vers :

> Que vois-je ! quel objet ! quoi ! ces lèvres charmantes,
> Quoi ! ces yeux, d'où partaient ces flammes éloquentes,
> Eprouvent du trépas les livides horreurs !
> Muses, Grâces, Amours, dont elle fut l'image.
> O mes dieux et les siens, secourez votre ouvrage !
> Que vois-je ! c'en est fait, je t'embrasse et tu meurs !
> Tu meurs ! on sait déjà cette affreuse nouvelle ;
> Tous les cœurs sont émus de ma douleur mortelle.
> J'entends de tous côtés les beaux arts éperdus
> S'écrier en pleurant : « Melpomène n'est plus. »
>   Que direz-vous, race future,
> Lorsque vous apprendrez la flétrissante injure
> Qu'à ces arts désolés font des hommes cruels ?
>   Ils privent de la sépulture
> Celle qui dans la Grèce aurait eu des autels.
> Quand elle était au monde, ils soupiraient pour elle ;
> Je les ai vus soumis, autour d'elle empressés :

qu'heureusement l'absence fait tout oublier, même la fureur de persécuter[1]!

. . . .

Sitôt qu'elle n'est plus, elle est donc criminelle !
Elle a charmé le monde, et vous l'en punissez !
Non, ces bords désormais ne seront plus profanes : (a)
Ils contiennent ta cendre, et ce triste tombeau,
Honoré par nos chants, consacré par tes mânes,
  Est pour nous un temple nouveau.
Voilà mon Saint-Denis ; oui, c'est là que j'adore
Tes talents, ton esprit, tes grâces, tes appâs ;
Je les aimai vivants, je les encense encore,
  Malgré les horreurs du trépas,
  Malgré l'erreur et les ingrats,
Que seuls de ce tombeau l'opprobre déshonore.
Ah ! verrai-je toujours ma faible nation,
Incertaine de ses vœux, flétrir ce qu'elle admire ;
Nos mœurs avec nos lois toujours se contredire,
Et le Français volage endormi sous l'empire
  De la superstition ?
  Quoi ! n'est-ce donc qu'en Angleterre
  Que les mortels osent penser ?
O rivale d'Athènes ! O Londres ! heureuse terre,
Ainsi que les tyrans, vous avez su chasser
Les préjugés honteux qui vous livraient la guerre.
C'est là qu'on sait tout dire et tout récompenser ;
Nul art n'est méprisé, tout succès a sa gloire.
Le vainqueur de Tallard, le fils de la victoire,
Le sublime Dryden, et le sage Addison,
Et la charmante Ophils (b), et l'immortel Newton,
  Ont part au temple de Mémoire :
Et Lecouvreur à Londre aurait eu des tombeaux
Parmi les beaux esprits, les rois et les héros.
Quiconque a des talents à Londre est un grand homme.
  L'abondance et la liberté
Ont, après deux mille ans, chez vous ressuscité
  L'esprit de la Grèce et de Rome.
Des lauriers d'Apollon, dans nos stériles champs,
La feuille négligée est-elle donc flétrie ?
Dieux ! pourquoi mon pays n'est-il plus la patrie
  Et de la gloire et des talents ? (R. d'A.)

[1] « Voltaire lui-même sentait si bien le danger de sa pièce, dit M. l'abbé

(a) Enlevée la nuit dans un fiacre, elle fut enterrée sur le bord de la Seine, près le Pont-Royal ; d'après une autre version, à l'angle actuel de la

(b) Fameuse actrice, mariée à un seigneur d'Angleterre. (R. d'A.)

... Dans le pays où l'art du théâtre a été porté au plus haut degré de perfection, les acteurs, à qui le public doit le plus noble de ses plaisirs, condamnés par la religion, sont flétris par un préjugé ridicule.

Voltaire osa les combattre. Indigné qu'une actrice célèbre, longtemps l'objet de l'enthousiasme, enlevée par une mort prompte et cruelle, fût, en qualité d'excommuniée, privée de la sépulture, il s'éleva et contre la nation frivole qui soumettait lâchement sa tête à un joug honteux, et contre la pusillanimité des gens en place qui laissaient tranquillement flétrir ce qu'ils avaient admiré. Si les nations ne se corrigent guère, elles souffrent du moins les leçons avec patience. Mais les prêtres, à qui les parlements ne laissaient plus excommunier que les sorciers et les comédiens, furent irrités qu'un poëte osât leur disputer la moitié de leur empire, et les gens en

---

Maynard, qu'il mit beaucoup de réserve à en donner des copies, et qu'il ne la livra qu'en 1731 aux instances de Thieriot. Mais, si rares qu'elles fussent, les copies avaient couru, et on réclama auprès du garde des sceaux. Voltaire prévint les poursuites, et fit répandre le bruit qu'il était retourné en Angleterre. En réalité, il s'était réfugié en Normandie, où il allait s'occuper de la publication de son *Charles XII*, et d'un ouvrage plus dangereux que l'apothéose d'Adrienne Lecouvreur, ses *Lettres philosophiques*. » —Voltaire. *Sa vie et ses œuvres.* (Ambroise Bray, 1868.) T. I. (R. d'A.)

rue de Grenelle et de la rue de Bourgogne. — Mademoiselle Aïssé, dans sa XVII° lettre à madame Calandrini (1727), entre dans les plus grands détails sur la maladie et la mort de la Lecouvreur, qu'elle attribue à un empoisonnement, dont la duchesse de Bouillon, sa rivale, serait l'auteur. Elle termine sa lettre par ces mots : « Vous pouvez être assurée de tout ce que je viens de vous conter ; je le tiens d'un ami de la Lecouvreur. » Mais Voltaire, qui, comme on le sait, a annoté les *Lettres* de la belle et célèbre Circassienne, proteste immédiatement en ces termes : « Elle (Mlle Lecouvreur) mourut entre mes bras d'une inflammation d'entrailles ; et ce fut moi qui la fis ouvrir. Tout ce que dit mademoiselle Aïssé, sont des bruits populaires, qui n'ont aucun fondement. » — V. *Lettres de mademoiselle Aïssé.* (Paris, Chamerot jeune, 1823), p. 144-153. (R. d'A.)

place ne lui pardonnaient point de leur avoir reproché leur indigne faiblesse.

Voltaire sentit qu'un grand succès au théâtre pouvait seul, en lui assurant la bienveillance publique, le défendre contre le fanatisme... Voltaire donna donc *Eriphyle*, qui ne remplit point son but [1] ; mais loin de se laisser abattre par ce revers, il saisit le sujet de *Zaïre*, en conçoit le plan, achève l'ouvrage en dix-huit jours, et elle paraît sur le théâtre quatre mois après *Eriphyle* [2].

Le succès passa ses espérances. Cette pièce est la première où, quittant les traces de Corneille et de Racine, il ait montré un art, un talent et un style qui n'étaient plus qu'à lui... Elle fut suivie d'*Adélaïde du Guesclin* (18 janvier 1734), également

---

[1] Représentée le 7 mars 1732, *Ériphyle* fut accueillie froidement, et le cinquième acte fut sifflé. Voltaire n'osa même pas la donner au public, et il en fit *Sémiramis*. Ce n'est qu'après la mort de l'auteur, et sur un manuscrit conservé par Lekain, que les éditeurs de Kehl ont imprimé leur *Eriphyle*. Beuchot a donné une version nouvelle d'après un autre manuscrit, ayant appartenu à Longchamp, le valet de chambre de Voltaire. — Voltaire fit jouer, à la même époque, c'est-à-dire en 1732, chez madame de Fontaine-Martel, dont il était alors l'hôte, une charmante comédie de société, en trois actes et en prose, qui n'a jamais été représentée sur un théâtre public : *Les Originaux* ou *Monsieur du Cap-Vert*. Elle s'est aussi appelée le *Capitaine Boursoufle*, le *Grand Boursoufle*. Ce dernier titre l'a fait confondre avec une autre comédie de société, *L'Echange*, qui fut représenté, sous le titre du *comte de Boursoufle*, à Cirey, chez la marquise du Châtelet, en 1734. — Signalons encore une autre œuvre de Voltaire, qui date aussi de 1732 : *Samson*, opéra en cinq actes, mis en musique par Rameau. On était près de le jouer lorsque la cabale en empêcha la représentation. (R. d'A.)

[2] Voltaire avait composé, l'année précédente, *Tanis et Zélide* ou les *Rois pasteurs*, opéra non représenté, et qui ne fut même publié qu'après sa mort. (R. d'A.)

fondée sur l'amour, et où, comme dans *Zaïre*, des héros français, des événements de notre histoire, rappelés en beaux vers, ajoutaient encore à l'intérêt ; mais c'était le patriotisme d'un citoyen qui se plaît à rappeler des noms respectés et de grandes époques, et non ce patriotisme d'antichambre, qui depuis a tant réussi sur la scène française.

Adélaïde n'eut point de succès. Un plaisant du parterre avait empêché de finir *Mariamne ;* un autre fit tomber *Adélaïde*, en répondant : *Coussi, Coussi*, à ce mot si noble, si touchant de Vendôme : *Es-tu content, Coucy ?*

Cette même pièce reparut sous le nom du *Duc de Foix* (17 août 1752), corrigée moins d'après le sentiment de l'auteur que sur le jugement des citoyens ; elle réussit mieux... On prétend que le *Temple du Goût* (mars 1733)[1] nuisit beaucoup au succès d'*Adélaïde*.

. . . .

Dans sa retraite, Voltaire avait conçu l'heureux projet de faire connaître à sa nation la philosophie, la littérature, les opinions, les sectes de l'Angleterre, et il fit ses *Lettres sur les Anglais*[2]... La publication de ces *Lettres* (1734) excita une persécution dont, en les lisant aujourd'hui, on aurait peine à concevoir l'acharnement..... Il y examinait quelques passages des *Pensées* de Pascal, ouvrage que les Jésuites mêmes étaient obligés de respecter malgré eux, comme ceux de Saint-Augustin ; on fut scandalisé de voir un poète, un laïque, oser juger Pascal[3]. Il semblait qu'attaquer le seul des défenseurs

---

[1] En 1732, il avait fait paraître un autre poëme, le *Temple de l'Amitié*. (R. d'A.)

[2] Ou *Lettres anglaises*, connues depuis sous le nom de *Lettres philosophiques*. (R. d'A.)

[3] *Remarques sur les Pensées de Pascal*. (R. d'A.)

de la religion chrétienne qui eût auprès des gens du monde la réputation d'un grand homme, c'était attaquer la religion même, et que ses preuves seraient affaiblies si le géomètre, qui avait promis de se consacrer à sa défense, était convaincu d'avoir mal raisonné.

Le clergé demanda la suppression des *Lettres sur les Anglais*, et l'obtint par un arrêt du Conseil... Le Parlement brûla le livre, suivant un usage jadis inventé par Tibère, et devenu ridicule depuis l'invention de l'imprimerie ; mais il est des gens auxquels il faut plus de trois siècles pour commencer à s'apercevoir d'une absurdité.

Toute cette persécution s'exerçait dans le temps même où les miracles du diacre Pâris et ceux du père Girard couvraient les deux partis de ridicule et d'opprobre. Il était juste qu'ils se réunissent contre un homme qui osât prêcher la raison. On alla jusqu'à ordonner des informations contre l'auteur des *Lettres philosophiques*. Le garde des sceaux [1] fit exiler Voltaire, qui, alors absent, fut averti à temps, évita les gens envoyés pour le conduire au lieu de son exil, et aima mieux combattre de loin et d'un lieu sûr [2]. Ses amis [3] prouvèrent qu'il n'avait pas manqué à sa promesse de ne point publier ses *Lettres* en France, et qu'elles n'avaient paru que par l'in-

---

[1] De Chauvelin. (R. d'A.)

[2] Prétextant le mariage du duc de Richelieu avec mademoiselle de Guise, Voltaire s'était enfui, le 7 avril 1734, à Monjeu, près d'Autun. Les fêtes nuptiales furent troublées par l'arrivée d'un exempt envoyé pour saisir Voltaire. Le poète échappa, et, après avoir vécu successivement à Bâle, à Cirey, en Hollande, il ne put revenir à Paris que grâce à la permission qui lui en fut accordée par le garde des sceaux (mars 1735). (R. d'A.)

[3] D'Argental, Moncrif, l'abbé de Rothelin, le maréchal de Matignon, la duchesse de Richelieu, etc. (R. d'A.)

fidélité d'un relieur [1]. Heureusement le garde des sceaux était plus zélé pour son autorité que pour la religion, et beaucoup plus ministre que dévot. L'orage s'apaisa, et Voltaire eut la permission de reparaître à Paris.

Le calme ne dura qu'un instant. L'*Épître à Uranie*, jusqu'alors renfermée dans le secret, fut imprimée ; et, pour échapper à une persécution nouvelle, Voltaire fut obligé de la désavouer et de l'attribuer à l'abbé de Chaulieu, mort depuis plusieurs années [2]. Cette imputation lui faisait honneur comme poète, sans nuire à sa réputation de chrétien.

La nécessité de mentir pour désavouer un ouvrage, est une extrémité qui répugne également à la conscience et à la noblesse du caractère ; mais le crime est pour les hommes injustes qui rendent ce désaveu nécessaire à la sûreté de celui

---

[1] Le 5 juin 1734, Voltaire écrivait à son ami de Formont : « ... J'apprends qu'un nommé René Josse fesait encore une édition de ce livre (Les *Lettres*), laquelle a été découverte. Ce René Josse a été dénoncé à Demoulin (a) par François Josse son parent. Ce François Josse a bien l'air d'avoir fait lui-même, de concert avec son cousin René, l'édition qui a fait tant de vacarme. Il y a grande apparence que ce François Josse, qui a eu entre les mains un des trois exemplaires que j'avais, et qui me l'a fait relier, il y a deux mois et demi, en aura abusé, l'aura fait copier, et l'aura imprimé avec René ; que, depuis, la jalousie qu'il aura eue de la deuxième édition de René, l'aura porté à le dénoncer. Voilà ce que je conjecture, voilà ce que je vous prie de peser avec M. de Cideville... » (R. d'A.)

[2] A propos même de l'*Epitre à Uranie*, le chancelier d'Aguesseau, demandant à Langlois, son secrétaire, ce qu'il en pensait : « Monseigneur, répondit celui-ci, Voltaire doit être renfermé dans un endroit où il n'ait jamais ni plume, ni encre, ni papier. Par le tour de son esprit cet homme peut perdre un Etat. » (Gab. Brottier, *Paroles mémorables* (Paris, 1790), p. 303. (R. d'A.)

(a) Marchand de blés, associé à Voltaire dans ce commerce, fut longtemps son homme d'affaires. (R. d'A.)

qu'ils y forcent. Si vous avez érigé en crime ce qui n'en est pas un, si vous avez porté atteinte, par des lois absurdes, ou par des lois arbitraires, au droit naturel qu'ont tous les hommes, non-seulement d'avoir une opinion, mais de la rendre publique ; alors vous méritez de perdre celui qu'a chaque homme d'entendre la vérité de la bouche d'un autre, droit qui fonde seul l'obligation rigoureuse de ne pas mentir. S'il n'est pas permis de tromper, c'est parce que, tromper quelqu'un, c'est lui faire un tort ou s'exposer à lui en faire un ; mais le tort suppose un droit, et personne n'a celui de chercher à s'assurer les moyens de commettre une injustice.

Nous ne disculpons point Voltaire d'avoir donné son ouvrage à l'abbé de Chaulieu ; une telle imputation, indifférente en elle-même, n'est, comme on sait, qu'une plaisanterie. C'est une arme qu'on donne aux gens en place, lorsqu'ils sont disposés à l'indulgence, sans oser en convenir, et dont ils se servent pour repousser les persécuteurs plus sérieux et plus acharnés.

L'indiscrétion avec laquelle les amis de Voltaire récitèrent quelques fragments de la *Pucelle*, fut la cause d'une nouvelle persécution. Le garde des sceaux menaça le poète d'un *cul de basse fosse, si jamais il paraissait rien de cet ouvrage.* A une longue distance de temps où ces tyrans subalternes d'une puissance éphémère ont osé tenir un tel langage à des hommes qui sont la gloire de leur patrie et de leur siècle, le sentiment de mépris qu'on éprouve ne laisse plus de place à l'indignation. L'oppresseur et l'opprimé sont également dans la tombe, mais le nom de l'opprimé, porté par la gloire aux siècles à venir, préserve seul de l'oubli, et dévoue à une honte éternelle celui de ses lâches persécuteurs.

Ce fut dans le cours de cet orage que le lieutenant de police Hérault dit un jour à Voltaire : « Quoique vous écriviez, vous ne viendrez pas à bout de détruire la religion chrétienne. — C'est ce que nous verrons, » répondit-il [1].

Dans un moment où l'on parlait beaucoup d'un homme arrêté sur une lettre de cachet suspecte de fausseté, il demanda au même magistrat ce qu'on fesait à ceux qui fabriquaient de fausses lettres de cachet. « On les pend. — C'est toujours bien fait, en attendant qu'on traite de même ceux qui en signent de vraies. »

Fatigué de tant de persécutions, Voltaire crut alors devoir changer sa manière de vivre. Sa fortune lui en laissait la liberté. Les philosophes anciens vantaient la pauvreté comme la sauvegarde de l'indépendance, Voltaire voulut devenir riche pour être indépendant, et il eut raison. Ne blâmons pas un philosophe d'avoir, pour assurer son indépendance, préféré les ressources que les mœurs de son siècle lui présentaient, à celles qui convenaient à d'autres mœurs et à d'autres temps.

Voltaire avait hérité de son père et de son frère [2] une fortune honnête [3]; l'édition de la *Henriade*, faite à Londres, l'avait augmentée [4]; des spéculations heureuses dans les fonds

---

[1] Voltaire. *OEuvres complètes* (Thomine et Fortic), t. LIX, p. 110. Lettre de Voltaire à d'Alembert, du 20 juin 1760. (R. d'A.)

[2] Mort en 1745. Voltaire assista aux funérailles, qui se célébrèrent le 1ᵉʳ février. (R. d'A.)

[3] D'après Voltaire lui-même (A M***, 12 mars 1754), le patrimoine que lui laissa son père s'élevait à 4,000 ou à 4,250 livres de rente. (R. d'A.)

[4] Il n'en fut pas de même de celle de Paris : L'ami Thiériot, chargé de recevoir les souscriptions, les *mangea*, comme dit Voltaire lui-même, dans sa lettre du 18 janvier 1739, au comte d'Argental. Il ne continua pas moins ses cordiales relations avec Thiériot, et, à propos de cette même affaire des souscriptions, il écrivait à Néricault Destouches, le 3 décembre 1744 : « Il (Thiériot) m'a offert depuis, fort souvent, de me rembourser, mais il

publics y ajoutèrent encore [1] ; ainsi, à l'avantage d'une fortune qui assurait son indépendance, il joignait celui de ne la devoir qu'à lui-même. L'usage qu'il en fit aurait dû la lui faire pardonner.

serait ruiné ; et moi je serais bien indigne d'être homme de lettres, si je n'aimais pas mieux perdre cent louis que de gêner mon ami. » (Voltaire, OEuvres complètes. Thomines et Fortic, 1821. T. XLVII, p. 13.) (R. d'A.)

[1] Il ne faudrait pas oublier non plus la gratification ou la pension qu'il reçut du Régent et celle de 1500 livres qui lui fut donnée par la reine en 1734 (voy. sa lettre du 13 novembre de cette année à la présidente de Bernière). Ses spéculations ne furent pas toujours heureuses : la banqueroute d'une maison de Cadix, dans laquelle il était intéressé, lui emporta 80,000 livres suivant son secrétaire Wagnière, et 100,000 écus suivant son biographe Duvernet. — « Une des causes encore, dit Wagnière, de la grande fortune de M. de Voltaire, qui, à sa mort, avait cent soixante mille livres de rente, fut qu'il plaçait ses épargnes en rentes viagères, et qu'il tirait un gros intérêt, à cause de la mauvaise santé dont il s'est plaint toujours. Ses revenus ont doublé dans les vingt dernières années de sa vie. Il m'a souvent assuré qu'il avait perdu deux fois les fonds de ses rentes dans le temps qu'il n'en avait que soixante-dix mille par an ; et j'ai remarqué que c'étaient ces pertes qui lui donnaient cet esprit d'ordre et d'économie qu'on lui a si injustement reproché, et que ses ennemis traitaient d'avarice. La compagnie chargée de la fourniture des vivres dans la guerre d'Italie, y intéressa M. de Voltaire. Il eut pour sa part plus de sept cent mille francs de bénéfice qu'il plaça en viager. » (*Mémoires sur Voltaire et sur ses ouvrages*, par Longchamp et Wagnière, ses secrétaires. Paris, Aimé André, 1826. Wagnière, *Additions au commentaire historique*. T. 1.) Longchamps a donné également des détails sur la fortune de Voltaire. « C'est à son retour d'Angleterre, dit-il, que deux plus vastes portes vers la fortune s'ouvrirent devant lui : d'une part, ce fut sa liaison avec les frères Pâris, ces fameux financiers, qui trouvèrent le secret peu commun de se créer une opulence considérable sans exciter l'envie, et en se faisant à la fois chérir de leurs concitoyens et du gouvernement, par les services réels qu'ils leur rendirent dans plusieurs

Des secours à des gens de lettres, des encouragements à des jeunes gens en qui il croyait apercevoir le germe du talent, en absorbaient une grande partie. C'est surtout à cet

circonstances ; d'autre part, ce fut le commerce de Cadix, où M. de Voltaire sut employer utilement une partie de ses fonds.

« L'avantage qu'il retira de la connaissance de MM. Pâris, c'est l'intérêt qu'il obtint dans la fourniture des vivres aux armées. Pendant la première guerre d'Italie, avant que je ne fusse entré à son service, cet objet lui avait procuré chaque année de fortes sommes ; et je sais qu'à la paix, en réglant le compte définitif, il reçut pour solde chez M. Pâris Duverney, directeur de l'entreprise, une somme de six cent mille francs. De mon temps, il eut aussi un intérêt dans les vivres de l'armée de Flandre, et les résultats en furent également fructueux pour lui.

« Quant au commerce de Cadix, il lui fut aussi très favorable. Les expéditions pour l'Amérique et les retours donnèrent également un grand profit, et par une circonstance heureuse et rare, il arriva que sur un bon nombre de vaisseaux dans lesquels il était intéressé pendant la guerre de 1746, un seul fut pris par les Anglais. L'argent qui provenait de ces sources fécondes, dans les mains de M. de Voltaire n'y restait pas long-temps oisif ; l'esprit de cet homme était partout, suffisait à tout... Il savait mettre à profit les circonstances favorables pour affermir et accroître sa fortune, et tirait parti des besoins de l'Etat, qui, pour sortir de quelque situation difficile pendant la guerre, avait recours aux emprunts, aux loteries. Il prit dans une de ces dernières six cents billets à la fois, dont les chances furent heureuses ; et quelques années après il se défit avec bénéfice de tout ce qui lui en restait... Je le trouvai donc, en arrivant chez lui, jouissant d'une très-grande opulence. C'est de quoi je pus alors me convaincre d'une manière positive ; et le lecteur en jugera de même par le bordereau que je vais transcrire. Il faut observer que les sommes qui s'y trouvent reprises composaient le reste de ce qui était à recevoir de ses débiteurs pour intérêts échus dans l'année 1749 et le commencement de 1750 ; et qu'il avait déjà touché par luimême divers autres articles qu'il ne porta point sur ses notes. Cette note, écrite de sa main, fut jointe aux titres et rendue avec eux à son notaire ; c'est la copie que j'en avais faite que j'ai retrouvée : la voici, avec l'indication que j'y avais ajoutée dans le haut de la page.

usage qu'il destinait le faible profit qu'il tirait de ses ouvrages ou de ses pièces de théâtre, lorsqu'il ne les abandonnait pas aux comédiens. Jamais auteur ne fut cependant plus cruelle-

« Etat des rentes, pensions et revenus de M. de Voltaire, que j'ai été recevoir sur des quittances et mandats, et pour la plus grande partie échus pendant l'année 1749.

	LIVRES.
Les contrats sur la ville..................	14,023
Contrat sur M. le duc de Richelieu..........	4,000
Idem sur le duc de Bouillon......	3,250
Pension de M. le duc d'Orléans.............	1,200
Contrat sur M. le duc de Villars....	2,100
Idem sur le marquis de Lezeau.............	2,300
2° contrat sur le comte d'Estaing...........	2,000
Celui sur M. le duc de Guise...............	2,500
Idem sur le président d'Auneuil............	2,000
Idem sur M. Fontaine	2,600
Idem sur M. Marchand.....................	2,400
Idem sur la Compagnie des Indes...........	605
Appointemens d'historiographe de France	2,000
Idem de gentilhomme de la chambre..	1,620
Contrat sur M. le comte de Goesbriant.......	540
Idem sur M. de Bourdeille.................	1,000
Loterie royale...........	2,000
2° contrat sur M. Marchand.................	1,000
Contrat sur les 2 s. pour livre.............	9,900
Vivres de l'armée de Flandre...............	17,000
	74,033

« Tout ce que possédait M. de Voltaire n'était pas compris dans cet état ; on peut inférer que tous les objets de sa fortune réunis ne lui rapportaient guère moins de quatre-vingt mille livres par an, et cela dut encore beaucoup s'augmenter dans la suite. On m'a dit que pendant son séjour en Prusse, il prit part à l'établissement d'une espèce de Compagnie des Indes que le roi formait au port d'Emden, et qu'il mit deux millions dans cette

ment accusé d'avoir eu des torts avec ses libraires [1] ; mais ils avaient à leurs ordres toute la canaille littéraire, avides de calomnier la conduite de l'homme dont ils savaient trop qu'ils ne pouvaient étouffer les ouvrages. L'orgueilleuse médiocrité ; quelques hommes de mérite blessés d'une supériorité trop

entreprise, mais qu'au bout de deux ou trois ans, la Compagnie s'étant dissoute, faute de succès, il retira ses fonds et les plaça chez plusieurs princes d'Allemagne. Beaucoup de gens pourront s'étonner de ce que M. de Voltaire, avec de si gros revenus, ne cherchât point à consolider sa fortune par l'acquisition de bonnes terres, et qu'il se plût au contraire à l'éparpiller dans toute l'Europe. Elle reposait en effet toute entière sur des feuilles de papier ou de parchemin ; ses porte-feuilles étaient pleins de contrats, de lettres de change, de billets à terme, de reconnaissances, d'effets du gouvernement. Il eut été difficile, sans doute, de trouver dans le porte-feuille d'aucun autre homme de lettres autant de manuscrits de cette espèce, et les poètes surtout voient rarement couler chez eux le Pactole avec l'Hippocrène... » *Mémoires*, p. 331-335 du t. II des *Mémoires sur Voltaire*, par Longchamps et Wagnière. (Paris, Aimé André, 1826.) (R. d'A.)

[1] Condorcet fait ici allusion surtout aux démêlés de Voltaire avec l'imprimeur-libraire François Jore, de Rouen. Lors du voyage de Voltaire en cette ville, en 1731, pour faire publier son *Histoire de Charles XII* et imprimer la *Henriade*, Jore lui fut présenté et recommandé par son ami Cideville. La première édition, donnée par Jore, des *Lettres philosophiques* (1734), dont il prétendait avoir acheté le manuscrit, quand, au contraire, Voltaire soutenait ne lui avoir donné qu'une simple autorisation d'imprimer, fit naître de vifs démêlés entre l'auteur et l'éditeur. Ce dernier, poursuivi par ordre supérieur pour le fait de la publication de ces lettres incriminées, fut jeté à la Bastille ; et lorsqu'il en sortit il était complètement ruiné. Tous les détails de cette affaire se trouvent consignés dans un pamphlet de Jore, intitulé *Voltariana*, où Voltaire est fort mal traité. Il s'en vengea en faisant une pension à Jore, et en lui envoyant, par deux fois, des secours en Italie où il s'était retiré. Six lettres d'excuses et de remerciements de Jore à Voltaire sont données comme pièces justificatives à la suite de la *Vie de Voltaire* par Condorcet. (R. d'A.)

incontestable ; les gens du monde toujours empressés d'avilir des talents et des lumières, objet secret de leur envie ; les dévots intéressés à décrier Voltaire pour avoir moins à le craindre : tous s'empressaient d'accueillir les calomnies des libraires et des Zoïles. Mais les preuves de la fausseté de ces imputations subsistent encore avec celles des bienfaits dont Voltaire a comblé quelques-uns de ses calomniateurs ; et nous n'avons pu les voir sans gémir, et sur le malheur du génie condamné à la calomnie, triste compensation de la gloire, et sur cette honteuse facilité à croire tout ce qui peut dispenser d'admirer.

Voltaire n'ayant donc besoin, pour sa fortune, ni de cultiver des protecteurs, ni de solliciter des places, ni de négocier avec des libraires, renonça au séjour de la capitale. Jusqu'au ministère du cardinal de Fleuri, et jusqu'à son voyage en Angleterre, il avait vécu dans le plus grand monde. Les princes, les grands, ceux qui étaient à la tête des affaires, les gens à la mode, les femmes les plus brillantes, étaient recherchés par lui et le recherchaient. Partout il plaisait, il était fêté ; mais partout il inspirait l'envie et la crainte. Supérieur par ses talents, il l'était encore par l'esprit qu'il montrait dans la conversation ; il y portait tout ce qui rend aimables les gens d'un esprit frivole, et y mêlait les traits d'un esprit supérieur. Né avec le talent de la plaisanterie, ses mots étaient souvent répétés, et c'en était assez pour qu'on donnât le nom de méchanceté à ce qui n'était que l'expression vraie de son jugement, rendue fréquente par la tournure naturelle de son esprit.

A son retour d'Angleterre, il sentit que, dans les sociétés où l'amour-propre et la vanité rassemblent les hommes, il trouverait peu d'amis ; et il cessa de s'y répandre, sans cependant rompre avec elles. Le goût qu'il avait pris pour la magnificence, pour la grandeur, pour tout ce qui est brillant et recherché, était devenu une habitude; il le conserva même dans la retraite; ce goût embellit souvent ses ouvrages; il influa quelquefois sur ses jugements. Rendu à sa patrie, il se réduisit à ne vivre habituellement qu'avec un petit nombre d'amis. Il avait perdu M. de Génonville et M. de Maisons dont il a pleuré la mort dans des vers si touchants, monuments de cette sensibilité rare et profonde que la nature avait mise dans son cœur, que son génie répandit dans ses ouvrages, et qui fut le germe heureux de ce zèle ardent pour le bonheur des hommes, noble et dernière passion de sa vieillesse. Il lui restait M. d'Argental, dont la longue vie n'a été qu'un sentiment de tendresse et d'admiration pour Voltaire, et qui en fut récompensé par son amitié et sa confiance; il lui restait MM. de Formont et de Cideville qui étaient les confidents de ses ouvrages et de ses projets. — *(Vie de Voltaire.)*

CHAPITRE XVIII.

PREMIERS RAPPORTS DE VOLTAIRE AVEC LA MARQUISE DU CHATELET [1].

1733.

Ce fut Dumas d'Aigueberre, un Toulousain bel esprit, l'un des écrivains d'office de la cour de Sceaux, que Voltaire avait

---

[1] Gabrielle-Emilie Le Tonnelier de Breteuil, marquise du Châtelet, née à Paris en 1706, m. en 1749. Elle étudia dès l'enfance l'anglais, l'italien et

vraisemblablement connu chez la duchesse du Maine, qui les présenta l'un à l'autre : « Mon cher ami, c'était vous qui m'aviez fait renouveler connaissance, il y a plus de vingt ans, avec cette femme infortunée...¹ » Voltaire avait alors trente-neuf ans ; il était jeune encore et possédait, avec le prestige de

le latin, et commença même une traduction de Virgile. Mariée au marquis du Châtelet, lieutenant-général, elle vécut avec la même licence que les personnages de la Régence. Elle serait oubliée sans ses relations avec Voltaire, à partir de 1733, dans sa terre de Cirey. Poussée par une vocation réelle pour les sciences exactes, elle concourrut, en 1738, pour le prix de l'Académie des Sciences, sur une question relative à la nature du feu, et publia des *Institutions de Physique*, avec une *Analyse de la philosophie de Leibnitz*, 1740. Une traduction des *Principes* de Newton fut publiée après sa mort par Clairaut, 1756, avec un Eloge de l'auteur par Voltaire. Mme du Châtelet écrivit encore un *Traité sur le bonheur*, qui renferme des remarques fines, rendues dans un style net et vif, mais d'un esprit sec, positif et matérialiste. Elle ne fut pas exempte du pédantisme de la femme savante ; elle eut moins de sensibilité que d'esprit. On a publié d'elle en 1806, plusieurs *Lettres* au comte d'Argental. Des détails laissés en manuscrit par Mme de Grafigny ont paru en 1820, sous le titre de *Vie privée de Voltaire et de Mme du Châtelet*, 1 vol. in-8°. G. M. (*Dictionnaire général de Biographie et d'Histoire*, par Ch. Dézobry et Th. Bachelet (Paris, 1863), T. I, p. 844. — V. dans la *Correspondance complète de madame du Deffand* (Paris, 1865), T. II, p. 763, un portrait — très en laid — de madame du Châtelet. — Mais d'après M. G. Desnoiresterres, qui s'appuie sur le témoignage de Maupertuis (Iconographie des hommes célèbres [Meimer, 1828-1830], t. III. Fragment d'une lettre à Maupertuis) et sur celui de madame Denis (Lettre de madame Denis à Thiérot, 10 mai 1718), Mme du Châtelet était loin d'être laide. « L'opinion de Mme de Grafigny lui est aussi favorable, dit-il, et il ajoute : « Voir la gravure de Langlois (1786), d'après le portrait peint par Marie-Anne Loir, d'une expression très vivante, et qui nous semble être de toutes les gravures que nous connaissons de madame du Châtelet incontestablement et la plus ressemblante et la plus heureuse. » (*Jeunesse de Voltaire*.) (R. d'A.)

1 Voltaire, *OEuvres complètes* (Beuchot), t. LV, p. 355. Lettre de Vol-

l'écrivain, cette verve éblouissante à laquelle les femmes se laissent prendre souvent plus, disons-le à leur louange, qu'aux séductions vulgaires d'un physique avantageux. Nous avons peu de données sur les premiers jours de leur union. C'est dans une lettre datée du 3 juillet 1733, que Voltaire parle pour la première fois de madame du Châtelet, sans encore la nommer¹. Mais nul doute qu'il ne s'écoula un temps notable de pénombre et de mystères où l'on s'aima en silence, à la dérobée, et sans le confier aux amis. Tout mal logé qu'il était, au moins était-il chez lui, et pouvait-on l'y relancer sans trop se compromettre. Les premières audaces de ce genre eurent lieu en compagnie. Madame du Châtelet était l'amie de la duchesse de Saint-Pierre, qui se trouvait dans les mêmes conditions qu'elle, en puissance d'un amant qu'on ne pouvait pas trop afficher, quoiqu'il fût de qualité. On décida, d'un commun accord, d'aller un beau jour surprendre l'ermite dans sa solitude. Voltaire a célébré cette apparition dans une lettre où il compare ses trois visiteurs aux trois anges qui se montrèrent à Abraham. L'ange masculin était Louis de Brancas, comte de Forcalquier, le fils du maréchal. Pour cette fois, on n'accepta pas le souper qu'offrit le poète, qui fut sans doute plus heureux dans la suite.

> Ciel ! que j'entendrais s'écrier
> Marianne, ma cuisinière,
> Si la duchesse de Saint-Pierre
> Du Châtelet et Forcalquier ²
> Venaient souper dans ma tanière !

taire à d'Aigueberre ; Paris, 26 octobre 1749. Il n'y aurait eu que seize ou dix-sept ans.

1 Voltaire, *OEuvres complètes* (Beuchot), t. LI, p. 400. Lettre de Voltaire à Cideville ; le vendredi 3 juillet 1733. (Notes de l'auteur.)

2 C'était un homme fort spirituel, fort aimable, et qui réunissait à ces

Il est vrai que Voltaire ajoute : « Mais après la fricassée de poulets et les chandelles de Charonnes que ne doit-on pas attendre de votre indulgence [1] ! » La passion s'accommode de tout, et c'est une saveur de plus, et des plus délicieuses, que de quitter un instant tous les raffinements du luxe pour aller dévorer, dans quelque cabaret enfumé, un méchant dîner que l'amour assaisonne ; le champagne qu'offrait le poète valait bien, en tous cas, la fricassée équivoque à laquelle il est fait allusion. Dans la suite, l'on n'eut plus besoin pour se voir du chaperonnage de deux témoins, et l'amour, en s'aguerrissant, se passa bien d'escorte. Cette liaison, fondée sur l'estime et l'admiration réciproques, ne devait que croître avec le temps, et, bientôt, l'on n'allait plus songer, des deux parts à la dérober aux yeux d'un monde, qui n'avait pas le droit, du reste, de s'en indigner. — Gustave Desnoiresterres. *Voltaire et la société au XVIIIe siècle. Voltaire à Cirey.* (Paris, Didier et Ce, 1871.)

côtés brillants un mérite très-réel et très-apprécié. » M. de Forcalquier avait beaucoup plus d'esprit qu'il n'en faut ; mademoiselle de Flamarens disait qu'il éclairait une chambre en y entrant. Gai, un ton noble et facile, un peu avantageux, peignant avec feu tout ce qu'il racontait, et ajoutant quelquefois aux objets ce qui pouvait leur manquer pour les rendre agréables et plus piquans. » — Président Hénault, *Mémoires* (Dentu, 1855), p. 183. D'Argens a dit de lui : « Savant pour lui seul et soigneux de cacher son savoir, il est dans son cabinet aussi bon métaphysicien qu'amant tendre auprès de sa maîtresse. » *Lettres juives* (La Haye, Poppi, 1766), t. I, p. 264. Pour parachever ses qualités, il était fort brave, et eut ses chevaux emportés par un boulet de canon au siége de Kehl, ce que n'a garde de ne pas célébrer Voltaire. *OEuvres complètes* (Beuchot), t. XIV, p. 349. Voir aussi le portait de M. de Forcalquier par madame du Deffand. *Correspondance complète* (Paris, Plon, 1865), t. II, p. 744, 745. *Appendice.*

[1] Voltaire, *OEuvres complètes* (Beuchot), t. LI, p. 454. Lettres de Voltaire à la duchesse de Saint-Pierre. (Notes de l'auteur.)

CHAPITRE XIX.

PREMIÈRES RELATIONS DE VOLTAIRE AVEC FRÉDÉRIC II [1].
1736.

La liaison qui se forma, vers le même temps, entre Voltaire et le prince royal de Prusse, était une des premières cause des emportements où ses ennemis se livrèrent alors contre lui. Le jeune Frédéric n'avait reçu de son père que l'éducation d'un soldat ; mais la nature le destinait à être un homme d'un esprit aimable, étendu et élevé, aussi bien qu'un grand général. Il était relégué à Remusberg par son père qui, ayant formé le projet de lui faire couper la tête, en qualité de déserteur, parce qu'il avait voulu voyager sans sa permission, avait cédé aux représentations du ministre de l'empereur et s'était contenté de le faire assister au supplice d'un de ses compagnons de voyage.

Dans cette retraite, Frédéric, passionné pour la langue française, pour les vers, pour la philosophie, choisit Voltaire pour son confident et pour son guide. Ils s'envoyaient réciproquement leurs ouvrages ; le prince consultait le philosophe sur ses travaux, lui demandait des conseils et des leçons [2]. Ils

---

[1] La première lettre de Frédéric, alors Prince Royal, à Voltaire est du 8 auguste 1736. (R. d'A.)

[2] « Il est très-naturel qu'un jeune homme épris de la littérature, et qui ne connaissait que la littérature française, ait éprouvé pour le génie de Voltaire une profonde vénération. « Comment blâmer, » dit Calderon, dans une de ces charmantes comédies, « l'homme qui, n'ayant pas vu le soleil, croirait que la gloire de la lune surpasse toutes les autres ? Comment blâmer

discutaient ensemble les questions de métaphysique les plus curieuses comme les plus insolubles. Le prince étudiait alors Wolf, dont il abjurait bientôt les systèmes et l'inintelligible langage pour une philosophie plus simple et plus vraie. Il travaillait en même temps à réfuter Machiavel, c'est-à-dire à prouver que la politique la plus sûre pour un prince est de conformer sa conduite aux règles de la morale, et que son intérêt ne le rend pas nécessairement ennemi de ses peuples et de ses voisins, comme Machiavel l'avait supposé, soit par esprit de système, soit pour dégoûter ses compatriotes du gouvernement d'un seul, vers lequel la lassitude d'un gouvernement populaire toujours orageux et souvent cruel semblait les porter.

celui qui, n'ayant vu ni le soleil ni la lune, parlerait de l'incomparable éclat de l'étoile du matin ? » Si Frédéric avait pu lire Homère et Milton, ou même Virgile et le Tasse, son admiration pour la *Henriade* prouverait qu'il était absolument dénué de la faculté de discerner ce qu'il y a d'excellent dans les œuvres d'art. S'il s'était familiarisé avec Sophocle et Shakespeare, nous lui demanderions d'apprécier plus justement *Zaïre*. S'il avait pu étudier Thucydide et Tacite dans les originaux, il aurait su que l'éloquence de l'histoire a des hauteurs que ne peut atteindre ni approcher l'auteur de la *Vie de Charles XII*. Mais le plus beau poème héroïque qu'eût jamais lu Frédéric, plusieurs des plus puissantes tragédies, la plus brillante et la plus pittoresque histoire qu'il connût, étaient de Voltaire. Des talents si élevés et si divers excitèrent chez le jeune prince un sentiment qui ressemblait presque à de l'adoration. Voltaire n'avait pas encore pleinement révélé au public ses opinions sur les questions religieuses et philosophiques. Plus tard, lorsqu'il fut exilé de sa patrie, et en guerre ouverte avec l'Eglise, il parla ouvertement. Mais quand Frédéric était à Rheinsberg, Voltaire était encore un courtisan ; et quoiqu'il ne pût pas toujours contenir la pétulance de son esprit, il n'avait encore rien publié qui pût l'exclure de Versailles, et presque rien qui ne pût être lu avec plaisir par des théologiens de la généreuse et douce école de Grotius et de Tillotson. Dans la

Dans le siècle précédent, Ticho-Brahé, Descartes, Leibnitz, avaient joui de la société des souverains, et avaient été comblés des marques de leur estime ; mais la confiance, la liberté, ne régnaient pas dans ce commerce trop inégal. Frédéric en donna le premier exemple que, malheureusement pour sa gloire, il n'a pas soutenu. Le prince envoya son ami, le baron de Keyserilng, visiter les *divinités de Cirey*, et porter à Voltaire son portrait et ses manuscrits. Le philosophe était touché, peut-être même flatté de cet hommage ; mais il l'était encore plus de voir un prince, destiné pour le trône, cultiver les lettres, se montrer l'ami de la philosophie et l'ennemi de la superstition. Il espérait que l'auteur de l'*Anti-Machiavel* serait un roi pacifique ; et il s'occupait avec délices de faire imprimer secrètement le livre qu'il croyait devoir lier le prince à la vertu, par la crainte de démentir ses propres

---

Henriade, dans *Zaïre*, et dans *Alzire*, la piété chrétienne se montre sous les traits les plus aimables ; et quelques années après l'époque qui nous occupe, un pape daigna accepter la dédicace de *Mahomet*. Cependant il était facile à un œil exercé d'apercevoir les sentiments véritables du poète, à travers le voile de décence qui les enveloppait, et Frédéric ne s'y trompa pas, lui qui avait des opinions semblables, et qui avait été accoutumé à pratiquer une semblable dissimulation.

« Le prince écrivit à son idole dans le style d'un adorateur, et Voltaire lui répondit avec une grâce et une adresse exquises. Une correspondance s'en suivit, qui pourra être étudiée avec profit par ceux qui veulent se perfectionner dans l'art ignoble de la flatterie... (a) » — LORD MACAULAY, *Essais historiques et biographiques*, traduits par M. Guillaume Guizot, deuxième série. (Paris, Michel Lévy frères, 1866.) (R. d'A.)

(a) Tout en reproduisant cet article, nous sommes loin de nous associer à l'esprit de dénigrement et de haine qui l'a inspiré. D'autres Anglais, tout aussi illustres, pour le moins, que ce lord Macaulay, — Warton, lord Holland, lord Byron, Thomas Carlyle, Thomas Buckle, — se sont montrés plus équitables que lui dans leurs jugements sur Voltaire. (R. d'A.)

principes, et de trouver sa condamnation dans son propre ouvrage.

Frédéric, en montant sur le trône, ne changea point pour Voltaire. Les soins du gouvernement n'affaiblirent ni son goût pour les vers, ni son avidité pour les ouvrages conservés alors dans le portefeuille de Voltaire, et dont avec madame du Châtelet il était presque le seul confident ; mais une de ses premières démarches fut de faire suspendre la publication de l'*Anti-Machiavel*. Voltaire obéit; et ses soins, qu'il donnait à regret, furent infructueux. Il désirait encore plus que son disciple, devenu roi, prît un engagement public qui répondît de sa fidélité aux maximes philosophiques.

Il alla le voir à Vesel[1] et fut étonné de trouver un jeune roi en uniforme, sur un lit de camp, ayant le frisson de la fièvre.

Cette fièvre n'empêcha point le roi de profiter du voisinage pour faire payer à l'évêque de Liége une ancienne dette oubliée. Voltaire écrivit le Mémoire qui fut appuyé par des soldats ; et il revint à Paris, content d'avoir vu que son héros était un homme très-aimable : mais il résista aux offres qu'il lui fit pour l'attirer auprès de lui, et préféra l'amitié de madame du Châtelet à la faveur d'un roi, et d'un roi qui l'admirait.

. . . .

La guerre n'avait pas interrompu la correspondance du roi de Prusse et de Voltaire. Le roi lui envoyait des vers du milieu de son camp, en se préparant à une bataille, ou pendant le tumulte d'une victoire; et Voltaire en louant ses exploits, en caressant sa gloire militaire, lui prêchait toujours l'humanité et la paix. — CONDORCET. *(Vie de Voltaire.)*

[1] En décembre 1740. (R. d'A.)

CHAPITRE XX.

VOLTAIRE A CIREY.

Le château de Cirey, situé sur les confins de la Champagne et de la Lorraine, était dans cet état de délabrement où se trouvaient alors en France tant de maisons de campagne. On pourvut immédiatement aux réparations nécessaires, et le château s'augmenta d'une galerie et d'un laboratoire qui furent construits sous l'inspection de Voltaire. Au dire des contemporains, rien ne pouvait se comparer au luxe et à l'élégance de ces appartements. Voltaire contribua lui-même aux dépenses de ces embellissements, en prêtant au marquis du Châtelet une somme de 40,000 francs ; il subvint pour sa part à l'ameublement général, ainsi qu'à celui du cabinet scientifique et de la bibliothèque. On prétend que sitôt après l'achèvement de l'édifice il réduisit sa créance à 50,000 francs, pour lesquels il se contenta d'une rente viagère de 2,000 francs. Quinze années s'écoulèrent sans qu'il perçût rien, et bien que les arriérés seuls s'élevassent à 50,000 francs, il consentit à n'en recevoir que 15,000 pour les dits arriérés et les intérêts à échoir jusqu'à sa mort ; encore de ces 15,000 francs, il paraît qu'il n'en toucha jamais que 10,000 ; de sorte qu'il abandonna une somme d'environ 50,000 francs, principal et intérêts. Néanmoins il ne cessa jamais d'intervenir dans les dépenses de la maison, ce que les habitudes insouciantes du marquis, et la nature encore moins prévoyante de la marquise rendaient nécessaire à tous moments. Les revenus du marquis s'élevaient à 40,000 francs environ.

L'harmonie régnait au château de Cirey, bien que troublé ça et là par l'humeur impétueuse de la charmante philosophe. La vie qu'on menait là, toute contemplative et studieuse, ne manquait pas pourtant de distraction et de variété. De temps en temps on venait à Paris. Il fut nécessaire aussi de faire quelque séjour à Bruxelles et à la Haye ; d'une part, à cause d'un ouvrage de Voltaire (*Les Eléments*), qui s'imprimait alors en Hollande, de l'autre, à cause d'un procès qui depuis soixante ans dévorait les ressources de la famille, et dont l'active intervention de Voltaire amena l'issue amiable, et valut au marquis 220,000 francs qui lui furent remboursés.

Quelques-uns d'entre les plus illustres mathématiciens du siècle fréquentaient le château et assistaient la marquise dans ses travaux. Kœnig et son frère [1], disciples des Bernouilli [2], y passèrent deux ans ; Daniel Bernouilli lui-même s'y rencontrait par occasion, et aussi l'illustre Clairaut [3], Maupertuis [4], homme d'une portée médiocre, mais qu'un récent voyage géographique en Laponie venait de mettre en renom, faisait quel-

---

[1] Mathématicien allemand (1712-1757), enseigna les mathématiques à la marquise du Châtelet, fut membre de l'Académie des Sciences de Paris, professeur de philosophie et de droit naturel à La Haye, etc. (R. d'A.)

[2] Jacques (1654-1705), Jean (1667-1743), Nicolas (1687-1779), et Daniel (1700-1782) Bernouilli, tous quatre illustres mathématiciens : les trois premiers nés à Bâle, le dernier à Groningue. (R. d'A.)

[3] Célèbre géomètre (1713-1765). Il alla en Laponie avec Maupertuis pour mesurer un degré du méridien. Il eut pour élèves madame du Châtelet et Bailly. (R. d'A.)

[4] Géomètre et astronome (1698-1759), membre de l'Académie des Sciences, président de l'Académie de Berlin. Célèbre surtout par sa querelle avec Voltaire. (R. d'A.)

quefois partie des hôtes du marquis, dont il dirigeait la femme dans ses études, en les partageant.... Voltaire offrit à cette époque l'exemple le plus remarquable de facultés multiples et brillantes, en produisant coup sur coup, dans l'espace de trois ou quatre ans, les *Éléments newtonniens*, son discours académique sur *le Feu, Zaïre, Alzire, Mahomet,* le *Discours sur l'Homme*, plus de la moitié de la *Pucelle*, l'*Histoire de Charles XII*, sans compter un nombre infini de pièces de moindre importance, et quelques volumes de correspondance en prose et en vers. — HENRY LORD BROUGHAM, *Voltaire et Rousseau.* (Paris, Amyot, 1845.)

CHAPITRE XXI.

LE PRÉSIDENT HÉNAULT A CIREY.
1735.

J'aurois pu raconter lorsque j'ai parlé de mes voyages aux eaux de Plombières, que j'avois passé par Cirey, où madame du Chastelet et Voltaire m'avoient fait inviter. Je les trouvai seuls, et un Père minime en tiers, grand géomètre et professeur de philosophie à Rome. Si l'on vouloit faire un tableau à plaisir d'une retraite délicieuse, l'asile de la paix, de l'union, du calme de l'âme, de l'aménité, des talents, de la réciprocité de l'estime, des attraits de la philosophie joints aux charmes de la poésie, on aurait peint Cirey. Un bâtiment simple et élégant, de rez-de-chaussée, des cabinets remplis de mécanique et d'instruments de chimie, Voltaire dans son lit commençant, continuant, achevant des ouvrages de tous les genres... J'en partis, et à peine arrivé à Plombières, j'y reçus de Voltaire cette épitre charmante :

O Déesse de la santé, etc.

que je garde aussi précieusement que bien d'autres qui m'ont tant honoré, du Pape, du roi de Pologne, du roi de Prusse, etc. — Le président Hénault[1], *Mémoires*. (Paris, Dentu, 1855.)

[1] Il était président honoraire aux enquêtes, surintendant des finances de la maison de la reine. Fils d'un fermier général, il était né en 1685, et mourut en 1770. Il semble que toutes les qualités qui donnent de l'esprit, du goût, des grâces ; qui font désirer et rechercher les gens aimables avaient présidé à sa naissance. Le président Hénault était philosophe, poète, musicien, courtisan ; enfin il était tout ce qu'il voulait être, mais avec cette distinction qu'il n'était recherché en rien, et qu'il n'avait l'air d'affecter aucune chose. D'un commerce délicieux et d'un atticisme admirable, il fut recherché par de grandes dames, dont il sut conserver la bienveillance jusque dans les derniers jours de sa vieillesse. La reine entrant un jour chez une duchesse au moment où celle-ci écrivait au président, prit la plume, lui traça quelques mots obligeants, et mit pour toute signature, que ces mots : *devinez*. Il fit d'abord réponse à la lettre, puis il ajouta :

Ces mots tracés par une main divine
Ne m'ont causé que trouble et qu'embarras ;
C'est trop oser si mon cœur le devine,
C'est être ingrat que ne deviner pas.

Le président Hénault, qui tenait une table splendide et donnait des soupers délicieux, avait trouvé fort mauvais que Voltaire lui dédiât une épître commençant par ces mots : « Hénault ! fameux par tes soupers ! »

Le président, qui avait déjà acquis une juste célébrité, ne voulait pas que son nom arrivât à la postérité par des soupers, mais bien par ses ouvrages. Et voilà pourquoi il se piqua de ce début. Voltaire changea le commencement par ces vers :

CHAPITRE XXII.

LA VIE A CIREY.

Décembre 1738 à Mars 1740.

Cirey, ce jeudi 4 décembre 1738.

..... Enfin je suis arrivée ; la *Nymphe*[1] m'a très-bien reçue ; je suis restée un moment dans sa chambre, ensuite je

> Vous qui de la chronologie (a)
> Avez réformé les erreurs ;
> Vous dont la main cueille les fleurs
> De la plus belle poésie ;
> Vous qui de la philosophie
> Avez connu les profondeurs,
> Malgré les plaisirs séducteurs
> Qui partagèrent votre vie ;
> Hénault ! dites-moi, je vous prie,
> Par quel art, par quelle magie,
> Avec tant de succès flatteurs
> Vous avez désarmé l'envie? etc.

Et il terminait ainsi sa lettre d'envoi : « Au reste les personnes qui ont condamné les soupers me paraissent indignes de souper ; c'est à mon sens la critique du monde la plus ridicule. Mais les gens qui ont tort sont presque toujours les plus forts ; pour moi qui ne soupe plus, je retranche les soupers même en vers... » *Lettres du 3 janvier 1748* (Recueil de 1820). Le président Hénault, à part son *Abrégé chronologique de l'Histoire de France, etc.* (1744), est auteur de deux tragédies. *Cornélie Vestale* (1713) et *Marius à Cirthe* (1715), qu'il donna sous les noms de Fuzelier et de de Caux. Il composa encore quelques comédies ingénieuses, la *Petite Maison*, le *Jaloux de lui-même*, le *Réveil d'Epiménide*, etc. En 1747, il fit paraître une tragédie historique en prose, *François II*. (R. d'A.)

[1] Madame du Châtelet. (R. d'A.)

(a) Allusion à l'*Abrégé chronologique de l'Histoire de France*, par le président Hénault. (R. d'A.)

suis montée dans la mienne pour me délasser. Un moment
après, arrive qui? ton *idole*[1], tenant un petit bougeoir à la
main, comme un moine; il m'a fait mille caresses; il a paru si
aise de me voir, que ses démonstrations ont été jusqu'au transport; il m'a baisé dix fois les mains et m'a demandé de mes
nouvelles avec un air d'intérêt bien touchant. Sa seconde
question a été pour toi[2]; elle a duré un quart d'heure, il
t'aime, dit-il, de tout son cœur. Puis il m'a parlé de Desmarets[3] et de Saint-Lambert; enfin il s'en est allé pour me

---

[1] Voltaire. (R. d'A.)

[2] Celui à qui sont adressées cette lettre et les suivantes, et que l'auteur avait baptisé du nom de *Panpan*, était un nommé Devaux, lecteur du roi Stanislas. Lorsqu'on lui en parla : « Que ferai-je d'un lecteur? dit-il. Ah! ce sera comme le confesseur de mon gendre. » Ce gendre était Louis XV, qui n'allait guère à confesse comme on sait. Devaux, d'un caractère fort doux, d'une humeur toujours égale, doué de beaucoup d'esprit et d'une grande facilité à composer de jolis vers, avait été élevé avec madame de Graffigny, et il était resté son ami d'enfance : c'est ce qui explique le tutoiement dont celle-ci se sert constamment dans ses lettres. Les amis de Devaux trouvèrent apparemment ce sobriquet de *Panpan* si joli qu'ils le lui conservèrent jusqu'à sa mort. Voltaire répète si agréablement ce surnom de *Panpan*, qu'il paraît aussi l'avoir beaucoup aimé. Une liaison qui fera toujours le plus grand honneur à Devaux est celle qu'il eut avec la célèbre marquise de Boufflers. Près de cinquante années, passées dans la plus intime amitié, la plus intime confiance, n'ont pas vu entre eux un jour de mécontentement, pas une minute d'ennui. Devaux est auteur d'une comédie en un acte et en prose : intitulé : les *Engagements indiscrets*. (R. d'A.)

[3] Léopold Desmarets, fils du célèbre musicien de ce nom, lieutenant de cavalerie au régiment d'Hendicourt, et l'amant de Mme de Graffigny. Desmarets est trop cher à l'auteur pour ne pas le rappeler fréquemment dans le cours de ses lettres; aussi revient-il souvent sous les dénominations de *Maroquin*, de *docteur, Cléphant, gros-chien* et *gros-chien blanc*. (R. d'A.)

laisser l'écrire; je t'ai écrit, bonsoir : la poste part cette nuit......

Je t'ai quitté pour m'habiller, crainte que le souper ne sonnât; je n'entends rien, je vais vite te dire encore un bonsoir, car je ne saurais perdre de temps. Tu es étonné que je te dise simplement que la *Nymphe* m'a bien reçue; eh! c'est que je n'ai que cela à te dire. Non, j'oubliais qu'elle m'a d'abord parlé de ses procès sans autre cérémonie. Son caquet est étonnant; je ne m'en souvenais plus. Elle parle extrêmement vite, comme je parle quand je fais la *française*. Tu vois que je corrige ce mot-là; ce serait un solécisme ici de l'écrire autrement. Elle parle comme un ange, c'est ce que j'ai reconnu; elle a une robe d'indienne et un grand tablier de taffetas noir; ses cheveux noirs sont très-longs; ils sont relevés par derrière jusqu'au haut de la tête et bouclés comme ceux des petits enfants; cela lui sied fort bien. Comme je n'ai encore vu que sa parure, je ne puis te parler que de sa parure. Pour ton *idole*, je ne sais s'il s'est poudré pour moi, mais tout ce que je puis te dire, c'est qu'il est *étalé* comme il le serait à Paris......
(Lettre I.)

Cirey, ce vendredi à minuit.

... Je t'écrivis hier jusqu'au souper; on vint m'avertir et l'on me conduisit dans un appartement que je reconnus bientôt pour celui de Volaire. Il vint me recevoir : personne n'était encore arrivé, et pourtant je n'eus pas le temps de jeter un coup d'œil : on se mit à table : me voilà bien contente...

Mais de quoi ne parla-t-on pas? Poésie, science, art, le tout sur le ton de badinage et de gentillesse. Je voudrais pouvoir te les rendre, ces discours charmants, ces discours enchanteurs, mais cela n'est pas en moi. Le souper n'est pas abondant, mais il est recherché, propre et délicat, on y voit surtout beaucoup de vaisselle d'argent. J'avais en vis-à-vis cinq sphères et toutes les machines de physique, car c'est dans la petite *galerie* où l'on fait le repas *unique*. Voltaire, à côté de moi, aussi poli, aussi attentif qu'aimable et savant ; le seigneur *châtelain* [1] de l'autre côté : voilà ma place de tous les soirs ; moyennant quoi l'oreille gauche est doucement charmée tandis que l'autre est très-légèrement ennuyée ; car il parle peu, et se retire dès que l'on est hors de table. Au dessert arrivent les parfums, on fait la conversation, qui est aussi instructive qu'agréable. On parla livres, comme tu crois ; il fut question de Rousseau [2]. Oh dame ! c'est là que l'homme reste et que le héros s'évanouit ; il serait homme à ne point pardonner à quelqu'un qui louerait Rousseau. Enfin on parle de poésie de de tout genre. — Pour moi, dit la *Dame*, je ne saurais souffrir les odes. « Ah ! fi, dit ton idole, qu'est-ce que c'est qu'une ode ? C'est le plus petit mérite d'en faire. Galimatias, rapsodies, et cela surtout en style marotique, qui est la plus exécrable chose du monde. Je ne comprends pas que d'honnêtes gens lisent ces choses-là. »

Ne voilà-t-il pas bien l'homme ? Je ne sais pas à propos de quoi il parla des *Observations* [3] ; je lui demande s'il les fait venir, il m'assure que oui, et tout de suite les invectives arrivent contre l'auteur et contre l'ouvrage. Il m'a donné à lire une petite brochure qui a pour titre : *Préservatif contre les Observations*, qu'il prétend qu'un de ses amis a faites [4]. Je la

---

[1] Madame du Châtelet. Le marquis du Châtelet, que l'auteur appelle *bonhomme*, était parti la veille pour Bruxelles. (R. d'A.)

[2] Jean-Baptiste. (R. d'A.)

[3] *Le Nouvelliste du Parnasse, observations sur les écrits modernes*, de l'abbé Desfontaines. (R. d'A.)

[4] Le chevalier de Mouhy avait prêté son nom. (R. d'A.)

— 92 —

lui demanderai pour te l'envoyer par un marchand de Lunéville qui est ici ; aussi je ne t'en dis rien. Je crois qu'il ne parle point de ces deux hommes[1] sans que la fermentation du sang ne devienne *fièvre;* mais comme elle lui prit, nous sortîmes pour le laisser se coucher...

J'ai lu ce *Préservatif;* il fallait bien pouvoir dire que je l'avais lu. En envoyant savoir de mes nouvelles, Voltaire m'a fait remettre un beau *Newton,* relié en maroquin. Tu sauras, par parenthèse, qu'il en a fait mettre au coche de Paris, un à mon adresse et un autre pour Saint-Lambert, avec une lettre qu'il lui a écrite...

Ce samedi à cinq heures du soir.

...Comme j'étais à lire, voilà qu'il m'arrive une visite ; c'est une dame qui passe sa vie ici, parce qu'elle a une petite terre dans le voisinage[2]. Elle est trait pour trait *la grosse femme courte du paysan parvenu*[3], mais elle paraît être aimable par le caractère. Elle aime Voltaire à la folie, et si elle l'aime tant, m'a-t-elle dit, ce n'est que parce qu'il a le cœur bon. La pauvre femme ! on la fait tenir tout le jour dans sa chambre. Depuis quatre ans qu'elle mène cette vie là, elle a lu tout ce qu'il y a de mieux ici et elle n'en est pas plus savante. Voltaire badine très-bien de ses lectures et de la vie qu'on lui fait faire; mais elle n'est pas tout à fait la dupe, car elle dîne et mange bien. Elle ne m'ennuya pas, quoiqu'elle fût restée très-longtemps dans ma chambre ; et cela pourquoi ? C'est qu'elle me conta

---

[1] Jean-Baptiste Rousseau et l'abbé Desfontaines. (R. d'A.)

[2] Madame de Champbonin, cousine de Voltaire. (R. d'A.)

[3] Roman de Marivaux. — « Marivaux, disait Voltaire, est un homme qui connaît tous les sentiers qui aboutissent au cœur humain, mais qui n'en sait pas la grande route. » (R. d'A.)

bien des choses de Voltaire ; entre autres ce que R... dit au
D... de l'abbé de Lamarre ; ensuite elle me dit que Voltaire,
par amitié pour elle, avait voulu marier une de ses nièces [1]
avec son fils, qui n'est pas riche. Il avait laissé à sa nièce
quatre vingt mille francs, et pour douze mille francs de vaisselle d'argent. La demoiselle, qui était amoureuse, ne voulut
pas de ce mariage, et l'oncle par reconnaissance ne lui a donné
depuis que trente mille francs. Le public, selon cette dame, a
grand tort de crier contre les éditions de ses ouvrages, car
elle m'a assuré que depuis bien du temps il n'en tire rien pour
lui : ce sont des présents qu'il fait aux uns et aux autres,
surtout aux jeunes gens de lettres.

La dame sortie, je prenais mon écritoire quand le seigneur
Châtelain entra... Non, j'oubliais que Voltaire m'avait fait une
petite visite pendant celle de la dame. Je le chassais, parce
que ma chambre est très froide et qu'il est fort enrhumé. —
Chasser Voltaire ! ah ! Dieu tu trouves cela bien fort ; eh bien !
pourtant voilà comme on se familiarise avec les grands
hommes lorsqu'on vit avec eux. Arrive donc le seigneur *Châtelain*, qui, sans aucune pitié, m'ennuya pendant deux heures
et plus. Enfin Voltaire m'en tira une demi-heure avant souper,
en m'envoyant dire : « que puisque je ne voulais pas qu'il restât
dans ma chambre, je prisse donc la peine de descendre chez
lui. » Je ne me fis pas prier, et aussitôt je descendis. Je n'avais
vu son appartement qu'en passant, mais en ce moment il me
le fit admirer, et voici où j'en ai réservé la description.

APPARTEMENT DE VOLTAIRE. — La petite aile tient si fort à
la maison, que la porte est au bas du grand escalier. Il a une
petite anti-chambre grande comme la main ; ensuite vient sa

---

[1] Celle des demoiselles Mignot, qui épousa M. Denis, commissaire au
régiment de Champagne. (R. d'A.)

chambre, qui est petite, basse et tapissée de velours cramoisi ; une niche de même avec des franges d'or : c'est le meuble d'hiver. Il y a peu de tapisserie, mais beaucoup de lambris, dans lesquels sont encadrés des tableaux charmants, des glaces, des encoignures de laque admirables, des porcelaines, des marabouts, une pendule soutenue par des marabouts d'une forme singulière, des choses infinies dans ce goût là, chères, recherchées, et surtout d'une propreté à baiser le parquet ; une cassette ouverte où il y a une vaisselle d'argent ; tout ce que le superflu, *chose si nécessaire*, a pu inventer : et quel argent ! quel travail ! Il y a jusqu'à un baguier où il y a douze bagues de pierres gravées, outre deux de diamants. Delà on passe dans la petite galerie, qui n'a guère que trente ou quarante pieds de long. Entre ses fenêtres sont de petites statues fort belles, sur des piedestaux de vernis des Indes ; l'une est cette *Venus Farnèse*, l'autre *Hercule*. L'autre côté des fenêtres est partagé en deux armoires ; l'une de livres, l'autre de machines de physique ; entre les deux, un fourneau dans le mur, qui rend l'air comme celui du printemps ; devant, se trouve un grand piédestal sur lequel est un *Amour* assez grand, qui lance une flèche : cela n'est pas achevé ; on fait une niche sculptée à cet Amour, qui cachera l'apparence du fourneau. La galerie est boisée et vernie en petit jaune. Des pendules, des tables, des bureaux, tu crois bien que rien n'y manque. Au-delà est la chambre obscure, qui n'est pas encore finie, non plus que celle où il mettra ses machines : c'est pour cela qu'elles sont encore toutes dans la galerie. Il n'y a qu'un seul sopha et point de fauteuils commodes, c'est-à-dire que le petit nombre de ceux qui s'y trouvent sont bons, mais ce ne sont que des fauteuils garnis : l'aisance du corps n'est pas sa volupté, apparemment. Les pannaux des lambris sont des papiers des Indes, fort beaux, les paravents sont de même ; il y a des tables à écrans ; des

porcelaines, enfin tout est d'un goût extrêmement recherché.
Il y a une porte au milieu, qui donne dans le jardin ; le dehors
de la porte est une grotte fort jolie. Je pense que tu seras bien
aise d'avoir une idée du temple de ton idole, puisque tu ne
saurais le voir.

Le souper ne fut point trop joli ; le vilain petit *Trichateau*[1]
se fit traîner au bout de la table et il fallut lui parler, ce qui
n'était point amusant... Voilà ma journée d'hier.

Aujourd'hui je suis descendue à onze heures pour le café,
qui se prend dans la galerie. Voltaire était en robe de chambre, mais il est très-enrhumé. Nous n'avons pas été à la
messe, car il n'est pas fête ici...

On a parlé de l'éternel procès pendant tout le café, qui a
duré une heure et demie. Voltaire s'est mis à écrire et nous
sommes repassés, la dame *Châtelaine* et moi, dans son appartement pour le voir, parce que je ne l'avais pas encore envisagé. Celui de Voltaire n'est rien en comparaison de celui-ci.

L'APPARTEMENT DE MADAME DU CHATELET. — Sa chambre
est boisée en vernis petit jaune, avec des cordons bleu-pâle ;
une niche de même, encadrée de papiers des Indes charmants.
Le lit est en moiré bleu ; et tout est tellement assorti que,
jusqu'au panier du chien, tout est jaune et bleu ; bois de fauteuils, bureau, encoignures, secrétaire. Les glaces et cadre d'argent ; tout est d'un brillant admirable. Une grande porte vitrée,
mais de glace-miroir, conduit à la bibliothèque, qui n'est pas
encore achevée. C'est une sculpture comme une tabatière :
rien n'est joli comme cela. Il y aura des glaces, des tableaux
de Paul Véronèse, etc. D'un côté de la niche est un petit boudoir ; on est prêt à se mettre à genoux en y entrant. Le lambris est en bleu, et le plafond est peint et verni par un élève

---

[1] M. du Châtelet. (R. d'A.)

de Martin [1], qu'ils ont ici depuis trois ans. Tous les petits panneaux sont remplis par des tableaux de Wateau : ce sont les cinq Sens, puis les deux contes de Lafontaine, le *Baiser pris et rendu* dont j'avais les deux estampes, et les *Oies de frère Philippe*. Ah ! quelle peinture ! Les cadres sont dorés et en filigrane sur les lambris. On y voit trois grâces, belles et aussi jolies que la mère des tendres Amours. Il y a une cheminée en encoignures, des encoignures de Martin, avec de jolies choses dessus, entre autres une écritoire d'ambre que le prince de Prusse lui a envoyée avec des vers : nous parlerons de cela ailleurs. Pour tout meuble, un grand fauteuil couvert de taffetas blanc et deux tabourets de même ; car, grâce à Dieu, je n'ai pas vu une bergère dans toute la maison. Ce divin boudoir a une sortie par sa seule fenêtre, sur une terrasse charmante et dont la vue est admirable. De l'autre côté de la niche est une garde-robe divine, pavée de marbre, lambrissée en gris de lin, avec les plus jolis estampes. Enfin, jusqu'aux rideaux de mousseline qui sont aux fenêtres, sont brodés avec un goût exquis. Non, il n'y a rien au monde de si joli !

Après avoir visité l'appartement, nous sommes restées dans la chambre. Elle m'a alors raconté l'affaire de ce procès [2] depuis son origine, il y a environ quatre-vingt trois ans, jusqu'à aujourd'hui. Cette petite conversation a duré plus d'une heure et demie et, chose singulière, c'est qu'elle ne m'a point en-

---

[1] Jean-Baptiste Martin, dit *Martin des batailles* (1659-1735), élèv de Van der Meulen. Il a peint les victoires de Louis XIV, pour la décoration du château de Versailles, et les principales actions de Charles-Quint, en 20 tableaux, qui furent placés dans la galerie du château de Lunéville. (R. d'A.)

[2] Avec la maison Honsbrouck, sur la propriété de *Trichateau*, située sur les frontières de la Belgique, et que Voltaire contribua à faire gagner à M. et Mme du Châtelet. (R. d'A.)

nuyée ; mais c'est assez naturel : elle parle si bien que l'ennui n'a pas le temps de prendre audience. Elle m'a aussi montré son bijoutier ; il est plus beau que celui de madame de Richelieu. Je n'en reviens pas de surprise, car quand elle était à Craon, elle n'avait pas une tabatière d'écaille ; elle en a bien quinze ou vingt d'or, de pierres précieuses, de laques admirables, d'or émaillé, qui est une nouvelle mode qui doit être d'un prix excessif ; autant de navettes de même espèce, plus magnifiques l'une que l'autre, des montres de jaspe, avec des diamants, des étuis, des choses immenses ! des bagues de pierres rares, des breloques sans fin et de toute espèce. Enfin, je n'en reviens pas, car ils n'ont jamais été riches...

Voici ce que je dois avoir à lire ce soir : *Mérope*, l'*Histoire de Louis XIV*, que cette *bégueule* ne veut pas qu'il achève ; elle la tient sous clef. Il a fallu qu'il prie bien pour qu'elle promit de me la donner. Je démêlerai ce petit tripot-là. Je dois avoir la *Vie de Molière*, qu'il avait écrite pour mettre à la tête de cette belle édition. Le garde des sceaux, qu'il dit être son ennemi le plus mortel, la fit écrire par M. Laserre, et la sienne est restée. Je la lirai ce soir pour m'endormir. Il m'a dit : « Que quand je serais bien sage, j'aurais quelqu'autre chose qui me ferait bien plaisir... » Je ne lui demande rien : il est occupé de me chercher des livres et des amusements avec un soin et une attention vraiment charmante. Mon Dieu ! qu'il est aimable ! Enfin, il m'a aussi promis une Epître sur le bonheur... Cependant il faut que tu saches qu'il n'aime pas qu'on parle de lui. Il ne faut pas que cela passe nos amis ; tu sens bien de quelle conséquence il est pour moi de ne pas me brouiller avec ceux-ci ; recommande-leur donc bien d'être discrets.

Il travaille effectivement à refondre son *Charles XII*. Je lui

— 98 —

ai parlé du tort qu'il faisait à M. de Salignac [1], et il en a bien ri. Il ne veut pas avouer qu'il ait demandé les mémoires, non plus la petite feuille que je t'enverrai par le marchand qui part mardi. Je la lui ai demandée ce matin pour toi: « Ah! mon Dieu, a-t-il dit, je n'ai que celle-là ; je vais en faire venir d'autres ; je souhaite qu'elle l'amuse ; mais vous savez que la plus belle fille du monde... » Oui, je sais qu'il n'a que trop de jolies choses, mais qu'il ne les envoie pas.

. . . .

Ce mercredi matin.

..... Bonjour, mon ami, tu vois que ma première pensée est pour toi ; ainsi, allons donc notre train. Voltaire arrive ; la fantaisie prend à la *dame* de lui faire mettre un autre habit : il est vrai que le sien n'était pas beau ; mais il était bien poudré, et avait de belles dentelles. Il dit beaucoup de bonnes raisons pour n'en rien faire, que cela le refroidirait, et qu'il s'enrhumait de rien ; enfin, il eut la complaisance d'envoyer chercher son valet de chambre pour avoir un habit ; il ne se trouva pas là dans l'instant ; il crut en être quitte ; point du tout, la persécution recommença : la vivacité prend Voltaire, il lui parle vivement en anglais, et sort de sa chambre ; on envoie un moment l'appeler, il fait dire qu'il a la colique, et voilà *Mérope* au diable. J'étais furieuse ; la *dame* me pria de lire tout haut le dialogue de M. Algarotti [2], je lus

---

[1] Auteur d'une *Histoire de Pologne*, dans laquelle il trace une partie de la vie de Charles XII. (R. d'A.)

[2] Fils d'un riche négociant de Venise (1712-1764), vint à l'âge de vingt-quatre ans en France où il composa en italien son *Newtonianisme pour les dames*, traduit en français par Duperron de Castera. Il fut recherché par les rois et les princes. Voltaire, qui l'avait vu à Berlin, a dit : « Algarotti

et je ris comme nous avions ri, le matin, en lisant cet auteur : enfin arriva un monsieur du voisinage ; je me levai en disant que j'allais voir Voltaire ; la *dame* me dit de tâcher de le ramener. Je le trouvai avec la dame[1] qui est ici, qui, par parenthèse, m'a l'air d'être sa confidente ; il était de fort bonne humeur, il pensa oublier qu'il avait la colique. Nous causions déjà depuis un moment, lorsque la *dame* nous envoya appeler : enfin, il revint ; et cet homme, qui venait de rire avec nous, reprit de l'humeur en rentrant dans la chambre, sous le prétexte de la colique ; il se mit dans un coin et ne dit mot. Quelque temps après, le seigneur *Châtelain* sortit, les bouderus se parlèrent en anglais, et, la minute d'après, *Mérope* parut sur la scène. Voilà le premier signe d'amour que j'ai vu, car ils se conduisent avec une décence admirable ; **mais elle lui rend la vie un peu dure.** Je ne te fais ce long détail que pour te mettre au fait de la façon dont ils sont ensemble.

Enfin, il lut deux actes de *Mérope* : je pleurai au premier ; ce sont toujours de beaux vers et de beaux sentiments, mais les scènes filées sont manquées ; il y échoue assez ordinairement... Le souper a été comme un souper à Lunéville ; on se battait les flancs pour parler, et personne ne disait mot. Après le souper, nous avons regardé la sphère, Voltaire, la grosse dame et moi, car la belle *nymphe* ne parlait pas, elle faisait semblant de dormir.

Voltaire est toujours charmant, et toujours aussi occupé de mon amusement. Son attention ne se fatigue point ; on voit qu'il est dans l'inquiétude que je ne m'ennuie, et il a grand

---

était plein d'esprit, d'affectation et d'amour-propre. Français par l'esprit, Italien par le caractère, désagréable en société, il était souvent exposé aux plaisanteries royales, et les recevait comme une faveur. » (R. d'A.)

[1] Toujours Mme de Champbonin. (R. d'A.)

tort. S'ennuyer auprès de Voltaire!... Ah Dieu! cela n'est pas possible; je n'ai pas même le loisir de penser qu'il y a de l'ennui au monde....

. . . .

Ce jeudi matin.

Bonjour, mon *Panpichon*, je ne me porte pas si bien aujourd'hui que je me vantais hier. Je ne sais si ce sont tes lettres non reçues qui m'ont donné des vapeurs, mais enfin j'en ai eu hier soir, quoique le souper fût fort gai. Je demandais du *fin amour*; Voltaire, qui l'aime aussi, mais qui n'en ose guère boire, dit : « Oui, buvons en commémoration de *Panpan!* » C'est que je lui ai dit que tu trouvais fort mauvais qu'il n'en eût pas parlé dans son *Mondain* : il but à ta santé, et me promit d'en parler. Après souper, il nous donna la *lanterne magique*, avec des propos à mourir de rire. Il y a fourré la coterie de M. le duc de Richelieu, l'histoire de l'abbé Desfontaines, et toutes sortes de contes, toujours sur le ton savoyard. Non, il n'y avait rien de si drôle. Mais, à force de tripoter le goupillon de sa lanterne, qui était rempli d'esprit de vin, il le renverse sur sa main, le feu y prend, et la voilà enflammée! Ah! dame, il fallait voir comme elle était belle! Mais ce qui n'est pas beau, c'est qu'elle est brûlée : cela troubla un peu le divertissement qu'il recontinua après.

. . . .

Hier, à souper, Voltaire était d'une gaieté charmante ; il fit des contes qui ne sont bons que dans sa bouche. Il m'a conté des anecdotes de Boileau, qui ne sont nulle part. Ce sont des vers impromptus; s'il veut me les dicter, je te les enverrai. Adieu, je ne sais plus rien. Je te laisse le commentaire du plaisir qu'il y a vivre avec de pareilles gens... (*Lettre III.*)

Vendredi, à sept heures du soir.

..... Comme je l'écrivais, tantôt, on est venu m'appeler, c'était pour entendre le reste de *Mérope;* mais il a fallu essayer une longue toilette. Me voici enfin de retour, ayant le cœur plus gros qu'un ballon. J'ai pleuré aux sanglots. Ces trois derniers actes sont admirables : sans amour, l'intérêt est plus vif que celui de *Zaïre*..... Mais ce que je veux bien pleurer, c'est ce pauvre Voltaire qui ne se portait pas bien, et qui se démenait comme un diable dans un bénitier : il nous a prié de sortir bien vite pour lui laisser le temps de s'évanouir ; tout de bon le voilà qui s'est trouvé mal, et nous invite à le laisser.

. . . .

Maintenant, fais silence et écoute Voltaire : il prétend qu'à force de copier ses ouvrages, son valet de chambre s'entend un peu aux vers; pour le prouver, il raconte qu'il le surprit un jour écrivant à une petite fille qu'il aimait, et qu'il avait mis tout au travers de sa lettre :

> Je me croirai haï, d'être aimé *fortement*.

En copiant, voici comment il avait écrit un vers :

> Rangés en bataillons ils mesurent leur *repas*.

Et voilà comme il les retient par cœur. On le priait de dire quelque chose des ouvrages de son maître; après s'être fait beaucoup presser, s'excusant sur ce qu'il ne voulait pas abuser d'un si bon maître, il dit qu'il ne savait de la *Jeanne* que son portrait; le voici :

> Trente-deux dents brillent à fleur de tête :
> Deux grands yeux noirs d'une égale blancheur,
> Font l'ornement d'une bouche vermeille
> Qui va prenant de l'une à l'autre oreille.

Eh bien ! ne pouffes-tu pas de rire comme moi? En vérité,

il faut que je fasse en ce moment un effort de gravité pour pouvoir continuer, car je me tiens encore les côtes ; mais comme mon amitié ne veut pas que tu sois étranger au plaisir que je goûte d'être ici, je me compose, et je continue. Voici comment il corrige les fautes de son maître ; il y avait ces deux vers :

> Ah ! croyez-moi, mon fils, voyez ces cheveux blancs,
> La triste expérience est le fruit des vieux...

Voltaire avait oublié *ans*, son valet de chambre trouva que cela ne rimait pas, et les raccommoda ainsi :

> Ah ! croyez-moi, mon fils, voyez ces cheveux *bleus*,
> La triste expérience est le fruit des vieux.

Enfin, il y en a mille comme cela que je trouve fort plaisans, et que je regrette beaucoup de ne pouvoir te mander. On conta aussi la méprise de la reine Anne d'Autriche, à qui on venait de dire qu'un général avait acculé le prince Eugène, de façon qu'il aurait peine à s'en tirer. Le roi entra, elle courut à lui, et lui dit : — « Ah! Sire, est-il vrai qu'en Italie, le maréchal (j'ai oublié le nom) a enc... le prince Eugène?... » Le roi confondu, se tourna sans répondre, et la reine, qui croyait que le roi ne l'avait pas entendue, le répétait encore, lorsqu'une dame s'approcha d'elle, et lui apprit comment il fallait dire.

Ce samedi, à six heures du soir.

..... Voltaire nous a encore lu une épitre pour prouver que l'on peut être heureux en toutes sortes d'états et de conditions... Nous lui avons fait une huée horrible, parce qu'il adresse celle qu'il nous a lue aujourd'hui à Thiriot, sans le nommer pourtant, mais Thiriot le dit assez. Il est étonnant l'amitié qu'il a pour cet homme ; car c'est uniquement par reconnaissance qu'il le fait ; cependant, j'ose croire qu'il y a aussi de la fantaisie : il lui donne tous les profits de ses Épîtres. Ce sont des livres à imprimer qu'il a donnés à l'abbé de Lamarre. Il ne tire plus rien de ses éditions ; je crois te l'avoir mandé : je voudrais bien aussi qu'il me donnât sa *Mérope*. En farfouillant ce matin à la dérobée dans un de ses portefeuilles, j'ai vu une comédie dont je n'avais pas encore entendu parler : il corrigea la scène de *Mérope*, qui m'a déplu ; en vérité, sa complaisance est extrême, il se laisse tout dire, il remercie, il dit : « Vous me faites plaisir, vous avez raison ; oui c'est bien ça, il y a bien de l'esprit dans cette critique !... » Et moi je dis, il n'y a donc de l'orgueil que dans les mauvais auteurs, et de la bonne volonté que dans les bons : car il aime la louange, et convient que c'est un tribut qui lui plaît.

. . . .

Ce dimanche, à sept heures du soir.

... Lundi, mardi, répétition et les marionnettes ; mercredi et jeudi comédie ; mercredi l'*Enfant prodigue*, et jeudi *Boursoufle*. Voilà du plaisir et de l'embarras...

Il me semble avoir vu quelque part que l'arrangement de la vie d'ici ne vous paraît pas clair ; le voici une fois pour toutes, car c'est un jour comme l'autre.

Entre dix heures et demie jusqu'à onze heures et demie, on envoie avertir tout le monde pour le café, on le prend dans la galerie de Voltaire ; je t'ai mandé jour par jour ce qu'on y disait : cela dure jusqu'à midi, une heure, plus ou moins, selon qu'on s'est assemblé plus tôt ou plus tard. A midi-sonnant, ce qu'on appelle ici les *cochers* vont dîner. Ces *cochers sont le seigneur Châtelain, la grosse dame et son fils*, qui ne paraît jamais que pour copier des ouvrages. Nous restons une demi-heure, Voltaire, la *dame* et moi ; il nous fait ensuite une grande révérence et nous dit de nous en aller : chacun alors retourne dans sa chambre. Vers quatre heures, quelquefois, on goûte et on se rassemble ; je n'y vas guère, bien qu'on ne me fasse appeler : cela n'est pas toujours. A neuf heures on soupe, et l'on reste ensemble jusqu'à minuit. Dieu ! quel souper ! c'est toujours celui de Damoclès; tous les plaisirs s'y trouvent réunis ; mais hélas! que le temps est court !... O mon Dieu ! rien n'y manque, pas même l'épée, qui est représentée par la rapidité du temps qui s'envole. Le seigneur *Châtelain* se met à table, ne mange pas, dort, par conséquent ne dit mot, et sort avec le couvert... Le frère[1] est très-aimable, très-gai et a beaucoup d'esprit : il part vendredi. Hier après souper, il y eut une scène charmante : Voltaire boudait à cause d'un verre de vin du Rhin, que la dame l'empêcha de boire ; il ne voulait plus lire *Jeanne*, qu'il nous avait promise ; il était dans la haute mauvaise humeur. Le *frère* et moi, à force de plaisanterie, nous vînmes à bout de le faire revenir ; la dame, qui boudait aussi, n'y put pas tenir; tout cela devint une scène de plaisanteries délicieuses, qui dura longtemps et qui finit par un chant de *Jeanne*, qui ne valait pas mieux. Je ne l'ai plus trouvée si jolie, et cependant j'ai ri à bien des endroits.

Ce matin, il nous a lu une Epître sur la liberté, qui est très-belle aussi. Je crois que nous n'aurons rien ce soir ; je ne sais si c'est humeur, mais on dit qu'il est malade...

Ce lundi après souper.

Ajoute à ta clef, *Nicomède* pour Voltaire, et *Dorothée* pour sa bergère, car je crains pour ici, et moyennant cela, je vous dirai bien des choses que je ne peux vous dire sans cet expédient....

---

[1] L'abbé de Breteuil, frère de madame du Châtelet. (R. d'A.)

On a fait du punch ; tu te lèches les doigts ! attends, je vais t'en verser. Madame du Châtelet a chanté de sa voix divine ; on a beaucoup ri sans savoir pourquoi, on a chanté des canons ; enfin, le souper a été à peu près comme ceux que nous avons tant faits ensemble, où la gaieté ne sait pas ce qu'elle dit, ni ce qu'elle fait, et rit sur la pointe d'une aiguille.....
(*Lettre IV.*)

Cirey, ce mardi à huit heures du soir.

Je sors des marionnettes, qui m'ont beaucoup divertie ; elles sont très-bonnes ; on a joué la pièce où la femme de Polichinelle croit faire mourir son mari en chantant *fagnana! fagnana !* ... C'était un plaisir ravissant d'entendre Voltaire dire sérieusement que la pièce est très-bonne... Le théâtre est joli, mais la salle est petite. Un théâtre et une salle de marionnettes, oh c'est drôle ! mais qu'y a-t-il d'étonnant ? Voltaire est aussi aimable enfant que sage philosophe.

Ce matin, nous devions entendre lire une Épître, mais la belle *dame* était encore si bien montée sur le ton de la plaisanterie depuis hier, qu'elle a commencé à en faire de suite beaucoup à M. de Voltaire ; lui, qui tenait son épitre à la main, l'a parodiée sur-le-champ contre elle, on ne peut pas mieux ; cela l'a animée, de sorte qu'elle en a tant et tant fait, qu'enfin il ne l'a point lue...

Je le plains, ce pauvre *Nicomède*, puisque sa *Dorothée* et lui ne peuvent s'accorder. Ah ! mon ami, quel est donc le bonheur que goûtent les mortels sur la terre ? Hélas ! je le vois bien, il n'y en a pas ; nous sommes toujours trompés par l'apparence. Nous les croyons les plus heureux du monde, quand nous ne les voyons que rarement, et depuis que tu es plus faufilé avec eux, tu vois que c'est comme dans l'empire de la lune.

Ce jeudi soir.

.... Nous aurons M. de Maupertuis pour étrennes ; si nos amis viennent, je voudrais que ce fût dans ce temps, parce qu'on est plus ensemble quand il y a des étrangers, et que l'on jouera probablement la comédie... On a lu au café la dernière Épître qui est sur l'envie. Rousseau (J.-B.) y est accomodé de toute pièce ; la *dame* a dit qu'il y en avait de trop ; il a répondu : « que s'il était mort, il le ferait déterrer pour le pendre. » (*Lettre V.*)

. . . .

C'est une chose terrible que le fanatisme de cet homme (Voltaire) sur l'abbé Desfontaines et Rousseau. Je sors d'une conversation terrible là-dessus, où nous avons essayé de le persuader de les mépriser. O faiblesse humaine ! il n'a ni rime ni raison quand il en parle. C'est lui qui fait faire les estampes et qui fait les vers qui sont au bas. Je ne fais pas semblant de le savoir, mais il tournaille autour de moi pour me le faire savoir et n'ose pourtant le dire tout-à-fait. Quelle faiblesse ! et quel ridicule cela va lui donner ! Réellement le cœur m'en saigne, car je l'aime, oui je l'aime ; et il a tant de bonnes qualités que c'est une pitié de lui voir des faiblesses si misérables. La belle *dame* m'a fait voir à souper une lettre qu'il écrit à M. de Maupertuis pour l'engager à faire donner quelque chose à ces Lapons dont j'ai parlé[1]. Il y a des vers charmants pour

---

[1] Madame de Grafigny avait écrit précédemment : « Tu ne seras pas fâché, je crois, mon cher ami, de savoir que nos aimables Français plaisent jusque dans les climats glacés, et que l'amour est de tous pays. Le secrétaire de M. Clairaut, l'un des voyageurs aux pôles, a fait l'amour à une Lapone ; il lui a promis le mariage, et est parti sans tenir sa parole. La demoiselle vient d'arriver à Paris avec une sœur à elle, pour poursuivre son amant infidèle ; elle sont débarquées chez M. Clairaut, qui les héberge, quoique médiocrement riche. L'épouseur ne veut point épouser, et la demoiselle ne

engager tous ces messieurs de l'Académie à donner [1]. La belle *dame* envoie cinquante livres; quant à lui, il n'a pas voulu que l'on sût ce qu'il envoyait, mais j'ai vu que c'était tout au moins cent livres. Voilà l'homme dans des actions généreuses. N'est-ce pas beau? Je l'ai fait pleurer hier, mais pleurer à chaudes larmes, en lui contant ce que *Léopold* avait fait pour la M.... Il n'entend jamais parler d'une belle action sans atten-

veut point s'en retourner. Enfin M. Clairaut, qui mande cela à Voltaire, lui marque qu'il lui a fait donner une petite pension, et va tâcher de la faire entrer dans quelque couvent pour la consoler. Tout Paris va chez lui pour voir ces Laponnes. Ah! mon dieu, comment peut-on être Lapon. » (p. 106-107.)

[1] Voici la lettre de Voltaire à Maupertuis :

Cirey, ce 20 décembre 1738.

Sir Isaac,

Mme la marquise du Châtelet, et moi indigne, nous sommes si attachés à tout ce qui a du rapport à votre mesure de la terre et à votre voyage au pôle, nous sommes d'ailleurs si éloignés des mœurs de Paris, que nous regardons notre Lapone trompée comme notre compatriote. Nous proposerions bien qu'on mît en faveur de cette tendre hyperboréenne une taxe sur tous ceux qui ne croient pas la terre aplatie; mais nous n'osons exiger des contributions à nos ennemis. Demandons seulement des secours à nos frères. Fesons une petite quête. Ne trouverons-nous point quelques cœurs généreux que votre exemple et celui de M. Clairaut auront touchés? Mme du Châtelet, qui n'est pas riche, donne déjà 50 liv.; moi, qui suis bien moins bon philosophe qu'elle et pas si riche, mais qui n'ai pas de grande maison à gouverner, je prends la liberté de donner 100 liv. Voilà donc 50 écus qu'on vous apporte : que quelqu'un de vous tienne la bourse, et je parie que vous faites mille écus en peu de jours. Cette petite collecte est digne d'être à la suite de vos observations; et la morale des Français leur fera autant d'honneur dans le Nord que leur physique.

« Le Nord est fécond en infortunes amoureuses depuis l'aventure de Calisto. Si Jupiter avait eu mille écus, je suis persuadé que Calisto n'eut point été changée en ours.

drissement ; cela ne mérite-t-il pas qu'on lui souhaite avec tout l'intérêt possible, moins de faiblesse dans l'esprit. Sa maladie n'est autre chose que des vapeurs ; il est tout comme Desmarets était : tant qu'il est dissipé il se porte bien ; dès qu'on le contrarie il est malade. Notre conversation de ce soir l'a mis dans un état horrible : ne crois pas que ce soit ma faute, c'est la belle *dame* qui m'a fait signe. Il ne veut pas convenir qu'il a des vapeurs ; il s'en prend à ses indigestions ; enfin il est positivement comme Desmarets... [1] (*Lettre VI.*)

« Pour encourager les âmes dévotes à réparer les torts de l'amour, je serais d'avis qu'on quêtat à peu près en cette façon :

La voyageuse académie
Recommande à l'humanité
Un gros tendron de Laponie.
L'amour, qui fait tout son malheur
De ses feux embrasa son cœur
Parmi les glaces de Bothnie.
Certain Français la séduisit :
Cette erreur est trop ordinaire ;
Et c'est la seule que l'on fit
En allant au cercle polaire.
Français, montrez-vous aujourd'hui
Aussi généreux qu'infidèles :
S'il est doux de tromper les belles
Il est doux d'être leur appui.
Que les Lapons sur leur rivage
Puissent dire dans tous les temps :
Tous les Français sont bienfaisans ;
Nous n'en avons vu qu'un volage.

« Vous me direz que cela est trop long : il n'y a qu'à l'exprimer en algèbre.

« Adieu, je n'ai point d'expression pour vous dire combien mon cœur et mon esprit sont les très-humbles serviteurs et admirateurs du vôtre.

« Mme du Châtelet, seule digne de vous écrire, ne vous écrit point, je crois, cet ordinaire.

« VOLTAIRE. »

« *N.-B.* Je vous supplie d'écrire toujours *français* par un *a*, car l'Académie *française* l'écrit par un *o*. » (R. d'A.)

[1] L'auteur de ces lettres, Mme de Grafigny, née Françoise d'Issembourg

Cirey, ce jeudi soir.

... A propos d'attention, j'en ai découvert aujourd'hui une jolie de Voltaire, dont Mlle Dubois [1] m'avait tenu le cas secret : son valet de chambre demande très-souvent si je n'ai besoin de rien chez lui : il a ordonné à tous ses gens de me servir comme lui-même... Cependant, comme il ne met jamais de bornes à tout ce qu'il fait de bien, il serait possible qu'il y eût encore une infinité de jolies petites choses que je ne susse pas, mais desquelles je ne lui tiendrai pas moins bon compte. Tout ceci me mène naturellement à te dire comment il est servi : son valet de chambre ne quitte point sa chaise à table ; et ses

---

d'Happoncourt, était la fille d'un major de la gendarmerie du duc de Lorraine, et sa mère, petite nièce du fameux Callot ; mariée à un homme violent, François Huguet de Grafigny, chambellan du duc de Lorraine, elle en fut séparée juridiquement après quelques années d'une union très-malheureuse. Elle était âgée de quarante-trois ans, alors qu'elle était à Cirey. On verra bientôt comment elle en sortit. Les lettres qu'elle écrivit de là à ses amis de Lorraine coururent d'abord manuscrites, puis du portefeuille du chevalier de Boufflers, elles passèrent à l'impression en 1820. Sa situation était des plus précaires, quand, sur la recommandation de Voltaire, Mlle de Guise, qui allait épouser le maréchal de Richelieu, se l'attacha. Elle sut se faire aimer dans cette société brillante ; on lui trouvait de l'esprit, de la grâce dans les manières, et ceux qui connaissaient ses lettres l'engagèrent à écrire. En 1747, elle publia les *Lettres d'une Péruvienne*, roman épistolaire, ingénieux, qui obtint beaucoup de succès, malgré des invraisemblances. Elle s'essaya ensuite au théâtre, et donna d'abord *Cénie*, comédie en cinq actes, qui réussit et, plus tard, la *Fille d'Aristide*, drame en cinq actes, qui tomba sous les sifflets. Elle a composé aussi pour les enfants de l'empereur d'Autriche de petites pièces de théâtre, entre autres la féerie d'*Azov*. Elle mourut en 1758. Elle était née à Nancy. La célèbre madame Helvétius était sa nièce. (R. d'A.)

[1] Femme de chambre de Mme de Grafigny. (R. d'A.)

laquais lui remettent ce qui lui est nécessaire, comme les pages aux gentilshommes du roi ; mais tout cela est fait sans aucun air de faste. Il a une façon plaisante d'ordonner, qui tient aux bonnes grâces de ses manières : il ajoute toujours en riant : « qu'on ait bien soin de Madame !... » Je crois que c'est dans la lettre perdue que je te mandais, qu'en ouvrant la porte de la chambre de Voltaire, on voyait dire la messe ; c'est de là qu'on l'entend. Il nous a conté qu'il était cette nuit dans son lit à réciter les litanies de la Sainte-Vierge, par pénitence, « parce que, disait-il, quoiqu'il ne soit pas le Saint-Esprit, il aime mieux avoir affaire avec elle. » Enfin, on l'a entouré d'un paravent, à cause du froid de la porte, et nous avons entendu l'office divin...

La paix règne en ces lieux depuis plusieurs jours ! (*Lettre VIII.*)

Ce lundi soir.

... Je n'ai pas grand'chose à te mander d'intéressant, seulement une belle petite action de ton *idole*. Il y a huit jours qu'une servante de cuisine cassa un pot de terre sur la tête d'un laquais de Voltaire, il a été au lit jusqu'à hier ; on a chassé la servante et on lui a retenu un gros écu que l'on a donné au laquais. Hier, au café, le valet de chambre de ton *idole* dit que le laquais avait rendu l'écu à la servante : — « Qu'on le fasse venir, dit-il ; pourquoi as-tu rendu cet écu ? — Eh, eh ! monsieur (c'est un nigaud), c'est que je suis quasi guéri et que cette fille a été fâchée de m'avoir battu. — Céran (c'est le nom du valet de chambre), qu'on donne un écu à ce drôle-là pour celui qu'il a rendu, et qu'on lui donne un autre pour lui apprendre ce que méritent les bonnes actions ; va, va ! mon ami, tu es bien heureux de savoir bien faire, fais toujours bien. » Cela n'est-il pas joli ?... Le souper se passa à pleurer : la belle Dame nous conta une histoire lamentable qui nous fit pleurer ; on en ferait un beau roman. Voltaire fit celle du roi d'Angleterre se sauvant des fureurs de Cromwell, qui nous fit aussi pleurer, et puis nous rîmes d'avoir pleuré... (*Lettre X.*)

Cirey, ce lundi gras.

... En vérité, on ne respire point ici. Vous êtes las de me l'entendre dire ; eh bien ! C'est que je n'ai le temps que de le dire. Nous jouons aujourd'hui l'*Enfant prodigue* et une autre pièce dont il faut faire la répétition. Nous avons répété *Zaïre* jusqu'à trois heures du matin ; nous la jouons demain avec la *Sérénade*[1]. Il faut se friser, se chausser, s'ajuster, entendre chanter un opéra ; oh ! quelle galère ! On nous donne à lire des petits manuscrits charmants qu'on est obligé de lire en volant. Desmarets est encore plus ébloui que moi, car mon flegme ne me quitte pas, et je ne suis pas gaie ; mais pour lui, il est transporté, il est ivre. Nous avons compté hier soir que, dans les vingt-quatre heures, nous avons répété et joué trente-trois actes, tant tragédies, opéras, que comédies...

Panpan, mon cher *Panpan !* nous sortons de l'exécution du troisième acte joué aujourd'hui ; il est minuit et nous allons souper. Je suis rendue... C'est le diable, oui le diable, que la vie que nous menons. Après souper, madame du Châtelet chantera un opéra entier ; et vous croyez, bourreau, qu'on a le temps de vous compter des balivernes ? Allez, allez ! vous êtes fou... (*Lettre XXVIII.*)

Cirey.

Jusqu'ici, mon cher ami, je n'ai osé laisser sortir de ma tête l'aventure affreuse, l'aventure effroyable qui m'est arrivée.

---

[1] Comédie en un acte de Regnard. (R. d'A.)

J'étais si mal que je craignais de mourir et de laisser par écrit une chose que je voudrais me cacher à moi-même ; et, cependant, je sais que je ne l'oublierai de ma vie. Je me porte mieux maintenant, Desmarets doit venir, je lui donnerai ma lettre pour la mettre à la poste, à Paris, ou je la confierai à l'intendant qui éprouve comme moi la mauvaise foi des gens d'ici, et qui a des voies détournées pour faire venir ses lettres [1]. Ah ! la malheureuse, que de mal elle m'a fait...

Le 29 décembre, la poste étant arrivée, on me dit qu'il n'y avait point de lettres pour moi. Le souper se passa comme à l'ordinaire, sans beaucoup parler, et sans que je visse rien qui pût me présager l'orage que l'on me préparait. Je me retirai donc tranquillement dans ma chambre pour cacheter une lettre que je vous avais écrite. Une demi-heure après que je fus arrivé, j'y vois entrer... vous devinez bien qui... Je suis extrêmement surprise, car il n'y venait jamais ; mais je le fus davantage quand il m'eut dit : « Qu'il était perdu ; que sa vie était entre mes mains. » — Ah ! mon Dieu ! Comment cela, lui dis-je ? — Comment ? C'est, dit-il, qu'il y a cent copies qui courent d'un chant de la *Jeanne*. Je pars à l'instant, je me sauve en Hollande, au bout du monde... ou je ne sais où... M. du Châtelet va partir pour Lunéville. Il faut que vous écriviez de suite à *Panpan*, pour qu'il aide à retirer toutes ces copies ; est-il assez honnête homme pour le faire ? » J'ajoutai de la meilleure foi que vous rendriez tous les services que vous

---

[1] On voit que cette lettre ne fut commencée que lorsque Mme de Grafigny eut la certitude de pouvoir la remettre entre des mains sûres. Elle la composa donc pendant plusieurs jours, mais sans cesser pour cela d'écrire à son ami les choses intéressantes qui se passaient à Cirey, surtout depuis l'arrivée au château de son ami Desmarets. Elle n'arriva à son adresse qu'après le départ de son auteur. (R. d'A.)

pourriez. « Eh bien! écrivez vite d'abondance et de cœur, me dit-il. » — Ah! je vais le faire; je suis charmée de choisir cette occasion pour vous montrer tout mon zèle... Cependant, je dis que cela m'affligeait beaucoup qu'une pareille chose arrivât pendant que j'étais ici. Il se lève furieux et me dit : « Point de tortillage, Madame, c'est vous qui l'avez envoyé... » A ces paroles, je tombe des nues... Je l'assure que je n'en ai jamais lu ni écrit un vers; il me dit : « que si. » Il me soutient que c'est vous qui le débitez, et que vous dites que c'est moi qui vous l'ai envoyé. La tête alors me saute, et je vois écrit dans mon étoile que quelqu'une des cent mille personnes à qui il a montré ce poëme en aura retenu un chant, et qu'il courra pendant que je suis ici sans que je puisse m'en justifier. Hélas! j'étais au désespoir d'une circonstance aussi fâcheuse; je soutenais, avec l'accent de la vérité, mais toujours avec une vivacité étourdissante, que ce n'était pas moi. Il me soutenait à son tour que vous l'aviez lu à Desmarets, chez une dame; que vous en donniez des copies à tout le monde, et que Madame du Châtelet en avait la preuve dans sa poche. Que dire? O mon ami, j'étais consternée!... Vous jugez bien que je n'entendais rien à tout cela, et que je ne devais rien y entendre, mais je n'en étais pas moins effrayée. Enfin, il me dit : « Allons, allons, écrivez qu'on nous envoie l'original et les copies. » Je me mis à écrire; et, comme je ne pouvais pas vous demander ce que je ne vous avais point envoyé, je vous priais de vous informer de cela, et de me mander ce que vous en aviez appris. Il lut ma lettre, et en me la rejetant : « Eh fi! Madame, il faut de la bonne foi, quand il y va de la vie d'un pauvre malheureux comme moi. » Sur cela, ses cris redoublent; il dit qu'il est perdu; que je ne veux pas réparer le mal que je lui ai fait. Plus je parlais, moins je le persuadais; je pris le parti de me taire. Cette scène affreuse dura pour le moins une

heure, mais ce n'était encore rien ; il était réservé à la *dame*
d'y mettre le comble. Elle arriva comme une furie, jetant les
hauts cris et me disant à peu près les mêmes choses, et moi
gardant le même silence. Alors elle tira une lettre de sa poche,
et me la fourrant presque dans le nez : « Voilà, dit-elle, voilà
la preuve de votre infamie; vous êtes la plus indigne des
créatures; vous êtes un monstre que j'ai retiré chez moi, non
pas par amitié, car je n'en eus jamais ; mais parce que vous ne
saviez où aller ; et vous avez l'infamie de me trahir ! de m'as-
sassiner ! de voler dans mon bureau un ouvrage pour en tirer
copie. » Ah ! mon pauvre ami, où étais-tu ?... La foudre qui
tombe aux pieds du solitaire tranquille le bouleverse moins
que moi... Voilà ce qui m'est resté du torrent d'injures qu'elle
m'a dites; car j'étais si éperdue, qu'alors je cessais de
voir et d'entendre. Mais elle en dit bien davantage, et sans
Voltaire elle m'eut soufflétée... A tout cela, je répondis seulement : « Ah ! taisez-vous, Madame ; je suis trop malheureuse
pour que vous me traitiez aussi indignement. » Voltaire, à ces
mots, la prit de suite à travers le corps et l'arracha d'auprès
de moi, car elle me disait tout cela dans le nez et avec des
gestes dont j'attendais le coup à chaque instant. Quand elle
fut arrachée d'auprès de moi, elle allait et venait dans la
chambre, en criant et en faisant toujours des exclamations sur
mon infamie. Notez que tout cela fut dit de façon que Dubois,
qui était à deux chambres de là, entendit tout. Pour moi, je
fus longtemps sans pouvoir prononcer un seul mot; je n'étais
ni morte ni vivante. Enfin, je demandai cette lettre, on me
cria que je ne l'aurais pas. — « Au moins, montrez-moi, lui
dis-je, ce qu'il y a de si fort contre moi, » — et je vis cette
malheureuse phrase : *Le chant de Jeanne est charmant.* Aussitôt cela me rappela le vrai à quoi je n'avais pas pensé
d'abord ; je dis alors ce que c'était et ce que je vous avais écrit

de l'impression que m'avait faite la lecture du chant de *Jeanne*, que j'avais entendu. Je le dis à sa louange, dès le premier moment, Voltaire me crut et me demanda aussitôt pardon.

On m'expliqua la chose comme elle s'était passée. On me dit que vous aviez lu ma lettre à Desmarets devant un homme qui l'avait écrit à M. du Châtelet; et que voyant cela, on avait ouvert votre lettre qui l'avait confirmé. Cette scène dura jusqu'à cinq heures du matin.

La *Mégère* ne voulait pas en revenir. Le pauvre Voltaire lui parla longtemps en anglais sans rien gagner ; puis il la tirailla pour l'obliger à me dire qu'elle le croyait, et qu'elle était fâchée de ce qu'elle m'avait dit. On me fit écrire pour que vous me renvoyiez ma lettre, afin de me justifier entièrement. J'écrivis avec une peine extrême ; je leur donnai ma lettre et ils s'en allèrent : mais les convulsions et les tremblements ne m'ont quittée que longtemps après qu'ils ont été sortis... Enfin, le bon Voltaire vint à midi ; il parut fâché jusqu'aux larmes de l'état où il me vit, il me fit de vives excuses ; il me demanda beaucoup de pardons, et j'eus l'occasion de voir toute la sensibilité de son âme ; il me fit donner ma parole que je ne redemanderais pas la fatale lettre, et je la donnai.

A cinq heures du soir, M. du Châtelet vint avec un air contrit, et me dit en douceur qu'il me conseillait de faire venir ma lettre, non pas qu'ils ne me crussent, mais que c'était pour les confondre. Je lui objectai que j'avais donné ma parole de n'en rien faire, et que je craignais, comme je ne doutais pas qu'on n'ouvrît mes lettres, qu'on ne m'en fît un crime ; d'ailleurs, j'étais si troublée et si hébétée, que je disais vraiment tout cela de bonne foi. Néanmoins, il insista tant et me persuada si bien qu'il ferait passer ma lettre, qu'enfin je lui promis d'écrire. Une heure de réflexion me fit voir la grossièreté de cette finesse ; mais il me fallut une heure, car je n'avais plus la faculté de penser. Je passai trois jours et trois nuits à fondre en larmes.

Ah! J'oubliais que le même soir, sur les huit heures, la *Mégère* vint avec toute sa suite; et, après une courte révérence et d'un ton fort sec, me dit : — « Madame, je suis fâchée de ce qui s'est passé cette nuit. » Et puis elle parla d'autre chose, avec la grosse dame et son mari, aussi tranquillement que quelqu'un qui sort de son lit...

Vous jugez bien que leur compagnie ne m'est guère agréable, puisque je n'y puis être à mon aise. D'ailleurs, les cachoteries ont continué jusqu'à aujourd'hui 30, où l'on a commencé à parler plus librement.

Je crois, autant que je puis asseoir quelque jugement sur des esprits aussi entortillés que celui d'*Atis* (c'est le nom que je mets à la place de *Nicomède*, parce qu'il est plus court); je crois, dis-je, qu'*Atis* n'a point su et qu'il a entièrement ignoré la continuation des infidélités de mes lettres; il m'a paru revenir de bonne foi sur ma seule parole, et à l'instant même; il a pleuré plus d'une fois, me voyant si malade, en répétant sans cesse qu'il était bien malheureux d'être la cause de l'état où j'étais; il n'est pas entré une fois dans ma chambre sans me faire les excuses les plus humbles et les plus pathétiques. Il a redoublé ses soins pour que rien ne me manquât; il allait souvent jusqu'à dire : « Que Dorothée était une femme terrible, qui n'avait point de flexibilité dans le cœur, quoiqu'elle l'eût bon... » Enfin, j'ai tout lieu d'être contente des démonstrations d'*Atis*; j'en suis satisfaite.

Le reconnaîtriez-vous à la tournure qu'il a donnée à cette lettre décachetée que l'on me fourrait sous le nez. Il a apparemment plus de vergogne que l'*autre*, car il n'a jamais voulu convenir qu'on l'ait ouverte de guet-apens, et voici comment il tourne finement cet accident. Il dit : « Que la lettre qu'on écrivait au maître étant lue, Dorothée en fut si effrayée, que, de colère, elle jeta le paquet des autres lettres dans le feu ; que la mienne tomba sur l'âtre presque ouverte de la secousse, et que voyant qu'on pouvait la lire, on l'avait lue ; mais qu'il fallait pardonner au premier mouvement. » Ne riez-vous pas ? Dubois, dirait-elle mieux ? Vous croyez bien que je n'ai jamais rien répondu à de pareilles vraisemblances ; mais la honte qu'il a de cette lettre ouverte me faisait croire qu'on lui a caché qu'on continuât à les ouvrir. D'ailleurs, son ton a toujours été le même ; il souffrait de la mine qu'on me faisait à table, et parlait souvent en anglais pour la faire changer. Cependant, il n'osait plus me rien faire voir, ni même me parler de ses ouvrages.... Dès qu'il arrivait dans ma chambre, un laquais venait aussitôt l'appeler. Il n'est pas possible d'être plus épié qu'il ne l'est, et d'avoir moins de liberté. Souvent je l'entendais passer pour venir chez la bonne dame, ma voisine ; mais, à peine était-il arrivé, qu'un émissaire venait à l'instant le chercher. Il faut, en vérité, que Dorothée ait des gens à gages, pour savoir quand il sort de chez lui, car son appartement est fort éloigné du sien [1].

. . . .

[1] Mme du Châtelet, qui avait un empire absolu sur l'esprit de Voltaire, n'avait pas la prudente modération de s'en servir en femme habile. Voltaire ardent, éminemment irascible comme tous les poëtes, se laissait entraîner au gré de son humeur ; ses colères étaient des coups de foudre ; mais l'orage n'avait rien de durable parce que son cœur, qui était essentiellement bon, reprenait toujours son empire. Mme du Châtelet, au contraire, d'un caractère exigeant, avait une volonté tyrannique ; ce qu'elle voulait elle le voulait bien, et rien ne pouvait plus l'en détourner. Ce caractère impérieux et inflexible a dû lui coûter bien des larmes, mais aussi il a dû troubler plus d'une fois le charme, le bonheur que Voltaire goûtait dans sa liaison avec elle. Voici un trait de leur vie qui est peu connu, et qui est propre, si l'on

..... *Atis* est le plus malheureux homme du monde ; il sait tout ce qu'il vaut et l'approbation lui est presque indifférente ; mais par la même raison un mot de ses adversaires le met ce qui s'appelle au désespoir : c'est la seule chose qui l'occupe, et qui le noie dans l'amertume. Je ne puis vous donner l'idée de cette sottise, qu'en vous disant qu'elle est plus forte et plus misérable que son esprit n'est grand et étendu : joignez à cela qu'il a des vapeurs dont il ne veut pas entendre parler, que ses jalousies lui en donnent, dieu sait, et puis il se croit à la mort. Il se drogue sans cesse ; il s'est fourré dans la tête qu'il ne fallait pas manger, et il meurt de faim. Jugez du bonheur de ces gens que nous croyons avoir atteint à la félicité suprême ! Les querelles, dont je vous ai mandé dans le commencement, vont leur train : jugez encore ! Cela me fait mal, parce que je sens le prix de toutes ses bonnes qualités, et que réellement il mérite d'être plus heu-

---

ne se trompe, à faire croire que ses deux amans ont dû avoir, dans leur vie privée, plus d'une fois des scènes terribles.

On plaisantait un jour Mme du Châtelet, sur son incapacité en poésie : pour réponse elle fit ces vers à Mme de Luxembourg pour le jour de sa fête :

> Pour vous chanter, aimable Madelon,
> Je n'ai pas besoin de leçon ;
> Mais sans faire tort aux apôtres,
> Tous les jours où je vous voi
> Sont des jours de fête pour moi
> Qui me font oublier les autres.

Quand Voltaire arriva, on était à table ; *Emilie* lui montra ces vers. — « Ils ne sont pas de vous, lui dit-il. » — Mme du Châtelet lui réplique de suite avec aigreur : elle s'emporte ; la dispute s'anime ; la rage s'empare de tous les deux ; Voltaire prend un couteau, et la menaçant lui dit : « Ne me regarde donc pas avec tes yeux hagards et louches. » (Note des éditeurs.)

reux ; je voudrais bien pouvoir lui dire tout ce que j'en pense, mais entre l'arbre et l'écorce il ne faut pas mettre le doigt... (Lettre XXIX). — MADAME DE GRAFIGNY. *Vie privée de Voltaire et de Mme du Châtelet, pendant un séjour de six mois à Cirey.* — (Paris, Treuttel et Wurtz, etc., 1820.)

CHAPITRE XXIII.

DISGRACE DE VOLTAIRE.
1739.

4 octobre, Voltaire m'a avoué la cause de sa disgrâce auprès du cardinal (Fleury) et de M. Hérault [1]. Ces messieurs, le voyant prévenu contre les Jansénistes et ami du P. Tournemine, comme il le paroît par quelques vers de lui [2] épars dans ses œuvres, voulurent l'engager à écrire pour la cause

---

[1] René Hérault (1691-1740), lieutenant-général de police. Il se montra fort sévère envers les Jansénistes. En 1739, il fut nommé intendant de Paris et conseiller d'Etat. (R. d'A.)

[2] Voy. notamment le Ve *Discours en vers sur la nature du plaisir* (1737). Le P. Tournemine écrivit, à l'accasion de *Mérope,* une lettre au P. Brumoy, et Voltaire y répondit par une autre lettre, en date de décembre 1738, dans laquelle il le remercie de ses éloges. Elle se termine par ces mots :

« Ce que je n'aurai jamais à corriger, ce sont les sentiments de mon cœur pour vous et pour tous ceux qui m'ont élevé ; les mêmes que j'avais dans votre collége. Je les ai conservés tous. » (Note de M. Rathery, annotateur des *Mémoires* de d'Argenson.)

contre le Jansénisme, et il avoit commencé quelque chose dans le goût d'antiques lettres provinciales. Il vint chez M. Hérault et lui dit qu'il ne pouvoit continuer, qu'il se déshonoreroit, étant soupçonné de cela, et regardé comme plume mercenaire ; et il jeta son ouvrage au feu. *Inde iræ.*

Je lui ai dit : « Monsieur, soyez moliniste comme moi ; » il n'y a qu'un parti pour un bon citoyen, c'est celui du tolérantisme destructeur de tout parti en France... — *Journal et Mémoires* du MARQUIS D'ARGENSON. (Paris, vᵉ Jules Renouard, 1863), t. II.

CHAPITRE XXIV.

VOLTAIRE, DÉSIGNÉ POUR SUCCÉDER AU CARDINAL FLEURY, COMME MEMBRE DE L'ACADÉMIE FRANÇAISE, ÉCHOUE PAR LES INTRIGUES DE MAUREPAS ET DU THÉATIN BOYER [1].

1743.

Le cardinal de Fleuri mourut. Voltaire avait été assez lié avec lui, parce qu'il était curieux de connaître les anecdotes du règne de Louis XIV, et que Fleuri aimait à les conter, s'arrêtant surtout à celles qui pouvaient le regarder, et ne doutant pas que Voltaire ne s'empressât d'en remplir son histoire; mais la haine naturelle de Fleuri et de tous les hommes faibles

[1] Evêque de Mirepoix, né à Paris en 1675, m. en 1755. Fut précepteur du Dauphin, père de Louis XVI, et membre des Académies française, des Inscriptions, et des Sciences. (R. d'A.)

pour qui s'élève au-dessus des forces communes, l'emporta sur son goût et sur sa vanité.

Fleuri avait voulu empêcher les Français de parler et même de penser, pour les gouverner plus aisément. Il avait toute sa vie entretenu dans l'état une guerre d'opinion, par ses soins mêmes pour empêcher ces opinions de faire du bruit et de troubler la tranquillité publique. La hardiesse de Voltaire l'effrayait. Il craignait également de compromettre son repos en le défendant, ou sa petite renommée en l'abandonnant avec trop de lâcheté ; et Voltaire trouva dans lui moins un protecteur qu'un persécuteur caché, mais contenu par son respect pour l'opinion et l'intérêt de sa propre gloire.

Voltaire fut désigné pour lui succéder dans l'Académie française. Il venait d'y acquérir de nouveaux droits qui auraient imposé silence à l'envie, si elle pouvait avoir quelque pudeur ; il venait d'enrichir la scène d'un nouveau chef-d'œuvre, de *Mérope*, jusqu'ici la seule tragédie où des larmes abondantes et douces ne coulent point sur les malheurs de l'amour...

. . . .

A ce nouveau titre que la dévotion même était forcée de respecter, se joignait l'appui de madame de Châteauroux [1], alors gouvernée par le duc de Richelieu...

Le duc de Richelieu avait été l'ami de Voltaire dès l'enfance. Voltaire, qui eut souvent à s'en plaindre, conserva pour lui ce goût de la jeunesse que le temps n'efface point, et une espèce de confiance que l'habitude soutenait plus que le sentiment ; et le maréchal de Richelieu demeura fidèle à cet

---

[1] Marie-Anne de Mailly de Nesle, duchesse de Châteauroux (1717-1744). Veuve, en 1742 du marquis de la Tournelle, elle devint la maîtresse de Louis XV, et prit sur lui un empire absolu. (R. d'A.)

ancien attachement, autant que le permit la légèreté de son caractère, ses caprices, son petit despotisme sur les théâtres, son mépris pour tout ce qui n'était pas homme de la cour, sa faiblesse pour le crédit et son insensibilité pour ce qui était noble ou utile.

Il servit alors Voltaire auprès de madame de Châteauroux ; mais M. de Maurepas n'aimait pas Voltaire. L'abbé de Chaulieu avait fait une épigramme contre *OEdipe*, parce qu'il était blessé qu'un jeune homme, déjà son rival dans le genre des poésies fugitives, mêlées de philosophie et de volupté, joignit à cette gloire celle de réussir au théâtre ; et M. de Maurepas, qui mettait de la vanité à montrer plus d'esprit qu'un autre dans un souper, ne pardonnait pas à Voltaire de lui ôter trop évidemment cet avantage, dont il n'était pas trop ridicule alors qu'un homme en place pût être flatté.

Voltaire avait essayé de le désarmer par une Épître où il lui donnait les louanges auxquelles le genre d'esprit et le caractère de M. de Maurepas pouvaient prêter le plus de vraisemblance. Cette Épître, qui renfermait autant de leçons que d'éloges, ne changea rien aux sentiments du ministre. Il se lia, pour empêcher Voltaire d'entrer à l'Académie, avec le théatin Boyer, que Fleuri avait préféré, pour l'éducation du dauphin, à Massillon dont il craignait les talents et la vertu, et qu'il avait ensuite désigné au roi, en mourant, pour la feuille des bénéfices, apparemment dans l'espérance de se faire regretter des jansénistes. D'ailleurs, M. de Maurepas était bien aise de trouver une occasion de blesser, sans se compromettre, madame de Châteauroux, dont il connaissait toute la haine pour lui. Voltaire, instruit de cette intrigue, alla trouver le ministre et lui demanda si, dans le cas où madame de Châteauroux seconderait son élection, il la traverserait. *Oui*, répondit le ministre, *et je vous écraserai*.

Il savait qu'un homme en place en aurait la facilité et que, sous un gouvernement faible, le crédit d'une maîtresse doit céder à celui des prêtres intrigants ou fanatiques, plus méprisables aux yeux de la raison, mais encore respectés par la populace : il laissa triompher Boyer. — CONDORCET. (*Vie de Voltaire.*)

CHAPITRE XXV.

VOLTAIRE DIPLOMATE.
1743.

Peu de temps après, le ministre (Amelot) sentit combien l'alliance du roi de Prusse était nécessaire à la France ; mais ce prince craignait de s'engager de nouveau avec une puissance dont la politique incertaine et timide ne lui inspirait aucune confiance. On imagina que Voltaire pourrait le déterminer. Il fut chargé de cette négociation, mais en secret[1]. On

---

[1] « On imagina de m'envoyer secrètement chez ce monarque pour sonder ses intentions, pour voir s'il ne serait pas d'humeur à prévenir les orages qui devaient tomber tôt ou tard de Vienne sur lui après avoir tombé sur nous, et s'il ne voudrait pas nous prêter cent mille hommes, dans l'occasion, pour mieux assurer la Silésie. Cette idée était tombée dans la tête de M. Richelieu et de madame de Chateauroux. Le roi l'adopta ; et M. Amelot, ministre des affaires étrangères, mais ministre subalterne, fut chargé seulement de presser mon départ.

« Il fallait un prétexte. Je pris celui de ma querelle avec l'ancien évêque

convint que les persécutions de Boyer seraient le prétexte de son voyage en Prusse. Il y gagna la liberté de se moquer du pauvre théâtin qui alla se plaindre au roi que Voltaire le faisait *passer pour un sot* dans les cours étrangères, et à qui le roi répondit que *c'était une chose convenue.*

de Mirepoix. Il approuva cet expédient. J'écrivis au roi de Prusse que je ne pouvais plus tenir aux persécutions de ce théâtin, et que j'allais me réfugier auprès d'un roi philosophe, loin des tracasseries d'un bigot. Comme ce prélat signait toujours *l'anc. évêq. de Mirepoix,* en abrégé, et que son écriture était assez incorrecte, on lisait l'*âne de Mirepoix,* au lieu de l'*ancien* : ce fut un sujet de plaisanteries; et jamais négociation ne fut plus gaie.

« Le roi de Prusse, qui n'y allait point de main morte quand il fallait frapper sur les moines et sur les prélats de cour, me répondit avec un déluge de railleries sur l'âne de Mirepoix, et me pressa de venir. J'eus grand soin de faire lire mes lettres et mes réponses. L'évêque en fut informé. Il alla se plaindre à Louis XV de ce que je le faisais passer, disait-il, pour un sot dans les cours étrangères. Le roi lui répondit que c'était une chose convenue, et qu'il ne fallait pas qu'il y prît garde.

« Cette réponse de Louis XV, qui n'est guère dans son caractère, m'a paru toujours extraordinaire. J'avais à la fois le plaisir de me venger de l'évêque qui m'avait exclu de l'Académie, celui de faire un voyage très agréable, et celui d'être à portée de rendre service au roi et à l'Etat. M. de Maurepas entrait même avec chaleur dans cette aventure, parce qu'alors il gouvernait M. Amelot, et qu'il croyait être le ministre des affaires étrangères. » VOLTAIRE, *OEuvres complètes* (Beuchot), t. XL, p. 68. Mémoires pour servir à la vie de M. de Voltaire, écrits par lui-même. (A. d'A.)

— LETTRE DE MADAME DE TENCIN A RICHELIEU: « Paris, ce 17 juin 1743:... Comme cette lettre ne partira pas par un courrier du maréchal, je ne vous écris pas aussi à mon aise que si c'était par cette voie ; je me défie des courriers qui partent par ordre des ministres. Il faut pourtant que je vous fasse une confidence, sur laquelle je vous prie de garder le secret. Je ne veux pas faire de peine à madame du Châtelet, et je lui en ferai beaucoup si ce

Voltaire partit ; et Piron, à la tête de ses ennemis, l'accabla d'épigrammes et de chansons sur sa prétendue disgrâce...

Cependant après avoir passé quelque temps avec le roi de Prusse qui se refusait constamment à toute négociation avec la France, Voltaire eut l'adresse de saisir le véritable motif de

que je vais vous dire était divulgué par quelqu'un qui pût le savoir d'elle. Voici ce que c'est : On a publié que Voltaire était exilé, ou du moins, que sur la crainte de l'être, il avait pris la fuite. Mais la vérité est qu'Amelot et Maurepas l'ont envoyé en Prusse, pour sonder les intentions du roi de Prusse à notre égard. Il doit venir rendre compte de sa commission, et n'écrira point, dans la crainte que ses lettres ne soient interceptées par le roi de Prusse, à qui il doit faire croire comme aux autres, qu'il a quitté ce pays, très mécontent des ministres. S'il réussit, ces messieurs seront bien attrapés. Si le roi de Prusse déclarait qu'il ne veut pas passer par leurs mains, et qu'il nommât madame de la Tournelle (la duchesse de Chateauroux) pour celle en qui elle veut placer sa confiance! Je vous donne tout ceci sous le secret : on m'a imposé la condition de n'en parler à personne au monde ; mais je ne crois pas y manquer que de vous en parler : c'est une restriction tacite que je fais toujours avec moi-même, quand je m'y engage, surtout que ce sont des choses qu'il peut être de quelque importance que vous sachiez. Madame du Châtelet vous le dirait sûrement si vous étiez ici, et ne l'écrirait pas, dans la crainte que ses lettres ne soient vues. Elle croit que Voltaire serait perdu, si le secret échappait par sa faute. Ne faites, je vous prie, jamais mine d'en être instruit, du moins par moi ; car ce secret est à peu près celui de la comédie. Amelot a très habilement écrit plusieurs lettres à Voltaire, contre-signées, le secrétaire de Voltaire l'a dit, et le bruit s'en est répandu jusque dans les cafés. Il est pourtant vrai que la chose ne peut réussir que par une conduite contraire ; que le roi de Prusse, bien loin de prendre confiance en Voltaire, sera au contraire très-irrité contre Voltaire, s'il découvre qu'il l'a trompé, et que ce prétendu exilé est un espion, qui va sonder son cœur et abuser de sa confiance. Il n'est pas possible que vous puissiez écrire à Voltaire, à moins qu'il ne vous ait écrit lui-même de La Haye. Il serait trop dangereux de lui écrire à Berlin. Le roi de Prusse, qui en use apparemment chez lui comme on en use ici, verce refus : c'était la faiblesse qu'avait eue la France de ne pas déclarer la guerre à l'Angleterre, et de paraître, par cette conduite, demander la paix quand elle pouvait prétendre à en dicter les conditions.

Il revint alors à Paris [1], et rendit compte de son voyage. Le printemps suivant, le roi de Prusse déclara de nouveau la

> rait votre lettre, à moins que vous n'ayez quelque voie sûre, ce que je n'imagine pas. Surtout laissez croire à Voltaire et à madame du Châtelet, que vous avez appris la chose par les petits cabinets, ou par quelqu'un qui écarte de moi les soupçons. Je fis sentir, hier soir, à madame du Châtelet, que c'était vous, qui le premier aviez imaginé d'envoyer Voltaire ; que vous aviez gagné le maréchal de Noailles, qui s'y était d'abord opposé, et que vous aviez préparé, d'ailleurs, les choses de façon que les ministres ne trouvassent aucun obstacle quand ils le proposeraient au roi. M. Amelot et M. de Maurepas sont les seuls qui ont parlé à Voltaire ; je crois cependant qu'Orry (a) est dans la confidence. Je ne sais si d'Argenson y est aussi : pour mon frère (b), on ne lui en a rien dit. Il est vrai que, lorsqu'il en a parlé sur la publicité, on ne lui a pas nié. Maurepas lui dit : Ce n'est pas pour négocier, comme vous pouvez bien le penser. Vous voyez, par là, le cas que ces messieurs font de Voltaire. Je n'ai pas encore dit ce trait-là à madame du Châtelet ; mais je le lui dirai. Elle croit que le roi de Prusse ne voudra pas négocier vis-à-vis le petit Amelot. Mais comment faire pour en instruire le roi ? Voilà la difficulté ; car Voltaire ne correspond qu'avec Amelot. Donnez-moi votre avis là-dessus. »
>
> Lettres de Mme de Villars, de La Fayette, et de Tencin (Paris, Chaumerot jeune, 1823), p. 211. *Lettres de Mme de Tencin à M. de Richelieu.* p. 212-216. (R. d'A.)

[1] « On ne se sépara pas sans attendrissement et sans effusion des deux parts....... Mais, désormais, quoi qu'ils disent et quoi qu'ils fassent, malgré l'attrait et le charme de leur commerce, la confiance était éteinte : Frédéric avait flairé « l'espion, » c'est Voltaire qui le dit ; et l'auteur de

(a) Contrôleur-général des finances. (R. d'A.)
(b) Tencin, alors cardinal et ministre d'Etat. (R. d'A.)

guerre à la reine de Hongrie, et par cette diversion utile força ses troupes d'évacuer l'Alsace. Ce service important, celui d'avoir pénétré, en passant à La Haye, les dispositions des Hollandais encore incertaines en apparence, n'obtint à Voltaire aucune de ces marques de considération dont il eût voulu se faire un rempart contre ses ennemis littéraires. — CONDORCET. (*Vie de Voltaire*.)

CHAPITRE XXVI.

VOLTAIRE A LA COUR. — SA RÉCEPTION A L'ACADÉMIE. LE VIOLON TRAVENOL.

1744-1746.

Le marquis d'Argenson fut appelé au ministère [1]. Il mérite d'être compté parmi le petit nombre des gens en place qui ont aimé véritablement la philosophie et le bien public. Son goût pour les lettres l'avait lié avec Voltaire. Il l'employa plus d'une fois à écrire des manifestes, des déclarations, des dépêches qui pouvaient exiger dans le style de la correction, de la noblesse et de la mesure.

Zaïre savait, de son côté, de quoi était capable le roi de Prusse en amitié comme en politique. » GUSTAVE DESNOIRESTERRES. ***Voltaire à Cirey***. (Paris, Didier, etc., 1871). (R. d'A.)

[1] Le 28 novembre 1744. Le marquis d'Argenson (1694-1747), avait été condisciple de Voltaire au collége Louis-le-Grand. Simple de mœurs, on l'appelait à la cour d'*Argenson la Bête*. Auteur de plusieurs écrits fort estimés. (R. d'A.)

Tel fut le manifeste qui devait être publié par le Prétendant [1] à sa descente en Ecosse avec une petite armée française que le duc de Richelieu aurait commandée. Voltaire eut alors l'occasion de travailler avec le comte de Lalli, jacobite zélé, ennemi acharné des Anglais, dont il a depuis défendu la mémoire avec tant de courage, lorsqu'un arrêt injuste, exécuté avec barbarie, le sacrifia au ressentiment de quelques employés de la compagnie des Indes.

Mais il eut dans le même temps un appui plus puissant, la marquise de Pompadour, avec laquelle il avait été lié lorsqu'elle était encore madame d'Etioles. Elle le chargea de faire une pièce pour le premier mariage du Dauphin. Une charge de gentilhomme de la chambre, le titre d'historiographe de France, et enfin la protection de la cour, nécessaire pour empêcher la cabale des dévots de lui fermer l'entrée de l'Académie française, furent la récompense de cet ouvrage. C'est à cette occasion qu'il fit ces vers :

> Mon *Henri quatre* et ma *Zaïre*,
> Et mon américaine *Alzire*,
> Ne m'ont valu jamais un seul regard du roi ;
> J'eus beaucoup d'ennemis avec très-peu de gloire ;
> Les honneurs et les biens pleuvent enfin sur moi
> Pour une farce de la foire.

C'était juger un peu trop sévèrement la *Princesse de Navarre*, ouvrage rempli d'une galanterie noble et touchante.

Cependant la faveur de la cour ne suffisait pas pour lui ouvrir les portes de l'Académie. Il fut obligé, pour désarmer les dévots, d'écrire une lettre au père de Latour, où il protestait de son respect pour la religion et, ce qui était plus néces-

---

[1] Charles-Edouard, fils de Jacques Stuart et petit fils de Jacques II (1720-1788). (R. d'A.)

saire, de son attachement aux jésuites. Malgré l'adresse avec laquelle il ménage ses expressions dans cette lettre, il valait mieux sans doute renoncer à l'Académie que d'avoir la faiblesse de l'écrire : et cette faiblesse serait inexcusable, s'il avait fait ce sacrifice à la vanité de porter un titre qui depuis longtemps ne pouvait plus honorer le nom de Voltaire. Mais il le faisait à sa sûreté ; il croyait qu'il trouverait dans l'Académie un appui contre la persécution ; et c'était présumer trop du courage et de la justice de ses confrères.

Dans son discours à l'Académie [1], il secoua le premier le joug de l'usage qui semblait condamner ces discours à n'être qu'une suite de compliments plus encore que d'éloges. Voltaire osa parler dans le sien de littérature et de goût ; et son exemple est devenu en quelque sorte une loi dont les académiciens gens de lettres osent rarement s'écarter. Mais il n'alla point jusqu'à supprimer les éternels éloges de Richelieu, de Séguier et de Louis XIV ; et jusqu'ici deux ou trois académiciens seulement ont eu le courage de s'en dispenser. Il parla de Crébillon, dans ce discours, avec la noble générosité d'un homme qui ne craint point d'honorer le talent dans un rival, et de donner des armes à ses propres détracteurs.

Un nouvel orage de libelles vint tomber sur lui, et il n'eut pas la force de les mépriser. La police était alors aux ordres d'un homme [2] qui avait passé quelques mois à la campagne avec madame de Pompadour. On arrêta un malheureux violon de l'Opéra, nommé *Travenol*, qui, avec l'avocat Rigoley de Juvigny [3], colportait ces libelles. Le père de Travenol, vieil-

---

[1] Il y fut reçu le 9 mai 1746. (R. d'A.)

[2] De Marville. (R. d'A.)

[3] Littérateur, né à Dijon, mort en 1788. Il affecta de se mettre au nombre des adversaires de Voltaire, qui ne fit jamais attention à lui. Auteur

lard de quatre-vingts ans, va chez Voltaire demander la grâce du coupable ; toute sa colère cède au premier cri de l'humanité. Il pleure avec le vieillard, l'embrasse, le console, et court avec lui demander la liberté de son fils. — CONDORCET. (*Vie de Voltaire*.)

CHAPITRE XXVII.

VOLTAIRE ET MADAME DU CHATELET CHEZ LA DUCHESSE DU MAINE [1], A SCEAUX.

Sceaux, ce mardi 15 août 1747.

Madame du Châtelet et Voltaire, qui s'étaient annoncés pour aujourd'hui, et qu'on avait perdus de vue, parurent hier sur le minuit, comme deux spectres, avec une odeur de corps embaumés qu'ils semblaient avoir apportés de leurs tombeaux ;

---

de plusieurs écrits médiocres et d'une édition des *OEuvres de Piron*, 1776, 8 vol. in-8°. (R. d'A.)

[1] Anne-Louise de Bourbon, petite fille du grand Condé, née en 1670, morte en 1753. Elle devint duchesse de Maine par son mariage avec Louis-Auguste de Bourbon, duc de Maine, fils légitimé de Louis XIV et de Mme de Montespan. La duchesse de Maine était douée d'un naturel fort doux, d'une humeur toujours égale, et d'un commerce charmant qui la faisait désirer et chérir de tout le monde. Elle avait fixé sa résidence à Sceaux. Elle fut pour les auteurs et les artistes ce que furent jadis les Médicis pour les lettres et les arts. Elle encourageait les uns et protégeait les autres. Aussi sa cour devint-elle le séjour des plaisirs et le temple du bon goût. On sait que c'est pour cette femme aimable que Voltaire composa son joli roman de *Zadig*, ainsi que plusieurs pièces de théâtre qu'il lui dédia. (R. d'A.)

on sortait de table ; c'étaient pourtant des spectres affamés : il leur fallut un souper et, qui plus est, des lits qui n'étaient pas préparés. La concierge déjà couchée, se leva à grand'hâte. Gaya[1], qui avait offert son logement pour les cas pressants, forcé de le céder dans celui-ci, déménagea avec autant de précipitation et de déplaisir qu'une armée surprise dans son camp, laissant une partie de son bagage au pouvoir de l'ennemi. Voltaire s'est bien trouvé du gîte ; cela n'a point du tout consolé Gaya. Pour la dame, son lit ne s'est pas trouvé bien fait ; il a fallu la loger aujourd'hui. Notez que ce lit elle l'avait fait elle-même, faute de gens et avait trouvé un défaut de... dans ses matelas, ce qui, je crois, a plus blessé son esprit exact que son corps peu délicat : elle a par *interim* un appartement qui a été promis, et qu'elle laissera vendredi ou samedi pour celui du maréchal de Maillebois, qui s'en va un de ces jours. Il est venu ici en même temps que nous avec sa fille et sa petite-fille ; l'une est jolie, l'autre est laide et triste. Il a chassé avec ses chiens un chevreuil et pris un faon de biche : voilà tout ce qui se peut tirer de là. Nos deux hôtes fourniront plus abondamment : ils vont faire répéter leurs comédies ; c'est Venture qui fait le comte de Boursouffle : on ne dira pas que ce soient des armes parlantes, non plus que madame du Châtelet, faisant mademoiselle de la Cochonnière, qui devrait être grosse et courte. Voilà assez parlé d'eux pour aujourd'hui...

Ce mercredi... Nos revenants ne se montrent point le jour ; ils apparurent hier à dix heures du soir ; je ne pense pas qu'on les voie guère plutôt aujourd'hui ; l'un est à décrire des hauts faits, l'autre à commenter *Newton.* Ils ne veulent ni jouer ni se promener : ce sont des non-valeurs dans une société où leurs doctes écrits ne sont d'aucun rapport.

[1] Le chevalier Gaya. (R. d'A.)

Madame du Châtelet est d'hier à son troisième logement : elle ne pouvait plus supporter celui qu'elle avait choisi. Il y avait du bruit, de la fumée sans feu (il me semble que c'est son emblème). Le bruit, ce n'est pas la nuit qu'il l'incommode, à ce qu'elle m'a dit, mais le jour, au fort de son travail : cela dérange ses idées. Elle fait actuellement la revue de ses *Principes* ; c'est un exercice qu'elle réitère chaque année, sans quoi ils pourraient s'échapper ; et peut-être s'en aller si loin qu'elle n'en retrouverait pas un seul. Je crois que sa tête est pour eux une maison de force et non pas le lieu de leur naissance ; c'est le cas de veiller soigneusement à leur garde : elle préfère le bon air de cette occupation à tout amusement, et persiste à ne se montrer que la nuit close. Voltaire a fait des vers galans, qui réparent un peu le mauvais effet de leur conduite inusitée.

Ce dimanche 27 (août). Je vous ai mandé jeudi que nos revenans partaient le lendemain et que la pièce se jouait le soir ; tout cela s'est fait. Je ne puis vous rendre *Boursouffle* que mincement. Mademoiselle de la Cochonnière a si parfaitement exécuté l'extravagance de son rôle, que j'y ai pris plaisir ; mais Venture n'a mis que sa propre fatuité au personnage de Boursouffle, qui demandait au-delà : il a joué naturellement dans une pièce où tout doit être aussi forcé que le sujet. Pâris [1] a joué en honnête homme le rôle de Maraudin, dont le nom exprime le caractère. Martel a bien fait le baron de la Cochonnière ; Destillac, un chevalier ; Duplessis [2], un valet ; tout cela n'a pas été mal, et l'on peut dire que cette farce a été bien rendue. L'auteur l'a ennoblie d'un prologue qu'il a joué lui-

---

[1] Secrétaire de la duchesse d'Estrées. (R. d'A.)
[2] Officier de la maison du duc de Maine. (R. d'A.)

même et très-bien avec notre Dufour [1], qui, sans cette action brillante, ne pouvait digérer d'être dame Barbe ; elle n'a pu se soumettre à la simplicité d'habillement qu'exigeait son rôle, non plus que la principale actrice, qui, préférant les intérêts de sa figure à ceux de la pièce, a paru sur le théâtre avec tout l'éclat et l'élégante parure d'une dame de cour : elle a eu sur ce point maille à partir avec Voltaire ; mais c'est la souveraine et lui l'esclave. Je suis fâchée de leur départ, quoiqu'excédée de ses diverses volontés dont elle m'avait remis l'exécution.

Ce mercredi, 30... On vous garde un bon appartement : c'est celui dont madame du Châtelet, après une revue exacte de toute la maison, s'est emparée. Il y aura un peu moins de meubles qu'elle n'y en avait mis ; car elle avait dévasté tous ceux par où elle avait passé pour garnir celui-là. On y a trouvé six ou sept tables ; il lui en faut de toutes les grandeurs ; d'immenses pour étaler ses papiers, de solides pour soutenir son nécessaire, de plus légères pour ses ponpons, pour ses bijoux ; et cette belle ordonnance ne l'a point garantie d'un accident pareil à celui qui arriva à Philippe II, quand, après avoir passé la nuit à écrire, on répandit une bouteille d'encre sur ses dépêches. La dame ne s'est pas piquée d'imiter la modération de ce prince ; aussi n'avait-il écrit que sur des affaires d'état, et ce qu'on lui a barbouillé, c'était de l'algèbre, bien plus difficile à remettre au net.

En voilà trop sur le même sujet, qui doit être épuisé ; je vous en dirai pourtant encore un mot et cela sera fini. Le lendemain du départ, je reçois une lettre de quatre pages, de plus un billet dans le même paquet, qui m'annonce un grand désarroi ; M. de Voltaire a égaré sa pièce, oublié de retirer les

---

[1] Nourrice du Dauphin, et première femme de la Dauphine. (R. d'A.)

rôles et perdu le prologue; il m'est enjoint de retrouver le tout, d'envoyer au plus vite le prologue, non par la poste, *parce qu'on le copierait;* de garder les rôles crainte du même accident, et d'enfermer la pièce *sous cent clefs.* J'aurais cru un loquet suffisant pour garder ce trésor ! J'ai bien dûment exécuté ses ordres. — (Madame de STAAL DE LAUNAY [1], Lettre à Madame la marquise du Deffand, dans ses *OEuvres complètes* Paris, 1821.)

CHAPITRE XXVIII.

VOLTAIRE ET MADAME DU CHATELET AU JEU DE LA REINE, A FONTAINEBLEAU. — DÉPART PRÉCIPITÉ. — SÉJOUR A SCEAUX, CHEZ LA DUCHESSE DU MAINE.

Octobre 1747 [2].

M. de Voltaire et madame du Châtelet étaient logés, à Fon-

[1] Alors attachée comme femme de chambre auprès de la duchesse du Maine. Elle montra un fort grand courage après la découverte de la conspiration de Cellamare, dont elle avait en grande partie conduit toute l'affaire. Menacée par les juges d'être enfermée pour toujours à la Bastille, si elle ne faisait des révélations : « Eh bien, Messieurs, dit-elle, c'est un établissement pour une fille telle que moi, qui n'a pas de bien. » Après deux ans de captivité, elle revint à Sceaux, et endura « les dédains qu'on a pour la valetaille, » se consolant le plus souvent par les soupers du Temple, auprès du Grand-Prieur et de ses amis. Après avoir épousé un vieil officier suisse, M. de Staal, elle eut un petit cercle où brillaient surtout Fontenelle, Marivaux, Montesquieu, Mme du Deffant, etc. Elle était née à Paris en 1683, et elle est morte en 1750. Elle a laissé des *Mémoires* qui ont tout l'intérêt d'un roman. (R. d'A.)

[2] Et non 1746, comme le dit Longchamp. (Voy. la p. 131 du *Voltaire à la Cour* de M. Gustave Desnoiresterres.) (R. d'A.)

tainebleau, chez M. le duc de Richelieu... J'arrivai le trentième jour après eux à Fontainebleau, à deux heures du matin... Ni madame du Châtelet, ni M. de Voltaire ne vinrent dans la journée. Je les attendis jusqu'à une heure et demie du matin, me doutant qu'ils étaient au jeu de la reine, qui se prolongeait quelquefois fort avant dans la nuit. Je les vis alors rentrer ensemble, ayant tous les deux l'air triste et inquiet. En arrivant, madame me dit de faire chercher ses gens et d'avertir son cocher de mettre promptement les chevaux à sa voiture, parce qu'elle voulait partir sur le champ. A l'heure qu'il était, au milieu de la nuit, l'embarras était de rassembler son monde qui était logé de côté et d'autre dans la ville. Il n'y avait près d'elle que sa femme de chambre et moi. J'allai aussitôt chercher les domestiques. Le cocher, que je réveillai le premier, se hâta de venir mettre les chevaux au carrosse. Quand tout fut prêt, madame du Châtelet et M. de Voltaire montèrent dans la voiture avec la femme de chambre, qui n'avait eu que le temps de faire deux ou trois paquets, qu'elle prit avec elle; et l'on partit de Fontainebleau bien avant le jour.

Cet ordre de madame du Châtelet m'avait beaucoup surpris, je ne devinai pas la vraie cause d'un départ si précipité. Je ne l'appris qu'à Paris, lorsque je fus rentré à la maison. En voici les principales circonstances. Cette nuit, le jeu chez la reine avait été très-orageux, et madame du Châtelet s'en était surtout mal trouvée. Avant de partir pour Fontainebleau, elle avait ramassé autant d'argent qu'elle l'avait pu. Le coffre de M. de la Croix, son intendant, était peu garni, et elle n'en avait pu tirer que quatre cents et quelque louis. M. de Voltaire, qui ne jouait pas, en avait deux cents dans sa bourse. Le premier jour de leur arrivée, madame du Châtelet perdit ses quatre cents louis. Montée chez elle, elle dépêcha un laquais en courrier avec des lettres pour son intendant et pour quelques amis, afin d'avoir de nouveaux fonds. En attendant son retour, M. de Voltaire donna à la marquise les deux cents louis qu'il avait apportés, et qui prirent, dans la seconde séance, la route des premiers avec une grande vélocité, mais non sans quelques remontrances de la part du prêteur. Le laquais revint le lendemain, apportant à madame du Châtelet deux cents autres louis, que M. de la Croix avait empruntés à gros intérêts, et cent-quatre-vingts que mademoiselle du Thil, son amie, y avait joints. Avec cette somme, madame du Châtelet retourna au jeu de la reine. Hélas! cet argent ne fit que paraître et disparaître. Piquée d'un malheur si constant, elle veut le faire cesser à la fin, et, s'obstinant à vouloir réparer ses pertes, elle continua de plus belle et cava au plus fort sur sa parole et perdit quatre-vingt-quatre mille francs avec une intrépidité inconcevable. Après le jeu, M. de Voltaire, qui était à côté d'elle, effrayé d'une perte si considérable, lui dit en anglais que les distractions qu'elle avait au jeu l'empêchaient de voir qu'elle jouait avec des fripons. Ces paroles furent entendues de quelqu'un et répétées. Madame le remarqua et en avertit M. de Voltaire, pour qui cela pouvait avoir des suites fâcheuses. Ils se retirèrent sans bruit, et ayant pris la résolution de retourner de suite à Paris, ils partirent de Fontainebleau dans la même nuit.

... Quand on fut près de Paris, M. de Voltaire mit pied à terre, et se rendit dans un village écarté de la route. Là, il écrivit une lettre à madame la duchesse du Maine, et la fit apporter par un paysan qui devait attendre et rapporter la réponse. Dans cette lettre, M. de Voltaire instruisait la princesse de son aventure, et la suppliait de lui donner à Sceaux, où elle était alors, un asile où il pût être ignoré de ses ennemis. Madame du Maine accueillit très-bien sa demande.

On lui renvoya son commissionnaire avec un billet par lequel on le prévenait qu'à son arrivé il trouverait à la grille du château M. du Plessis, officier de confiance, qui le conduirait dans un appartement particulier, qu'on allait disposer pour le recevoir de la manière qu'il le désirait. Il attendit l'entrée de la nuit pour se rendre à Sceaux, où il trouva M. du Plessis, qui le fit monter par un escalier dérobé dans cet appartement retiré, qui était précisément tout ce qui lui fallait. C'est du fond de cette retraite qu'il descendait toutes les nuits chez madame la duchesse du Maine, après qu'elle s'était mise au lit et que tous ses gens étaient retirés. Un seul valet de pied, qui était dans la confidence, dressait alors une petite table dans la ruelle du lit, et apportait à souper à M. de Voltaire. La princesse prenait grand plaisir à le voir et à causer avec lui. Il l'amusait par l'enjouement de sa conversation, et elle l'instruisait en lui contant beaucoup d'anciennes anecdotes de cour qu'il ignorait. Quelquefois, après le repas, il lisait un conte ou un petit roman qu'il avait écrit exprès dans la journée pour la divertir. C'est ainsi que furent composés *Babouc*, *Memnon*, *Scarmentado*, *Micromégas*, *Zadig*, dont il faisait chaque jour quelques chapitres.

. . . .

Les recherches qu'on avait faites pour le découvrir furent inutiles. On en trouva aucun indice à la poste, parce que madame du Châtelet et M. d'Argental, qui seuls étaient instruits de sa retraite, ne lui écrivaient point par la poste et ne correspondaient avec lui et avec madame la duchesse du Maine que par un exprès. Deux mois se passèrent ainsi sans que M. de Voltaire osât se montrer ni sortir de jour de son appartement. Enfin madame du Châtelet avait, par ses démarches et celles de quelques amis, réussi à apaiser deux des joueurs qui s'étaient formalisés du propos de M. de Voltaire. Elle leur fit sentir que ce propos, tenu en général, ne s'adressait à personne en particulier, et que celui qui s'en ferait l'application ne pouvait que se nuire dans l'opinion publique et se rendre suspect. Au reste, le joueur qui avait fait le gros gain, ayant touché l'argent, ne s'inquiétait plus guère de l'autre point. Ainsi tout se calma, et l'on convint qu'il ne serait plus question de cette affaire. Madame du Châtelet s'empressa d'aller porter elle-même cette nouvelle à Sceaux, où madame du Maine la retint. M. de Voltaire sortit alors de son asile mystérieux et parut à la cour de la princesse, où se trouvaient toujours nombre de gens aimables et instruits...

. . . .

... Dès lors on ne s'occupa d'autre chose dans le château qu'à imaginer des fêtes pour madame la duchesse du Maine. Chacun était jaloux d'y prendre part, et de contribuer aux plaisirs de cette illustre protectrice des beaux-arts. On s'imagina bien que madame du Châtelet et M. de Voltaire ne furent pas les derniers à se distinguer dans ce concours. Les divertissements furent variés chaque jour. C'était la comédie, l'opéra, les bals, les concerts. Entre autres comédies on y joua la *Prude*, que madame du Maine avait déjà vu représenter sur son théâtre d'Anet. Madame du Châtelet, madame de Staal et M. de Voltaire y prirent des rôles. Avant la représentation il vint sur la scène, et y prononça un nouveau prologue analogue à la circonstance [1]. Parmi les opéras, on vit quelques actes détachés de M. Rameau, la pastorale d'*Issé* de M. de La Motte, mise en musique par M. Destouches; l'acte de *Zélindor*, roi des Sylphes, paroles de M. de Moncrif, musique de MM. Rebel et Francœur. Des seigneurs et des dames de la

---

[1] Il est imprimé au-devant de la pièce, t. VII des *OEuvres de Voltaire*, édit. de Kehl, et dans toutes les éditions subséquentes. (R. d'A.)

cour de madame du Maine remplissaient les principaux rôles. Madame du Châtelet, aussi bonne musicienne que bonne actrice, s'acquitta parfaitement du rôle d'*Issé* [1] et de celui de Zirphé dans *Zélindor*. Elle joua encore mieux, s'il est possible, le rôle de Fanchon dans les *Originaux*, comédie de M. de Voltaire, faite et jouée précédemment à Cirey. Ce rôle semblait avoir été fait exprès pour elle; sa vivacité, son engoûment, sa gaîté s'y montraient d'après nature. Ses talents dans toutes ces pièces étaient fort bien secondés par ceux de M. le vicomte de Chabot, de MM. le marquis d'Asfeld, le comte de Croix, le marquis de Courtanvaux, etc. D'autres seigneurs tenaient bien leur place dans l'orchestre avec quelques musiciens venus de Paris. Des ballets furent exécutés par les premiers sujets du théâtre de l'Opéra, et M. de Courtanvaux, excellent danseur, se faisait encore remarquer à côté d'eux. On y vit au nombre des danseuses mademoiselle Guimard [2], à peine âgée de treize ans, et qui commençait à faire parler de ses grâces et de ses talents.

---

[1] On peut voir, t. XIV, p. 308 et 309 de l'édit. de Kehl, de jolies pièces de vers que Voltaire, au sortir de cette représentation (le 15 décembre 1747), adressa à madame du Châtelet. C'est dans une de ces pièces qu'il lui dit :

  Charmante Issé, vous nous faites entendre,
  Dans ces beaux lieux, les sons les plus flatteurs;
    Ils vont droit à nos cœurs :
  Léibnitz n'a point de monade plus tendre,
  Newton n'a point d'xx plus enchanteurs ;
  A vos attraits on les eût vus se rendre ;
  Vous tourneriez la tête à nos docteurs :
    Bernouilli dans vos bras,
    Calculant vos appas,
    Eut brisé son compas. (R. d'A.)

[2] Danseuse célèbre. Elle s'acquit autant de renommée par sa vie licencieuse et sa prodigalité que par ses talents chorégraphiques. Toutes les biographies placent la naissance de la Guimard en 1743, mais d'après M. G.

Parmi tant de plaisirs variés que l'on goûtait alors à Sceaux, il faut compter la lecture de plusieurs nouveautés en vers et en prose, qui se faisait dans le salon lorsque la compagnie s'y assemblait avant le dîner. Madame du Maine avait témoigné à M. de Voltaire son désir de le voir communiquer aux personnes qui composaient alors sa petite cour, ces contes et romans qui l'avaient tant amusée lorsqu'il venait tous les soirs prendre son repas dans la ruelle de son lit, et que personne n'aurait soupçonné d'être sortis de la même plume qui avait écrit la *Henriade, OEdipe, Brutus, Zaïre, Mahomet*, etc. M. de Voltaire lui obéit. Il savait aussi bien lire que bien composer [1]. Ces petits ouvrages furent trouvés charmants, et chacun le pressa de n'en pas priver le public. Il démontra que ces opuscules de société s'éclipsaient d'ordinaire au grand jour, et ne méritaient pas de paraître. On ne voulut point entendre ses raisons, et on insista tellement, que pour mettre fin aux sollicitations des personnes qui l'entouraient, il fut obligé de leur promettre qu'à son retour à Paris il songerait à les faire imprimer, mais que, voulant qu'elles en jouissent ainsi

---

Desnoiresterres, elle serait née en 1746, et il ajoute « qu'elle fût née en 1743 ou en 1746, on conviendra qu'elle se prenait un peu tôt, en 1747, pour faire parler de ses grâces et de ses talents, comme l'avance Longchamp, dont c'est là une des nombreuses méprises. » (*Voltaire à la Cour*, note de la page 143. (R. d'A.)

[1] « Voltaire lisait avec une grande perfection à l'âge de plus de quatre-vingts ans, quoiqu'il n'eût plus alors les mêmes moyens qu'au temps dont parle Longchamp ; et, malgré la privation de ses dents, on prenait un grand plaisir à l'entendre. Nous n'avons connu qu'un homme qui eût pu comme lecteur lui disputer la palme et même l'emporter : c'était le comte d'Argental, dont le talent plus calme, plus également soutenu, nous semblait avoir quelque chose de supérieur... » Note de l'éditeur des *Mémoires sur Voltaire...* par Longchamp et Wagnière, t. II. p. 152. (R. d'A.)

que ses amis avant le public, il garderait par devers lui tous les exemplaires et commencerait par en expédier une pacotille à madame la duchesse du Maine, qui voudrait bien se charger de leur en faire la distribution.

Ces amusements duraient depuis près de trois semaines, qui parurent s'écouler aussi vite qu'un songe de féerie. Madame du Châtelet et M. de Voltaire prirent alors congé de madame du Maine, la remercièrent de tout ce qu'elle avait fait pour eux et revinrent à Paris [1]. — MÉMOIRES DE S. G. LONCHAMP [2], t. II des *Mémoires sur Voltaire et sur ses ouvrages*, par LONGCHAMP ET WAGNIÈRE, ses secrétaires (Paris, Aimé André, 1826).

CHAPITRE XXIX.

RIVALITÉ DE VOLTAIRE ET DE CRÉBILLON.
1748.

Voltaire, irrité d'entendre appeler l'auteur d'*Atrée et Thyeste*, le Sophocle du siècle, sachant d'ailleurs que certaines gens, et parmi eux, Marivaux, disaient que devant le génie de Cré-

[1] Vers les derniers jours de décembre 1747. (R. d'A.)

[2] « Longchamp fut attaché pendant près de huit années au service de Voltaire. Ses fonctions s'étendaient à tout dans la maison ; mais il y était le plus souvent occupé comme secrétaire, ou, pour mieux dire, copiste... Ce fut dans les derniers temps de sa vie que nous obtînmes de lui ces *Mémoires*. Il y avait ajouté quelques articles depuis la mort de Voltaire, auquel il a survécu environ quatorze ans. » Avertissement de l'éditeur, p. 107 et 111. (R. d'A.)

billon devait pâlir et s'éclipser tout son bel esprit, avait juré
de ne pas laisser debout une de ses pièces et de démontrer,
jusqu'à l'évidence la plus brutale, la distance qui les séparait
l'un de l'autre, en refaisant successivement toutes les tragédies
du vieux poète. On a reproché à Voltaire, comme une mauvaise
action, un procédé odieux, cette guerre acharnée où il fut le
plus fort de beaucoup, mais où, malgré sa supériorité manifeste, il se vit discuté, déchiré, avec une mauvaise foi dont le
mobile était moins l'admiration que l'on éprouvait pour son
rival que la haine implacable que lui avaient vouée ses ennemis. En réalité, rien de plus permis, rien de plus légitime que
ces luttes qu'on retrouve avant lui et dont l'histoire de notre
théâtre est remplie [1]. Corneille et Racine, pour souscrire au
caprice d'une grande princesse, traiteront tous deux le sujet
de *Tite et Bérénice* ; et l'on sait quel fut le victorieux. Racine
verra à son tour opposer une *Iphigénie* à son *Iphigénie*, une
Phèdre à sa *Phèdre*. Et il n'aura pas été le seul à s'attaquer au
génie de Corneille. Voltaire fera un *OEdipe* après l'auteur de
Cinna, Longepierre une *Médée*. Dans le procédé de Voltaire, il
entre sans doute autre chose que de l'émulation ; il prétend se
venger et il se venge tout à la fois de ceux que ses succès désespèrent et de Crébillon, dont il n'a pas eu à se louer. Si cet antagonisme date de loin, les deux rivaux, jusqu'à la fin, se verront
et se feront amitié. « Je menai, hier, M. de Crébillon chez M. le
duc de Richelieu, écrit Voltaire à son ancien camarade Cideville
en août 1731 : il nous récita des morceaux de *Catilina*, qui
m'ont paru très-beaux. Il est honteux qu'on le laisse dans la

---

[1] Avant les *Sémiramis* de Crébillon et de Voltaire, notre théâtre en
avait déjà représenté trois avec des fortunes diverses : la première de Desfontaines (1637 ou 1647), la seconde de Gilbert (1646); la troisième de
madame de Gomez (1716). (Note de l'auteur.)

misère [1]... » Et ce *Catilina* est le même que Voltaire refera plus tard, et qu'on allait jouer en décembre ! Une année après, l'auteur de la *Henriade* écrivait à Moncrif : « Si vous rencontrez dans votre palais (le palais du comte de Clermont, dont Moncrif était alors secrétaire de commandements), *Rhadamiste* et *Palamède*, ayez la bonté, je vous prie, de lui dire des choses bien tendres de la part de son admirateur [2]. » On sait ce qu'il faut croire de cette tendresse, et quel cas Voltaire faisait de ce génie sauvage, abrupte, inégal. Le refus d'approbation de *Mahomet* est son grand grief contre Crébillon, qui déclara, en qualité de censeur, la pièce inacceptable ; et il ne lui pardonna point. Ce qu'il ne lui pardonna pas davantage, ce fut d'avoir à partager avec lui les faveurs de madame de Pompadour, qui bientôt même inclinera du côté de l'auteur de *Catilina*, plus par politique peut-être que par entrainement. On lui opposait ce poète rocailleux, incorrect, barbare, que l'on affectait de considérer comme notre troisième tragique ; il saura démasquer l'envie et prouver qu'entre l'auteur d'*Electe* et lui il y avait des abimes ! — Gustave DESNOIRESTERRES. *Voltaire et la Société au XVIIIe siècle. Voltaire à la cour* (Paris, Didier et Ce, 1871),

[1] Voltaire, *OEuvres complètes* (Beuchot), t. LI, p. 234. Lettre de Voltaire à Cideville, 19 août 1731.

[2] Voltaire, *OEuvres complètes* (Beuchot), t. LI, p. 264. Lettre de Voltaire à Moncrif, mars 1732. (Notes de l'auteur.)

CHAPITRE XXX.

DÉPART DE PARIS. — AMUSEMENTS A CIREY. — PREMIER VOYAGE EN LORRAINE.

1748.

A son retour de Sceaux, madame la marquise du Châtelet ne fit pas un très-long séjour à Paris ; à peine y était-elle de deux mois qu'elle voulut en partir, soit pour mieux oublier les pertes qu'elle avait faites au jeu chez la reine, et n'être plus tentée d'y retourner encore, soit uniquement pour économiser. En conséquence, elle prit la résolution d'aller avec M. de Voltaire passer le reste de l'hiver à sa terre de Cirey, en Champagne.

. . . .

Installés dans le château, M. de Voltaire et madame la marquise s'y trouvèrent seuls pendant les trois ou quatre premiers jours ; les campagnards des environs de Cirey n'ayant point été instruits de leur arrivée. Ce temps fut employé à mettre toutes choses en ordre dans les appartemens, car le concierge n'avait rien préparé, n'ayant point reçu d'avis de notre retour, et ne s'attendait pas à nous voir arriver dans cette saison. Le matin, madame du Châtelet et M. de Voltaire s'occupaient, chacun de son côté, à écrire ou à lire. Celui-ci arrangeait la bibliothèque et le cabinet de physique ; le soir ils lisaient ensemble ou faisaient une partie de trictrac. Cependant madame la marquise, en qui le goût de l'étude n'excluait pas celui des plaisir et de la dissipation, ne pouvait s'accommoder longtemps d'une pareille solitude. Elle écrivit à une dame de Champbonin, autrefois son amie de couvent¹, qui s'était retirée dans une petite maison qui lui appartenait, proche de Bar-sur-Aube, à quatre ou cinq lieues de Cirey ; elle la priait par sa lettre de venir passer quelque temps auprès d'elle. Cette dame y vint avec une nièce de douze à treize ans, dont elle soignait l'éducation ; le bailli de Cirey et son fils venaient tous les jours au château ; enfin, le bruit de l'arrivée de madame du Châtelet s'étant répandu dans les villages voisins, on vit bientôt arriver des campagnards de divers côtés. Tous étaient bien reçus ; c'étaient des amis de la maison ; et ceux qui venaient de plus loin étaient retenus au château pendant quelques semaines : d'autres, plus voisins, arrivaient le matin et s'en retournaient le soir. Pour les amuser et s'amuser en même temps elle-même, madame du Châtelet se mit en tête de leur faire jouer la comédie. Elle composa des farces, des proverbes ; M. de Voltaire en fit autant de son côté, et ils en distribuèrent les rôles à la compagnie. On avait construit au fond d'une galerie une espèce de théâtre, qui consistait en des tonneaux vides, debout, sur lesquels on avait établi un plancher ; des coulisses de chaque côté étaient revêtues de vieilles tapisseries. Un lustre et des branches éclairaient la scène ainsi que la galerie ; quelques violons jouaient dans les entr'actes ; les soirées se passaient ainsi d'une manière fort gaie et fort amusante. Ce qui n'était pas le moins plaisant pour les spectateurs, c'est que les acteurs jouaient quelquefois leurs propres ridicules sans s'en apercevoir. Madame du Châtelet arrangeait des rôles à ce dessein ; elle ne s'épargnait pas elle-même, et se chargeait souvent de représenter les personnages les plus grotesques. Elle savait se prêter à tout, et réussissait toujours. Les gens de la maison y étaient aussi employés, quand cela était nécessaire, et j'ai figuré quel-

1. C'était une cousine de Voltaire. (R. d'A.)

quefois comme les autres. Ce fut dans ces circonstances que furent jouées deux comédies bouffonnes de M. de Voltaire, qui étaient distinguées sous le nom de *grand* et *petit Boursouffle*. Tous les travers des hommes étaient peints en raccourci au théâtre de Cirey, comme ils le sont en grand sur les théâtres de Paris... Quatre mois s'étaient ainsi passés dans des occupations variées et agréables; on avait atteint le printemps; madame du Châtelet et M. de Voltaire prirent alors la résolution d'aller passer la belle saison à la cour du roi de Pologne Stanislas; ils y étaient désirés, et ce prince en avait averti madame du Châtelet, en la pressant de faire ce voyage [2]. On

---

[1] Donnons ici la parole à Voltaire lui-même : « J'étais toujours lié avec la marquise du Châtelet par l'amitié la plus inaltérable et par le goût de l'étude. Nous demeurions ensemble à Paris et à la campagne. Cirey est sur les confins de la Lorraine : le roi Stanislas tenait alors sa petite et agréable cour à Lunéville. Tout vieux et tout dévot qu'il était, il avait une maîtresse : c'était madame la marquise de Boufflers (*a*). Il partageait son âme entre elle et un jésuite nommé Menou, le plus intrigant et le plus hardi prêtre que

(*a*) Fille du prince de Craon, mariée au fils du maréchal de Boufflers. Elle est connue par les grâces de son esprit, par les agréments dont elle embellit la cour du roi Stanislas à Lunéville, par ses liaisons avec Voltaire, qui l'avait surnommée la « dame de Volupté », et par la renommée même du chevalier de Boufflers, son fils, ce poète gentilhomme que la Harpe appelait le plus errant des chevaliers, parce qu'il ne cessa de promener par le monde sa destinée capricieuse avec sa bonne mine, ses saillies et ses petits vers. On connaît ces jolis vers de la belle marquise :

    Voyez quel malheur est le mien,
    Disait une certaine dame,
    J'ai tâché d'amasser du bien,
    D'être toujours honnête femme,
    Je n'ai pu réussir à rien.

Et ceux-ci :

    De plaire un jour sans aimer j'eus l'envie,
    Je ne cherchais qu'un simple amusement :
    L'amusement devint un sentiment,
    Ce sentiment le bonheur de ma vie !

                                                      (R. d'A.)

profita des chevaux de M. le marquis du Châtelet, dont il avait renvoyé une partie pour passer l'hiver à sa terre, après la campagne précédente. Ils nous menèrent à Commerci, où la cour de Stanislas était pour lors. Après quelque séjour en ce

j'aie jamais connu. Cet homme avait attrappé au roi Stanislas, par les importunités de sa femme qu'il avait gouvernées, environ un million, dont partie fut employée à bâtir une magnifique maison pour lui et quelques jésuites, dans la ville de Nancy. Cette maison était dotée de vingt-quatre mille livres de rente ; dont douze pour la table de Menou, et douze pour donner à qui il voudrait.

« La maîtresse n'était pas, à beaucoup près, si bien traitée. Elle tirait à peine du roi de Pologne de quoi avoir des jupes ; et cependant le jésuite enviait sa portion, et était furieusement jaloux de la marquise. Ils étaient ouvertement brouillés. Le pauvre roi avait tous les jours bien de la peine, au sortir de la messe, à rapatrier sa maîtresse et son confesseur.

« Enfin nôtre jésuite ayant entendu parler de madame du Châtelet, qui était très bien faite et encore assez belle, imagina de la substituer à madame de Boufflers. Stanislas se mêlait quelquefois de faire d'assez mauvais petits ouvrages : Menou crut qu'une femme auteur réussirait mieux qu'une autre auprès de lui. Et le voilà qui vient à Cirey pour ourdir cette belle trame : il cajole madame du Châtelet, et nous dit que le roi Stanislas sera enchanté de nous voir : il retourne dire au roi que nous brûlons d'envie de venir lui faire notre cour, Stanislas recommande à madame de Boufflers de nous amener.

« Et en effet, nous allâmes passer à Lunéville toute l'année 1749 (a). Il arriva tout le contraire de ce que voulait le révérend père. Nous nous attachâmes à madame de Boufflers. Et le jésuite eut deux femmes à combattre.

« La vie de la cour de Lorraine était assez agréable, quoi qu'il y eût, comme ailleurs, des intrigues et des tracasseries. Poncet évêque de Troyes, perdu de dettes et de réputation, voulut, sur la fin de l'année, augmenter

(a) « Voltaire confond l'année 1749 avec l'année 1748. Ce qu'il raconte là dut, en tous cas, précéder le premier voyage à Lunéville, qui eut lieu en février 1748. » GUSTAVE DESNOIRESTERRES. *Voltaire à la Cour.* (Paris, Didier et Cie, 1871) p. 169. note. (R. d'A.)

lieu, le roi retourna à Lunéville et on le suivit. Là, M. de Voltaire employait presque toutes ses matinées à écrire les campagnes de Louis XV en Flandre [1]; tandis que la marquise du Châtelet se livrait tout entière au soin d'amuser le bon Stanislas par des concerts, des fêtes et des spectacles; elle en était elle-même un des principaux ornemens. On y redonna une partie des mêmes pièces où elle avait brillé à Sceaux, sur le théâtre de madame la duchesse du Maine. Le hasard avait amené à Lunéville quelques-uns des seigneurs avec lesquels elle avait joué plusieurs fois la comédie. Madame la marquise de Boufflers et madame du Châtelet étaient les principales actrices, tant dans les comédies que dans les opéras. Elles étaient secondées par des acteurs qui ne manquaient pas de talent; M. de Chabot et plusieurs autres remplissaient avec beaucoup de succès leurs différens rôles. M. de Voltaire jouait aussi dans les comédies. Chacun faisait de son mieux pour

notre cour et nos tracasseries : quand je dis qu'il était perdu de réputation, entendez aussi la réputation de ses oraisons funèbres et de ses sermons. Il obtint, par nos dames, d'être grand aumônier du roi, qui fut flatté d'avoir un évêque à ses gages, et à de très-petits gages.

« Cet évêque ne vint qu'en 1750. Il débuta par être amoureux de madame de Boufflers, et fut chassé. Sa colère retomba sur Louis XV, gendre de Stanislas ; car étant retourné à Troyes, il voulut jouer un rôle dans la ridicule affaire des billets de confession, inventés par l'archevêque de Paris, Beaumont ; il tint tête au parlement et brava le roi. Ce n'était pas le moyen de payer ses dettes ; mais c'était celui de se faire enfermer. Le roi de France l'envoya prisonnier en Alsace, dans un couvent de gros moines allemands... » — VOLTAIRE, OEuvres complètes (Paris, Thomine, 1820). T. I, Mémoires pour servir à la vie de M. de Voltaire, écrits par lui-même.

[1] Longchamp parle sans doute ici de l'*Histoire de la guerre de 1741*, imprimée contre le gré de l'auteur en 1755, et dont il y a des extraits dans le *Précis du siècle de Louis XV*. (Note de l'éditeur des *Mémoires sur Voltaire*, etc.)

amuser le roi, qui paraissait prendre beaucoup d'intérêt à tous ces divertissemens ; c'était à qui inventerait quelque chose de nouveau pour embellir les fêtes qu'on lui donnait. M. le marquis du Châtelet, en allant rejoindre l'armée, passa par Lunéville et alla faire sa cour au roi ; il fut enchanté de l'accueil que ce monarque avait fait à sa femme et des applaudissemens qu'elle avait reçus de toute la cour.

Le temps de retourner à Paris étant arrivé, il fallut se disposer à partir, et l'on ne put quitter Lunéville sans promettre au roi d'y revenir dans la campagne suivante, où l'on se proposait de donner des fêtes encore plus brillantes. Ce fut dans ce séjour à Lunéville que madame du Châtelet vit pour la première fois M. de Saint-Lambert [1], que M. le prince de Beauvau avait reçu capitaine dans son régiment des gardes-lorraines. C'était un jeune homme aimable, de beaucoup d'esprit, et qui faisait très-bien des vers. Ses assiduités auprès de madame la marquise de Boufflers en avait rendu le roi un peu jaloux, et, par cette raison, Stanislas ne l'aimait pas. — *Mémoires* de S.-G. LONGCHAMP, t. II des *Mémoires sur Voltaire*, par LONGCHAMP et WAGNIÈRE. (Paris, Aimé André, 1826.)

[1] Le futur auteur du poëme des *Saisons* (1717-1803). Mme du Deffand a dit de lui : « Ce Saint-Lambert est un esprit froid, fade et faux ; il croit regorger d'idées, et c'est la stérilité même ; sans les roseaux, les ruisseaux, les ormeaux et leurs rameaux, il aurait bien peu de choses à dire. » (Lettre à Horace Walpole, du 12 mars 1769.) (R. d'A.)

CHAPITRE XXXI.

SECOND VOYAGE EN LORRAINE. — AVENTURE TRAGI-COMIQUE.
1748.

Madame la marquise du Châtelet, qui s'était beaucoup amusée au dernier voyage qu'elle avait fait à la cour du roi de Pologne, et qui avait promis à ce prince d'y retourner dans la campagne suivante, se garda bien de manquer à sa parole. Ayant appris qu'il s'était rendu à Commerci avec le dessein d'y séjourner quelque temps, elle prit avec M. de Voltaire la résolution de s'y rendre en droiture (28 juin)...
. . . .
Nos voyageurs, en arrivant à Commerci, allèrent directement au château où ils présentèrent leur hommage au roi. Il leur avait fait préparer des appartements commodes... Ce fut pendant ce voyage que M. de Saint-Lambert, commençant peut-être à se lasser de la gêne qu'il éprouvait et des précautions qu'il devait prendre pour voir madame de Boufflers, chez laquelle il n'osait paraître que de nuit, forma ses premières liaisons avec la marquise du Châtelet ; il venait passer toutes les soirées chez elle, en attendant le moment de se rassembler pour le souper chez madame de Boufflers. Un soir, M. de Voltaire étant descendu de son appartement avant qu'on l'eût averti pour venir souper, entra chez madame du Châtelet sans être annoncé, n'ayant trouvé aucun domestique dans l'antichambre ; il traversa l'appartement sans rencontrer personne, et parvenant jusqu'à un cabinet qui était au fond et qu'une faible lumière n'éclairait qu'à moitié, il y vit ou crut voir

madame du Châtelet et M. de Saint-Lambert sur un sopha, conversant ensemble d'autre chose que de vers et de philosophie. A cette vue, frappé de surprise et d'indignation, ne pouvant contenir sa vivacité, il les apostropha, éclata en reproches violents. M. de Saint-Lambert, sans se déconcerter, lui dit qu'il trouvait bien singulier qu'on se donnât des airs de censurer sa conduite; que celui à qui elle déplaisait n'avait qu'à sortir de l'appartement et du château, qu'on allait le suivre pour s'expliquer en lieu opportun. M. de Voltaire se retire furieux, remonte chez lui et m'ordonne d'aller sur-le-champ lui chercher une chaise de poste à louer ou à vendre, la sienne étant restée à Paris; ajoutant qu'après l'avoir trouvée, j'y ferais mettre des chevaux de poste et l'amènerais à la grille du château; qu'il était résolu de retourner cette nuit même à Paris. Etonné d'un départ si précipité, dont je n'avais pas ouï dire un mot la veille, ne pouvant en deviner la cause, j'allais trouver madame du Châtelet pour l'informer de l'ordre que je venais de recevoir, et tâcher d'apprendre d'elle quel en était le motif. Elle me dit que M. de Voltaire était un visionnaire, qu'il s'était mis en colère pour avoir trouvé chez elle M. de Saint-Lambert, qu'il fallait l'empêcher de partir et de faire un éclat; que je me gardasse bien de faire la commission qu'il m'avait donnée dans un moment de fureur, et qu'elle saurait bien l'apaiser; qu'il fallait lui laisser jeter son premier feu et tâcher seulement de le retenir chez lui le lendemain. Je ne rentrai dans l'appartement que vers les deux heures après minuit, et lui dis que dans tout Commerci je n'avais pu trouver de voiture à louer ni à vendre. Ses gens étaient logés dans la ville; je couchai seul dans un cabinet à proximité de sa chambre. Avant de se mettre au lit, il tira de son secrétaire un petit sac d'argent qu'il me donna en me disant qu'après m'être reposé, j'irais au lever du jour prendre un cheval à la poste pour me rendre à Nancy, d'où je lui ramènerais une voiture convenable à son dessein. Voyant qu'il était toujours dans la même résolution, je voulus en aller prévenir madame du Châtelet. Avant de me retirer, je descendis furtivement chez elle, où elle était encore occupée à écrire. En me voyant, elle demanda d'abord si M. de Voltaire était un peu plus tranquille : je répondis qu'il paraissait encore irrité, qu'il venait de se coucher, mais que probablement il ne dormirait guère de la nuit. Là-dessus elle me congédia en disant qu'elle allait monter chez lui et lui parler. Je regagnai doucement mon cabinet. Quelques minutes après, on frappa à l'appartement : je cours avec de la lumière ouvrir à madame du Châtelet et vais l'annoncer à M. de Voltaire. Me voyant à moitié déshabillé, il ne se douta point que j'étais prévenu de cette visite de madame du Châtelet. Elle entra dans la chambre presque en même temps que moi et alla s'asseoir sur le pied du lit de M. de Voltaire. Après avoir allumé deux bougies, je me retirai ; mais je pus entendre une partie de leur conversation à travers un mur très-mince qui me séparait de la chambre ; et depuis la mort de madame du Châtelet, on en a su quelques détails par mademoiselle du Thil, sa confidente intime. Pendant que j'étais encore près d'eux, cette dame adressa d'abord la parole à M. de Voltaire en anglais, répétant un nom d'amitié qu'elle lui donnait ordinairement dans cette langue. Après que je fus sorti, elle parla en français et fit ce qu'elle put pour l'adoucir et pour s'excuser : « Quoi ! lui dit-il, vous voulez que je vous croie après ce que j'ai vu ! J'ai épuisé ma santé, ma fortune ; j'ai tout sacrifié pour vous et vous me trompez ! — Non, répondit-elle, je vous aime toujours, mais depuis quelque temps vous vous plaigniez que vous étiez malade, que vos forces vous abandonnaient, que vous n'en pouvez plus. J'en suis très-affligée ; je suis bien loin de vouloir votre mort, votre santé m'est très-chère, personne au monde n'y prend plus de part que moi. De votre côté, vous avez montré toujours beaucoup d'intérêt pour la mienne ; vous avez connu et approuvé le régime qui lui convient, vous l'avez même favorisé et partagé aussi longtemps qu'il a été en vous de le faire. Puisque vous convenez que vous ne pourriez continuer à en prendre soin qu'à votre grand dommage, devez-vous être fâché que ce soit un de vos amis qui vous supplée ? — Ah ! madame, dit-il, vous avez toujours raison ; mais puisqu'il faut que les choses soient ainsi, du moins qu'elles ne se passent point devant mes yeux ! » Après une demi-heure d'entretien, madame du Châtelet voyant que M. de Voltaire était un peu plus calme, lui dit adieu en l'embrassant, l'exhorta à se livrer au repos et se retira [1].

[1] « On n'imagineroit pas, dit l'abbé de Voisenon, que dans des lettres d'amour on s'occupât d'une autre divinité que de celle dont on a le cœur plein, et qu'on fît plus d'épigrammes contre la religion que de madrigaux pour sa maîtresse. Voilà cependant ce qui arrivoit à Voltaire. Mme du Châtelet n'avoit rien de caché pour moi ; je restois souvent tête à tête avec elle jusqu'à cinq heures du matin, et il n'y avoit que l'amitié la plus vraie qui faisoit les frais de nos veilles. Elle me disoit quelquefois qu'elle étoit entièrement détachée de Voltaire. Je ne répondois rien ; je tirois un des huit volumes (des lettres manuscrites de Voltaire à la marquise, lettres qu'elle avoit divisées en huit beaux volumes in-quarto), et je lisois quelques lettres. Je remarquois des yeux humides de larmes : je renfermois le livre promptement en lui disant : « Vous n'êtes pas guérie. » La dernière année de sa vie, je fis la même épreuve : elle les critiquoit ; je fus convaincu que la cure étoit faite. Elle me confia que Saint-Lambert avoit été le médecin. » Voisenon, OEuvres complètes (Paris, 1781), t. IV, p. 181, 182. (R. d'A.)

Longchamp place l'aventure tragi-comique avant la représentation de *Sémiramis*, c'est-à-dire avant le 28 août 1747, et M. G. Desnoiresterres, dans la première moitié d'octobre. (V. la p. 232 de *Voltaire à la Cour*.) (R. d'A.)

D'un autre côté, cette dame s'était déjà donné bien de la peine pour apaiser M. de Saint-Lambert, qui voulait toujours avoir raison de l'insulte qu'il prétendait lui avoir été faite par M. de Voltaire ; cependant elle parvint aussi à l'adoucir, et elle le détermina même à faire quelques démarches pour leur raccommodement ; elle lui persuada qu'il le devait, ne fût-ce que par déférence pour l'âge de M. de Voltaire. Celui-ci, après l'entrevue avec madame du Châtelet, dormit pendant quelque temps et ne sortit point de son appartement ce jour-là. Vers le soir, M. de Saint-Lambert y vint sous prétexte qu'il était inquiet de la santé de M. de Voltaire. Etonné de le voir, je vais l'annoncer à M. de Voltaire, qui le laisse entrer. Le jeune homme, en l'abordant d'un air modeste, commence par s'excuser au sujet des paroles un peu vives qui lui étaient échappées dans un moment de trouble et d'agitation. A peine sa phrase était-elle achevée, que M. de Voltaire le serre des deux mains, l'embrasse et lui dit : « Mon enfant, j'ai tout oublié et c'est moi qui ai tort. Vous êtes dans l'âge heureux où l'on aime, où l'on plaît ; jouissez de ces instants trop courts ; un vieillard, un malade comme je suis, n'est plus fait pour les plaisirs. »

Le lendemain, tous les trois soupèrent ensemble, comme à l'ordinaire, chez madame de Boufflers. On tâcha d'oublier des deux parts tout ce qui s'était dit. M. de Voltaire prit là-dessus son parti très-philosophiquement ; il resta l'ami de madame du Châtelet, s'il n'en fut plus l'amant. Rien ne troubla plus cette union jusqu'à la mort de cette dame, arrivée un an après... Il est vrai que depuis cette réconciliation, on prit plus de soin à laisser du moins un laquais dans les antichambres, et à mieux fermer les portes des cabinets. L'attachement réciproque de M. de Voltaire et de M. de Saint-Lambert, et leur correspondance, ont duré jusqu'à la mort du premier, arrivée en 1778.

Peu de jours après cette aventure, M. de Voltaire se mit à faire une comédie en un acte et en vers, où tout ce qui venait de se passer était fort bien retracé sous un voile allégorique : les caractères, les passions y étaient exprimées avec autant d'énergie que de vérité. L'auteur a depuis jugé à propos de supprimer le manuscrit de cette pièce. On en retrouve quelques vers isolés dans *Nanine*, autre comédie qui fut faite à Commerci quelque temps après. — *Mémoires* de S.-G. LONG-CHAMP, t. II des *Mémoires sur Voltaire et sur ses ouvrages*. (Paris, Aimé André, 1826.)

CHAPITRE XXXII.

RETOUR DE VOLTAIRE A LUNÉVILLE. IL VA A PARIS POUR LA PREMIÈRE REPRÉSENTATION DE *Sémiramis*.

1748.

Le roi Stanislas, après un assez long séjour à Commerci, s'en retourna à Lunéville; madame la marquise du Châtelet et M. de Voltaire le suivirent avec l'intention d'y passer l'automne. Quinze jours après leur arrivée, ils apprirent, par une lettre de M. d'Argental, que les comédiens français se disposaient à donner bientôt la première représentation de *Sémiramis*. Ils avaient voulu y assister tous deux ; mais madame du Châtelet, dans la crainte de mécontenter le roi de Pologne, consentit à rester à Lunéville et à laisser partir seul M. de Voltaire pour Paris. Celui-ci eut bientôt fait ses dispositions pour ce voyage. Il ne prit que moi pour l'accompagner...

. . . .

Les comédiens français avaient déjà fait une répétition de la tragédie de *Sémiramis*. Ils la représentèrent plusieurs fois en présence de M. de Voltaire, qui leur donna quelques avis utiles dont ils profitèrent. Quoiqu'il fût assez content de leurs talens, qu'il pût compter sur leur zèle, et qu'il eût mis beaucoup de soins à travailler sa tragédie, dont le sujet avait été déjà traité par lui sous d'autres noms [1], il était loin d'oser compter sur la réussite. Il n'ignorait point que Piron, qui se croyait fort supérieur à lui, et qui était jaloux de ses succès, avait ameuté une forte cabale contre *Sémiramis*; qu'à ce groupe venait encore se rallier les *soldats de Corbulon;* c'est ainsi qu'il appelait quelquefois les partisans de Crébillon, par allusion à quelque passage de l'une de ses pièces. Ceux-ci, dans le fond, étaient bien moins admirateurs sincères de leur héros, qu'ennemis jaloux de M. de Voltaire, et, comme M. de Crébillon avait fait aussi une *Sémiramis*, ils ne prétendaient pas qu'un autre osât en faire une meilleure.

Pour contrebalancer les forces de cette ligue, M. de Voltaire eut recours à un moyen, à la vérité peu digne de lui, mais dont il crut avoir besoin, et qui, en effet, ne lui fut pas inutile : Ce fut de prendre au bureau un nombre de billets de parterre qu'il distribua, outre les siens, à des personnes de sa connaissance, qui en donnèrent à leurs amis. MM. Thiriot, Dumolard, Lambert, le chevalier de la Morlière, le chevalier

---

[1] *Ériphyle*, représentée en 1732, et retirée par l'auteur après plusieurs représentations. (R. d'A.)

de Mouhi, l'abbé de La Mare, etc.[1], dont il connaissait le dévouement, s'acquittèrent fort bien de cette commission. J'eus aussi pour ma part des billets à distribuer, et je les mis en de bonnes mains, c'est-à-dire capables de bien claquer et à propos. Il fallait sans doute être armés et prêts à la défense contre des adversaires connus et nombreux[2]. Le jour de la première représentation arrivé (28 août), les champions de part et d'autre ne manquèrent pas de se trouver sur le champ de bataille, armés de pied en cap ; j'y tenais de pied ferme mon rang de fantassin. Chaque parti se promettait bien la victoire :

[1] Nous avons fait connaître ailleurs ce qu'était Thiriot ou Thiériot et l'abbé de La Mare ; mais nous n'avons aucune donnée sur *Dumolard* et *Lambert*. Quant au chevalier de la Morlière et au chevalier de Monhi, le premier était un aventurier littéraire (né à Grenoble, mort en 1785) dont Suard a admirablement tracé le portrait dans ses *Mélanges de littérature* (t. I, p. 347-350) ; et le second, un romancier dont le bagage littéraire est très-considérable, mais de très-mince valeur. Se trouvant sans fortune, il alla chercher à Paris des ressources dans la culture des lettres et se mit aux gages de Voltaire « qui le payait pour être solliciteur de ses procès et son chef de meute au parterre. » (1701-1784). — Collé parle aussi du chevalier de la Morlière dans son *Journal historique* (p. 573). « Ce chevalier de la Morlière, dit-il, est fils d'un Maître des comptes du Parlement de Grenoble, qui est bon gentilhomme, à ce qu'on dit. C'est un mauvais sujet, qui a été chassé des Mousquetaires, pour des causes déshonorantes, à ce qu'on prétend ; c'est, ajoute-t-on, un homme qui ne parle que de coups d'épée, jusqu'au moment qu'on lui donne des coups de bâton. » V. aussi les *Mémoires pour servir à l'histoire de notre littérature*, par Palissot, t. II, p. 45. (Paris, 1803.) (R. d'A.)

[2] De tous les auteurs dramatiques du dix-huitième siècle, Voltaire était, sans contredit, celui qui pouvait le mieux se passer d'un secours de cette espèce ; mais il n'est pas moins vrai qu'en cette occasion, il ne lui était pas moins nécessaire pour déjouer les cabaleurs, qu'à des écrivains médiocres pour étayer leurs productions. (Note de l'éditeur des *Mémoires sur Voltaire*, etc.)

aussi fut-elle disputée et la lutte pénible. Dès la première scène, des mouvements excités dans le parterre, des brouhahas, des murmures se manifestèrent; on crut même entendre quelques coups de sifflets obscurs et honteux; mais dès le commencement aussi les applaudissements balancèrent au moins ces bruits, et ils finirent par les étouffer. La pièce se soutint, la représentation se termina très-bien, et le succès ne parut point équivoque. Les connaisseurs surent reconnaître le mérite de *Sémiramis*, qui est demeurée au théâtre, et qu'on y a toujours revue depuis avec plaisir [1].... — *Mémoires* de G.-G. LONGCHAMP, t. II des *Mémoires sur Voltaire*, par LONGCHAMP et WAGNIÈRE. (Paris, Aimé André, 1826.)

[1] Le premier soir, le théâtre se trouvait tellement obstrué, qu'à peine les comédiennes pouvaient se mouvoir. A la scène du tombeau de Ninus, la sentinelle, qui ne voyait de passage suffisant même pour un fantôme, se mit à crier tout haut : « Messieurs, place à l'ombre, s'il vous plaît, place à l'ombre! » Toujours est-il que, pour être naïve, la recommandation n'en avait pas moins sa raison d'être, et que l'on ne pouvait blâmer le brave grenadier que d'un excès de zèle, bien que cet excès de zèle faillit perdre la pièce. Voltaire, qui, lui, n'avait pas trouvé la chose si plaisante, se hâta dès le lendemain, de prier le lieutenant de police de vouloir bien ordonner qu'on plaçât deux exempts sur le théâtre, « pour faire ranger une foule de jeunes Français qui ne sont guère faits pour se rencontrer avec des Babyloniens. »

. . . .

En somme, cette première représentation fut loin d'obtenir un succès décisif. La décoration, pour laquelle on s'était mis en frais, fit peu d'effet. Les trois premiers actes semblèrent froids, le tonnerre que l'on prodiguait au troisième et au cinquième parut une nouveauté d'un médiocre bonheur; le quatrième acte, le plus fort de la pièce, et sur lequel l'auteur avait fondé les plus grandes espérances, échoua, comme on l'a vu, devant la naïveté du grenadier de faction et les éclats de rire de la salle. Si les applaudisse-

CHAPITRE XXXIII.

TROISIÈME VOYAGE EN LORRAINE. — VOLTAIRE TOMBE MALADE
EN ROUTE.
1748.

M. de Voltaire en arrivant à Paris ne jouissait pas d'une bonne santé. Une fièvre lente le minait sourdement. Le repos et son régime accoutumé auraient pu le calmer et même l'en délivrer, mais il lui était impossible d'y penser dans cette ville où il était toujours en agitation. De jour, c'étaient des visites, des courses continuelles; de nuit, c'étaient des écritures qui se prolongeaient presque jusqu'au matin; à peine donnait-il quelques heures au sommeil. La fièvre augmenta. Quoique très-fatigué et souffrant, il n'en persista pas moins dans la résolution de partir; les observations de ses amis sur les dangers de son imprudence furent sans effet. Il me dit de tout disposer pour le départ, et il fallut lui obéir, quoique à regret. Ce n'était pas sans inquiétude que je le voyais s'exposer ainsi à une nouvelle fatigue dans l'état de faiblesse où il était. Il supporta assez bien le commencement de la route; mais, arrivé à Château-Thierry, sa fièvre devint plus forte et son abattement s'accrut; cependant il voulut poursuivre la course, que nous poussâmes jusqu'à Châlons, où nous nous arrêtâmes à la poste. Là, il fallut rester : il était impossible à

---

ments du parterre empêchèrent la chute de l'ouvrage, au moins n'y eut-il pas lieu de chanter victoire. — GUSTAVE DESNOIRESTERRES, *Voltaire et la Société au XVIIIe siècle. Voltaire à la Cour.* (Paris, Didier et Ce, 1871.) (R. d'A.)

M. de Voltaire d'aller plus loin ; il n'avait plus la force de se soutenir ni de parler. Je fus obligé de le porter de sa voiture dans un lit.

. . . .

Le soir du sixième jour de notre arrivée à Châlons, il me causa un grand étonnement en me disant de faire tout préparer pour son départ, de payer ce qu'il devait, d'arranger sa malle, de faire en sorte qu'il pût le lendemain de grand matin sortir de Châlons, où il ne voulait point mourir... Le lendemain, tout était prêt et les chevaux attelés, je le portai dans la chaise de poste, enveloppé de sa robe de chambre et d'une couverture par dessus. Je m'assis devant lui et de côté, pour ne le pas perdre de vue et le soutenir s'il retombait en avant ; j'ajoutai à cette précaution celle d'attacher ensemble les poignées des côtés, ce qui formait une sorte de barrière pour le retenir en place. C'est ainsi que je le conduisis de Châlons à Saint-Dizier, sans qu'il proférât une seule parole... Nous continuâmes notre chemin. Entre Saint-Dizier et Bar-le-Duc, nous rencontrâmes un laquais que madame la marquise du Châtelet envoyait en poste à Châlons, pour s'assurer plus particulièrement de l'état du malade, et voir s'il était susceptible d'être transporté jusqu'à Lunéville... Ce laquais retourna sur ses pas, et nous servit de courrier pour faire préparer les chevaux sur la route, ce qui nous fit perdre moins de temps, et nous permit d'arriver à Nancy dans la soirée, avant la fermeture des portes. Nous descendîmes à la poste, où le laquais nous attendait pour savoir si l'on n'avait point quelque ordre à lui donner. M. de Voltaire me chargea de lui dire de poursuivre sa route jusqu'à Lunéville, afin que madame du Châtelet eût plus tôt de ses nouvelles. Quant à lui, il ne pouvait aller plus avant sans beaucoup de risques. Exténué de fatigue et d'inanition, il lui fallait nécessairement s'arrêter pour prendre du repos et quelque nourriture. Je le mis dans un bon lit en arrivant, où je lui fis apporter un bouillon. Il le but tout entier avec plaisir... Il me dit qu'il se sentait quelque disposition au sommeil ;... que le lendemain matin, à son réveil, nous partirions pour Lunéville...

... Nous partîmes à cinq heures pour Lunéville, où nous arrivâmes aisément le même soir. M. de Voltaire se trouvait alors beaucoup mieux. La présence de madame du Châtelet acheva de le ranimer. En peu de jours, elle lui fit reprendre toute sa gaieté et oublier les tribulations qu'il avait essuyées dans son voyage de Paris. — *Mémoires* de S.-G. LONGCHAMP, t. II des *Mémoires sur Voltaire,* par LONGCHAMP et WAGNIÈRE. (Paris, Aimé André, 1826.)

CHAPITRE XXXIV.

OCCUPATIONS DE VOLTAIRE A LUNÉVILLE. — DÉCOUVERTE QUE FAIT MADAME DU CHATELET A CIREY, ET CE QUI S'Y PASSE. — RETOUR DE VOLTAIRE A PARIS EN FÉVRIER 1749.

1748-49.

... Il continua l'ouvrage qu'il avait commencé sur les événements du règne de Louis XV ; il en était à la guerre de 1741. Quand il avait terminé quelques nouveaux chapitres, il allait en faire lecture devant le roi et une compagnie choisie qui se trouvait alors à sa cour...

On touchait alors à la fin de l'automne. Madame du Châtelet et M. de Voltaire avaient projeté d'aller passer une partie de l'hiver à Paris, où l'on se disposait à représenter la tragédie d'*Oreste*. Avant de s'y rendre, madame du Châtelet désira de terminer quelque affaire avec un de ses fermiers, dans les environs de Châlons, d'où elle se proposait d'aller régler à Cirey les comptes de ceux qui avaient la manutention de ses forges et de ses bois. Ayant pris tous deux congé du roi, ils partirent de Lunéville vers la mi-décembre.

. . . .

Deux ou trois jours suffirent à madame du Châtelet pour régler les affaires qui l'avaient déterminée à aller à Cirey avant de se rendre à Paris, où elle devait passer l'hiver. Hors de l'étude, elle était toujours vive, agissante et de bonne humeur. Au milieu des préparatifs de son départ, elle parut tout-à-coup rêveuse, triste, inquiète. Elle venait de s'apercevoir, par divers symptômes, d'une chose à laquelle elle ne s'attendait pas et qui devait l'alarmer. C'est que malheureusement les assiduités de M. de Saint-Lambert auprès d'elle l'avaient mise dans le cas d'être mère à l'âge de quarante-quatre ans, et lorsque depuis longtemps elle avait cessé d'habiter le même appartement que son mari. Cet accident était la véritable et seule cause de sa taciturnité et de son inquiétude. Elle s'effrayait. Comment, en effet, cacher son état et ses suites, et surtout à M. du Châtelet? M. de Voltaire, frappé de ce changement si prompt et si extraordinaire, lui demanda avec intérêt quelle était la raison qui l'occasionnait. Elle lui fit part sans hésiter de sa découverte. Il ne fut pas très-étonné; elle ne devait pas lui faire plaisir, mais en l'apprenant, il ne songea qu'à tranquilliser madame du Châtelet, à l'empêcher de s'affecter de son état au point de tomber malade. Il lui dit qu'il n'y avait pas de quoi se désespérer, ni rien de surnaturel dans son fait; qu'il convenait seulement d'examiner de sang-froid, avec sagesse et prudence, quel serait le meilleur parti à prendre en cette circonstance. Il fut d'abord d'avis d'écrire à M. de Saint-Lambert, et de l'inviter à venir de suite à Cirey, pour en délibérer entre eux trois. Celui-ci, informé par M. de Voltaire de quoi il s'agissait, s'empressa d'accourir. Il était à Cirey le lendemain de l'avis qu'il avait reçu. On tint aussitôt conseil. Un cas fortuit qui semblait être de nature à fâcher également les trois personnages, comme parties intéressées, et à les diviser pour jamais, ne servit au contraire qu'à les unir davantage. Cet événement si sérieux fut même tourné en plaisanterie par eux. Cependant, ils examinèrent d'abord s'il y avait moyen de tenir caché aux yeux du public, et principalement à ceux de M. du Châtelet, la grossesse et l'accouchement. Il fut décidé que madame du Châtelet ne pourrait, ni par caractère, ni par des raisons de convenance, s'astreindre aux longues et indispensables précautions qu'entraînerait l'exécution de ce plan ; que, fût-elle capable de les observer, le succès serait encore incertain ; que la moindre indiscrétion, un pur hasard, le pourrait faire manquer. Il fallut renoncer à cette idée. Il s'agissait alors de savoir comment on déclarerait la grossesse, et à quel père on donnerait l'enfant ; ce qui paraissait fort embarrassant à M. de Saint-Lambert et à madame du Châtelet : « Qu'à cela ne tienne, dit M. de Voltaire, nous le mettrons au nombre des *œuvres mêlées* de madame du Châtelet [1]. » En discutant la chose plus

---

[1] « Disons que nous croyons médiocrement à cette saillie qui appartiendrait tout autant à Frédéric, comme cela ressort d'une lettre de lui à Algarotti, datée de Postdam, le 12 septembre 1748 : « La du Châtelet est accouchée d'un livre, et l'on attend encore l'enfant ; peut-être que, par distraction, elle oubliera d'accoucher, ou, si l'embryon paraît, ce sera des *œuvres mêlées.* » — *OEuvres complètes de Frédéric le Grand* (Berlin, Preuss), t. XVIII, p. 66. GUSTAVE DESNOIRESTERRES, *Voltaire à la Cour* (Paris, Didier et C°, 1871), p. 246, note. (R. d'A.)

gravement, on convint qu'il ne fallait pas faire mentir l'axiome *pater est quem nuptiæ demonstrant*, et que l'enfant devait appartenir de droit à M. du Châtelet. Il fut donc résolu qu'il lui serait donné ; mais la difficulté était de le lui faire accepter. Tout bien pesé et délibéré, on tomba d'accord sur ce qui suit : il fut arrêté que madame du Châtelet écrirait sur-le-champ à son mari, qui était alors à Dijon, et l'inviterait à se rendre promptement à Cirey pour arranger une affaire de famille, et prévenir un procès dont elle se croyait menacée ; elle le pressait en même temps de venir prendre les fonds qu'elle venait d'y recueillir pour subvenir aux frais de sa campagne prochaine à l'armée, où, si la guerre se continuait, il devait avoir un commandement supérieur qu'elle avait aidé à lui faire obtenir par son crédit. M. le marquis du Châtelet accourut au plus vite à Cirey ; il y fut accueilli avec de vives démonstrations d'amitié et de tendresse de la part de son épouse, de respect et de joie de la part de ses vassaux. Il y retrouva avec plaisir M. de Voltaire et M. de Saint-Lambert, qui ne négligèrent rien pour lui faire trouver le séjour de sa terre agréable, malgré la saison où l'on était. Il fut flatté de tant d'empressement et en parut très-joyeux. Il y répondit avec des marques non équivoques d'amitié et toutes sortes de prévenances. Madame du Châtelet invita plusieurs seigneurs des environs à venir passer quelques jours au château pour augmenter les satisfactions de son mari ; on lui donna de petites fêtes, et même la comédie. Dans les premiers jours, elle employait une grande partie de la matinée à régler avec lui les affaires de sa maison. Pendant ce temps-là, les étrangers allaient à la chasse. A dîner, l'on faisait grande chère. M. le marquis du Châtelet y faisait très-bien ses fonctions, ayant auparavant gagné de l'appétit en allant voir ses fermiers, en visitant ses forges et ses bois. Après le dîner, c'était le jeu ou d'autres amusements ; mais rien ne surpassait le souper pour le plaisir et la gaîté. Celui du second jour fut remarquable. Quelques seigneurs des environs s'y trouvaient. Tous les convives étaient de très-bonne humeur et témoignaient de leur joie de recevoir M. du Châtelet. Chacun parlait avec la plus grande liberté de ce qui l'intéressait. M. le marquis racontait divers faits d'armes de la dernière campagne en Flandre. On paraissait l'écouter avec beaucoup d'intérêt, et il en était flatté. On le faisait parler et boire tant qu'il voulait. Quand il cessait, les convives débitaient des historiettes plaisantes, disaient des bons mots, rapportaient des anecdotes curieuses. M. de Voltaire enchérissait sur tous les autres et augmentait la gaîté générale par les contes les plus drôles et les plus divertissants. Madame du Châtelet, qui ce jour-là avait fait une toilette très-élégante, était placée à côté de son mari et lui disait des choses agréables et spirituelles, lui faisait, sans affectation, de petites agaceries qu'il prenait très-bien et auxquelles il répondait en adressant de son côté des compliments flatteurs à son épouse. M. de Voltaire et M. de Saint-Lambert se faisaient des signes et se réjouissaient secrètement que tout allait à merveille et que le but qu'ils s'étaient proposé serait atteint. En effet, au dessert, M. le marquis du Châtelet se mit de belle humeur et devint tout-à-fait galant. Sa femme parut à ses yeux telle qu'il l'avait vue à l'âge de vingt ans. Lui-même se crut reporté au même âge, et fit le jeune homme. Au milieu de ces agaceries réciproques, il lui vint en réminiscence qu'il y avait bien longtemps qu'il n'avait point rempli près d'elle ses devoirs d'époux. Et en effet, depuis une quinzaine d'années ces devoirs avaient été très-négligés, pour ne pas dire oubliés, de part et d'autre. Il hasarda néanmoins, dans l'un de ses transports amoureux, à lui demander la permission d'user de ses droits. Sur cette proposition, on affecta d'abord de l'étonnement et de la réserve ; on fit des façons pour la forme, on vit bien que le désir de M. du Châtelet n'en devenait que plus vif; enfin, après une assez longue résistance, on se laissa fléchir et l'objet de sa demande lui fut octroyé, ce qui le mit au comble de la joie. Pendant ce petit colloque conjugal, les autres convives, animés par le vin de Champagne, s'entretenaient à grand bruit de chasse, de pêche, de chevaux et de chiens. Mais M. de Voltaire et M. de Saint-Lambert, attentifs à autre chose, lisaient avec grand plaisir sur le visage de M. du Châtelet, et encore mieux dans les yeux de son épouse, que le projet par eux prémédité s'accomplirait suivant leur intention. En effet, dès cette nuit même les deux époux acceptèrent le même appartement. On ne négligea rien pour entretenir l'illusion pendant les jours suivants. On tint le marquis en haleine. Des plaisirs variés se succédaient et sa belle humeur se prolongea au milieu de la gaîté générale qu'il voyait autour de lui. Trois semaines et plus s'étaient ainsi écoulées dans une sorte d'enchantement, lorsque madame du Châtelet déclara à son mari que, d'après certains signes, elle avait lieu de se croire enceinte. A cette nouvelle, M. du Châtelet, pensa s'évanouir de joie ; puis se ranimant, il saute au cou de son épouse, l'embrasse et va conter ce qu'il vient d'apprendre à tous ses amis qui étaient dans le château. Chacun l'en félicita et alla faire part à madame la marquise de l'intérêt qu'il prenait à leur satisfaction mutuelle. La nouvelle se répandit bientôt dans les villages circonvoisins. Des gentishommes, des gens de loi, de gros fermiers, vinrent en faire compliment à M. du Châtelet. Il les recevait tous à merveille. Peut-être était-il flatté en secret de leur faire voir qu'il pouvait être encore de service ailleurs qu'à la guerre. Cela donna lieu à de nouvelles réjouissances à Cirey. Enfin, le temps de retourner à son poste étant arrivé, M. du Châtelet s'y rendit. M. de Saint-Lambert retourna à Lunéville. De leur côté, madame la marquise et M. de Voltaire firent de suite leurs dispositions pour venir passer le reste de l'hiver à Paris. Tous les quatre partirent de Cirey fort contents, et chacun suivant le degré d'intérêt qu'il prenait à ce qu'il s'y était passé [1]. — *Mémoires* de LONGCHAMP, t. II des *Mémoires sur Voltaire*, par LONGCHAMP et WAGNIÈRE. (Paris, Aimé André, 1826.)

CHAPITRE XXXV.

OCCUPATIONS DE VOLTAIRE A PARIS. — SÉJOUR A CIREY. — QUATRIÈME ET DERNIER VOYAGE EN LORRAINE. — MORT DE MADAME DU CHATELET.

1749.

De retour à Paris, M. de Voltaire reprit son travail favori, qui était de composer des pièces de théâtre. Le succès de la tragédie de *Sémiramis*, qui avait toujours été en augmentant, malgré la cabale, l'encourageait à faire des pièces nouvelles. Le premier sujet auquel il s'arrêta fut celui d'*Oreste*. Il n'avait pas eu de peine à surpasser une tragédie de *Sémiramis*, de

---

[1] On lit dans le *Journal historique de Collé :* « Madame du Châtelet (la véritable) est grosse. La dernière personne qu'on a soupçonnée, est son mari, comme l'on croit bien. M. de Voltaire n'en est point coupable, non plus, à ce qu'on assure ; tout le monde veut que ce soit M. de Saint-Lam-

Crébillon, oubliée depuis longtemps. La sienne, dont le mérite était encore mieux senti depuis qu'on la lisait, avait achevé la condamnation de l'autre. Il voulut prouver qu'il pourrait faire mieux que Crébillon dans un sujet qui avait fourni à celui-ci une de ses meilleures pièces, c'est-à-dire son *Electre*, qui était restée au théâtre. Il composa donc à dessein la tragédie d'*Oreste*. Ce travail l'occupa pendant quelques mois, depuis la fin de l'hiver jusque vers le mois de juin. J'en avais copié les rôles, et il voulait les distribuer aux acteurs avant d'aller passer l'été à Cirey, afin que la pièce pût être jouée dans l'hiver suivant.

. . . .

bert qui ait fait cette ânerie-là... On prétend qu'elle a pris cet officier pendant une absence de Voltaire. — Ce changement fit dire, dans le temps, cet ancien proverbe :
        C'est aujourd'hui Saint-Lambert,
        Qui quitte sa place la perd.
Quoiqu'il en soit, elle est grosse, sans avoir pensé qu'elle avait quarante-cinq ans, ou, c'est peut-être ce qui l'aurait engagée à s'abandonner à la Providence, et ce qui l'aura rendue intrépide sur les suites qu'elle devait médiocrement appréhender. — Cependant quand elle a vu qu'elle s'était trompée, il a fallu nécessairement qu'elle cherchât, comme une honnête femme, la compagnie de son mari, qui, depuis douze ou quinze ans, ne lui avait pas dit un mot plus haut que l'autre, et ça été le diable. Il n'était pas à Lunéville, où ce beau coup-là s'est fait. Elle a été obligée de prier le roi Stanislas de l'y faire venir. Le Roi n'avait nullement la fureur de M. du Châtelet, qui l'ennuie tant qu'il veut ; mais les instances réitérées de sa femme l'ont emporté : il est arrivé. Ce n'était pas le tout que d'arriver, il était bien aussi difficile de l'amener au but ; avec un peu de peine, il est venu et tout s'est passé à la satisfaction de cette grande physicienne. Sur cela quelqu'un disait : *Mais quelle diable d'envie a donc pris à madame du Châtelet de coucher avec son mari ? — Vous verrez,* répondit-on, *que c'est une envie de femme grosse !* — (Avril 1749. p. 80-81.) (Paris, 1805.) (R. d'A.)

Notre séjour à Cirey fut très-court cette fois : à peine y étions-nous de quinze jours qu'il fallut songer à remplir l'attente de Stanislas, roi de Pologne, duc de Lorraine et de Bar, qui voulait que madame du Châtelet et M. de Voltaire vinssent tous les deux passer quelque temps à sa cour pendant la belle saison. La grossesse assez avancée de madame du Châtelet n'était point pour elle un obstacle à ce voyage. Au contraire, elle s'était proposée d'aller faire ses couches à Lunéville, où elle serait à portée des secours de toute espèce dont on peut avoir besoin en pareille circonstance, et qu'elle n'eût pas eus aussi facilement à Cirey. Le roi était alors à Commerci, et c'est là que se rendirent madame du Châtelet et M. de Voltaire; ils furent reçus à merveille. Le temps s'y passait, comme les autres années, dans la joie et les plaisirs. Tout ce qui était au château ne s'occupait qu'à procurer des amusements au roi, qui, de son côté, aimait à voir tout le monde content chez lui... Une partie de la troupe des comédiens de Lunéville le suivait alors à Commerci. On y joua, entre autres pièces, deux comédies de M. de Voltaire, *Nanine*, qu'il avait faite depuis plusieurs fois, et la *Femme qui a raison*, qu'il venait de composer pour une petite fête donnée au roi...

Le soir, c'était la marquise de Boufflers qui tenait la table des étrangers et des personnes logés dans le château. Jouissant de la confiance entière du monarque, elle faisait très-bien les honneurs de sa petite cour. Ces soupers étaient fort agréables par la gaîté et la fantaisie qui s'y déployaient librement. Madame du Châtelet, M. de Voltaire, M. de Saint-Lambert en étaient tous les jours. Madame du Châtelet, quoique naturellement très-gaie, y laissait cependant apercevoir, de moment à autre, des symptômes de tristesse. Cela provenait de l'idée dont elle s'était frappée qu'elle mourrait en couche. Elle n'avait qu'un fils, alors presque majeur, et n'avait point eu d'autres enfants depuis. Peut-être cette circonstance, jointe à son âge de quarante-quatre ans, contribuait-elle à la rendre inquiète et craintive.

Après quelques semaines de séjour à Commerci, la cour retourna à Lunéville et nous la suivîmes. Là, madame du Châtelet, encore plus frappée de son idée sinistre, écrivit à une demoiselle du Thil, qui lui avait été autrefois attachée, et pour qui elle conservait de l'amitié. Elle l'invitait à lui venir tenir compagnie pendant ses couches. Cette demoiselle demeurait à Paris. Au reçu de la lettre, elle partit et vint à Lunéville, où elle resta constamment auprès de madame du Châtelet, qui la vit arriver avec plaisir, mais qui n'en parut pas plus rassurée. Soit pressentiment, soit trouble de son esprit, elle s'était si fortement persuadée qu'elle périrait, qu'elle voulut prendre d'avance la précaution de mettre ordre à toutes ses affaires...

Enfin le moment fatal des couches arriva. Madame du Châtelet mit au monde, sans accident, une petite fille, qui fut portée à l'église de la paroisse et mise ensuite en nourrice [1].

---

[1] Le 10 juin 1749 Frédéric II écrivait à Voltaire : « Madame du Châtelet accouche dans le mois de septembre ; vous n'êtes pas une sage-femme ; ainsi elle fera bien ses couches sans vous ; et, s'il le faut, vous pourrez alors être de retour à Paris. Croyez, d'ailleurs, que les plaisirs que l'on fait aux gens sans se faire tirer l'oreille sont de meilleure grâce et plus agréables que lorsqu'on se fait tant solliciter. « Voltaire répondait au roi de Prusse, le 29 du même mois : « ... Ni M. Bartenstein, ni M. Bestuchef, tout puissants qu'ils sont, ni même Frédéric-le-Grand, qui les fait trembler, ne peuvent à présent m'empêcher de remplir un devoir que je crois très-indispensable. Je ne suis ni feseur d'enfants, ni médecin, ni sage-femme, mais je suis ami, et je ne quitterai pas, même pour Votre Majesté, cette femme qui peut mourir au mois de septembre. Ses couches ont l'air d'être fort dangereuses ; mais si elle s'en tire bien, je vous promets, Sire, de venir vous faire ma cour au mois de septembre. » — A la naissance de l'enfant, il écrit à

Dans les trois ou quatre premiers jours après l'accouchement, la santé de la mère ne paraissait pas dérangée et ne dénotait que la faiblesse inséparable de sa situation. Le temps était fort chaud. La fièvre de lait survint, ce qui accrut l'incommodité de la chaleur dont elle se plaignait. Elle voulut, pour se raffraichir, boire de *l'orgeat à la glace*; et malgré toutes les représentations qu'on pût lui faire, elle força sa femme de chambre à lui en donner. Elle en but un grand verre. Quelques instants après elle sentit un grand mal de tête; d'autres symptômes fâcheux prouvaient un dérangement subit dans les fonctions naturelles, ce qui mit obstacle au reste des évacuations nécessaires pour l'entière délivrance. Dans cet état de choses, qui devenait alarmant, on courut chercher M. Regnault, médecin du roi, qui ordonna des remèdes usités en pareille occasion pour faciliter les évacuations; et le lendemain il croyait y être parvenu, mais dans la journée, des étouffements et des suffocations faisant craindre pour la vie de madame du Châtelet, M. Regnault, ne voulant point prendre sur lui seul l'issue de la maladie, demanda que d'autres médecins fussent consultés. On envoya aussitôt une voiture en poste à Nancy, pour avoir MM. Bayard et Salmon, médecins les

---

d'Argental : « Madame du Châtelet, cette nuit, en griffonnant son *Newton*, s'est senti un petit besoin ; elle a appelé une femme de chambre qui n'a eu que le temps de tendre son tablier, et de recevoir une petite fille qu'on a portée dans son berceau. La mère a arrangé des papiers, s'est remise au lit; et tout cela dort comme un ciron, à l'heure où je vous parle (4 septembre 1749.) » Il écrivait le même jour à l'abbé de Voisenon : « Mon cher abbé *Greluchon* saura que madame du Châtelet étant cette nuit à son secrétaire, selon sa louable coutume, a dit : *mais je sens quelque chose!* Ce quelque chose était une petite fille qui était venue au monde sur-le-champ. On l'a mise sur un in-quarto qui s'est trouvé là, et la mère est allée se coucher. » (R. d'A.)

plus accrédités de cette ville. Etant arrivés, ils examinèrent l'état de santé de la malade et en conférèrent avec M. Regnault. A l'issue de cette consultation, ils firent prendre quelques drogues à madame du Châtelet. Elles semblaient d'abord avoir produit un bon effet. Les suffocations cessèrent, la malade fut plus tranquille et parut disposée à dormir. Les personnes qui devaient souper chez madame de Boufflers, et qui, par attachement pour madame du Châtelet, étaient venues pour la voir et s'informer de son état, prirent ce moment, ainsi que M. du Châtelet, pour aller souper. Il ne resta auprès d'elle que M. de Saint-Lambert, mademoiselle du Thil, une des femmes de chambre et moi. Quand les étrangers furent sortis, M. de Saint-Lambert s'approcha du lit, et s'entretint quelques moments avec elle. Voyant qu'elle commençait à s'assoupir, il la laissa reposer, et vint causer avec la femme de chambre et moi. Huit à dix minutes après, nous entendons une sorte de râlement entremêlé de hoquets; nous courons au plus vite au lit de la malade et nous la trouvons sans connaissance. Nous nous empressons de la mettre sur son séant, et lui faisons respirer du vinaigre, croyant qu'elle n'éprouvait qu'une syncope. Voyant que cela ne produisait aucun effet, nous essayâmes de la tirer de cette espèce de léthargie en lui agitant les pieds et en frappant dans ses mains; mais tout cela fut inutile, elle n'était plus. On envoya la femme de chambre chez madame de Boufflers, pour informer la compagnie que madame du Châtelet se trouvait plus mal. Aussitôt chacun se leva de table; M. du Châtelet, M. de Voltaire et les autres convives accoururent dans la chambre. Dès qu'ils surent la vérité ce fut une consternation profonde; aux pleurs, aux cris succéda un morne silence. On emmena le mari; les autres personnes sortirent successivement en exprimant les plus vifs regrets. M. de Voltaire et M. de Saint-Lambert restèrent les derniers auprès du lit, dont on ne pouvait les arracher. Enfin le premier, pénétré d'une extrême douleur, sort de la chambre et gagne avec peine la porte du château, sans savoir où il allait. Arrivé là, il tombe au pied de l'escalier extérieur, et près de la guérite d'une sentinelle, où il se frappait la tête contre le pavé. Son laquais, qui descendait après lui, l'ayant vu tomber et s'agiter par terre, le joignit et s'efforça de le relever. Au même moment, arrive M. de Saint-Lambert qui se retirait aussi par le même chemin, et qui, voyant M. de Voltaire dans cette situation, se hâta d'aider le laquais à le relever. M. de Voltaire à peine debout, ouvrant les yeux obscurcis par ses larmes, et reconnaissant M. de Saint-Lambert, lui dit en sanglottant et avec l'accent le plus pathétique : « Ah! mon ami, c'est vous qui me l'avez tuée! » Puis, tout à coup, comme s'il s'éveillait en sursaut d'un profond sommeil, il s'écrie avec le ton du reproche et du désespoir : « Eh! mon Dieu, monsieur, de quoi vous avisiez-vous de lui faire un enfant! [1] » Ils se quittèrent là-dessus sans ajouter une seule parole, et rentrèrent chacun chez eux absorbés et presque anéantis dans l'excès de leur tristesse. Quelques jours après,

---

[1] Dès le même jour, il annonçait cette catastrophe à d'Argental et à madame du Deffand : « Hélas! madame, disait-il à la marquise, nous avons tourné cet événement en plaisanterie; et c'est sur ce malheureux ton que j'avais écrit, par son ordre, à ses amis. Si quelque chose pouvait augmenter l'état horrible où je suis, ce serait d'avoir pris avec gaieté une aventure dont la suite empoisonne le reste de ma vie misérable. Je ne vous ai point écrit pour ses couches, et je vous annonce sa mort. C'est à la sensibilité de vôtre cœur que j'ai recours dans le désespoir où je suis. » Quelques jours après, le 4 septembre, il écrivait à l'abbé de Voisenon : « Mon cher abbé, mon cher ami, que vous avais-je écrit! quelle joie malheureuse, quelle suite funeste! quelle complication de malheurs, qui rendraient encore mon état plus affreux, s'il pouvait l'être! Conservez-vous, vivez : et si je suis

lorsque M. de Voltaire eut recouvré un peu de tranquillité d'âme, les premiers vers où il déplora ce funeste événement sont les suivants, qu'il écrivit au bas d'un portrait gravé de madame du Châtelet.

> L'univers a perdu la sublime Emilie,
> Elle aima les plaisirs, les arts, la vérité :
> Les dieux, en lui donnant leur âme et leur génie,
> N'avaient gardé pour eux que l'immortalité [1].

C'est le 10 de septembre 1749, sixième jour après son accouchement, que mourut madame la marquise du Châtelet. J'ai été témoin de ses derniers moments, ainsi que de ses obsèques, qui furent dignes de son rang. Le roi y envoya ses principaux officiers, et toutes les personnes distinguées de Lunéville y assistèrent. Son caractère aimable et gai lui attachait tous ceux qui étaient à portée de la connaître, et elle en fut vivement regrettée.

Lorsqu'elle expira, madame la marquise de Boufflers était

en vie, je viendrai bientôt verser dans votre sein des larmes qui ne tariront jamais... Ah ! cher abbé, quelle perte ! » Il disait encore à d'Argental, dans une lettre datée de Cirey (23 septembre) : « Je ne crains point mon affliction, je ne fuis point ce qui me parle d'elle. J'aime Cirey ; je ne pourrais pas supporter Lunéville où je l'ai perdue d'une manière plus funeste que vous ne pensez ; mais les lieux qu'elle embellissait me sont chers. Je n'ai point perdu une maîtresse ; j'ai perdu la moitié de moi-même, une âme pour qui la mienne était faite, une amie de vingt ans que j'avais vu naître. Le père le plus tendre n'aime pas autrement sa fille unique. J'aime à en retrouver partout l'idée ; j'aime à parler à son mari, à son fils. Enfin, les douleurs ne se ressemblent point, et voilà comment la mienne est faite.....» (R. d'A.)

[1] Voltaire les désavoue pourtant : « Il a couru après sa mort, écrivait-il à madame du Bocage, quatre vers assez médiocres à sa louange. Des gens qui n'ont ni goût ni âme me les ont attribués. Il faut être bien indigne de

accourue dans la chambre avec les autres personnes de sa maison. En se retirant, elle m'appela à l'écart, et me dit à l'oreille de voir si madame du Châtelet n'avait point encore au doigt une bague de cornaline entourée de petits brillants; que si elle y était encore, de n'avoir qu'à la prendre et à la garder jusqu'à nouvel ordre. Je trouvai la bague et la mit dans une petite boîte que j'avais en poche, en instruisant la première femme de chambre, qui était présente, de ce que m'avait prescrit madame de Boufflers. Le lendemain, cette dame me fit appeler; je me rendis aussitôt chez elle, et lui remis la petite boîte où était la bague : M. de Saint-Lambert se trouvait là. Elle ouvrit la boîte en ma présence, et, en lui montrant la bague, qu'il connaissait bien, elle en souleva le chaton qui était à secret, et tira de dessous, avec une épingle, le portrait de M. de Saint-Lambert, qu'elle lui donna ; et me rendant la bague, elle me chargea de la remettre, avec d'autres effets, à M. le marquis du Châtelet. Je m'acquittai de cette commission le lendemain matin. Deux ou trois jours après, M. de Voltaire

l'amitié, et avoir un cœur bien frivole pour penser que, dans l'état horrible où je suis, mon esprit eût la malheureuse liberté de faire des vers pour elle...» (Paris, 12 octobre 1749.) (R. d'A.)

On trouve dans les *OEuvres complètes de Frédéric le Grand* (Berlin, Preuss), t. XIV, p. 169, une épitaphe de la marquise du Châtelet, attribuée au roi de Prusse, et que voici :

> Ci-gît qui perdit la vie
> Dans le double accouchement
> D'un traité de philosophie
> Et d'un malheureux enfant.
> On ne sait pas précisément
> Lequel des deux l'a ravie.
> Sur ce funeste événement
> Quelle opinion doit-on suivre?
> Saint-Lambert s'en prend au livre ;
> Voltaire dit que c'est l'enfant.

(R. d'A.)

ayant retrouvé un peu de calme, se ressouvint que son portrait avait été autrefois renfermé sous le chaton de cette même bague, et il supposait qu'il y était encore. Il me dit de m'informer si la bague n'était point restée entre les mains de la première femme de chambre; que si elle me la montrait, je n'avais qu'à l'ouvrir par un moyen qu'il m'indiqua, en ôter le portrait et le lui rapporter. Je lui dis alors que la bague dont il parlait avait été remise par moi-même entre les mains de M. le marquis du Châtelet, l'ayant pour cet effet tirée du doigt de madame son épouse, immédiatement après sa mort, d'après l'ordre que j'en avais reçu de madame de Boufflers; mais que son portrait n'était plus sous le chaton... « Eh! comment savez-vous cela? » me dit-il. Je lui racontai ingénûment ce qui s'était passé chez madame de Boufflers, en présence de M. de Saint-Lambert. « O ciel! dit-il, en levant et joignant les deux mains, voilà bien les femmes! j'en avais ôté Richelieu; Saint-Lambert m'en a expulsé; cela est dans l'ordre, un clou chasse l'autre : ainsi vont les choses de ce monde! » — *Mémoires* de LONGCHAMP, t. II des *Mémoires sur Voltaire*, par LONGCHAMP ET WAGNIÈRE. (Paris, Aimé André, 1826.)

CHAPITRE XXXVI.

VOLTAIRE RETOURNE A CIREY, ET DE LA A PARIS.
1749.

La fille de Madame du Châtelet, qu'on avait mise en nourrice, ne survécut pas longtemps à sa mère. La perte de cette enfant devait être indifférente à M. de Voltaire, mais la mort d'*Émilie* l'accablait d'une manière étrange. Accoutumé depuis si longtemps à vivre dans sa société, inconsolable de ne la plus retrouver, il fuyait toute compagnie, restait seul dans sa chambre, rêveur, triste, souffrant, s'abandonnant aux plus douloureuses réflexions. Quand il fut un peu revenu de l'extrême stupeur où l'avait jeté cette perte, son premier dessein fut de se retirer auprès de dom Calmet, dans l'abbaye de Sénones, ayant eu déjà des relations avec ce savant et laborieux écrivain, qui en était abbé [1]. Mais, après quelques réflexions, craignant que cette retraite chez les moines, et le nouveau genre de vie auquel il aurait dû s'y astreindre, ne lui fussent pas longtemps supportables, il changea d'avis et prit la résolution d'écrire à milord Bolingbroke, son ami depuis nombre d'années. Il lui adressa, en effet, une lettre, où, lui annonçant la perte qu'il venait de faire, il le prévenait en même temps qu'il se disposait à aller chercher de la consolation près de lui. Deux ou trois jours après, il quitta Lunéville et se rendit à Cirey pour en retirer sa bibliothèque, ainsi que les meubles et effets dont il avait garni ses appartements, dans une des ailes du château, que lui-même y avait ajoutée et fait construire à ses frais. Plusieurs jours furent employés à faire des ballots dont la quantité était considérable.

. . . .

A son arrivée à Paris (le 12 octobre), M. de Voltaire était

[1] Dom Calmet était très-considéré de monsieur et madame du Châtelet, et toujours bien accueilli à Cirey, où il avait vu plusieurs fois Voltaire. C'est lui qui publia la *Généalogie de la maison du Châtelet*, grand ouvrage in-f°, très bien exécuté, et qui ne le cède en rien à ceux du même genre publiés par André Duchesne. Voltaire ne persista point alors dans le projet dont parle Longchamp, mais quelques années après, à son retour de Prusse, il alla passer en effet quelque temps à l'abbaye de Sénones. (R. d'A.)

malade[1] ; sa faiblesse ne diminuait point; il était toujours sombre, triste, rêveur. Il ne voulait voir personne, ne sortait point de chez lui, et ne pouvait se consoler de la mort de madame du Châtelet. Pendant les nuits, il se relevait plein d'agitation ; son esprit frappé croyait voir cette dame, il l'appelait et se traînait de chambre en chambre comme pour la chercher.

J'étais moi-même désolé de voir mon cher maître dépérir de plus en plus. Lui étant attaché comme je l'étais, et ne craignant rien tant que de le perdre, je voulus essayer de le guérir, et je crus que je pourrais en venir à bout au moyen de quelques papiers que je conservais... J'avais aidé, par ordre de M. le marquis du Châtelet, à brûler tout ce que contenait une certaine cassette de madame son épouse. Étant à genoux devant la cheminée, occupé à attiser le feu, quelquefois des bouffées de vent écartaient du foyer des papiers qu'il me fallait bon gré mal gré y remettre. Quelques-uns cependant ayant été portés entre mes genoux, qui étaient écartés, sans que M. du Châtelet et son frère s'en aperçussent, étant l'un et l'autre fort animés à faire d'autres paquets, je rapprochai vite mes genoux l'un de l'autre, en y laissant les papiers qui se trouvaient dessous, et profitant ensuite d'un autre moment favorable, je les ramassai avec mon mouchoir que j'avais laissé tomber exprès, et les fis entrer adroitement avec lui dans une de mes poches. Parmi eux se trouvaient des lettres écrites de la main de madame du Châtelet, dans lesquelles M. de Voltaire était assez maltraité. Fort de ces pièces concluantes, je me hasardai de dire qu'il avait grand tort de se chagriner ainsi de la mort

---

[1] Il vint habiter une maison qu'il avait déjà occupée par moitié avec les époux du Châtelet, et qui était située dans l'ancienne rue Traversière, près celle de Richelieu. (R. d'A.)

d'une personne qui ne l'aimait point. Malgré sa faiblesse, à ces mots, il fit un bond, et s'écria vivement et avec force : « Comment, mordieu ! elle ne m'aimait pas ? — Non, lui dis-je, j'en ai la preuve en main, et la voilà. » Je lui donnai en même temps trois lettres de madame du Châtelet. Le lecture qu'il en fit aussitôt le rendit muet pendant quelques moments. Il pâlissait et frémissait de colère et de dépit d'avoir été si longtemps trompé par une personne qu'il n'en croyait point capable. Enfin il prit son parti et se calma ; alors, revenu à lui-même, il dit en soupirant : « Elle me trompait ! Ah ! qui l'aurait cru ? » Depuis ce moment, je ne l'entendis plus dans la nuit prononcer le nom de madame du Châtelet, et je le vis reprendre insensiblement sa santé et son train de vie ordinaire, ce qui fit grand plaisir à tous ses amis [1]. — *Mémoires* de LONGCHAMP, t. II des *Mémoires sur Voltaire*, par LONGCHAMP et WAGNIÈRE. (Paris, Aimé André, 1826.)

[1] Voilà une métamorphose bien subite et bien étrange dans Voltaire, et racontée bien lestement, en quelques lignes, par l'historien, dont le témoignage sur cet événement n'est appuyé par aucun autre. Nous sommes fort tenté de croire que s'il y a quelque chose de vrai dans l'anecdote, elle est tout au moins dénaturée, exagérée et inexacte. Nous croyons apercevoir un peu de jactance dans le récit de Longchamp. En nous faisant entendre qu'il avait seul pu tirer Voltaire de la profonde douleur où il était plongé, et par suite sauver la vie à cet homme célèbre, c'est, à notre avis, se donner un peu les violons, comme dit le proverbe. Quelques réflexions se présentent assez naturellement sur ce que rapporte ici Longchamp. C'est dans la cassette de madame du Châtelet que se trouvent ses propres lettres : cela est-il naturel ? Si c'était les lettres originales, comment et pourquoi sont-elles retournées dans les mains de cette dame ? Qui empêchait d'en dire les adresses dans des mémoires que l'auteur ne voulait pas divulguer de son vivant ? Quant à de simples minutes, à quoi bon les garder ? et principalement les minutes de lettres injurieuses pour un ami de vingt ans, auquel on affectait d'ailleurs de montrer toujours la plus grande confiance ? Il serait

CHAPITRE XXXVII.

VOLTAIRE, CONSOLÉ PAR SES AMIS, REPREND SON TRAIN DE VIE.

On a vu que M. de Voltaire, après son arrivée à Paris, demeura assez longtemps absorbé dans une grande tristesse. Dans le commencement, presque personne ne pouvait lui parler. Il n'y avait guère que l'abbé Mignot, son neveu, et M. Delaleu, son notaire, qui pussent entrer librement chez lui; et de tous de ses amis, M. de Richelieu et M. d'Argental étaient en quelque sorte les seules privilégiés. Il les voyait

plus croyable que l'on eût trouvé chez une dame capable encore de sentir et d'allumer les passions, des lettres d'un officier jeune et brillant, tel, par exemple, que M. de Saint-Lambert, lettres dans lesquelles on eût cru se faire mieux valoir en jetant quelque ridicule sur l'âge, les infirmités, la faiblesse d'un compétiteur. Encore, dans cette supposition, est-il présumable qu'une femme douée de tant de pénétration et qui savait si bien calculer, eût conservé avec soin de tels papiers, qui, d'un moment à l'autre, pouvaient tomber dans les mains de son mari ou dans celles de Voltaire, ou d'autres, vu les chances fâcheuses qu'elle avait à courir dans une grossesse pénible à l'âge de quarante-trois ans? *Elle ne m'aimait pas!* Ces mots sont ici équivoques. Longchamp les rapporte-t-il à l'amour? Ce serait une erreur contredite par lui-même, car d'après ce qu'il a rapporté précédemment, le lecteur doit sentir que ces lettres n'eussent rien appris de nouveau à Voltaire, et qu'à cet égard, il avait même passé par une épreuve plus forte. Les entend-il par l'amitié? C'est une erreur encore plus grande; il est incontestable que, sous ce rapport, l'intimité de Voltaire et de madame du Châtelet dura sans altération jusqu'à la mort de cette dame; et depuis il n'a jamais parlé de sa perte, soit dans ses discours, soit dans ses écrits, sans un profond sentiment de douleur et de regret. Il s'en faut de beaucoup

avec plaisir, et semblait ne pouvoir trouver qu'en eux la consolation et le soutien dont il avait besoin. Il est vrai qu'ils avaient bien des droits sur lui par l'ancienneté de leur amitié, et la confiance réciproque qui avait toujours régné entre eux trois. Chaque jour, l'un ou l'autre, et souvent tous les deux, venaient passer une partie de la soirée près de lui, et s'entretenaient, au coin de son feu, des nouvelles de la cour et de la ville. Ils tâchaient à l'envi de le distraire de ses pensées lugu-

qu'il en ait perdu le souvenir aussi vite et aussi facilement que le dit l'auteur des Mémoires. Ce qui a fait supporter ce malheur à Voltaire, c'est une cause puissante qui agit sur tout le genre humain ; c'est le temps qui affaiblit tout à la longue, et par degrés insensibles. A cette cause générale s'en joignait chez lui une autre, peut-être aussi forte : la passion de l'étude et du travail, qui ne l'abandonna jamais totalement. Leurs effets ne pouvaient-ils pas être encore accélérés par quelque impulsion secrète de la gloire? Enfin, sa philosophie, la force de sa raison, devaient les seconder efficacement, et contribuer à rétablir le calme dans son âme... (NOTE DE L'ÉDITEUR des *Mémoires sur Voltaire* par Lonchamp et Wagnière, t. II, p. 265-267.)

Nous compléterons cet épisode de la vie de Voltaire par ce passage des *Mémoires* de Marmontel :

« ... Les chagrins qu'il (Voltaire) avait éprouvés semblaient encore avoir resserré nos liens. De ces chagrins le plus vif un moment fut celui de la mort de madame du Châtelet, mais à ne rien dissimuler, je reconnus dans cette occasion, comme j'ai fait souvent, la mobilité de son âme. Lorsque j'allai lui témoigner la part que je prenais à son affliction : « Venez, me « dit-il, en me voyant, venez partager ma douleur. J'ai perdu mon illustre « amie ; je suis au désespoir, je suis inconsolable. » Moi, à qui il avait dit souvent qu'elle était comme une furie attachée à ses pas, et qui savais qu'ils avaient été plus d'une fois dans leurs querelles aux couteaux tirés l'un contre l'autre, je le laissai pleurer et je parus m'affliger avec lui. Seulement pour lui faire apercevoir, dans la cause même de cette mort, quelque motif de consolation, je lui demandai de quoi elle était morte. — « De quoi ! ne le « savez-vous pas? Ah! mon ami! il me l'a tuée ! le brutal. Il lui a fait un

bres, et, pour y réussir plus facilement, il paraît qu'ils s'étaient concertés pour réveiller en lui, bon gré mal gré, le goût du théâtre. C'était le prendre en même temps par son faible et par son fort. Ce stratagème leur réussit à la fin, et il n'est pas douteux qu'ils n'aient par là contribué à consolider la guérison de la maladie morale de M. de Voltaire, et peut-être le préserver des rechutes. Dès qu'ils se furent aperçus qu'il commençait à se laisser aller vers l'amorce, leurs sollicitations devinrent plus vives et plus pressantes. Ils le forcèrent en quelque sorte à voir du monde, et lui amenèrent plusieurs gens de lettres de sa connaissance, de belles dames les suivirent bientôt, et tous de concert le pressaient d'ouvrir son portefeuille, et de ne point priver le public de quelques pièces nouvelles que l'on savait y être... — *Mémoires* de LONGCHAMP, t. II, des *Mémoires sur Voltaire*, par LONGCHAMP et WAGNIÈRE. (Paris, Aimé André, 1826.)

« enfant. » C'était de Saint-Lambert, de son rival, qu'il me parlait. Et le voilà me faisant l'éloge de cette femme incomparable, et redoublant de pleurs et de sanglots. Dans ce moment arrive l'intendant Chauvelin, qui lui fait je ne sais quel conte assez plaisant, et Voltaire de rire aux éclats avec lui. Je ris aussi en m'en allant, de voir dans ce grand homme la facilité d'un enfant à passer d'un extrême à l'autre dans les passions qui l'agitaient. Une seule était fixe en lui et comme inhérente à son âme ; c'était l'ambition et l'amour de la gloire, et de tout ce qui flatte et nourrit cette passion, rien ne lui était indifférent. » MARMONTEL, *OEuvres complètes* (Belin), t. I, p. 130. Mémoires, Livr. IV. (R. d'A.)

CHAPITRE XXXVIII.

REPRÉSENTATION D'*Oreste*.
Janvier 1750.

... L'*Electre* de Crébillon avait obtenu, dans son temps, un beau succès, et l'*Oreste* de Voltaire, quelle que fût sa supériorité, avait à compter avec un goût plus délicat et autrement exigeant [1]. Celui-ci l'éprouva bien, à la première représentation, qui eut lieu le lundi 12 janvier 1750. Ce parti pris d'entrer en lutte avec un vieillard, dont les ouvrages avaient eu leur heure de triomphe, pouvait déplaire même à cette portion du public qui n'épouse aucune coterie et ne veut voir que l'œuvre...

Une petite nouveauté dans la rédaction des billets de parterre, qui avait peut-être sa malice, ne passa pas inaperçue et fut l'objet d'interprétations et de plaisanteries de plus d'une sorte. Voltaire avait fait ajouter les initiales de chacun des sept mots qui composent ces vers bien connus :

Omne tulit punctum qui miscuit utile dulci.

« C'était sans doute, nous fait remarquer Collé, un petit coup de patte qu'il voulait donner à Crébillon sur sa versification, qui, effectivement, n'est pas aussi correcte que la sienne, mais qui est plus mâle. » De braves gens, qui appa-

---

[1] Crébillon était censeur des pièces de théâtre : Voltaire fut donc obligé de lui présenter sa tragédie : « Monsieur, lui dit Crébillon, en la lui rendant, j'ai été content du succès d'Electre, je souhaite que le frère vous fasse autant d'honneur que la sœur m'en a fait. » (R. d'A.)

remment ne savaient pas le latin, expliquaient de la façon suivante ces lignes hiéroglyphiques : « *Oreste*, Tragédie Pitoyable Que M. Voltaire Donne [1]. » La plaisanterie est assez innocente, et semble d'ailleurs imitée de celle que l'on fit de son temps sur la *Pélopée* de l'abbé Pellegrin [2]. Quoiqu'il en soit, la première représentation fut loin d'être un succès décisif, bien qu'il ne faille pas s'en rapporter au dire de l'auteur de la *Partie de Chasse de Henri IV*, qui déclare qu'à l'exception du parterre, recruté par Voltaire, mais que l'ennui gagna comme le reste des spectateurs, *Oreste* fut hué de la salle entière. Même en prenant l'affirmation à la lettre, plus d'un endroit dut triompher de cette malveillance ou de cette justice rigoureuse, comme on voudra. Le poète se tenait blotti dans la loge de d'Argental avec l'intention d'y faire le mort. Mais, à un moment où l'on applaudissait avec force, il oublia l'*incognito* qu'il s'était promis de garder, et se porta vivement sur le bord de la loge, en s'écriant : « Courage, braves Athéniens, c'est du Sophocle [3] ! » Cela n'empêcha pas quelques frondeurs de demander l'*Electre* de Crébillon. — Gustave DESNOIRESTERRES. *Voltaire et la société au XVIIIᵉ siècle. Voltaire à la cour.* (Paris, Didier et Cᵉ, 1871.)

[1] Clément. *Les cinq années littéraires* ou *Nouvelles littéraires* des années 1748-1752. (La Haye, 1754), t. II, p. 42. Paris, 30 janvier 1750.

[2] *Anecdotes dramatiques.* (Paris, 1775), t. II, p. 45.

[3] La Harpe, *Commentaires sur le théâtre de Voltaire.* (Paris, 1814). p. 250. — Voltaire, *Œuvres complètes* (Beuchot), t. VI, p. 147. Avertissement des éditeurs de Kehl. — Marmontel raconte ce petit incident un peu différemment... (Notes de l'auteur.)

CHAPITRE XXXIX.

VOLTAIRE, MÉCONTENT DES ACTEURS DE LA COMÉDIE-FRANÇAISE, ÉTABLIT UN THÉATRE DANS SA PROPRE MAISON. — IL Y FAIT REPRÉSENTER *Mahomet, Catilina,* ETC. — IL DEVINE LE GÉNIE DE LE KAIN ET LE PREND CHEZ LUI COMME ÉLÈVE. — SA RÉCONCILIATION AVEC LES COMÉDIENS DU THÉATRE FRANÇAIS.

1750.

... M. de Voltaire, peu satisfait des comédiens français, avait résolu depuis quelque temps de ne plus leur donner ses pièces à représenter. Ce qui avait excité son humeur contre eux, c'est, d'un côté, qu'ils n'avaient fait nul cas et s'étaient même moqués de ses reproches réitérés sur leur extrême négligence, qu'on avait remarquée à la remise au théâtre de plusieurs de ses anciennes pièces; de l'autre côté, c'était la manière hautaine dont ces messieurs avaient reçu les avis que M. de Voltaire avait pris la liberté de leur donner sur les derniers rôles qui leur avaient été distribués; et ceci les choquait plus que tout le reste. Il est assez probable que c'étaient ceux qui avaient le plus besoin de ces avis qui s'en fâchaient le plus. Quoiqu'il en soit, ce furent les sieurs Granval, La Noue [1], Paulin et Dubois qui, dans cette circonstance,

---

[1] Acteur, poète dramatique et directeur de théâtre (1701-1761). On a de lui *Mahomet II*, tragédie, et une comédie en 5 actes et en vers, *la Coquette corrigée*. (R. d'A.)

manifestèrent davantage leur mauvaise volonté envers un auteur qui, depuis plus de trente ans, n'avait pas laissé de faire quelque bien au théâtre. M. de Voltaire, ferme dans sa résolution, ne voulut point entendre parler de la Comédie-Française ; mais, pour ne pas se refuser entièrement aux désirs de ses plus intimes amis, il leur dit qu'il ferait représenter devant eux quelques-unes de ses pièces, mais que ce serait par des amateurs, sur un théâtre particulier, et dans sa propre maison. Voilà ce qui l'avait déterminé à transformer une partie du second étage de la maison en salle de spectacle, dans laquelle il pouvait se rendre de plain-pied en sortant de son appartement. Lorsqu'il vit que le local était entièrement disposé et décoré comme il convenait, il me chargea de lui trouver des acteurs non récalcitrans, mais dociles, disposés à écouter ses conseils, et qui voulurent bien jouer ses pièces, comme il désirait qu'elles le furent. On lui avait dit que dans plusieurs maisons particulières, des sociétés de jeunes gens s'amusaient à jouer la comédie. Il m'ordonna de prendre à ce sujet des informations exactes, de tâcher de m'introduire à ces spectacles, et de bien remarquer la troupe qui me paraîtrait la meilleure. Je parvins, en assez peu de temps, à voir trois de ces différents spectacles d'amateurs, et je n'en fus guère satisfait... De ces associations de jeunes gens que je pus connaître, celle qui me parut réunir le plus de talens, était celle qui jouait la comédie chez un tapissier, à l'entrée de la vieille rue du Temple. Cet homme avait parmi ses ouvriers un nommé Mandron, qui était le chef ou le directeur de la petite troupe... Mandron ne jouait pas mal les rôles de père ou de roi ; sa taille et sa figure le favorisaient dans cet emploi. Il avait pour second acteur un nommé Le Kain, dont l'extérieur n'offrait rien de fort avantageux, mais qui me parut, quoique jeune, doué d'une grande intelligence, et savait déployer à propos de la force et de la sensibilité[1]. Le troisième acteur était un autre jeune homme nommé Heurtaux, qui n'était pas non plus favorisé d'une belle figure, et dont la taille était

[1] C'est à lui-même qu'il (Longchamp) attribue l'origine de la liaison du grand poète avec le grand acteur, de laquelle devait naturellement résulter beaucoup d'avantage et pour l'art dramatique et pour le public. Mais cet article est un de ceux ajoutés aux autres après un long intervalle de temps, puisqu'il est postérieur à la mort de ces deux hommes célèbres, et que trente ans s'étaient écoulés depuis l'événement dont il parle. Il est donc possible que trop de confiance dans sa mémoire, ou de complaisance pour son amour-propre, l'ait égaré dans son récit. Ce qui le ferait croire, c'est que Le Kain rapporte d'une manière toute différente comment il a été connu de Voltaire. Note de l'éditeur des *Mémoires sur Voltaire*, etc., t. II, p. 291. — Voici le récit de Le Kain ; il est empreint d'une incontestable vérité, et c'est celui auquel il faut s'arrêter : « La paix de 1748, en rappelant les plaisirs de tout genre à Paris, devint l'époque mémorable d'une nouvelle institution de quelques sociétés bourgeoises qui se réunirent pour le seul plaisir de jouer la comédie.

« La première fut établie à l'hôtel de Soyecourt, au faubourg Saint-Honoré ; la seconde, à l'hôtel de Clermont-Tonnerre, au Marais ; la troisième à l'hôtel de Jabac, rue Saint-Méri. C'est de ce dernier théâtre dont je suis le fondateur.

« De tous les jeunes gens qui jouissaient alors de quelque célébrité sur ces différents théâtres et dont quelques-uns se sont fixés dans nos provinces, je suis le seul qui soit resté à Paris ; et c'est une faveur que je dois plus à ma bonne étoile qu'à la supériorité de mon talent. Voici comment la chose est arrivée.

« La propriétaire de l'hôtel de Jabac, forcé de faire des réparations urgentes dans l'intérieur de la salle que nous occupions, nous mit dans la nécessité de demander à messieurs les comédiens de Clermont-Tonnerre la permission de jouer alternativement avec eux sur leur théâtre ; traité qui fut stipulé entre eux et nous au mois de juillet 1749, en payant la moitié des frais. Nous y débutâmes par Sidney (a) et George Dandin.

(a) Comédie de Gresset. (R. d'A.)

petite ; mais il montrait beaucoup de dispositions et n'était pas dépourvu de moyens. C'est lui que M. de Voltaire a fait entrer depuis dans la troupe des comédiens français de madame la margrave de Bareuth, d'où il passa dans la troupe du roi de Prusse pendant le séjour de M. de Voltaire à Berlin. Tout le

« Il n'est pas difficile de se figurer que la concurrence de ces deux sociétés excita dans le public quelques contestations dont le résultat ne pouvait être favorable aux uns sans diminuer de la considération dont les autres avaient joui jusqu'alors... Mais qui pourra jamais croire qu'une société de jeunes gens, qui réunissait le plaisir et la décense, pût exciter la jalousie et les plaintes des grands chantres de Melpomène ?

« Le crédit de ces derniers nous fit fermer notre théâtre, et ce fut un prêtre janséniste qui en obtint la réhabilitation. M. l'abbé de Chauvelin, conseiller-clerc au parlement de Paris, daigna s'intéresser pour des élèves contre leurs maîtres, et nous fit jouer le *Mauvais Riche*, comédie nouvelle en cinq actes et en vers, de M. d'Arnaud. La pièce eut peu de succès au jugement de la plus brillante assemblée qu'il y eût alors à Paris. C'était au mois de février 1750.

« M. de Voltaire y fut invité par l'auteur ; et soit indulgence pour M. d'Arnaud, soit pure bonté pour les acteurs qui s'étaient donné toute la peine imaginable pour faire valoir un ouvrage faible et sans intérêt, ce grand homme parut assez content, et s'informa scrupuleusement qui était celui qui avait joué le rôle de l'*amoureux*. On lui répondit que c'était le fils d'un marchand orfèvre de Paris, lequel jouait la comédie pour son plaisir, mais qui aspirait réellement à en faire son état. Il témoigna à M. d'Arnaud le désir de me connaître, et le pria de m'engager à l'aller voir le lendemain.

« Le plaisir que me causa cette invitation fut encore plus grand que ma surprise ; mais ce que je ne pourrais peindre, c'est ce qui se passa dans mon âme à la vue de cet homme dont les yeux étincelaient de feu, d'imagination et de génie. En lui adressant la parole, je me sentis pénétré de respect, d'enthousiasme, d'admiration et de crainte ; j'éprouvais à la fois toutes ces sensations, lorsque M. de Voltaire eut la bonté de mettre fin à mon embarras, en m'ouvrant ses deux bras, et en *remerciant Dieu d'avoir*

reste, homme ou femme, était, selon moi, au-dessous du médiocre, excepté cependant mademoiselle Baton, qui avait de la figure, du zèle et qui semblait annoncer du talent...

J'appris à ces jeunes gens que M. de Voltaire, ayant entendu parler de leurs amusements et du goût qu'ils avaient pour les spectacles dramatiques, ainsi que de leurs talents, il avait

créé un être qui l'avait ému et attendri en proférant d'assez mauvais vers.

« Il me fit ensuite plusieurs questions sur mon état, sur celui de mon père, sur la manière dont j'avais été élevé, et sur mes idées de fortune. Après l'avoir satisfait sur tous ces points, et après ma part d'une douzaine de tasses de chocolat mélangé avec du café, seule nourriture de M. de Voltaire depuis cinq heures du matin jusqu'à trois heures après midi, je lui répondis, avec une fermeté intrépide, que je ne connaissais d'autre bonheur sur la terre que de jouer la comédie ; qu'un hasard cruel et douloureux me laissait maître de mes actions, et jouissant d'un petit patrimoine d'environ sept cent cinquante livres de rente, j'avais lieu d'espérer qu'en abandonnant le commerce et le talent de mon père, je ne perdrais rien au change si je pouvais être un jour admis dans la troupe des comédiens du roi.

« Ah ! mon ami, s'écria M. de Voltaire, ne prenez jamais ce parti-là ; croyez-moi, jouez la comédie pour votre plaisir, mais n'en faites jamais votre état. C'est le plus beau, le plus rare, le plus difficile des talents ; mais il est avili par des barbares et proscrit par des hypocrites. Un jour la France estimera votre art, mais alors il n'y aura plus de Baron, plus de Lecouvreur, plus de Dangeville. Si vous voulez renoncer à votre projet, je vous prêterai dix mille francs pour commencer votre commerce et vous me les rendrez quand vous pourrez. Allez, mon ami, revenez me voir vers la fin de la semaine ; faites bien vos réflexions, et donnez-moi une réponse positive. »

« Étourdi, confus, et pénétré jusqu'aux larmes des bontés des offres généreuses de ce grand homme qu'on disait avare, dur et sans pitié, je voulus m'épancher en remerciments. Je commençai quatre phrases sans pouvoir en terminer une seule. Enfin, je pris le parti de lui faire ma révérence en culbutant ; et j'allais me retirer lorsqu'il me rappela pour me prier de lui réciter quelques lambeaux des rôles que j'avais déjà joués. Sans trop

jeté les yeux sur eux pour l'essai de quelques-unes de ses pièces nouvelles, dont il désirait voir l'effet au théâtre avant de les donner à la Comédie Française. On peut juger combien leur amour-propre fut flatté de ce que je leur apprenais ; mon message fut reçu de tous avec autant de joie que de surprise. Ils promirent de se rendre chez M. de Voltaire... Au jour fixé,

examiner la question, je lui proposai, assez maladroitement, de lui déclamer le grand couplet de Gustave (a), au second acte. *Point de Piron, me dit-il avec une voix tonnante et terrible, je n'aime pas les mauvais vers ; dites-moi tout ce que vous savez de Racine.*

« Je me souvins heureusement qu'étant au collège Mazarin, j'avais appris la tragédie entière d'*Athalie*, après avoir entendu répéter nombre de fois cette pièce aux écoliers qui devaient la jouer. Je commençai donc la première scène, en jouant alternativement Abner et Joad. Mais je n'avais pas encore tout-à-fait rempli ma tâche que M. de Voltaire s'écria : « Ah ! mon Dieu ! les beaux vers ! Ce qu'il y a de bien étonnant, c'est que toute la pièce est écrite avec la même chaleur, la même pureté, depuis la première scène jusqu'à la dernière ; c'est que la poésie en est partout inimitable. Adieu, mon cher enfant, ajouta-t-il en m'embrassant, je vous prédis que vous aurez la voix déchirante, que vous ferez un jour les plaisirs de Paris, mais ne montez jamais sur un théâtre de Paris. »

« Voilà le précis le plus vrai de ma première entrevue avec M. de Voltaire. La seconde fut plus décisive, puisqu'il consentit, après les plus vives instances de ma part, à me recueillir chez lui comme son pensionnaire, et à faire bâtir au-dessus de son logement un petit théâtre où il eut la bonté de me faire jouer avec ses nièces et toute ma société. Il ne voyait qu'avec un déplaisir horrible qu'il nous en avait coûté jusqu'alors beaucoup d'argent pour amuser le public et nos amis.

« La dépense que cet établissement momentané causa à M. de Voltaire, et l'offre désintéressée qu'il m'avait faite quelques jours auparavant me prouvèrent, d'une manière bien sensible, qu'il était aussi généreux et aussi noble

(a) *Gustave Wasa*, tragédie de Piron, représentée pour la première fois en 1733. (R. d'A.)

là troupe entière, y compris même le souffleur, ne manqua pas de se trouver ponctuellement au rendez-vous... Un instant M. de Voltaire parut ; il commença par remercier tous ces jeunes gens de leur bonne volonté, et de ce qu'ils se rendaient si promptement à ses désirs. Adressant ensuite la parole à la plupart d'entre eux particulièrement, il s'informait du genre de leur rôle, des pièces qu'ils jouaient avec plus de succès, etc. Il interrogea beaucoup Le Kain, que je lui avais désigné comme le meilleur acteur de la troupe. Alors il invita les cinq ou six premiers acteurs à lui déclamer quelque tirade prise

dans ses procédés que ses ennemis étaient injustes, en lui prêtant le vice de la sordide économie. Ce sont des faits dont j'ai été le témoin. Je dois encore un autre aveu à la vérité : c'est que M. de Voltaire m'a non-seulement aidé de ses conseils pendant plus de six mois, mais qu'il m'a défrayé pendant ce temps ; et que depuis que je suis au théâtre, je puis prouver avoir été gratifié par lui de plus de deux mille écus. Il me nomme aujourd'hui son *grand acteur*, son *Garrick*, son *enfant chéri* : ce sont des titres que je ne dois qu'à ses bontés pour moi ; mais ceux que j'adopte au fond de mon cœur, ce sont ceux d'un *élève respectueux et pénétré de reconnaissance*.

« Pourrais-je n'être pas affecté d'un sentiment aussi respectable, puisque c'est à M. de Voltaire seul que je dois les premières notions de mon art, et que c'est à sa seule considération que M. le duc d'Aumont a bien voulu m'accorder mon ordre de début au mois de septembre 1750 ?

« Il est résulté de ces premières démarches que, par une persévérance à toute épreuve, je suis enfin, au bout de dix-sept mois, parvenu à surmonter tous les obstacles de la ville et de la cour, et à me faire inscrire sur le tableau de messieurs les comédiens du roi, au mois de février 1752.

« Quiconque voudra bien lire tous ces détails, en observer la filiation, reconnaîtra que je suis loin de ressembler à ces cœurs ingrats qui rougissent d'un bienfait ; et qui, pour consommer leur scélératesse, calomnient indignement leur bienfaiteur. J'en ai connu plus d'un de cette espèce à l'égard de M. de Voltaire. J'ai été témoin de vols qui lui ont été faits par des gens de

indifféremment de l'un ou de l'autre de leurs rôles ; ce qu'ils firent tour à tour. Il parut en général assez content ; il les encouragea, et leur promit des instructions dont leur talent pourrait profiter, s'il voulait les recevoir avec docilité. Enfin, pour juger encore mieux de leur savoir-faire et apprécier en même temps l'accord et l'ensemble de ces acteurs sur la scène, il les engagea à venir le jour suivant, vers six heures du soir, pour représenter sur son théâtre la tragédie qu'ils savaient le mieux. Ils acquiescèrent de suite à sa demande, et plusieurs voix dirent que la tragédie qu'ils jouaient le plus volontiers, et qu'ils rendaient le mieux, était *Mahomet le Prophète*. Le désir de faire leur cour à l'auteur de cette pièce entrait peut-être pour quelque chose dans ce choix. Quoiqu'il en soit, la chose fut ainsi arrêtée, et le lendemain on joua la tragédie de *Mahomet* dans la salle que nous avions préparée. Cette première représentation se fit à huis clos : il n'y avait pour spectateurs que M. de Voltaire, madame Denis, sa nièce, M. et madame d'Argental, M. le duc de Richelieu et M. de Pont-de-Veyle[1], frère de M. d'Argental... Au total, M. de Voltaire fut assez content de cette première séance. Il retint à

---

toutes sortes d'états. Il a plaint les uns, méprisé tacitement les autres, mais jamais il n'a tiré vengeance d'aucun. Les libraires qu'il a prodigieusement enrichis par les différentes éditions de ses ouvrages, l'ont déchiré publiquement ; mais il n'y en a pas un seul qui ait osé l'attaquer en justice parce que tous avaient tort. »

OEuvres complètes de Voltaire. (Paris, Thomine et Fortic, 1820), t. I. p. 452-457. Note sur M. de Voltaire, et faits particuliers concernant ce grand homme, recueillis par moi (Lekain) pour servir à son histoire, par M. l'abbé Duvernet. (R. d'A.)

[1] Antoine de Ferriol, comte de Pont-de-Veyle (1697-1774) était fils aîné de M. de Ferriol, président à mortier du parlement de Metz, et d'Angélique, sœur cadette de madame de Tencin. M. de Ferriol était le frère de cet ambas-

souper acteurs et spectateurs, et, à la fin du repas, il alla chercher les rôles de sa *Rome sauvée*, et les distribua à ces jeunes gens, les invitant à les apprendre aussitôt qu'ils le pourraient. Celui de *Cicéron* fut donné à Mandron, *César* à Le Kain, *Catilina* à Heurtaux, et *Amélie* à mademoiselle Baton. Les conjurés et les confidents se partagèrent entre les autres acteurs... Il s'attacha de plus en plus la petite troupe, qui donnait régulièrement deux représentations par semaine dans sa maison. C'étaient des tragédies ou des comédies de différens auteurs, alternativement avec des pièces de M. de Voltaire. Il engagea Le Kain, en qui il découvrait le germe d'un talent supérieur, à venir demeurer chez lui, ce qui fut accepté avec ardeur par ce jeune homme qui, étant devenu libre de suivre son inclination, avait déclaré à M. de Voltaire qu'il était résolu de renoncer à sa profession d'orfèvre, pour prendre l'état de comédien.

Quand les rôles de *Rome sauvée* furent bien appris, on fit à huis clos plusieurs répétitions de cette tragédie, qui n'était pas encore connue du public. C'était en 1750, et elle ne fut jouée à la Comédie Française qu'en 1752. M. de Voltaire se donna beaucoup de peine pour diriger les acteurs, les bien

---

sadeur à Constantinople, que le souvenir de mademoiselle Aïssé, sa protégée, a rendu plus célèbre que ses négociations. Pont-de-Veyle fut successivement conseiller au parlement, lecteur du Roi, intendant général des classes de la marine. « Pont-de-Veyle, dit le président Hénault (*Mémoires*, p. 183), joint à beaucoup d'esprit des talents de bien des genres. Il a été inimitable dans les parodies. On connait ses comédies du *Complaisant* et du *Fat puni*. Philosophe sans affiche, ami fidèle et constant, recherché de tout le monde et assorti à toutes les sociétés. » Sa mort fit dire à Voltaire, qui était plus âgé que lui de quelques années : « Quand la cabane de planche de mon voisin brûle, je dois prendre garde à ma cabane de paille. » (R. d'A.)

remplir de l'esprit de leurs rôles, et les faire agir et parler comme il le désirait. Tout enfin allant à son gré, il voulut que la pièce fut représentée devant une compagnie de personnes éclairées et de connaisseurs, et savoir le jugement qu'ils en porteraient...

Le jour où eut lieu la représentation, toute la salle se trouva remplie de bonne heure. Les dames n'y étaient qu'en très-petit nombre. L'assemblée était principalement composée de gens de lettres : on voyait parmi eux MM. d'Alembert, Diderot, Marmontel, le président Hénault, les abbés de Voisenon et Raynal, et plusieurs académiciens, tels que l'abbé d'Olivet, etc. Les ducs de Richelieu et de la Vallière y étaient, et quelques amis particuliers de l'auteur que j'avais été y inviter de sa part. On y remarqua surtout le père de la Tour, principal du collége des Jésuites et son compagnon. Ces pères n'assistaient jamais à d'autres spectacles profanes que ceux qu'ils faisaient donner dans les collèges par leurs écoliers; mais M. de Voltaire, qui avait fait lire sa tragédie au père de la Tour, et en avait reçu force compliments, le pressa tellement de la venir voir représenter, qu'il l'y détermina. Les acteurs, animés par la présence de tant de juges éclairés, mirent dans l'exécution de leurs rôles tout le zèle dont ils étaient capables. L'auditoire, en général, en parut très-content, mais il le fut encore plus de la pièce. On admira la beauté de la poésie, la force et la vérité des caractères; et les connaisseurs convinrent que, sous ce rapport, *Rome sauvée* égalait ce que M. de Voltaire avait fait de mieux. L'abbé d'Olivet, surtout, fut enchanté, et il témoigna hautement sa joie et sa reconnaissance de ce que l'auteur de cette tragédie avait enfin vengé son *cher Cicéron* du rôle plat et ridicule que le vieux Crébillon lui avait fait jouer dans la sienne. Après le spectacle, M. de Voltaire ne dut pas douter de la satisfaction générale; chacun s'empressait à la lui témoigner, et l'invitait à ne pas frustrer le public d'un si bel ouvrage; mais il ne céda point alors aux instances de ses amis, et *Rome sauvée* resta encore assez longtemps dans son portefeuille avant de paraître au théâtre de la Comédie française [1].

. . . .

Les comédiens français ne pouvaient ignorer la vogue du théâtre de la rue Traversière. Ce qu'ils en entendaient raconter tous les jours, l'empressement avec lequel ils voyaient des gens d'esprit, des hommes distingués de tout rang, des con-

---

[1] « Ces succès intimes, et, pour ainsi parler, domestiques, n'étaient pas les seuls à le venger de la morgue et de la hauteur de Messieurs de la Comédie française. D'autres comédiens, qui, comme talent peut-être, ne valaient pas ceux de la rue Traversière, luttaient vers le même temps de zèle et d'efforts pour interpréter le moins indignement qu'il leur serait possible l'un de ses ouvrages les plus pathétiques, *Alzire.* » Le rôle d'Alvarès échut à M. de Pons, don Gusman à M. de Maillebois, Montes à M. de Lasalle, Zamore à M. de Duras, un Américain à M. de Clermont et Alonze à M. de Frise. Il va sans dire que madame de Pompadour s'était réservé le personnage d'Alzire. Madame de Marchais, compensant la qualité par la quantité, s'était chargée de deux rôles de suivante, Emire et Céphane. Ce ne fut pas, toutefois, sans appréhension que l'on tenta l'aventure (28 février 1750). Le nombre des spectateurs avait été notablement réduit : la reine ne s'y trouva point, ni le Dauphin, ni Mesdames. L'événement, en définitive, vint donner le plus triomphant démenti à ces craintes, à ces terreurs. *Alzire* fut bien jouée, nous dit-on. Madame de Pompadour-*Alzire* et M. de Duras-*Zamore* furent couverts d'applaudissements (*a*). Voltaire ne parut pas à cette première représentation; il assistait, en revanche, à la seconde, qui fut encore plus brillante (vendredi, 6 mars). Le roi, qui s'était amusé, dit, tout haut, à la fin du spectacle : « qu'il était étonnant que l'auteur d'*Alzire* pût être le même que celui qui avait fait *Oreste* (*b*). » Cela n'était pas trop aimable

(*a*) Duc du Luynes, *Mémoires*, t. X, p. 222.
(*b*) Duc de Luynes, *Mémoires*, t. X, p. 227. (Notes de l'auteur.)

naisseurs enfin, chercher les moyens d'être admis à ce spectacle, durent sans doute exciter leur curiosité. Quelques-uns d'entre eux, dont M. de Voltaire n'avait point eu à se plaindre, hasadèrent de lui aller demander la faveur de pouvoir venir à son spectacle. Ils ne furent pas mal reçus, car, avant qu'ils ne sortissent, M. de Voltaire m'appela, et me dit de leur donner deux billets d'entrée pour chacune des représentations suivantes. Deux des comédiens à qui ces billets servirent, rendirent compte à leurs camarades des pièces de M. de Voltaire qu'ils virent représenter. Ils sentirent qu'elles auraient été fort utiles à leur théâtre, qui languissait faute de nouveautés intéressantes. Ils commencèrent à ouvrir les yeux sur leur imprudence et à sentir le tort qu'ils s'étaient fait en donnant à M. de Voltaire des sujets de mécontentement, et bientôt

pour *Oreste*. L'on sait que Louis XV trouvait une sensible volupté à piquer son monde... Quoiqu'il en soit, l'auteur d'*Oreste* fit le sourd et jugea que le plus habile comme le plus spirituel était de ne pas avoir entendu une observation blessante. La favorite n'était pour rien, après, tout dans la malveillance de son amant, et en faisant applaudir l'une des tragédies qui lui tenaient le plus au cœur, elle avait servi le poète comme il aimait le mieux l'être. Le lendemain matin, il allait à son lever et soldait sa dette de reconnaissance envers la Lecouvreur des Cabinets par un quatrain qu'il débitait à sa porte avant d'en franchir le seuil :

> Cette Américaine parfaite
> Trop de larmes a fait couler.
> Ne pourrai-je me consoler
> Et voir Vénus à sa toilette?

Hâtons-nous de dire que c'est bien là un impromptu ; car nous ne pensons pas qu'il lui soit arrivé deux fois dans sa vie de faire d'aussi misérables vers. L'*Enfant prodigue* et *Alzire* furent les deux seuls ouvrages de Voltaire joués sur le théâtre des Cabinets, dont la clôture coïncida, du reste, avec son départ pour la Prusse. » — GUSTAVE DESNOIRESTERRES, *Voltaire à la Cour* (Paris, Didier et C⁰, 1871.) (R. d'A.)

après ils ne dissimulèrent plus leur désir de le réparer. Sur ces entrefaites, M. d'Argental et M. de Pont-de-Veyle, son frère, ayant eu connaissance des dispositions des comédiens, entreprirent de les réconcilier avec M. de Voltaire, et d'accélérer par là les plaisirs du public, qui désirait vivement de voir jouer ces pièces nouvelles dont il entendait parler... Ces messieurs parlèrent à ceux des comédiens qui avaient le plus d'influence sur les autres, leur firent sentir le besoin qu'ils avaient de M. de Voltaire, et la convenance de lui envoyer, au nom du corps, une députation pour le solliciter de leur ouvrir son portefeuille. La chose fut proposée et acceptée en comité général. La députation se fit, ayant à sa tête pour orateur le sieur Grandval... M. de Voltaire ne sut jamais garder de rancune quand on revenait à lui de bonne foi; et, en effet, je l'ai vu en d'autres circonstances pardonner et oublier des torts plus graves quand on venait lui en faire l'aveu et qu'on en marquait du repentir. Il ne fut pas insensible à la démarche des comédiens, fit un bon accueil à la députation, et promit qu'il allait s'occuper de la demande qui lui était faite, qu'il y satisferait le plus tôt qu'il pourrait, et que pour rendre plus dignes d'être présentés au public les ouvrages qu'on lui demandait, il voulait les revoir encore une fois avec soin.

Le différend fut ainsi terminé. Les premières pièces que M. de Voltaire, au bout d'un certain temps, remit aux comédiens furent *Zulime* et le *Duc de Foix;* ensuite *Rome sauvée*, qui ne fut représentée par eux qu'en 1752, lorsque l'auteur était en Prusse.— *Mémoires* de Longchamp, t. II des *Mémoires sur Voltaire*, par Longchamp et Wagnière. (Paris, Aimé André, 1826.)

CHAPITRE XL.

LES DÉBOIRES DE VOLTAIRE A LA COUR. — IL SE DÉCIDE
A ALLER EN PRUSSE.
1745-1750.

Ce n'était pas assez pour lui d'être le plus illustre des gens de lettres, il voulut être homme de cour. Dès sa jeunesse la plus tendre, il avait pris la flatteuse habitude de vivre avec les grands. D'abord la maréchale de Villars, le Grand-Prieur de Vendôme, et depuis, le duc de Richelieu, le duc de Vallière, les Boufflers, les Montmorency avaient été son monde. Il soupait avec eux habituellement, et l'on sait avec quelle familiarité respectueuse il avait l'art de leur écrire et de leur parler. Des vers légèrement et délicatement tournés, une conversation non moins séduisante que ses poésies, le faisait chérir et fêter parmi cette noblesse. Or, cette noblesse était admise aux soupers du roi. Pourquoi lui n'en était-il pas? C'était l'une de ses envies. Il rappelait l'accueil que Louis-le-Grand faisait à Boileau et à Racine; il disait qu'Horace et Virgile avaient l'honneur d'approcher d'Auguste, que l'Enéide avait été lue dans le cabinet de Livie. Addison et Prior valaient-ils mieux que lui? Et dans leur patrie n'avaient-ils pas été employés honorablement, l'un dans le ministère et l'autre en ambassade? La place d'historiographe était déjà pour lui une marque de confiance, et quel autre avant lui l'avait remplie avec autant d'éclat? Il avait acheté une charge de gentilhomme ordinaire de la chambre du roi: cette charge, communément assez oiseuse, donnait pourtant le droit d'être envoyé auprès des souverains pour des commissions légères, et il s'était flatté que pour un homme comme lui, ces commissions ne se borneraient pas à de stériles compliments de félicitations et de condoléance. Il voulait, comme on dit, faire son chemin à la cour ; et, lorsqu'il avait un projet dans la tête, il y tenait obstinément : l'une de ses maximes était les mots de l'Evangile : *Regnum cœlorum vim patitur et violenti rapiunt illud* : il employa donc, à s'introduire auprès du roi, tous les moyens imaginables.

Lorsque madame d'Etioles, depuis marquise de Pompadour, fut annoncée comme maîtresse du roi, et avant même qu'elle fût déclarée, il s'empressa de lui faire sa cour. Il réussit aisément à lui plaire ; et, en même temps qu'il célébrait les victoires du roi, il flattait sa maîtresse en faisant pour elle de jolis vers. Il ne doutait pas que par elle il obtînt la faveur d'être admis aux soupers des petits cabinets, et je suis persuadé qu'elle l'aurait voulu.

Transplantée à la cour, et assez mal instruite du caractère et des goûts du roi, elle avait d'abord désespéré de l'amuser par ses talents. Sur ce théâtre particulier, elle jouait devant lui de petits actes d'opéras, dont quelques-uns étaient faits pour elle, et dans lesquels son jeu, sa voix, son chant, étaient justement applaudis. Voltaire, en faveur auprès d'elle, s'avisa de vouloir diriger ce spectacle. L'alarme en fut au camp des gentilshommes de la chambre et des intendants des Menus-Plaisirs. C'était empiéter sur leurs droits, et ce fut entre eux une ligue pour éloigner de là un homme qui les aurait tous dominés, s'il avait plu au roi autant qu'à sa maîtresse ; mais on savait que le roi ne l'aimait pas, et que son empressement à se produire ajoutait encore à ses prétentions contre lui. Peu touché des louanges qu'il lui avait données, dans son panégyrique, il ne voyait en lui qu'un philosophe impie et qu'un flatteur ambitieux. A grand peine avait-il enfin consenti à ce qu'il fût reçu à l'Académie française. Sans compter les amis de la religion, qui n'étaient point les amis de Voltaire, il avait à l'entour du roi des jaloux et des envieux de la faveur qu'on lui voyait briguer, et ceux-là étaient attentifs à censurer ce qu'il faisait pour plaire. A leur gré, le poëme de Fontenoy n'était qu'une froide gazette; le panégyrique du roi était inanimé, sans couleur et sans éloquence; les vers à madame de Pompadour furent taxés d'indécence et d'indiscrétion, et dans ces vers surtout :

> Soyez toujours sans ennemis,
> Et gardez tous deux vos conquêtes.

on fit sentir au roi qu'il était messéant de le mettre au niveau et de pair avec sa maîtresse [1].

Au mariage du dauphin avec l'infante d'Espagne, il fut aisé de relever l'inconvenance et le ridicule d'avoir donné pour

---

[1] Le poète connaissait de vieille date madame de Pompadour, il en usait avec elle le plus souvent en courtisan respectueux ; mais il lui arrivait aussi de se rappeler leur ancienne familiarité et à se croire autorisé à la traiter un peu sans façon. Le sourire épanoui de celle-ci l'encourageait d'ailleurs à se tout permettre. Un jour qu'elle était à table et se trouvait aux prises avec une caille des plus replètes, elle s'avisa de la déclarer « grassouillette... » Ce mot, à Versailles, n'avait pas plus ses petites que ses grandes entrées, il était tout bonnement une énormité dans la bouche d'une reine de la main gauche. Voltaire crut faire œuvre pie en avertissant celle qui l'avait si étrangement hasardé. Il s'approcha d'elle et lui dit, entre haut et bas, mais sans tenir beaucoup à n'être entendu que d'elle :

> Grassouillette, entre-nous, me semble un peu caillette,
> Je vous le dis tout bas, belle Pompadourette.

On fit un crime au poète de la licence et l'on persuada à madame de Pompadour que son favori lui avait manqué de respect. — GUSTAVE DESNOIRESTERRES, *Voltaire à la Cour*. (Paris, Didier et C°, 1871).

spectacle à l'infante, cette *Princesse de Navarre*, qui véritablement n'était pas faite pour réussir. Je n'en dis pas de même de l'opéra du *Temple de la gloire :* l'idée en était grande, le sujet bien conçu et dignement exécuté. Le troisième acte, dont le héros était Trajan, présentait une allusion frappante pour le roi : c'était un héros juste, humain, généreux, pacifique et digne de l'amour du monde, à qui le temple de la gloire était ouvert. Voltaire n'avait pas douté que le roi ne se reconnût dans cet éloge. Après le spectacle, il se trouva sur son passage, et voyant que sa majesté passait sans lui rien dire, il prit la liberté de lui demander : *Trajan est-il content ?* Trajan, surpris et mécontent qu'on osât l'interroger, répondit par un froid silence, et toute la cour trouva mauvais que Voltaire eût osé questionner le roi [1].

Pour l'éloigner, il ne s'agissait que d'en détacher la maî-

---

[1] « Cette anecdote assez curieuse, dit La Harpe, a été ridiculement défigurée, comme presque toutes celles qui regardent Voltaire. On a débité qu'en faisant cette question, il *tira le roi par la manche*, et que le maréchal de Richelieu avertissant Voltaire par le même geste, de l'indiscrétion qu'il se permettait, celui-ci lui répondit : *Vous me tirez bien par la mienne*. Il n'y a pas plus de vérité dans ce conte que de vraisemblance. Voltaire, quoique dès sa jeunesse on l'eût appelé *le familier des princes* ne poussait pas les saillies jusque-là ; il avait trop d'usage du monde pour être capable de ce grossier oubli de toutes les bienséances, qui l'aurait fait chasser de la cour. La vérité est (et j'en suis parfaitement sûr) qu'il vint, après le spectacle, à la loge du roi, il lui dit assez haut pour que tout le monde l'entendît : *Trajan est-il content ?* Le maréchal ne répondit rien, et Louis XV, qu'on embarrassait aisément, laissa voir sur son visage son mécontentement de cette saillie poétique dont tout le monde fut également surpris et embarrassé, et qui courut aussitôt dans toute la salle, où l'on peut croire qu'elle fut plus excusée qu'approuvée. » *Lycée, ou cours de littérature.* (Paris, Amable Costes, 1813), t. XI. (R. d'A.)

tresse, et le moyen que l'on prit pour cela fut de lui opposer Crébillon.

. . . .

On parlait de *Catilina* comme de la merveille du siècle. Madame de Pompadour voulut l'entendre. Le jour fut pris pour cette lecture ; le roi, invisible et présent, l'entendit. Elle eut un plein succès ; et lorsque *Catilina* fut mis au théâtre, madame de Pompadour, accompagnée d'une volée de courtisans, assista à ce spectacle avec le plus vif intérêt. Peu de temps après, Crébillon obtint la faveur d'une édition de ses œuvres à l'imprimerie du Louvre, aux dépens du trésor royal. De ce temps-là, Voltaire fut froidement reçu, et cessa d'aller à la cour.

On sait qu'elle avait été sa relation avec le prince royal de Prusse. Ce prince, devenu roi, lui marquait les mêmes bontés ; et la manière infiniment flatteuse dont Voltaire y répondait, n'avait peut-être pas laissé de contribuer en secret à lui aliéner l'esprit de Louis XV. Le roi de Prusse donc, en relation avec Voltaire, n'avait cessé, depuis son avénement à la couronne, de l'inviter à l'aller voir ; et la faveur dont Crébillon jouissait à la cour l'ayant piqué au vif, avait décidé son voyage. Mais, avant de partir, il avait voulu se venger de ce désagrément, et s'y était pris en grand homme : il avait attaqué son adversaire corps à corps, pour se mesurer avec lui dans les sujets qu'il a traités, ne s'abstenant que de *Rhadamiste*, d'*Atrée* et de *Pyrrhus* ; de l'un sans doute par respect, de l'autre par horreur [1], et du troisième par dédain d'un sujet ingrat et fantasque.

Il commença par *Sémiramis* ; et la manière grande et tra-

---

[1] Voltaire, mais bien plus tard, opposera ses *Pélopides* à *Atrée et Thyeste*. (R. d'A.)

gique dont il conçut l'action, la couleur sombre, orageuse et terrible qu'il y répandit, le style magique qu'il y employa, la majesté religieuse et formidable dont il la remplit, les situations et les scènes déchirantes qu'il en tira, l'art enfin dont il sut en préparer, en établir, en soutenir le merveilleux, étaient bien faites pour anéantir la faible et froide *Sémiramis* de Crébillon ; mais alors le théâtre n'était pas susceptible d'une action de ce caractère. Le lieu de la scène était resserré par une foule de spectateurs, les uns sur les gradins, les autres debout au fond du théâtre et le long des coulisses ; en sorte que Sémiramis éperdue, et l'ombre de *Ninus* sortant de son tombeau, étaient obligés de traverser une épaisse haie de petits-maîtres. Cette indécence jeta du ridicule sur la gravité de l'action théâtrale. Plus d'intérêt sans illusion, plus d'illusion sans vraisemblance ; et cette pièce, le chef-d'œuvre de Voltaire, du côté du génie, eut, dans sa nouveauté, assez peu de succès pour faire dire qu'elle était tombée. Voltaire en frémit de douleur ; mais il ne se rebuta point. Il fit *Oreste* d'après Sophocle, et il l'éleva au-dessus de Sophocle lui-même dans le rôle d'Electre, et dans l'art de sauver l'indécence et la dureté du caractère de Clytemnestre. Mais, dans le cinquième acte, au moment de la catastrophe, il n'avait pas encore assez affaibli l'horreur du parricide ; et le parti de Crébillon n'étant là rien moins que bénévole, tout ce qui pouvait donner prise à la critique fut relevé par des murmures ou tourné en dérision. Le spectacle en fut troublé à chaque instant ; et cette pièce qui, depuis, a été justement applaudie, essuya des huées. J'étais dans l'amphithéâtre, plus mort que vif. Voltaire y vint ; et, dans un moment où le parterre tournait en ridicule le pathétique, il se leva et s'écria : « *Eh ! barbares ! c'est du Sophocle !* »

Enfin, il donna *Rome sauvée ;* et, dans les personnages de

Cicéron, de César, de Caton, il vengea la dignité du sénat romain, que Crébillon avait dégradé en subordonnant tous ces grands caractères à celui de Catilina. Je me souviens qu'en venant d'écrire les belles scènes de Cicéron et de César avec Catilina, il me les lut avec une perfection dont jamais acteur n'approchera ; simplement, noblement, sans aucune manière, mieux que jamais lui-même je ne l'avais entendu lire. « Ah ! vous avez, lui dis-je, la conscience en repos sur ces vers : aussi ne les fardez-vous pas, et vous avez raison ; vous n'en avez jamais fait de plus beaux. » Cette pièce eut, dans l'opinion des gens instruits, un grand succès d'estime ; mais elle n'était pas faite pour émouvoir la multitude, et cette éloquence du style, ce mérite d'avoir si savamment observé les mœurs et peint les caractères, fut peu sensible aux yeux de cette masse du public. Aussi, avec des avantages prodigieux sur son rival, Voltaire eut la douleur de se voir disputer, refuser même le triomphe.

Ces dégoûts avaient déterminé son voyage en Prusse. Une seule difficulté le retardait encore, et la manière dont elle fut levée est assez curieuse pour vous amuser un moment.

La difficulté consistait dans les frais de voyage, sur lesquels Frédéric se faisait un peu tirer l'oreille. Il voulait bien défrayer Voltaire, et pour cela il consentait à lui donner mille louis ; mais madame Denis voulait accompagner son oncle, et, pour ce surcroît de dépense, Voltaire demandait mille louis de plus. C'était à quoi le roi de Prusse ne voulait point entendre : « Je serai fort aise, lui écrivait-il, que madame Denis vous accompagne ; mais je ne le demande pas. » « Voyez-vous, me disait Voltaire, cette lésine dans un roi. Il a des tonneaux d'or, et il ne veut pas donner mille pauvres louis pour le plaisir de voir madame Denis à Berlin ! Il les donnera ou moi-même je n'irai point. » Un incident comique vint terminer cette dispute. Un matin que j'allais le voir, je trouvai son ami Thiriot dans le jardin du Palais-Royal, et, comme il était à l'affût des nouvelles littéraires, je lui demandai s'il en avait quelqu'une. « Oui, vraiment, il y en a, et des plus curieuses, me dit-il. Vous allez chez M. de Voltaire, là vous les entendrez ; car je m'en vais m'y rendre dès que j'aurai pris mon café. »

Voltaire travaillait dans son lit lorsque j'arrivai. A son tour il me demanda : « Quelles nouvelles? — Je n'en ai point, lui dis-je ; mais Thiriot, que j'ai rencontré au Palais-Royal, en a, dit-il, d'intéressantes à vous apprendre. Il va venir. »

« Eh bien ! Thiriot, lui dit-il, vous avez donc à nous compter des nouvelles bien curieuses? — Oh! très-curieuses, et qui vous feront grand plaisir, répondit Thiriot avec son sourire sardonique et son nazillement de capucin. — Voyons, qu'avez-vous à nous dire? — J'ai à vous dire qu'Arnaud Baculard est arrivé à Postdam, et que le roi de Prusse l'y a reçu à bras ouverts. — A bras ouverts? — Qu'Arnaud lui a présenté une épître. — Bien boursoufflée et bien maussade? — Point du tout, fort belle, et si belle que le roi y a répondu par une autre épître. — Le roi de Prusse une épître à d'Arnaud! Allons, Thiriot, allons on s'est moqué de vous. — Je ne sais pas si on s'est moqué de moi, mais j'ai en poche les deux épîtres. — Voyons, donnez donc vite que je lise ces deux chefs-d'œuvre. Quelle fadeur! quelle platitude! quelle bassesse! » disait-il en lisant l'épître de D'Arnaud, et, passant à celle du roi, il lut un moment en silence et d'un air de pitié; mais quand il en fut à ces vers :

Voltaire est à son couchant
Vous êtes à votre aurore 1 ;

---

1 Un talent précoce, que l'avenir ne justifia pas, avait valu à Darnaud ou d'Arnaud Baculard la protection de Voltaire. Il devint correspondant

il fit un haut le corps, et sauta à bas de son lit, bondissant de fureur : « Voltaire est à son couchant, et Baculard à son aurore ! et c'est un roi qui écrit cette sottise énorme ! Ah ! qu'il se mêle de régner ! »

Nous avions de la peine, Thiriot et moi, à ne pas éclater de rire, de voir Voltaire en chemise, gambadant de colère, et

littéraire à Paris, de Frédéric, puis il se rendit à Berlin, où il fut nommé membre de l'Académie de cette ville. Voici, en son entier, l'épitre, que le roi de Prusse lui adressa :

> Darnaud par votre beau génie,
> Venez réchauffer nos cantons,
> Et des soins de votre harmonie
> Réveiller ma muse assoupie
> Et diviniser nos Manons.
>
> L'amour préside à vos chansons,
> Et dans vos hymnes que j'admire
> La tendre volupté respire
> Et semble dicter ses leçons.
> Bientôt sans être téméraire
> Prenant votre vol jusqu'aux cieux,
> Vous pourrez égaler Voltaire,
> Et près de Virgile et d Homère
> Jouir de vos succès heureux.
>
> Déjà l'Apollon de la France
> S'achemine à sa décadence ;
> Venez briller à votre tour,
> Elevez-vous s'il baisse encore :
> Ainsi le couchant d'un beau jour
> Promet une plus belle aurore.

Voltaire, à son tour, adressa l'épitre suivante à Frédéric, datée de Compiègne, le 26 juin (1750) (a) :

> Ainsi donc vos galants écrits
> Qui vont courant toute la France,
> Vous flattez dans l'adolescense
> De ce Darnaud que je chéris,
> Et lui montrez ma décadence
> Je touche à mes soixante hivers :

(a) D'après M. Gustave Desnoiresterres (*Voltaire à la Cour*), Voltaire serait parti de Compiègne le 18 juin. V. plus loin : **Départ de Voltaire**.

apostrophant le roi de Prusse : « J'irai, disait-il, oui, j'irai lui apprendre à se connaître en homme ; » et dès ce moment-là son voyage fut décidé. J'ai soupçonné le roi de Prusse d'avoir voulu lui donner le coup d'éperon, et sans cela je doute qu'il fût parti, tant il était piqué du refus des mille louis, non point par avarice, mais de dépit de n'avoir pas atteint ce qu'il demandait [1]. — MARMONTEL. *OEuvres complètes*. (Paris, Belin, 1819), t. I. *Mémoires*, Liv. IV.

> Mais si tant de lauriers divers
> Ombragent votre jeune tête,
> Grand homme, est-il donc bien honnête
> De dépouiller mes cheveux blancs
> De quelques feuilles négligées,
> Que déjà l'Envie et le Temps
> Ont de leurs détestables dents
> Sur ma tête à demi rongées ?
>
> Quel diable de Marc-Antonin !
> Et quelle malice est la vôtre !
> Egratignez-vous d'une main
> Lorsque vous protégez de l'autre ?
> Croyez, s'il vous plaît, que mon cœur,
> En dépit de mes onze lustres
> Sont encor la plus noble ardeur
> Pour le premier des rois illustres.
>
> Bientôt nos beaux jours sont passés.
> L'esprit s'éteint, le temps l'accable ;
> Les sens languissent émoussés,
> Comme des convives lassés
> Qui sortent tristement de table.
> Mais le cœur est inépuisable,
> Et c'est vous qui le remplissez.

[1] C'est une erreur de Marmontel, comme le prouvent les deux lettres suivantes, la première, de Voltaire à Frédéric, la seconde, de Frédéric à Voltaire : « A Paris, ce 8 mai (1750)... Je vais parler, non pas au roi, mais à l'homme qui entre dans les détails des misères humaines. Je suis riche, et même très-riche pour un homme de lettres. J'ai, ce qu'on appelle à Paris, monté une maison où je vis en philosophe avec ma famille et mes amis. Voilà ma situation : malgré cela, il m'est impossible de faire actuellement une dépense extraordinaire ; premièrement, parce qu'il m'en a beaucoup coûté pour établir mon petit ménage ; en second lieu ;

CHAPITRE XLI.

DÉPART DE VOLTAIRE POUR LA PRUSSE.
1750.

Voltaire a quitté pour toujours la France, ayant remis au roi sa charge d'historiographe de France et ordonné à sa nièce, M*me* Denis, de vendre tous ses effets et résolu de la mener elle-

parce que les affaires de madame du Châtelet, mêlées avec ma fortune, m'ont coûté encore davantage. Mettez, je vous en prie, selon votre coutume philosophique, la majesté à part, et souffrez que je vous dise que je ne veux pas vous être à sage. Je ne peux ni avoir un bon carosse de voyage, ni partir avec les secours nécessaires à un malade, ni pourvoir à mon ménage pendant mon absence, etc., à moins de quatre mille écus d'Allemagne. Si Métra (*a*), un des marchands correspondants de Berlin, veut me les avancer, je lui ferai une obligation et le remboursement sur la partie de mon bien la plus claire qu'on liquide actuellement. Cela est peut-être ridicule à proposer ; mais je peux assurer votre Majesté que cet arrangement ne me gênera point. Vous n'aurez, Sire, qu'à faire dire un mot à Berlin au correspondant de Métra, ou de quelque autre banquier résidant à Paris : cela serait fait à la réception de la lettre, et quatre jours après je partirais... » — Réponse de Frédéric : « A Postdam, ce 24 mai (1750)... Comme le sieur Métra pourrait réprouver une lettre de change en vers, j'en fais expédier une en bonne forme par son correspondant, qui vaudra mieux que mon bavardage. Vous êtes comme Horace, vous aimez à réunir l'utile à l'agréable ; pour moi, je crois qu'on ne saurait assez payer le plaisir, et je compte avoir fait un très-bon marché avec le sieur Métra... »

OEuvres complètes de Voltaire. (Paris, Thomine et Fortic, 1822) t. 57, p. 204-206. (R. d'A.)

(*a*) Banquier très-connu alors. (R. d'A.)

même en Prusse [1]. Sa Majesté prussienne lui donne une grande pension et en assure autant à la dite dame Denis. Cela lui vient d'un mécontentement qu'il a eu; il était brouillé avec M. de Richelieu, à cause de ce qu'il a dit du *Testament politique* du cardinal de Richelieu. Il a demandé à M. de Puisieux [2] s'il ne voulait le charger de rien pour Berlin, et ce ministre lui a répondu : Rien. Il a parlé au roi sur le même ordre; Sa Majesté lui a tourné le dos, et M. le Dauphin de même. Ce froid l'a piqué extrèmement; il a fait écrire au roi une lettre par Sa Majesté prussienne pour lui demander de garder toujours Voltaire, et le roi a répondu qu'il en était fort aise. Sa Majesté a dit à ses courtisans que c'était un fou de plus à la cour de Prusse et un fou de moins dans la sienne. — *Journal et Mémoires* du marquis d'ARGENSON. (Paris, v° Jules Renouard, 1864), t. 6.

[1] Voltaire partit de Compiègne le 18 juin (d'après M. Desnoiresterres), prit sa route par la Flandre, visita les champs de bataille de Fontenoi, Raucoux, Lawfeld, passa quelques jours à Clèves, franchit les campagnes de la Westphalie, et arriva, le 10 juillet, à Postdam. (R. d'A.)

[2] Louis-Philoxène Brulart, marquis de Puisieux (1702-1771), ministre des affaires étrangères de 1747 à 1751. (R. d'A.)

CHAPITRE XLII.

VOLTAIRE EN PRUSSE. — ARRIVÉE A POSTDAM. — FÊTES A LA COUR. — REPRÉSENTATION DE *Rome sauvée*. — ENIVREMENT DE VOLTAIRE. — BROUILLE AVEC MAUPERTUIS. — INTRIGUES CONTRE VOLTAIRE. — LA BEAUMELLE. — LE JUIF HIRSCHEL. — QUERELLE SCIENTIFIQUE ENTRE MAUPERTUIS ET KŒNIG. — VOLTAIRE PREND PARTI POUR CE DERNIER. — LA *Diatribe du docteur Akakia*. — MÉCONTENTEMENT DE FRÉDÉRIC. — LA *Diatribe*, BRULÉE PAR LA MAIN DU BOURREAU. — REMISE AU ROI DE LA CROIX DE L'ORDRE DU MÉRITE. — APPARENTE RÉCONCILIATION.

1750-1752.

Monsieur de Voltaire partit de Compiègne le 25 juin 1750. Ses ennemis feignirent de trouver dans ce départ une espèce d'infidélité à sa patrie; et se consolèrent par des réflexions malignes et des prophéties désobligeantes, du chagrin de le voir appelé à la cour d'un roi grand homme. Loin de jouir sur la route de l'éclat que cet événement ajoutait à sa réputation, il se dérobait aux hommages qu'on voulait rendre à son génie...

Il arriva à Postdam vers la moitié du mois de juillet[1]. Quel spectacle! un prince dépouille son rang et descend de la majesté du trône pour un simple particulier, qui, de son côté, oubliant trente années de succès, croyait que cette carrière si illustrée n'était rien, et ne commençait que du moment qu'il la consacrait à son héros...

---

[1] Le 10 juillet. (R. d'A.)

M. de Voltaire fut logé dans le palais de Postdam...

Il trouva en Prusse des savants et des beaux-esprits, dont les noms et les ouvrages étaient avantageusement connus dans le monde littéraire [1]...

Un mois après son arrivée à Postdam, madame la marquise de Bareutti [2] vint à Berlin ; on donna à cette occasion des fêtes superbes dans cette capitale. M. de Voltaire eut l'honneur d'y suivre le Roi, et assista à ces spectacles où présidaient le goût et la magnificence. On répéta aux flambeaux les carrousels qu'on avait donnés pendant le jour, et les vainqueurs y recevaient le prix de l'adresse des mains de la bienfaisance... C'est au milieu de la famille royale qu'était placé M. de Voltaire à toutes les représentations. Les inépuisables ressources de son esprit charmaient les longueurs et remplissaient les moments de vides inséparables de ces sortes de plaisirs.

Le Roi fit construire dans le château de Berlin un théâtre, sur lequel on donna *Rome sauvée*. Les princes et princesses de la maison royale (qui, en remplissant ces beaux rôles, parlaient leur langage ordinaire) répandaient dans cette représentation un intérêt et un charme inexprimables. M. de Voltaire jouait le rôle de Cicéron, avec une perfection dont aucun comédien n'a jamais approché, disent les Mémoires de sa vie. Au milieu des applaudissements universels, ses ennemis naissants laissèrent apercevoir leur inquiétude, et voulurent trouver des allusions dans cette tragédie...

Le Roi, de plus en plus charmé de posséder un homme aussi universel, chez lequel il trouvait tour à tour l'esprit et l'usage d'un courtisan, le génie d'un poète et la conversation d'un

---

[1] C'étaient Maupertuis, le comte Algarotti, florentin, le marquis d'Argens, La Mettrie, lecteur du Roi, d'Arnaud ou Arnaud Baculard. (R. d'A.)

[2] Sœur de Frédéric II. (R. d'A.)

philosophe, voulait par de nouveaux liens l'attacher à sa personne. En conséquence, il lui proposa une superbe maison à Berlin pour madame Denis, mais elle ne put concilier cette nouvelle marque de bonté, avec les arrangements pris dans sa famille.

Après les fêtes de Berlin, le Roi retourna à Postdam au milieu des armées et des savants...

M. de Voltaire, toujours solitaire au milieu de la cour, avait seul la permission de se faire servir de la table du Roi, et l'honneur de souper tous les soirs avec lui. Les autres gens de lettres ne paraissaient que lorsque leur nom était sur la liste. Ces soupers, dont on a tant parlé, commençaient à neuf heures et finissaient à onze...

M. de Voltaire avait apporté les matériaux du *Siècle de Louis XIV* (le plus soigné de ses ouvrages en prose) et laissait de temps en temps reposer les pinceaux de l'histoire en faveur d'un *Poëme* (la *Pucelle*), qu'il faut opposer à ceux qui refusent à cet illustre écrivain l'invention et le génie.

« On ne trouvera point (disent les Mémoires de sa vie) des moments plus glorieux pour lui que ceux qui suivirent son arrivée dans le Brandebourg. Attendu avec impatience, accueilli avec distinction, comblé d'honneurs, recherché des grands, libre dans une Cour, il passa dans cette faveur brillante les premiers mois de son séjour à Berlin et à Postdam. »

Ses lettres à cette époque respirent la joie et la félicité. Il entretient ses amis du génie du monarque, de la sagesse de son gouvernement, de la discipline de ses troupes. Il écrivait un jour :

> D'un regard étonné j'ai vu sur les remparts
> Ces géants courts-vêtus automates de Mars,
> Ces mouvements si prompts, ces démarches si fières,

Ces moustaches, ces grands bonnets,
Ces habits retroussés, montrant de gros derrières
Que l'ennemi ne vit jamais.

Cette vie douce ne fut troublée que par le murmure secret de l'envie. M. de Maupertuis, qui, depuis longtemps, jouissait de l'estime du Roi, crut que la réputation et les talents ne dispensaient pas M. de Voltaire d'aller au devant de son amitié, et vraisemblablement celui-ci crut que M. de Maupertuis pourrait faire quelque exception en sa faveur. Cette prétention mutuelle augmenta encore le froid entre ces deux hommes illustres; ils se voyaient par nécessité, s'observaient par défiance; et il faut avouer que M. de Voltaire ne cachait pas sa supériorité à son rival.

. . . .

Les événements de cette année (1752) annoncent que sa faveur n'a pas baissé. Le mariage du prince Henri, frère du Roi, avec la princesse Wilhelmine de Hesse Cassel, fut célébré par des fêtes. M. de Voltaire eut l'honneur de diner avec la famille royale à *Sans-Souci*.

Malgré ces distinctions flatteuses, M. de Voltaire commença à s'apercevoir que la gêne continuelle est un tourment dont rien ne dédommage; que la soif des honneurs ou de la fortune peut seule soutenir cette prudence sévère, dont le moindre oubli laisse de longs malheurs ou du moins de vifs chagrins; que la crainte de déplaire rétrécit l'imagination, et accoutume insensiblement l'esprit à une timidité qui dégénère bientôt en faiblesse...

Le résultat de ces réflexions, fut le projet bien décidé de recouvrer sa liberté [1]. D'abord, il chercha l'occasion de placer

---

[1] La Mettrie dit à Voltaire que le Roi, auquel il parlait un jour de toutes les marques de bonté dont il accablait son chambellan, lui avait répondu :

quelques capitaux amassés en France, et augmentés de ses épargnes. Un emprunt qui se faisait alors dans le duché de Wurtemberg lui donna cette facilité... Mais quoi que son plan de retraite fût formé, il était plus décidé encore à ne jamais paraître ingrat envers son bienfaiteur.

Ce monarque, dont les loisirs produisaient des ouvrages charmants, et qui savait combien la paix de la solitude est précieuse à un homme de lettres, devinait les projets de M. de Voltaire. Rien ne lui échappait des manœuvres adroites qu'hasardaient ceux qui se croyaient ses égaux ; et qui n'étaient que ses émules...

Parmi ceux qui préparaient à son favori d'amers chagrins, M. de la Beaumelle [1] n'était pas un des moins actifs. Arrivé de Copenhague à Berlin, avec la flatteuse espérance de prendre place un jour parmi les beaux esprits admis à la cour de Postdam, il appuya ses prétentions d'un recueil de pensées détachées, sous le titre bizarre du *Qu'en dira-t-on*. M. de Voltaire fut choqué d'une phrase qui n'a jamais été justifiée :

« J'en ai encore besoin pour revoir mes ouvrages : on suce l'orange et on jette l'écorce. » Ce mot désenchanta Voltaire, et lui jeta dans l'âme une défiance qui ne lui permit plus de perdre de vue le projet de s'échapper. En même temps, on dit au Roi que Voltaire avait répondu un jour au général Manstein, qui le pressait de revoir ses Mémoires : « Le Roi m'envoie son linge sale à blanchir ; il faut que le vôtre attende. » Qu'une autre fois, en montrant sur la table un paquet de vers du Roi, il avait dit dans un mouvement d'humeur : « Cet homme-là, c'est César et l'abbé Cottin. » — CONDORCET (*Vie de Voltaire*). (R. d'A.)

1. La Beaumelle (Laurent Angliviel), littérateur (1726-1773). Il doit l'avantage d'être fort connu à sa querelle avec Voltaire, bien plus qu'à ses écrits. Voy. *Notice sur la vie et les écrits de La Beaumelle*, par M. Michel Nicolas (Paris, Cherbuliez, 1852), et le chapitre *La Beaumelle* dans les *Ennemis de Voltaire* de M. Ch. Nisard. (R. d'A.)

« Le Roi de Prusse a comblé de bienfaits des gens de lettres par les mêmes principes que les princes allemands comblent de bienfaits un bouffon et un nain. »

Cette comparaison ne pouvait que déplaire à ceux qui avaient l'honneur d'être auprès du roi ; et M. de Voltaire est très-excusable d'avoir été prévenu dès lors contre un homme dont le début était aussi imprudent.

Ce dernier prétend qu'il fut question de ce passage à un souper du roi. Ecoutons le marquis d'Argens, témoin oculaire et presque toujours impartial.

« Dans un des soupers du Roi, où l'on était de très-bonne humeur, M. de Voltaire dit tout doucement au marquis d'Argens qui était auprès de lui : *Frère, modérez votre gaieté, un auteur vient de nous comparer, dans un ouvrage nouveau, à des fous et à des nains.* Cette idée fit rire le marquis d'Argens. Le roi s'étant aperçu que M. de Voltaire avait dit quelque chose tout bas, fut curieux de savoir de quoi il s'agissait. Le marquis, qui ne connaissait ni l'auteur ni l'ouvrage, se contenta de répondre que c'était une plaisanterie qui ne valait pas la peine d'être redite. Mais le Roi ayant insisté avec empressement, le marquis répondit : *Sire, M. de Voltaire m'a dit qu'un auteur avait comparé les gens de lettres qui ont l'honneur d'être auprès de V. M. à des fous et à des nains.* Le Roi ayant paru trouver cette plaisanterie mauvaise, demanda quel était cet auteur ; *Je ne connais, Sire, répondit le marquis, ni l'auteur ni le livre, et je n'en sais que ce que vient de m'en dire M. de Voltaire.* Le Roi ayant alors demandé à M. de Voltaire comment on appelait cet écrivain, il se trouva malgré lui obligé de nommer M. de la Beaumelle. Voilà comment s'est passée cette affaire, que Maupertuis rendit le lendemain avec les couleurs les plus noires, à un homme déjà disposé à ne pas aimer M. de Voltaire. »

La Beaumelle, instruit de cette aventure, s'abandonna aux impulsions d'un caractère naturellement emporté ; il remplit Berlin d'anecdotes calomnieuses, rappela et défigura d'anciennes histoires que l'envie recueillit sans examen, colporta des libelles manuscrites, et n'oublia enfin aucune de ces obscures manœuvres, que la vengeance suggère à l'amour-propre irrité.

Tant d'efforts demeurèrent cependant sans succès ; il n'en fut pas de même d'un autre événement dans lequel M. de Maupertuis joue un grand rôle. Les lecteurs ne comprendraient jamais comment il exista entre lui et M. de Voltaire, une pareille animosité, si nous ne placions ici une anecdote propre à justifier aux yeux de bien des gens ce dernier, et à l'excuser du moins auprès des esprits les plus prévenus.

M. de Voltaire avait emprunté le ministère d'un juif [1] pour acheter des billets de la Banque de Leipzig. Jouant dans une de ses tragédies avec des dames de la cour de Berlin, il chargea son agent, dépositaire de ses fonds, de lui faire prêter quelques diamants. Le juif lui en procura, mais conçut en même temps le projet de s'approprier une partie de l'argent qu'il avait entre les mains. Parmi les diamants qu'il prêta, il en glissa de faux, et lorsque M. de Voltaire les rendit, il l'accusa de les avoir changés. L'imposteur obtint de M. de Maupertuis une protection qui devenait une insulte atroce pour un homme que la faveur d'un grand prince mettait à l'abri de pareils soupçons. Cette calomnie trouva cependant encore d'autres partisans; des nuages couvrirent pour quelques moments l'innocence de l'accusé, et il fallut se soumettre à l'affreuse nécessité de se justifier. Le filou fut condamné. Jeté quelque temps après dans les fers, pour avoir fait six fausses

---

[1] Il se nommait Hirschel. (R. d'A.)

lettres de change, on le renferma pour la vie dans la citadelle de Magdebourg [1].

L'importance que M. de Maupertuis avait voulu donner à cette histoire augmenta dans l'âme ulcérée de M. de Voltaire le levain de la haine, qui fermenta jusqu'au moment fatal marqué pour la vengance. Une dispute de physique et de mathématique entre le président de l'Académie et M. Kœnig, la fit éclater. Le premier, dans une de ses dissertations, avait donné pour principe universel, et établi comme loi générale, *que la nature dans la distribution des forces et du mouvement, emploie toujours un minimum ;* — que lorsqu'il arrive quelque changement dans la nature, la quantité d'action nécessaire pour ce changement est la plus petite possible.

Il s'applaudissait de ce principe comme d'une découverte réservée à son génie. C'était à ses yeux une théorie lumineuse, propre à expliquer tous les phénomènes. Malebranche voyait tout en Dieu, et Maupertuis tout dans son *minimum*. M. Kœnig, bibliothécaire de madame la princesse d'Orange, géomètre assez célèbre, et membre de l'Académie de Berlin, s'avisa de troubler cette jouissance. Il commença par manquer de respect à l'invention, et finit par prouver que si elle pouvait servir à quelque chose, elle appartenait à Leibnitz. Ayant communiqué ses preuves, déposées dans une dissertation à M. Maupertuis, le superbe président ne daigna pas la lire ;

---

[1] « On a rassemblé, dit M. Saint-René Taillandier (art. de la *Revue des Deux-Mondes* du 15 avril 1865, p. 837), il y a une soixantaine d'années, les documents du procès intenté à Voltaire par le juif Hirschel, triste aventure qui, dès le début, souleva l'opinion du pays contre l'hôte de Frédéric, et qui n'est pas plus claire aujourd'hui qu'il y a cent ans. » V. pour plus amples détails sur cette affaire Hirschel : GUSTAVE DESNOIRESTERRES, *Voltaire et Frédéric*, p. 112-159. (R. d'A.)

encouragea l'auteur à la publier, et ajouta que leur amitié était indépendante de leur opinion.

Kœnig retourne en Hollande, et peu de temps après, cette fameuse dissertation paraît dans les *Actes des savants de Leipzig.* On y voit joint le fragment d'une lettre de Leibnitz à Hermann, dans laquelle on trouvait des raisons contre le *principe général de la moindre action*, et la preuve que ce principe déjà connu avait été rejeté de Leibnitz.

L'accueil que le public fit à cet écrit polémique, inquiéta l'amour-propre de M. de Maupertuis. Il prit le parti d'écrire au professeur Kœnig que, se proposant de lui répondre, il désirerait connaître la lettre entière, dont son ouvrage ne contenait qu'un fragment. On a toujours tort de raconter ce que M. de Voltaire a écrit lui-même. Le lecteur nous saura gré de transcrire ici le passage suivant : « M. Kœnig avoua à M. de Maupertuis que l'original de la lettre de Leibnitz n'avait jamais été entre ses mains, et qu'il tenait la copie d'un citoyen de Berne, mort depuis longtemps. Que fait Maupertuis ? il engage adroitement les puissances les plus respectables à faire chercher en Suisse cet original, qu'il sait bien qu'on ne retrouvera pas. Ainsi, ayant enchaîné à ses artifices la bonté même de son maître, il use de son pouvoir à l'Académie de Berlin pour faire déclarer faussaire un philosophe son ami, par un jugement solennel, jugement surpris par l'autorité ; jugement qui ne fut point signé par les assistants ; jugement dont la plupart des académiciens m'ont témoigné leur douleur ; jugement réprouvé et abhorré de tous les gens de lettres... »

Nous oserons seulement ajouter ici que l'Académie de Berlin ne fut pas entraînée dans cette discussion, mais seulement cette partie qui n'a d'autre opinion que celle de son chef. Ni le comte d'Algarotti, ni le marquis d'Argens, ni le professeur Euler ne parurent à la séance où ce jugement fut rendu. Il attaquait l'honneur de M. Kœnig, qui, pour se défendre, commença par abdiquer sa qualité de membre de l'Académie.

« Berlin, continue M. de Voltaire, toute l'Allemagne criait contre une conduite si odieuse, et personne n'osait la découvrir au roi de Prusse. Le persécuteur triomphait, en abusant des bontés de son maître. J'ai été le seul qui aie osé élever ma faible voix; j'ai rendu hardiment ce service à la vérité, à l'innocence, à l'Académie de Berlin, j'ose dire à la patrie que mon attachement pour le roi de Prusse avait rendu la mienne; j'ai seul fait parvenir les cris de l'Europe savante entière aux oreilles de Sa Majesté; j'en ai appelé du grand homme mal informé au grand homme mieux informé ; j'ai pris le parti de M. Kœnig, ainsi que le célèbre et respectable Wolf [1], qui a écrit sur cette affaire une lettre dont j'ai l'original entre les mains, la voici :

« Il est reconnu pour certain et très-certain que la vérité
« est tout entière du côté du professeur Kœnig; soit dans
« l'authenticité de la lettre de Leibnitz, soit dans l'étrange
« jugement de l'Académie, soit dans la prétendue découverte
« de son adversaire, qui ne serait qu'un renversement des
« lois de la nature, si elle n'était pas une contradiction. »

On peut ajouter à toutes ces raisons que M. de Voltaire n'était pas fâché de trouver enfin un prétexte de faire éclater ses ressentiments. Certaines *Lettres philosophiques* que M. Maupertuis publia alors, offraient un trop beau sujet à l'heureux talent de son adversaire pour la plaisanterie. Parmi les pamphlets qui les couvrirent de ridicule, et quelques autres qui attaquèrent le despotisme du président, il faut distinguer la *Diatribe*

---

[1] Philosophe et mathématicien (1679-1754), continuateur de la philosophie de Leibnitz. (R. d'A.)

du docteur Akakia [1]. Son auteur avait obtenu du Roi la permission de faire imprimer un autre ouvrage à l'imprimerie de Postdam. Il y joignit clandestinement la *Diatribe*. Un officier du corps du génie vit ce manuscrit chez l'imprimeur, et en donna avis sur-le-champ à M. de Maupertuis son ami, alors malade à Berlin. Celui-ci ramasse ses forces, et vient invoquer la bonté et la justice du Roi. On saisit tous les papiers de l'imprimerie, parmi lesquels se trouva la *Diatribe*. Le Roi blâma surtout le manège qu'on avait employé, et en témoigna son mécontentement à M. de Voltaire, mais avec une douceur qui est une forte leçon pour un homme sensible. Etant allé passer le carnaval à Berlin, l'auteur de la *Diatribe* n'eut pas la permission de l'y suivre comme à l'ordinaire, et ce ne fut que trois jours après qu'il quitta Postdam pour aller demeurer chez M. de Francheville. Le Roi, qui au fond méprisait ces vaines querelles, lui avait déjà intérieurement pardonné, lorsque cette trop fameuse satire, trois semaines après, parut imprimée.

Ce n'est pas qu'il eût osé de nouveau transgresser les ordres de son maître; mais dès l'instant que cet ouvrage fût composé, en ayant envoyé quelques copies manuscrites à ses amis, il ne put les retirer à temps pour en prévenir l'impression. Le Roi, cependant, se trouva dans la nécessité de faire respecter ses volontés, et de protéger un de ses anciens serviteurs. Ainsi la *Diatribe* fut brûlée par la main du bourreau le 24 décembre à dix heures du matin. Cette sévérité apparente était nécessaire, quoiqu'elle parût alors un peu outrée...

---

[1] « François Ier avait un médecin qui s'appelait *Sans-Malice*. Ce nom déplut au docteur, il le grécisa et en fit *Akakia*. Voltaire fit revivre ce nom, et supposa que celui qui le portait était médecin du Pape. — COLLINI, *Mon séjour auprès de M. de Voltaire* (1807) p. 33. (R. d'A.)

Dès ce moment M. de Voltaire ne parut plus à la cour...
Quoique cette disgrâce ne fût qu'apparente aux yeux de ceux qui étaient au fait des circonstances, et ignorée peut-être de la multitude, l'idée d'avoir déplu à un monarque dont il avait été chéri, et le passage d'un haut degré de faveur à l'indifférence, attrista son caractère, et lui persuada que le seul remède aux maux de cette nature était une retraite prompte. En conséquence il mit aux pieds de son maître la croix de l'ordre du Mérite; il l'accompagna d'une lettre pleine de douleur et de sentiment, dans laquelle il disait qu'ayant été jugé indigne de sa bienveillance, il devait l'être aussi de ses bienfaits. Sur l'enveloppe du paquet, il avait écrit ces quatre vers :

> Je les reçus avec tendresse
> Je vous les rends avec douleur ;
> Comme un amant jaloux dans sa mauvaise humeur
> Rend le portrait de sa maîtresse.

Cet acte de soumission et de repentir toucha le Roi; il lui renvoya deux heures après les marques de ses anciennes bontés, et lui accorda un très-long entretien, qui travailla étrangement l'imagination de ses ennemis.

. . . .

CHAPITRE XLIII.

INDISPOSITION DE VOLTAIRE. — LE ROI LUI ENVOIE DU QUINQUINA. — VOLTAIRE SE DÉCIDE A ALLER PRENDRE LES EAUX DE PLOMBIÈRES. — DÉPART POUR STRASBOURG. — SÉJOUR A LEIPZIG. — ARRIVÉE A GOTHA. — DÉPART POUR PLOMBIÈRES. — SÉJOUR A CASSEL. — VOLTAIRE CONTINUE SON VOYAGE. — RÉCIT DE L'*Aventure de Francfort.* — DÉPART DE CETTE VILLE.

1753.

Le carnaval étant fini, le roi retourna à Postdam. M. de Voltaire était sur la liste des personnes qui devaient avoir l'honneur de l'y suivre. La fièvre le retint quinze jours à Berlin, et le Roi eût la bonté de lui envoyer du quinquina.

Le lendemain du jour que son incommodité lui permit de paraître à la cour, le Roi eut avec lui un entretien d'une heure. Il en sortit si pénétré de reconnaissance et d'admiration qu'à peine il pouvait s'exprimer... Il fut convenu dans la conversation que M. de Voltaire, après avoir été prendre les eaux de Plombières, reviendrait en Prusse. Depuis cet entretien, il soupa tous les soirs avec le roi comme auparavant. Le monarque partit le 26 pour la Silésie, et l'ayant remarqué au milieu de la foule qui assistait à son départ, il lui dit : *N'oubliez pas que j'espère vous revoir après les eaux.* Il partit de son côté deux heures après [1] pour Strasbourg,

---

[1] Le 27 mars, d'après Collini. (R. d'A.)

accompagné de M. Collini[1], son secrétaire, après un séjour de deux ans et neuf mois à la cour de Postdam...

Sa mauvaise santé le retint quelque temps à Leipzig. On donnait pour cause de sa séparation d'avec le roi, la *Diatribe du docteur Akakia*. Les libraires profitèrent des circonstances pour multiplier cette brochure polémique, et on l'imprima à Leipzig comme elle le fut vraisemblablement à la même époque dans dix villes de l'Europe ; mais la haine qui veillait à Berlin fit adroitement parvenir au Roi que M. de Voltaire favorisait l'impression d'un ouvrage flétri dans ses états et accompagna cette accusation d'anecdotes bien propres à lasser la patience de ce monarque....

De Leipzig il se rendit à Gotha, où les souverains lui offrirent un appartement au château ; il l'accepta. Une des princesses les plus aimables et les plus éclairées de son temps[2], se fit raconter l'histoire de son séjour en Prusse, et le consola avec bonté dans toutes les occasions où elle ne fut pas réduite au silence...

Ayant passé un mois à Gotha, il partit pour les eaux de Plombières, et s'arrêta quelques jours à Cassel... Lorsque M. de Voltaire y arriva, la Cour était à *Wabern*[3]. Il y fut invité, et eut l'honneur d'être présenté au Landgrave Guillaume, prince habile qui jouissait des suffrages et de l'estime de l'Europe... Son fils, qui croyait qu'au métier de la guerre qu'il avait exercé avec distinction, il pouvait joindre les connaissances qui deviennent un besoin pour un esprit pénétrant,

---

[1] Il fut secrétaire de Voltaire de 1752 à 1756, et passa ensuite au service de l'Electeur palatin Charles Théodore. On a de lui, outre divers écrits historiques, *Mon séjour auprès de M. de Voltaire* (1807). (R. d'A.)

[2] La duchesse de Saxe-Gotha. (R. d'A.)

[3] Maison de plaisance des Landgraves de Hesse. (Note de l'auteur.)

honora M. de Voltaire de sa confiance et de son amitié, non-seulement pendant le séjour qu'il fit en Hesse, mais pendant toute la vie de ce grand homme. Comblé des bontés de ce Prince, qu'il a depuis surnommé le *juste et bienfaisant Landgrave de Hesse*, il partit pour Francfort.

A peine était-il descendu à l'auberge du *Lion d'Or*, qu'un postillon aux armes de l'Empire, vint de la part de deux gentilshommes suédois s'informer si deux voyageurs qu'ils avaient vu traverser la ville en carrosse n'étaient pas des seigneurs de la Cour de Stokholm? On répondit sans détour que les deux étrangers étaient M. de Voltaire et M. Collini. Le lendemain, comme ils allaient partir, M. Freitag, Résident de la cour de Prusse auprès de la ville libre de Francfort, se fait annoncer, et paraît un moment après, escorté d'un officier prussien recruteur, et d'un bourgeois vêtu d'un habit noir râpé. Ce cortége avait quelque chose de singulier qui frappa M. de Voltaire. Sans aucun compliment, le Résident lui déclara qu'il avait ordre du Roi son maître de lui redemander la clef de chambellan, la croix de l'ordre du Mérite, les lettres et papiers de la main du monarque, et enfin l'*OEuvre de Poésie*[1] du Roi.

M. de Voltaire répondit avec tranquillité qu'il sentait vivement le malheur d'avoir déplu à Sa Magesté; qu'il ignorait par où, mais qu'il ne savait qu'obéir à ses ordres, et rendit à l'instant les marques de ces dignités. Il ouvrit ensuite ses malles et les portefeuilles, et dit à ces messieurs d'en retirer eux-mêmes les lettres et les papiers qui seraient de la main du Roi. *A l'égard de l'œuvre de Poésie dont vous me parlez, je ne sais pas trop ce que c'est.* M. Freitag le savait encore moins, et, pour cacher un embarras qui devenait ridicule, il

---

[1] Voltaire et Collini, dans les récits qu'ils ont donnés de l'*Aventure de Francfort*, font prononcer *poeshie*, par le Résident Freitag. (R. d'A.)

répétait toujours avec un air d'importance : *Mais on m'a mandé que je devais retirer l'œuvre de Poésie du Roi*. M. de Voltaire devina ce que c'était. Le monarque avait eu la bonté de lui donner un exemplaire de ses œuvres imprimées en 1751, et c'était un de ces deux volumes qu'on lui redemandait. Il répliqua qu'il l'avait laissé à Leipzig dans une caisse destinée pour Paris, mais qu'il allait écrire dans le moment, pour la faire venir à Francfort à l'adresse même de M. Freitag, s'offrant d'ailleurs de demeurer dans la ville jusqu'à ce que la caisse y fût arrivée. Cet engagement fut mis par écrit et donné au Résident, avec deux paquets de papiers de littérature et d'affaires domestiques. Il donna de son côté une déclaration « qu'aussitôt que M. de Voltaire aurait remis ce volume de Poésies, il lui rendrait les deux paquets de papiers, et qu'il pourrait s'en aller où bon lui semblerait. »

Cette preuve de soumission lui coûta d'autant moins, que si l'ordre existait, il était sûr d'en obtenir bientôt la révocation... Il continua les *Annales de l'Empire*, et fit seulement avertir de ce contre-temps madame Denis, sa nièce, qui l'attendait à Strasbourg.

Quelques jours après cette première opération, on lui annonça un M. Schmidt, banquier. Ce monsieur lui notifia qu'il avait été chargé de la même commission, exécutée par M. Freitag pendant une absence forcée. M. de Voltaire, après l'avoir fixé quelques moments, lui répliqua d'un ton sec : *Eh bien, venez-vous pour recommencer?* Schmidt se trouble, ne sait que répondre, balbutie et s'en va.

Cette visite, qui n'était assurément pas nécessaire, jeta M. de Voltaire dans des réflexions profondes. Comment un banquier était-il mêlé dans ce ministère? Pourquoi revenir sur une commission déjà remplie? Pourquoi le Résident se faisait-il accompagner par deux espèces de recors ? Pourquoi imaginer l'expédient de deux officiers suédois ?

Il communiqua ses craintes à madame Denis, accourue de Strasbourg à la première nouvelle de cette aventure, et tous deux résolurent de donner une seconde preuve de soumission au Roi, en adressant à Milord Maréchal (alors ministre de la cour de Prusse auprès de celle de Versailles) une déclaration « de ne jamais faire usage d'aucun autre écrit de la main du Roi, qui pouvait se trouver encore dans les papiers de M. de Voltaire. »

. . . .

La caisse arriva de Leipzig le 17 juin. Elle fut portée le jour même chez M. de Freitag, et M. Collini alla le lendemain pour être présent à l'ouverture, et le prévenir que M. de Voltaire se proposait de partir dans trois heures. Le Résident ayant mal reçu le secrétaire, répondit d'un ton brusque « qu'il avait affaire, et qu'on remettrait l'ouverture de cette caisse à l'après-dîner. » Une pareille défaite donna de nouvelles inquiétudes. M. Collini revint à l'heure convenue, et trouva M. Freitag sur le point de sortir, qui lui dit d'un ton moins honnête encore : « *C'est toujours vous ? Je vais chez M. Schmidt, et nous irons ensuite tous les deux chez M. de Voltaire.* Deux heures se passent, point de nouvelles. Celui-ci bouillant d'impatience, renvoie de nouveau son secrétaire chez M. Schmidt, qui lui dit : *M. de Voltaire trouvera dans cette lettre les nouveaux ordres du Roi.* L'adresse était : *A M. de Voltaire, chambellan de Sa Majesté prussienne et chevalier de l'Ordre du Mérite*[1].

Elle portait en substance que « des ordres récemment arri-

---

[1] Finesse mal ourdie pour laisser imaginer à M. de Voltaire, que le Roi avait l'intention de lui rendre la clef et la croix. (Note de l'auteur.)

vés défendaient d'ouvrir la caisse, enjoignaient de tout suspendre, et de laisser les choses dans l'état où elles étaient. »

. . . .

Le lendemain, M. de Voltaire rendit une visite à M. Freitag, et lui exposa qu'il avait rempli tout ce qu'on était en droit d'exiger de lui... M. Freitag, qui ne savait même pas se taire, se perdit en longs propos sur les usages de la cour, que son prisonnier connaissait certainement mieux que lui, et conclut par dire que sa liberté tenait à de nouvelles lettres de Postdam.

Cette affaire s'embrouillait de minute en minute ; il appréhenda des événements plus sinistres encore, et, se croyant libre, il résolut de partir le lendemain, se fondant sur ce que, laissant M. Freitag possesseur de ses effets et des papiers, il pouvait user du droit que lui donnait son billet. Après ce raisonnement (pas trop juste peut-être), il fit ses dispositions. Madame Denis devait demeurer à Francfort, pour recevoir les effets de la caisse de Leipzig ; M. Collini et un seul domestique devaient l'accompagner. A l'heure convenue, il trouva le moyen de sortir de l'auberge. Un domestique chargé de deux portefeuilles et d'une cassette pleine d'argent, l'avait précédé. Il gagna fort heureusement une mauvaise voiture qu'il avait louée pour favoriser son projet. La rue était occupée par une longue file de charrettes chargées de foin ; elles l'empêchèrent d'avancer, et donnèrent aux espions, qui le surveillaient dans son auberge, le temps de s'apercevoir de son absence. Déjà l'on a des soupçons ; on disperse partout des soldats ; on envoie aux différentes portes de la ville ; le valet d'écurie du *Lion d'Or* arrive précisément à celle par où il allait passer ; il appelle du secours, fait arrêter le carosse jusqu'à nouvel ordre, et court instruire M. Schmidt de ce qui venait de se passer.

De son côté, M. de Voltaire expédia sur le champ son laquais à madame Denis, et attendit plus d'une heure à cette porte les suites de cette nouvelle détention. Enfin, parut M. Freitag, et après des reproches peu mesurés, et plus déplacés encore dans les lieux où ils se trouvaient, il le fit monter avec lui dans une grande berline chargée de soldats, et traversa ainsi la ville au milieu de la population attroupée, qui suivait en foule ce burlesque équipage...

Le carrosse s'arrêta devant la maison de M. Schmidt; à peine le peuple assemblé laissait la possibilité d'y entrer. Aussitôt que les prisonniers y ont été introduits, la porte est barricadée. MM. de Voltaire et Collini sont menés dans un comptoir. Des commis, des valets et des servantes les entourent. Madame Schmidt s'avance, son nouvel hôte veut la saluer, elle passe sans y faire attention. Son mari, pendant ce temps, court par la ville pour obtenir main-forte ; il arrive tout essoufflé avec M. Freitag, criant, s'emportant, et disant des injures en allemand, qu'il croyait n'être pas entendues.

Les yeux de M. de Voltaire étincelaient de colère et d'indignation, et se fixaient de temps en temps sur son secrétaire. Apercevant une porte entr'ouverte, il s'y précipite et sort. Mais, au premier mouvement, madame Schmidt appelle des courtauds de boutique et trois servantes, se met à leur tête, et marche pour ramener de force le prisonnier fugitif. *Ne puis-je donc, Madame, pourvoir aux besoins de la nature?* Elle le permit, après avoir rangé son monde en cercle auprès de lui, et le ramena après cette opération.

M. Schmidt, qui prétendait que le projet de s'échapper était pour lui une offense personnelle, s'écrie : *Malheureux! vous serez traité sans pitié et sans ménagement*, et les clameurs tumultueuses recommencent, au point que ne pouvant plus se souffrir au milieu de cette valetaille, il s'élance une seconde fois dans la cour.

Nouvelle chasse de madame Schmidt, qui prend le parti

vigoureux de poser ses servantes en sentinelles devant toutes les portes. Au milieu de toutes ces ridicules dispositions parut un *Brave*. C'était encore un courtaud à face large et aux yeux menaçants; il s'appelait Dorn. Entrant dans le comptoir comme un matamore, *je me suis mis en chemin*, dit-il en enfonçant son chapeau, *pour courir après vous, et vous faire sauter la cervelle d'ordre de son Excellence Monseigneur Freitag*. Il était suivi d'un officier des troupes de la ville, qui venait prendre les ordres de M. Schmidt.

Il faisait très-chaud, on songea à se rafraîchir. Madame Schmidt fit apporter quelques bouteilles de vin. Les compliments et les révérences commencèrent. Dorn et l'officier ne buvaient jamais qu'après avoir trinqué avec son Excellence; et l'un d'eux appuyé sur son épaule, concertait, au milieu des verres, le plan des opérations. On signifia d'abord aux personnes de remettre tout l'argent qu'ils avaient dans leurs poches, et c'était en effet le point capital. MM. Freitag et Schmidt s'emparèrent des quatre-vingts louis d'or, de la bourse de M. Collini et de quelques bijoux appartenant à M. de Voltaire. « Comptez cet argent, dit M. Schmidt à ses commis, ce sont des drôles capables de soutenir qu'il y en avait encore une fois autant. »

M. de Voltaire demanda une reconnaissance de cette somme, on la refusa; mais on saisit avec avidité une tabatière et une montre. « Du moins, laissez-moi ma boîte, leur dit-il, puisque je suis accoutumé au tabac. » Ils répondirent que c'était d'usage de tout prendre dans ces sortes d'occasions. Le tout, ainsi qu'une cassette et deux portefeuilles, fut mis dans une malle vide, qu'on ferma avec un cadenas, enveloppé d'un papier cacheté des armes de M. de Voltaire et du chiffre de M. Schmidt. Après cette première exécution, un officier s'avance et demande aux prisonniers leurs épées. Ils les rendirent... Toute représentation étant vaine, il fallut céder à la force, et demander seulement la liberté d'être servis par leurs propres domestiques. « Là où on vous mettra, répondit M. Schmidt, vous n'aurez pas besoin de personne. »

Cette scène du comptoir avait duré plus de deux heures. On annonça aux prisonniers qu'ils devaient partir. Donc le *Brave*, qui jusque-là n'avait fait qu'insulter et boire, prit le commandement, et conduisit la voiture à une gargotte décriée, qui avait pour enseigne la *Corne de Bouc*. Un bas officier et neuf soldats les y attendaient, la bayonnette au bout du fusil. M. de Voltaire fut enfermé dans une chambre avec trois soldats pour le garder ; son secrétaire fut conduit dans une autre, avec un pareil nombre de spadassins.

Il est bien important d'observer que la malle dépositaire de l'argent et des bijoux, resta entre les mains de M. Schmidt.

On est étonné sans doute de l'apparente inaction de madame Denis, instruite à six heures de la détention de son oncle. A peine eut-elle su cette nouvelle fâcheuse qu'elle se transporta chez le bourgmestre pour lui représenter qu'on n'avait aucun droit d'arrêter un homme libre. M. Schmidt l'avait prévenu. Oubliant le respect dû à son sexe, il abondait en mauvaises raisons et en invectives. Le bourgmestre, homme faible, borné, très-avancé en âge, fut intimidé par les emportements de l'accusateur. Non-seulement il condamne madame Denis sans l'entendre, mais même lui ordonne les arrêts dans son auberge. Telle est la raison qui priva M. de Voltaire des secours de sa nièce pendant la scène du comptoir.

Lorsque Dorn *le Brave* l'eut déposé dans sa prison, il se présenta avec trois soldats à l'auberge du *Lion d'or*, devenue celle de madame Denis. En homme expert, il crut devoir joindre la ruse à la force, cacha sa petite escouade dans l'enfoncement de l'escalier, et entra seul dans la chambre de cette dame. « Votre oncle, dit-il, veut vous voir, et je viens vous chercher pour vous conduire auprès de lui. Ignorant ce qui s'était passé chez le banquier et l'emprisonnement de M. de Voltaire elle s'empressa de le rejoindre. Dorn lui donne le bras, les trois soldats défilent doucement derrière, et à peine est-elle hors de la porte de l'auberge qu'ils l'entourent et la conduisent à la *Corne de Bouc*, où elle fut enfermée dans une chambre à part. Cette violence la jeta dans des convulsions horribles, trois soldats gardèrent sa porte, et si Dorn ne les plaça pas dans l'intérieur de sa chambre, cette attention apparente était une insulte de plus. Revenue à elle-même, Dorn osait encore la consoler; *mangez quelque chose*, lui dit-il, *cela fait toujours du bien*. Il ordonna un grand souper dans cette gargotte, se mit à table seul dans la chambre de sa prisonnière et vida bouteille sur bouteille.

Des irrégularités si monstrueuses embarrassèrent cependant MM. Freitag et Schmidt. Pour sortir d'embarras ils firent savoir le lendemain à M. de Voltaire qu'ils avaient reçu des lettres de Postdam; et le porteur de cette nouvelle fit retirer la garde. L'après dîner on vit arriver la malle de Leipzig; de même que le coffre qui renfermait les portefeuilles, l'argent et les bijoux; on échangea les billets qu'on s'était donné le premier juin; l'officier qui, la veille, avait demandé leurs épées les rapporta; il paraissait chercher l'occasion de parler à M. Collini, lorsque M. Freitag se mit entre deux et, coupant la parole à cet officier, lui dit : « qu'il avait ordre seulement de signifier à madame Denis et à M. Collini la liberté de se promener dans la maison, mais non d'en sortir. »

Lorsque M. Freitag se transporta à la gargotte pour présider à l'ouverture de la malle dépositaire de l'argent, des bijoux et des papiers, il prit la singulière précaution de faire signer un billet à M. de Voltaire, par lequel celui-ci s'obligeait de payer à l'instant les frais d'emprisonnement (qui montaient à cent vingt-huit écus d'Allemagne). Une des clauses extraordinaires de cet écrit, interdisait aux deux partis le droit de parler de ce qui s'était passé...

Le Secrétaire de la ville fut chargé le jour même d'examiner les prisonniers. On finit par où on aurait dû commencer ; il fut prouvé que le bourguemestre avait été trompé ; que l'officier qui était venu rendre les épées, avait aussi ordre de leur donner une entière liberté : mais M. Freitag qui interpréta ces ordres allemands en français, les dénatura, et restreignit la liberté à la maison. Le Secrétaire rétablit la première intention du bourguemestre. Madame Denis et M. Collini eurent la permission de sortir, mais M. de Voltaire dut garder les arrêts jusqu'à ce qu'on eût reçu de prétendus ordres de Postdam. Il les aurait attendus longtemps, s'il s'en fût reposé sur messieurs Freitag et Schmidt ; mais il trouva moyen de faire parvenir une lettre à M. l'abbé de Prades, lecteur du Roi. Il en reçut, courrier par courrier, une réponse claire et décisive, qui aurait couvert de confusion les auteurs de cette odieuse violence, si de pareilles gens savaient rougir [1].

On vit alors que le Roi avait ignoré cette vexation odieuse, et pour montrer publiquement comment il l'improuvait, il ne fit point terminer cette affaire par le canal de MM. Freitag et Schmidt. M. de Voltaire désirait ardemment que le Roi eût

---

[1] Le 26 juin, Frédéric écrivait à Freytag : « J'ai reçu une lettre de la nièce de Voltaire, que je n'ai pas trop comprise ; elle se plaint que vous l'avez fait à enlever son auberge... Je ne vous avais rien ordonné de tout cela. Il ne faut jamais faire plus de bruit qu'une chose ne le mérite. Je voulais que Voltaire vous remit la clef et le volume de poésies que je lui avais confiés. Dès que tout cela vous a été remis, je ne vois pas de raison qui ait pu vous engager à faire ce coup d'éclat. Rendez-lui donc la liberté dès ma lettre reçue. » (R. d'A.)

daigné marquer son mécontentement d'une manière plus propre à effacer les impressions que le public mal instruit avait reçues ; mais, selon les lois de la politique, il est également difficile de désavouer ceux qu'on a revêtus d'un caractère public, et de tolérer l'abus qu'ils en ont fait.

Ce fut le Magistrat qui lui rendit la liberté, à l'insu de MM. Freitag et Schmidt. Frappés comme d'un coup de foudre, ils eurent cependant l'audace de se faire annoncer chez lui. Au lieu de les recevoir, il rendit un homme public dépositaire de ses protestations contre les injustices faites à sa personne dans une ville libre, et dès le lendemain [1], il partit de Francfort, en secouant à la porte la poussière de ses souliers.

Il est mort avec le regret de n'avoir pu obtenir un dédommagement public de trente jours d'humiliation. « Je suis bien vieux et bien cassé, écrivait-il après douze ans, ma vue s'affaiblit, mes oreilles deviennent bien dures, cependant je ne perds jamais de vue l'affaire de Francfort, et je ne désespère point d'obtenir justice. J'espère beaucoup des Russes ; il faudra bien qu'à la fin les Schmidt et les Freitag conviennent qu'il y a une Providence. J'aiderai un peu cette Providence, si j'ai la force de faire un voyage. » — Le marquis DE LUCHET. *Histoire littéraire de M. de Voltaire.* (Cassel, 1780), t. I.

[1] Le 7 juillet 1753. (R. d'A.)

CHAPITRE XLIV.

VOLTAIRE A L'ABBAYE DE SÉNONES.
1754.

Voltaire partit de Colmar[1] le 8 juin 1754, avec un copiste et un seul domestique; il laissait Collini à Colmar pour veiller à l'impression des *Annales de l'Empire*, et pour avoir soin de ses effets, livres et manuscrits. A son départ, il reçut une lettre de sa nièce, qui lui mandait que Maupertuis et la Condamine se rendaient eux-mêmes à Plombières; qu'il ne fallait

---

[1] Parti de Francfort le 7 juillet 1753, Voltaire arriva le même jour à Mayence et s'y reposa trois semaines. Parti de cette ville le 28 juillet, il se dirigea vers le Palatinat. Après avoir couché à Worms, il arriva à Manheim. Il logea au château de Charles-Théodore, l'Electeur palatin. Après quinze jours d'une vie d'artiste et de grand seigneur, il quitta l'Electeur et sa cour. Le 15 août, il couchait à Rastad, et le lendemain, il arrivait à Strasbourg où il logea dans une mauvaise hôtellerie, dans le plus mauvais quartier de la ville, et cela par bonté de cœur, par reconnaissance pour les soins empressés d'un bon fils, garçon d'auberge à Mayence, qui lui avait fait promettre d'aller loger chez son père. Il y passa quelques jours, puis alla s'installer à la campagne (21 août). Comme on s'obstinait à redouter sa présence à Paris, force lui fut de fixer pour plus longtemps sa tente en Alsace : il choisit pour lieu de sa résidence la ville de Colmar où il arriva le 4 ou le 5 octobre. C'est alors que la publication d'un *Abrégé de l'Histoire universelle, attribué à M. de Voltaire* le compromit davantage auprès de la cour de France. C'était une copie de son *Histoire universelle*, qu'il avait confiée en 1739 à Frédéric II, et qui avait été trouvée dans la cassette de ce prince lorsqu'on prit son équipage à la bataille de Sohr (30 septembre 1745). Ce manuscrit, vendu à Jean Néaulme, libraire à La Haye et à Ber-

pas absolument qu'il s'y trouvât avec eux ; que cela produirait une scène odieuse et ridicule; qu'il ne devait aller aux eaux qu'après avoir reçu d'elle un nouvel avis [1]. Il se rappela alors qu'en 1748, il avait projeté un voyage à l'abbaye de Sénones, et qu'il avait même écrit, le 13 février, à dom Calmet pour lui demander permission d'aller passer quelques semaines dans sa compagnie et celle de ses livres. Il reprit ce projet en 1754, et il alla se faire bénédictin à Sénones. Retraite et poste d'attente, l'abbaye, avec son docte abbé, ses moines laboureurs, sa bibliothèque de douze mille volumes, lui était encore une école et un lieu d'étude où il pouvait s'instruire et travailler sérieusement à cette *Histoire générale*, que la publication intempestive de Jean Néaulme le condamnait à finir. D'ailleurs, à Sénones, terre d'Empire et non de France, ne dépendant que du pape pour le spirituel, rien ne le venait troubler. Il se mit donc tranquillement à lire les Pères et les Conciles, les vieilles Chroniques et les Capitulaires, Dom Mabillon et Dom Martène, Dom Thuillier et Dom Ruinart ; ou plutôt, « vivant délicieusement au réfertoire, » il se fit compiler par les moines « ces fatras horribles, disait-il, d'une érudition assommante, » c'est-à-dire ces montagnes de science,

---

lin, avait été imprimé vers la fin de 1753, sans qu'il en eût été donné avis à l'auteur. Cette publication, tronquée et dénaturée à dessein, pouvait fournir des armes à ses ennemis. Pendant plus de six mois, de la fin de décembre 1753 à la fin de juillet 1754, Voltaire ne cessa de plaider sa cause au tribunal de Malesherbes, implorant toujours du ministre un mot qui l'empêchât de mourir hors de sa patrie. (V. les lettres à d'Argental des 10 et 21 mars 1754, à Paulmy, 20 février). Réduit à prendre un parti, il fut décidé entre lui et madame Denis que le rendez-vous serait à Plombières, et qu'ensuite ils reviendraient ensemble à Colmar. (R. d'A.)

[1] A d'Argental, 12 juin 1754. (Note de l'auteur.)

qui auraient écrasé ses épaules si faibles [1]. C'était, disait-il encore, une assez bonne ruse de guerre, d'aller chez ses ennemis se pourvoir d'artillerie contre eux. Il aurait fait plus de cas de la bibliothèque luthérienne de Gotha que des livres orthodoxes des Bénédictins de Sénones [2]; mais on se sert de ce qu'on a. Il trouva pourtant de bonne prise et de bonne portée, pour ses projets de campagne anti-biblique, les armes que lui fournit l'arsenal des *Commentaires* de Dom Calmet.... Le docte et simple religieux écrivait à son *néophyte* pour l'entretenir de ses bons sentiments, et le loup échappé de la bergerie, gardant encore à distance sa peau de mouton, répondit par des regrets d'avoir quitté une respectable et charmante solitude, où son âme trouvait bien plus de secours que son corps à Plombières, et par l'envoi reconnaissant et moqueur de quelques livres anglais, livres hérétiques, pour la bibliothèque de l'abbaye [3].

Il quitta Sénones, au commencement de juillet, après trois semaines de séjour, et alla rejoindre à Plombières ses amis d'Argental, et ses deux nièces, madame Denis et madame de Fontaine. — M. l'abbé MAYNARD. *Voltaire, sa vie et ses œuvres*, t. II. (Paris, Ambroise Bray, 1868.)

[1] A d'Argental, 12, 16 et 24 juin ; à Richelieu, 6 août 1752.
[2] A la duchesse de Saxe-Gotha, 24 octobre 1754. (*Recueil* de 1860.)
[3] A dom Calmet, 16 juillet 1754. (Notes de l'auteur.)

CHAPITRE XLV.

DÉPART DE VOLTAIRE POUR LA SUISSE. — PRANGINS. — MONRION. — LES DÉLICES.

1754

Parti le 10 décembre [1], en disant qu'il allait aux eaux d'Aix, il prit la route de la Suisse, bien qu'il n'y eût pas encore de domicile arrêté. Toutefois, il avait eu soin de prévenir madame de Pompadour et le comte d'Argenson, et il avait reçu du roi

---

[1] Voltaire n'était resté à Plombières que quinze jours. (V. le chap. qui précède, *Voltaire à l'abbaye de Sénones*), et vers le 22 juillet, il était de retour à Colmar, avec Mme Denis. Il y acheva l'impression de ses *Annales de l'Empire*. Il partit le 11 novembre de Colmar, — d'où il était expulsé, dit le marquis de Luchet, sur un ordre que le P. Kroust, recteur du collége des jésuites, avait obtenu de son frère, confesseur de la Dauphine, — et se dirigea sur Lyon où le duc de Richelieu lui avait donné rendez-vous. Ce vieil ami tâcha de le rassurer tant sur les suites de la publication de Néaulme, que sur la menace de la publication de la *Pucelle*, par suite de la possession d'un exemplaire de ce poëme par Melle du Thil, ancienne femme de chambre de madame du Châtelet; et il chercha à le persuader qu'on revenait sur son compte à Versailles. Les Lyonnais firent à Voltaire le plus brillant accueil. Dans tous les lieux publics, il était salué par des acclamations. Invité à une séance de l'Académie, il y fut reçu avec la distinction due à sa célébrité. (V. les lettres de Voltaire à d'Argental des 2 et 6 décembre 1754.) Mais les deux chefs de la cité, l'intendant et le cardinal-archevêque firent seuls exception à l'enthousiasme général. Ce dernier lui déclara même qu'il ne pouvait donner à dîner en public à un homme qui était mal avec le roi de France. Il écrivait, à ce propos, le 20 novembre, à d'Argental, le neveu du cardinal : « Je vous avouerai que je n'ai pas trouvé, dans le cardinal de Tencin, les bontés que j'espérais de votre oncle; j'ai été plus accueilli et

son maître la permission de voyager [1]. Il arriva à Genève le 12 au soir, jour anniversaire de l'escalade [2], circonstance qui rendit plus difficile l'ouverture des portes ; mais le conseiller Tronchin les lui fit garder jusqu'à six heures [3]. Il soupa chez le docteur Tronchin, qu'il prétendait venir chercher en Suisse. Il resta peu à Genève, et, dès le 14, nous le trouvons établi au château de Prangins, près Nyon, que lui avait prêté le propriétaire Geiger, riche banquier de Saint-Gall, ami de sa famille : château magnifique, dans la plus belle situation de la terre [4]. Malgré l'enchantement du lieu, la visite de plusieurs habitants de Lausanne et des frères Cremer, libraires de Genève, il y mena une vie dont Collini traçait à Dupont, le 26 décembre 1754, ce tableau séduisant : « Que faisons-nous à ce château ? 1º on s'ennuie un peu ; 2º on est de mauvaise humeur plus qu'à l'ordinaire ; 3º on fait beaucoup d'histoires ; 4º on mange fort peu, comme de coutume, car on veut être sobre ; 5º on y philosophe tout aussi mal que dans les grandes villes ; et, en dernier lieu, on ne sait pas ce qu'on deviendra. »

mieux traité par la margrave de Bareith qui est encore à Lyon. Il me semble que tout cela est au rebours des choses naturelles... » — Cependant la bombe de la *Pucelle*, comme il disait, devenait de plus en plus menaçante ; il lui importait de se mettre bien vite à couvert de ses éclats : il partit donc de Lyon le 10 décembre 1754. (R. d'A.)

[1] A d'Argental, 9 décembre ; à de Brenles, 20 décembre 1754.

[2] Fête célèbre en commémoration du succès avec lequel les Genevois, en décembre 1602, avaient repoussé l'attaque nocturne du duc de Savoie.

[3] Lettre citée de madame Denis. — Collini dit qu'on fit parvenir dans la ville le nom de Voltaire, et que l'ordre fut aussitôt donné d'ouvrir à lui et à toute sa suite.

[4] Le château de Prangins a été acquis par Joseph Bonaparte qui l'habita de juillet 1814 au 4 mars 1815, et racheté de nos jours par le prince Napoléon. On y a conservé l'appartement de Voltaire, avec la majeure partie des meubles qui lui avaient servi. (Notes de l'auteur.)

Le château était beau, mais la saison fort laide ; le doux lac était devenu terrible ; les zéphirs, transformés en vents furieux, battaient la place et effrayaient le philosophe, qui s'y tenait blotti et calfeutré. Madame Denis, la parisienne, peu accoutumée à un pareil site, regrettait la Seine et la rue Traversière ; elle mourait de peur du bruit des aquilons ; et Collini, plus aguerri contre l'orage, avait à craindre, de son côté, le bruit et la fureur d'*Apollon* [1].

Heureusement que cette aimable vie ne dura guère plus de deux mois. Voltaire les avait employés à se trouver une demeure.

Il commença par louer, à titre provisoire, la maison de Monrion, entre Lausanne et le lac Léman, qui appartenait à son banquier Giez [2]. Mais, quand il l'eut visitée, il hésita à conclure définitivement l'affaire. Monrion n'avait ni jardin pour l'été, ni poêle de cheminée pour l'hiver...

Cependant il se tournait de tous côtés pour ne pas rester sans maison. Dans le même temps, il négociait l'acquisition d'une campagne sur un plateau qui domine Genève, et qu'on appelait Sur-Saint-Jean. Il la désirait fort, pourvu qu'on sût et qu'on approuvât que le malade était venu se mettre à portée de son médecin. Mais il y avait une difficulté plus grande du côté des lois de Genève, qui interdisait à un étranger catholique le droit d'acquérir et même d'habiter dans le territoire de la république. Il fit demander le droit d'habitation par Tronchin de Lyon, qui renvoya sa lettre, avec recommandation à l'appui, au Magnifique Conseil, et dès le 1er février, la permission fut gracieusement accordée [3]...

[1] Collini à Dupont, 31 janvier 1755.
[2] A de Brenles, 7 janvier 1715.
[3] A Tronchin de Lyon. 16 et 30 janvier ; Tronchin à Voltaire, 1er février 1755 (*Recueil* de 1856, t. I, p. 474-478). — Registres du Conseil, du 1er février. (Notes de l'auteur.)

Les difficultés légales une fois levées, il recula devant le prix de la maison, portée, disait-il, un grand tiers au-dessus de sa valeur. Elle était charmante, toute meublée, les jardins en étaient délicieux; et il convenait qu'on devait savoir payer cher son plaisir et sa convenance. Mais, pour se débarrasser d'une parole déjà donnée, il invoquait bien d'autres formalités, et il exigeait qu'on se chargeât de tous les frais et qu'on fît l'impossible pour l'établir en sûre et paisible possession [1]. Malgré ses efforts « au-dessus du pouvoir des hommes » pour se dégager, le Genevois qui « l'avait empoigné ne quittait pas prise [2]. » En effet, l'affaire fut conclue le 8 ou 9 février 1755. La maison était achetée à son propriétaire, le conseiller Mallet, par le conseiller Tronchin, au prix de 87,000 livres prêtées par Voltaire, et Tronchin, au lieu de payer les intérêts de cette somme, cédait Sur-Saint-Jean au prêteur par un contrat à vie; une somme de 38,000 livres devait être remboursée à Voltaire dans le cas où il en quitterait la jouissance, ce qui arriva dix ans après [3]. C'est ainsi qu'on donna une petite entorse à la loi touchant les étrangers catholiques... Il signa aussitôt le *suisse Voltaire*, et rebaptisa sa maison les *Délices*, ne voulant pas souffrir qu'un saint lui donnât son nom [4]. Encouragé par là à terminer l'affaire de Monrion, il le loua définitivement quelques jours après, et il eut ainsi deux domiciles, les Délices pour l'été, Monrion pour l'hiver, en attendant sa maison de Lausanne, et ses châteaux de Ferney

---

[1] A de Brenles, 31 janvier 1755.
[2] Collini à Dupont, 4 février 1755.
[3] A Giger, 12 février (*Recueil* de 1856), au chevalier de Taulès, 1ᵉʳ mai 1766; Collini à Dupont, 12 février 1755.
[4] A de Brenles, 9 février; à Richelieu, 13 février 1755; à Pictet, 27 mars 1757. (Notes de l'auteur.)

et de Tourney : en tout cinq habitations, sans compter les théâtres de Mon-Repos et de Châtelaine, pour l'homme qui, jusqu'à soixante ans passés, n'avait pas eu de gîte en propre.

Aussi, dans son double enthousiasme de poëte et de parvenu, il prend sa lyre et adresse à tous les échos de Paris et du monde, des vers sous ce titre seigneurial : *L'Auteur arrivant dans sa terre, près du lac de Genève*[1], où il chante la beauté du lac, les avantages de la liberté protestante et l'épicuréisme de sa retraite. Au rapport de Grimm[2] l'Épître fut sifflée à Paris, et l'abbé de Voisenon y répondit par une sanglante épigramme, dans laquelle il renvoyait au temple de Plutus le faux amant de Pomone et de Flore. Voltaire nous a fait la description des *Délices* dans ses Mémoires[3] : « La maison est jolie et convenable ; l'aspect en est charmant ; il étonne et ne lasse point. C'est d'un côté le lac de Genève, c'est la ville de l'autre ; le Rhône en sort à gros bouillons, et forme un canal au bas de mon jardin ; la rivière d'Arve, qui descend de la Savoie, se précipite dans le Rhône ; plus loin, on voit encore une autre rivière. Cent maisons de campagne, cent jardins riants, ornent les bords du lac et des rivières ; dans le lointain s'élèvent les Alpes, et à travers leurs précipices on découvre vingt lieues de montagnes couvertes de neiges éternelles. »

Sa maison de Monrion était plus belle, avait une vue plus étendue encore, mais elle était beaucoup moins agréable ; aussi s'en défit-il dès 1757. Au printemps de 1755, il alla s'établir aux Délices, et commença son métier d'architecte et de planteur, qu'il continuera outre mesure à Ferney et à Tourney. La maison avait été occupée en été par le fils de la

---

[1] *OEuvres*, t. XIII, p. 210.
[2] *Correspondance littéraire*, juillet 1755, t. I, p. 391.
[3] *OEuvres*, t. LX, p. 97. (Notes de l'auteur.)

duchesse de Saxe-Gotha, et il y était resté un trône qu'on avait élevé au jeune prince pour lui faciliter la vue de Genève et du lac. Voltaire abattit le trône, mais il abattit aussi toutes les murailles qui lui cachaient la vue [1], et il se mit à embellir et à accroître sa demeure. C'est lui qui a planté les beaux maronniers qu'on voit encore sur la terrasse. Il ne vivait plus qu'au milieu des maçons, des charpentiers et des jardiniers; il se disait maçon, charpentier, jardinier lui-même, renversant sa maison, bâtissant des loges pour ses amis et pour ses poules, faisant faire carrosses et brouettes, plantant orangers et oignons, tulipes et carrottes : Il fallait fonder Carthage [2].

Avec cela toutes les commodités de la vie en ameublements, en équipages, en bonne chère; quatre, puis six chevaux dans son écurie, quatre voitures, cocher et postillon, deux laquais, valet de chambre, cuisinier français, jolies femmes gouvernant la maison ; de plus, bonne société, reçue à une table bien servie, où l'amphytrion ne s'assayait guère que pour souper ; en un mot tout le luxe du *Mondain* : le nécessaire, et le superflu, plus nécessaire encore. Quel changement dans la situation, le caractère et les habitudes! Le philosophe se faisait libéral et splendide, pour faire crever de douleur ses chers confrères les gens de lettres [3]...

... Voltaire, au milieu de ses occupations de seigneur des Délices, n'oubliait pas ses histoires, moins encore son théâtre. Lekain l'était venu voir dans sa retraite, ce fut une occasion pour jouer la comédie. Les principaux Genevois et presque

---

[1] A la duchesse de Saxe-Gotha, 25 mars 1755. (*Recueil* de 1860.)

[2] A d'Argental, 8 mars ; à Thiériot, 24 mars 1755.

[3] *Mémoires; OEuvres*, t. LX, p. 98. — Collini, *Mon séjour etc.*: p. 148 ; Lettres à Dupont du 7 novembre 1755 et du 21 mars 1756. (Notes de l'auteur.)

tout le Magnifique Conseil assistèrent à une représentation de *Zaïre*, où Lekain-Orosmane avait pour vis-à-vis Zaïre-Denis et Voltaire, faisant, comme toujours, le bon vieux Lusignan. On ne vit jamais plus de larmes. Jamais les calvinistes n'avaient été si tendres. Calvin ne se serait jamais douté que les catholiques feraient un jour pleurer les huguenots dans le territoire de Genève [1]. Mais cela fut trouvé mauvais par les pasteurs et les rigoristes genevois, et Voltaire dut interrompre ses représentations scéniques ou ne plus jouer qu'à la dérobée. Il se vengea par cette lettre ironique au conseiller Tronchin : « Je veux bien que vos ministres aillent à l'opéra-comique; mais je ne veux pas qu'on représente dans ma maison, devant dix personnes, une pièce pleine de morale et de vertu, si cela leur déplaît [2]... » — M. L'ABBÉ MAYNARD. *Voltaire, sa Vie et ses OEuvres*, t. II. (Paris, Ambroise Bray, 1868.)

[1] A Richelieu et à Tronchin de Lyon, 2 avril 1756.
[2] *Recueil* de 1856, t. I, p. 484. (Notes de l'auteur.)

Avant de venir s'établir en Suisse, Voltaire, d'après ce passage d'une lettre de Thiriot, aurait eu l'idée d'aller se fixer en Amérique : « Je vous confierai qu'en 1753, il avait eu dessein d'aller fonder un établissement dans ce pays (la Pensylvanie), qui, partout ce que j'en entends dire, est digne d'être habité par des philosophes, et où l'on jouit de la plus grande et de la plus honnête liberté ; mais il a préféré les environs de Genève, dont le climat ne vaut pas, à beaucoup près, celui de la Pensylvanie... » (Lettre de Thiriot à son ami Deville, à la Martinique, 1772.) T. X de l'*Evangile du Jour*. (R. d'A.)

CHAPITRE XLVI.

RÉCONCILIATION DE VOLTAIRE AVEC FRÉDÉRIC II.
Octobre 1757.

Cette même année fut l'époque d'une réconciliation entre Voltaire et son ancien disciple[1]. Les Autrichiens, déjà au milieu de la Silésie, étaient près d'en achever la conquête; une armée française était sur les frontières du Brandebourg. Les Russes, déjà maîtres de la Prusse, menaçaient la Poméranie et les Marches; la monarchie prussienne paraissait anéantie, et le prince qui l'avait fondée n'avait plus d'autre ressource que de s'enterrer sous ses ruines, et de sauver sa gloire en périssant au milieu d'une victoire. La margrave de Bareith aimait tendrement son frère; la chute de sa maison l'affligeait; elle savait combien la France agissait contre ses intérêts en prodiguant son sang et ses trésors pour assurer à la maison d'Autriche la souveraineté de l'Allemagne; mais le ministre de France avait à se plaindre d'un vers du roi de

---

[1] « Toujours passionné pour le talent de Voltaire, toujours séduit par sa grâce incomparable, Frédéric ne put rester longtemps sans chercher à reprendre, la plume à la main, leurs causeries interrompues. C'est le roi qui fit le premier pas vers une réconciliation que la duchesse de Gotha n'avait pas su ménager. Il est vrai que Voltaire, craignant de perdre les fortes sommes qu'il avait prêtées au duc de Wurtemberg, ne répugna point à renouer avec un prince chaque jour plus puissant en Allemagne. Depuis lors jusqu'à la fin, Voltaire fut comblé de mille marques d'enthousiasme et de déférence... — CHRISTIAN BARTHOLOMÈS. *Histoire philosophique de l'Académie de Prusse.* (Paris, Marc Ducloux, 1850), t. I. (R. d'A.)

Prusse. La marquise de Pompadour ne lui pardonnait pas d'avoir feint d'ignorer son existence politique, et on avait eu soin de lui envoyer aussi des vers que l'infidélité d'un copiste avait fait tomber entre les mains du ministre de Saxe. Il fallait donc faire adopter l'idée de négocier, à des ennemis aigris par des injures personnelles, au moment même où ils se croyaient assurés d'une victoire facile. La margrave eut recours à Voltaire, qui s'adressa au cardinal de Tencin, sachant que ce ministre, oublié depuis la mort de Fleury qui l'employait en le méprisant, avait conservé avec le roi une correspondance particulière. Tencin écrivit, mais il reçut, pour toute réponse, l'ordre du ministre des affaires étrangères de refuser la négociation, par une lettre dont on lui avait même envoyé le modèle. Le vieux politique, qui n'avait pas voulu donner à dîner à Voltaire pour ménager la cour [1], ne se consola point de s'être brouillé avec elle par sa complaisance pour lui; et le chagrin de cette petite mortification abrégea ses jours. Étant plus jeune, des aventures plus cruelles n'avaient fait que redoubler et enhardir son talent pour l'intrigue, parce que l'espérance le soutenait, et qu'il était du nombre des hommes que le crédit et les dignités consolent de la honte; mais alors il voyait se rompre le dernier fil qui le liait encore à la faveur.

Voltaire entama une autre négociation, non moins inutile, par le maréchal de Richelieu. Une troisième enfin, quelques années plus tard, fut conduite jusqu'à obtenir de M. de Choiseul qu'il recevrait un envoyé secret du roi de Prusse. Cet envoyé fut découvert par les agents de l'impératrice-reine; et, soit faiblesse, soit que M. de Choiseul eût agi sans consulter madame de Pompadour, il fut arrêté et ses papiers fouillés,

---

[1] Lors du passage de Voltaire à Lyon. (R. d'A.)

violation du droit des gens qui se perd dans la foule des petits crimes que les politiques se permettent sans remords.

Dans cette époque si dangereuse et si brillante pour le roi de Prusse, Voltaire paraissait tantôt reprendre son ancienne amitié, tantôt ne conserver que la mémoire de Francfort. C'est alors qu'il composa ces *Mémoires* singuliers, où le souvenir profond d'un juste ressentiment n'étouffe ni la gaieté ni la justice. Il les avait généreusement condamnés à l'oubli; le hasard les a conservés pour venger le génie des attentats du pouvoir.

La margrave de Bareith mourut au milieu de la guerre. Le roi de Prusse écrivit à Voltaire pour le prier de donner au nom de sa sœur une immortalité dont ses vertus aimables et indulgentes, son âme également supérieure aux préjugés, à la grandeur et aux revers, l'avaient rendue digne. L'ode que Voltaire a consacrée à sa mémoire, est remplie d'une sensibilité douce, d'une philosophie simple et touchante. Ce genre est un de ceux où il a eu le moins de succès, parce qu'on y exige une perfection qu'il ne put jamais se résoudre à chercher dans les petits ouvrages, et que sa raison ne pouvait se prêter à cet enthousiasme de commande, qu'on dit convenir à l'ode. — CONDORCET. *Vie de Voltaire.*

CHAPITRE XLVII.

TENTATIVE DE NÉGOCIATION DE VOLTAIRE AVEC LA MARGRAVE DE BAREITH, POUR ÉTABLIR LA PAIX ENTRE LA FRANCE ET LA PRUSSE.

1757.

Cette tentative de négociation faite par Voltaire en 1757 est fort curieuse, et nous trouvons dans les lettres inédites les détails les plus exacts et les plus piquants à ce sujet.

Voltaire prétend, dans le fragment des Mémoires sur sa vie, que c'est le cardinal de Tencin [1] qui eut l'idée d'engager une négociation avec la margrave de Bareith, sœur du grand Frédéric, pour rétablir la paix entre la France et la Prusse. Nous voyons au contraire dans les lettres inédites que c'est Voltaire qui s'adressa le premier au cardinal par l'entremise du banquier Tronchin, et tâcha de nouer la négociation. Était-ce d'après les suggestions de la margrave de Bareith, et peut-être même de Frédéric qui, se battant avec tout le monde, négociait cependant aussi volontiers avec tout le monde? Je n'en sais rien. Ce qui est certain, c'est qu'il écrit le 20 octobre 1757 à Tronchin de Lyon : « Il m'a paru que madame la margrave avait une estime particulière pour un homme respectable (le cardinal de Tencin) que vous voyez souvent. J'imagine que si elle écrivait directement au roi une lettre

---

[1] Tencin (1680-1738), cardinal en 1739, archevêque de Lyon en 1740, ministre d'État en 1742. Il dut sa fortune à sa sœur, la célèbre madame de Tencin. (R. d'A.)

touchante et raisonnée, et qu'elle adressât cette lettre à la personne dont je vous parle, cette personne pourrait, sans se compromettre, l'appuyer de son crédit et de son conseil... Qui sait même si la personne principale qui aurait envoyé la lettre de madame la margrave au roi, qui l'aurait appuyée, qui l'aurait fait réviser, ne pourrait pas se mettre à la tête du congrès qui réglerait la destinée de l'Europe ? Ce ne serait sortir de sa retraite honorable que pour la plus noble fonction qu'un homme puisse faire dans le monde; ce serait couronner sa carrière de gloire. » Ou je me trompe fort, ou ce sont là des ouvertures et des avances, et il me semble que Voltaire flatte fort en ce moment le cardinal. Le cardinal n'a pas voulu rester en arrière de politesse, et voilà pourquoi il écrit à Voltaire qu'il ne songe plus qu'à vivre en *évêque philosophe* [1].

Dans ses Mémoires, Voltaire raconte les choses autrement, et il se fait même, Dieu me pardonne, plus méchant et plus moqueur qu'il ne l'est naturellement. « Le cardinal de Tencin, dit-il, m'avait fait à Lyon une réception dont il pouvait croire que j'étais peu satisfait : cependant l'envie de se mêler d'intrigues, qui le suivait dans sa retraite, et qui, à ce qu'on prétend, n'abandonne jamais les hommes en place, le porta à se lier avec moi, pour engager madame la margrave de Bareith à s'en remettre à lui et à lui confier les intérêts du roi son frère... Il n'était pas bien difficile de porter madame de Bareith et le roi son frère à cette négociation : je m'en chargeai avec d'autant plus de plaisir que je voyais très-bien qu'elle ne réussirait pas. »

Ici les lettres inédites contredisent les Mémoires d'une ma-

---

[1] Lettre du cardinal de Tencin au banquier Tronchin de Lyon (mai 1757), laquelle, d'après M. Saint-Marc Girardin, devait être montrée à Voltaire. (R. d'A.)

nière piquante. Car enfin Voltaire croyait-il que la négociation ne réussirait pas? Alors pourquoi l'entamer? C'est lui, en effet, qui l'avait entamée. Pour se moquer du cardinal, disent les Mémoires. « C'était par moi que passaient les lettres de la margrave et du cardinal ; j'avais en secret la satisfaction d'être l'entremetteur de cette grande affaire, et peut-être encore un autre plaisir, celui de sentir que mon cardinal se préparait un grand dégoût. Il écrivit une belle lettre au roi en lui annonçant celle de la margrave ; mais il fut tout étonné que le roi lui répondit assez sèchement que le secrétaire d'État des affaires étrangères l'instruirait de ses intentions... Il mourut de chagrin au bout de quinze jours. Je n'ai jamais trop conçu comment on meurt de chagrin, et comment des ministres et de vieux cardinaux, qui ont l'âme si dure, ont pourtant assez de sensibilité pour être frappés à mort par un petit dégoût : mon dessein avait été de me moquer de lui, de le mortifier, et non pas de le faire mourir. » Que la mémoire de Voltaire se rassure : les lettres inédites prouvent de la façon la plus claire que Voltaire ne voulait pas faire mourir le cardinal, mais qu'il ne voulait pas même le mortifier, et qu'il se donne dans ses Mémoires des airs de méchanceté machiavélique qu'il n'a jamais eus. En ouvrant cette négociation, Voltaire avait deux motifs, le premier, qu'il avoue, et où la vanité à part, la satisfaction d'être l'intermédiaire d'une grande affaire ; le second, le sincère amour qu'il avait pour la paix et le désir d'épargner à l'humanité les fléaux de la guerre. Ces deux motifs se mêlent dans sa correspondance avec le banquier Tronchin. « Vous sentez, écrit-il le 5 février 1758, combien je dois m'intéresser à une chose qui doit se faire tôt ou tard, qu'on fera peut-être un jour avec un grand désavantage, et qu'on pourrait faire aujourd'hui avec une utilité bien reconnue. Je souhaite que des intérêts particuliers ne s'opposent pas à un si grand bien ; »

et ailleurs (2 décembre 1757) : « Je ne fais d'autre office que celui d'un grison qui rend les lettres ; mais mon cœur s'acquitte d'un autre devoir auquel il s'attache uniquement, celui d'aimer son roi, sa patrie et le bien public, de ne me mêler absolument de rien que de faire des vœux pour la prospérité de la France. » Voilà assurément des sentiments qui valent mieux que ceux que Voltaire se donne dans ses Mémoires. N'y avait-il pas cependant toujours au fond de son âme un peu de rancune et de malice contre le cardinal, à cause de la mauvaise réception que celui-ci lui avait faite autrefois à Lyon ? Dans les lettres inédites, je vois beaucoup de flatteries pour le cardinal de Tencin. Ces flatteries de Voltaire touchent quelquefois de près à la moquerie. Mais quand le cardinal est mort, il en parle encore dans ses lettres avec estime et avec regret. » C'est un grand dommage, écrit-il le 7 mars 1758 à M. Tronchin, car on comptait beaucoup sur lui. On s'attend à des événements qui auraient donné un grand poids à son opinion et à ses bons offices. Tout est évanoui. » Pourquoi Voltaire parle-t-il ainsi du cardinal mort, s'il ne prenait pas la négociation au sérieux? Pourquoi ne pas dire alors comme dans ses Mémoires : « Je voulais que me moquer de lui, et non pas le faire mourir? » Les lettres inédites corrigent donc ici d'une manière heureuse l'opinion que Voltaire semble vouloir nous donner de lui, même dans ses Mémoires ; elles montrent une fois de plus que l'homme est souvent meilleur que sa vanité ne lui conseille de le paraître. — SAINT-MARC GIRARDIN. Préface aux *Lettres inédites de Voltaire recueillies par M. de Cayrol et annotées par M. Alphonse François.* (Paris, Didier et C°, 1856), 2 vol. in-8°, t. I.

CHAPITRE XLVIII.

ACHAT DE FERNEY ET DE TOURNAY.
1758.

Voltaire n'allait plus songer qu'à s'étendre dans ce coin privilégié de la Suisse, qu'à s'y créer un chez soi digne d'un roi et où les rois ne l'iraient pas troubler. Sa première lettre écrite de Ferney est datée du 20 novembre ; mais l'achat définitif est des premiers jours du mois. Nous l'avons vu, plein d'enthousiasme, apprendre à ses amis son acquisition des Délices ; la joie sera la même, son empressement à leur faire connaître son agrandissement le même ; il l'écrira à Cideville en entremêlant tout cela de citations d'Horace[1] ; il l'écrira à Thiériot-*Trompette*, comme il lui arrive de l'appeler, avec tous les détails qu'il veut que l'on sache à Paris[2]. On se demande ce qu'il voulait dans sa tête et pourquoi cette acquisition nouvelle. Nous ne sommes pas pourtant au bout de cette fureur d'acheter et de bâtir, et voilà un quatrième château qui vient compléter son système de défense, car il tient à avoir le pied sur plus d'un pays. Nous voulons parler du comté de Tournay que le président de Brosses lui cédait à vie. Mais laissons lui exposer les motifs et exposer les raisons très-raisonnables de ces apparentes folies.

---

[1] Voltaire, *OEuvres complètes*, t. LVII, p. 634, 635. Lettre de Voltaire à Cideville ; Ferney, 25 novembre 1758.

[2] Voltaire, *OEuvres complètes*, t. LVII, p. 642, 643. Lettre de Voltaire à Thiériot ; Ferney, 6 décembre 1758. (Notes de l'auteur.)

« Après avoir pris le parti, écrit-il à Tronchin de Lyon, de rester auprès de votre lac, il fallait soutenir ce parti ; mais vous savez qu'à Genève il y a des prêtres comme ailleurs. Vous n'ignorez pas qu'ils ont voulu me jouer quelques tours de leur métier ; ils ont continuellement répandu dans le peuple que j'étais venu chercher un asile dans le territoire de Genève, et ils ont feint d'ignorer que j'avais fait à Genève l'honneur de la croire libre et digne d'être habitée par des philosophes. J'ai opposé la patience et le silence à toutes les manœuvres ; j'ai pris une belle maison à Lausanne, pour y passer les hivers, et enfin je me vois forcé d'être le seigneur de deux ou trois présidents, et d'avoir pour mes vassaux ceux qui osaient essayer de m'inquiéter. J'ai tellement arrangé l'achat de Tournay, que je jouis pleinement et sans partage de tous les droits seigneuriaux et de tous les privilèges de l'ancien dénombrement.

« La terre de Ferney est moins titrée, mais non moins seigneuriale : je n'y jouis des droits de l'ancien dénombrement que par grâce du ministre ; mais cette grâce m'est assurée... les deux terres, l'une compensant l'autre, me produisent le denier vingt ; et le plaisir qu'elles me donnent est le plus beau de tous les deniers... Enfin je me suis rendu plus libre en achetant des terres en France que je ne l'étais, n'ayant que ma guinguette de Genève et ma maison de Lausanne. Vos magistrats sont respectables ; ils sont sages ; la bonne compagnie de Genève vaut celle de Paris. Mais votre peuple est un peu arrogant et vos prêtres un peu dangereux [1]. »

Voltaire, nous dit là nettement sa pensée : il est Suisse et bien Suisse ; mais, au besoin et d'un bond, il est dans Ferney,

---

[1] Voltaire, *Lettres inédites* (Paris, Didier, 1857), t. I, p. 537, 538, Lettre de Voltaire à Tronchin de Lyon ; Délices, 13 décembre 1758. (Note de l'auteur.)

il est en France, et il se moque de messieurs de Genève. Est-il inquiété par le ministère, les Délices sont genevoises, il s'y réfugie jusqu'à ce que l'on soit entendu et que le danger ait disparu. Cela est élémentaire, mais n'explique point l'acquisition de Tournay. Dans celle-ci, comme dans toutes les choses de ce monde, il y eut du hasard. Si l'on fût tenté, ce ne fut pas par l'aspect florissant des lieux, et le château était en ruines et la terre en mauvais état.—GUSTAVE DESNOIRESTERRES. *Voltaire aux Délices.* (Paris, Didier et C°, 1873.)

CHAPITRE XLIX.

VOLTAIRE A FERNEY.

1758-1778.

Généralités.

C'est à Ferney que, depuis le mois de novembre 1758, époque de son acquisition, jusqu'au 5 février 1778, il a consacré près de vingt années à immortaliser ce ravissant séjour : « C'est à Ferney que je vais demeurer dans quelques semaines, écrivait-il à d'Alembert... Il faut toujours que les philosophes aient deux ou trois trous sous terre contre les chiens qui courent après eux [1]. »

---

[1] D'Alembert. Ses œuvres, t. XV, p. 107 et 110. *Lettre de Voltaire à d'Alembert*, 25 avril 1760. — Diderot, t. XXI, p. 182. (Note de l'auteur.)

Il avait passé trois ou quatre années à Monrion, aux Délices qu'il acheta d'abord. Il avait là, « à une portée de canon de la ville de Calvin, » la plus belle vue de l'univers, un tableau que Claude Lorrain aurait pu peindre des fenêtres même de l'habitation [1]. Des pièces d'eau, des fontaines, des terres qui, alors comme aujourd'hui coûtaient beaucoup et rapportaient peu : « plus de soixante personnes à nourrir par jour, plantant, bâtissant, commentant Corneille et tâchant de l'imiter de loin, le tout pour éviter l'oisiveté. » Telle était l'existence qu'il menait en achetant Ferney, s'y prenant tard, disait-il, pour acquérir et pour bâtir ; mais il faut, ajoutait-il gaiement, des amusements à la vieillesse et à la philosophie. Je me ruine, je le sais, mais je m'amuse. Je joue avec la vie ; voilà la seule chose à quoi elle est bonne [2]. » Il céda les Délices à M. de Villars [3].

J'ai cherché ces *prétendues* Délices ainsi que les qualifiait Voltaire en plaisantant, car, en réalité, il trouvait leur dénomination bien peu justifiée. J'ai cherché cette longue muraille, cette porte à barreaux verts, ce grand berceau vert sur cette muraille, selon la définition de Voltaire [4], et j'ai eu bien de la peine à découvrir cet ancien asile, effacé de la mémoire des Genevois par les souvenirs de Ferney qui ont pour ainsi dire abordé celui-là.

Toute la deuxième période de la vie de Voltaire s'est en effet concentrée à Ferney. Il en devint le seigneur à prix débattu, selon lui, car on exigeait, pour le droit goth et vandale

---

[1] *Lettres inédites de Voltaire*, recueillies par MM. de Cayrol et annotées par Alphonse François, t. I, p. 305, 314 et 315.

[2] *Idem*, p. 335 et 336.

[3] *Idem*, p. 339.

[4] *Idem*, p. 314. (Notes de l'auteur.)

des lods et ventes, le quart du prix ; pour rafraichissement, le 100ᵉ au roi, à la chambre des comptes le 50ᵉ ; mais Voltaire, qui entendait les affaires, n'était pas homme à passer, sans réclamation, sous les Fourches Caudines du fisc, quand il en pouvait être autrement, et il fit en sorte de s'arranger avec M. de Boissy [1].

Cette grande existence était bien mieux à sa place à Ferney qu'aux Délices, où elle se trouvait plus resserrée par l'espace. Il aimait à planter, il aimait à bâtir, seuls goûts, disait-il, qui consolent la vieillesse, et il mit l'argent qui lui revint de la rétrocession des Délices à bâtir deux ailes au château de Ferney et à faire quelques embellissements. Il trouvait plus convenable, à son âge, d'augmenter et d'orner Ferney qu'il avait donné à sa nièce, madame Denis, que de dépenser cet argent aux Délices qui ne devaient pas lui appartenir après lui [2]. Quatre tours qui cachaient une très-belle vue furent détruites par lui [3] ; les jardins augmentés. Il en fit, en un mot, de son propre aveu, un fort joli château : colonnades, pilastres, péristyles, tout le fin de l'architecture s'y trouvait, et à tout cela pourtant il préférait encore les blés et les prairies [4]. Jouant sur les mots, il écrivait à M. de Chenevières, qui habitait *Maisons*, qu'il avait fait de Ferney un petit *Maisons*, mais non pas une petite *maison*, reproduisant à peu près en miniature ce que Maisons était en grand [5]. Cette miniature avait pourtant et a encore d'assez vastes proportions ; Voltaire s'était

---

[1] *Lettres inédites de Voltaire*, recueillies par MM. de Cayrol et annotées par Alphonse François, t. I, p. 335.
[2] *Idem*, t. I, p. 518 et 538.
[3] *Idem*, t. II, p. 174.
[4] *Idem*, t. I, p. 504.
[5] *Idem*, p. 335. (Notes de l'auteur.)

formé, en dehors du domaine utile, une espèce de parc d'environ une lieue de circuit, découvrant de sa terrasse plus de vingt lieues [1]. Il vantait avec bonheur les embellissements qu'il y avait créés : « Nous avons, comme dans toutes les églogues, des fleurs, de la verdure et de l'ombrage ; le château est devenu un bâtiment régulier de 1200 pieds de face ; nous avons acquis des bois ; nous nageons dans l'utile et l'agréable [2]. »

« La terre de Ferney est aussi bonne qu'elle a été négligée ; j'y bâtis un assez beau château ; j'ai chez moi la pierre et le bois ; le marbre me vient par le lac de Genève... Je l'ai arrondie tout d'un coup par des acquisitions utiles. Le tout monte à la valeur de plus de 10,000 livres de rente et m'en apargne plus de 20,000, puisqu'elle défraye presque une maison où j'ai plus de trente personnes et plus de douze chevaux à nourrir [3]. »

Nave ferar parvâ an magnâ ferar unus et idem.

C'est en 1765 qu'il travaillait à finir, selon son expression, ce petit château [4]. Et pourtant, en 1767, il écrivait à M. d'Argental qu'il n'y avait plus moyen de tenir à son âge dans ce climat qui était aussi horrible pendant l'hiver qu'il était charmant l'été [5], et à M. de Bordes que les troubles de Genève, les mesures prises par le gouvernement, l'interruption de tout

---

[1] *Lettres inédites de Voltaire*, recueillies par MM. de Cayrol et annotées par Alphonse François, t. I, p. 354.

[2] A M. le marquis de Florian, à Paris. *Correspondance générale*, t. X, et LXII des *OEuvres*, p. 219.

[3] *Correspondance générale*, t. LVIII de la tomaison générale, et VI de la *Correspondance*, p. 118.

[4] Recueil de MM. Cayrol et Alphonse François, t. I, p. 396.

[5] *Idem*, t. II, p. 87. (Notes de l'auteur.)

commerce, la rigueur intolérable de l'hiver, la disette où ce pauvre petit pays était réduit, lui rendaient Ferney moins agréable [1]. Sa vie néanmoins y était si bien remplie qu'il m'est impossible de comprendre comment il pouvait suffire à tout ; il faisait ses journées longues, puisqu'il se levait à cinq heures du matin et se couchait à dix heures du soir [2] ; mais il n'en est pas moins surprenant que, malgré les insomnies dont il se plaignait, il pût conduire de front ses immenses travaux de cabinet, son immense correspondance, ses vastes travaux d'agriculture, qui, disait-il, l'occupaient du matin au soir, ses essais de haras, les soins de l'hospitalité qu'il exerçait en grand seigneur, appelant à venir partager sa retraite les philosophes ses amis, Condorcet, d'Alembert, Diderot, recevant les plus éminents personnages, le maréchal de Richelieu, la duchesse de Saxe-Gotha, etc..., ce qui lui faisait dire qu'il était l'aubergiste de l'Europe, etc..., les plaisirs du théâtre où il prenait lui-même des rôles avec Le Kain, avec mademoiselle Clairon, madame Denis ; les distractions qu'il aimait beaucoup, le jeu des échecs, par exemple, se les reprochant, il est vrai, comme une perte de temps. « Passer deux heures, disait-il, à réunir des petits morceaux de bois ! On aurait fait une scène pendant ce temps-là [3] ! » Et puis ces laborieuses entreprises pour transformer le pays de Gex, dont nous parlerons plus tard ! Aussi s'écriait-il : « Savez-vous bien que

[1] Recueil de MM. Cayrol et Alphonse François, t. II, p. 91.

[2] *Idem*, p. 132.

[3] *Mémoires de Longchamp*, t. II, p. 352. « Le père Adam à qui son séjour à Ferney donna une sorte de célébrité... jouait avec Voltaire aux échecs, lui cachant adroitement sa supériorité. Le père Adam lui faisait quelques recherches d'érudition et lui servait même d'aumônier. » (*Vie de Voltaire*, par CONDORCET. — *OEuvres de Condorcet*, t. VI, p. 164.) (Notes de l'auteur.)

dans ma retraite je n'ai pas un moment de loisir, qu'il a fallu toujours bâtir, planter, écrire, faire des pièces de théâtre, des acteurs [1]... Je me suis brouillé avec les bœufs ; ils marchent trop lentement ; cela ne convient point à ma vivacité. Ils sont toujours malades ; je veux des gens qui labourent vite et qui se portent bien [2]... Si la précipitation gâte des affaires, il y en a d'autres qui demandent de la célérité... Il faut quelquefois saper, mais aussi il faut aller à la brèche. »

Néanmoins la santé, sans laquelle on ne jouit de rien, sans laquelle il n'y a rien dans le monde, lui manquait absolument, disait-il. « Des nouvellistes de Paris, qui disent toujours vrai, comme chacun sait, ont fait courir le bruit que j'étais mort, et ils ne se sont guère trompés [3]... Il est bien vrai que je ne suis pas mort, mais je ne puis pas non plus assurer absolument que je suis en vie [4]... J'ai été sur le point de finir ma carrière ; mais la nature me permet de faire encore quelques pas [5]... Les Parques qui m'ont filé déjà bien des années (il avait alors 82 ans) me le permettent ; mais les coquines ont cassé en vingt endroits mon fil qui ne vaut rien du tout [6]... Un homme d'une taille aussi légère que la mienne ne devait pas s'attendre à une espèce d'apoplexie. Je viens d'en tâter pour la rareté du fait [7]... L'apoplectique étique [8] est obligé

---

[1] Recueil de MM. de Cayrol et Alphonse François, t. I, p. 310.

[2] *Idem*, p. 308.

[3] *Idem*, t. II, p. 551.

[4] *Idem*, t. I, p. 302. « Je ne veux pas dire au juste quand ma place sera vacante à l'Académie, » écrivait-il à d'Alembert (d'Alembert, t. XVI, p. 318.)

[5] *Idem*, t. II, p. 169.

[6] *Idem*, p. 248.

[7] *Idem*, p. 448.

[8] *Idem*, p. 454. (Notes de l'auteur.)

de rester maintenant dans son lit jusqu'à midi au moins, se couchant de bonne heure [1]. »

Mais nous anticipons sur les dates. Même avant cette époque, il avait une chétive santé, et malgré cela une gaieté intarissable; proposant en 1769, à M. de Prégny, de lui vendre sa propriété de Tournay : « Elle ne vous rapportera rien tant que je vivrai, lui disait-il, et je vous avertis que je compte vivre jusqu'à quatre-vingt-deux ans au moins, attendu que mon grand-père, qui était aussi sec que moi et qui ne faisait ni vers, ni prose, en a vécu quatre-vingt-trois [2]... Moi laboureur, moi berger, moi rat retiré du monde, dans un fromage de Suisse, je me contente de ricaner sans me mêler de rien. Il est vrai que je ricane beaucoup, cela fait du bien et soutient son homme dans la vieillesse [3]..... Marchez toujours en ricanant dans le chemin de la vérité, » écrivait-il à d'Alembert [4].

C'est dans ce coin de la Suisse ou des confins de la France touchant la Suisse, puisque dans ce domaine on peut avoir un pied sur le sol français et l'autre sur le sol genevois, c'est là que ce grand homme a composé ses plus beaux ouvrages, c'est de là qu'il remplissait l'Europe de sa renommée. C'est là qu'il a passé les dernières années de sa vie ; il avait beau la dire uniforme et tranquille, partagée entre la lecture et les amusements de la campagne [5], c'était peut-être vrai à un certain jour, mais habituellement il s'excusait d'écrire des lettres si courtes, s'en disant avec raison si accablé que cela prenait

---

[1] Recueil de MM. de Cayrol et Alphonse François, p. 220.
[2] *Idem*, t. II, p. 163.
[3] *Idem*, t. I, p. 306.
[4] D'Alembert, t. XV, p. 149 et 402 ; t. XVI, p. 99 et 318.
[5] *Idem*, t. I, p. 370. (Notes de l'auteur.)

tout son temps [1], ou ailleurs déclarant qu'il ne peut pas faire des pièces [2], les jouer et écrire de longues lettres [3].

Associant le sacré au profane, il avait édifié une église à côté de son château. « L'église que j'ai fait bâtir est la seule de l'univers en l'honneur de Dieu. L'Angleterre a des églises bâties à Saint Paul, la France à Sainte Geneviève, mais pas une à Dieu [4] » C'est pour cela que sur le frontispice il fit graver en lettres d'or cette inscription fameuse : *Deo erexit Voltaire.* MDCCLXI [5].

Un de ses secrétaires, Wagnière, rapporte que M. de Voltaire l'avait chargé expressément de le faire transporter, après sa mort à Ferney, et enterrer dans la chambre des Bains, quoiqu'il se fût fait autrefois construire un tombeau adossé extérieurement à cette église. Un jour même, dit-on, il fit observer aux personnes qui l'accompagnaient « ce tombeau à moitié dans l'église et à moitié dans le cimetière : » — les malins, ajoutait-il, diront que je ne suis ni dehors ni dedans [6].

Rien n'est plus curieux que l'existence de Voltaire à Ferney : là était en quelque sorte le levier avec lequel ce génie puissant remuait le monde jusque dans ses fondements, critiquant les abus et les privilèges, émergeant l'esprit public, combattant à outrance la superstition et les préjugés, proclamant des droits dont la Révolution, qui éclata onze ans après, fut la consécration solennelle…

---

[1] Recueil de MM. de Cayrol et Alphonse François, t. I, p. 411.

[2] *Idem.* t. I, p. 340, 397, 412, 543 et 544 ; t. II, p. 523.

[3] *Idem*, t. I, p. 316.

[4] *Revue contemporaine*, 31 décembre 1855. — *Relations de la France avec l'Angleterre*, par M. Rathery, p. 290.

[5] *Mémoires de Wagnière et Longchamp*, t. I, p. 44, 277, 278 et 411.

[6] *Idem*, p. 161 et 412. (Notes de l'auteur.)

En même temps il répandait dans l'Europe sa gloire et ses idées. Aussi, au fond de sa retraite comme à Paris, Voltaire était-il l'objet de la curiosité, de l'admiration publique. Ainsi à Ferney il ne pouvait pas recevoir tous les visiteurs qui se présentaient. Madame Denis le suppléait. A une heure indiquée, il sortait de son cabinet d'étude et passait par son salon pour se rendre à la promenade. C'est là qu'on se tenait sur son passage... Noble popularité du génie!... Quand il s'apercevait qu'il y avait dans les cours une foule trop nombreuse, il donnait fort souvent à son cocher l'ordre de mener le carrosse à une des sorties du jardin ou du parc, et il allait y monter pour gagner plus promptement les bois ou les champs [1].

Son château était meublé très-proprement, mais sans aucun luxe. Tout y était simple et commode [2]: « Je vivrais très-bien avec cent écus par mois, écrivait-il à un de ses amis; mais madame Denis, l'héroïne de l'amitié et la victime de Francfort, mérite des palais, des cuisiniers, des équipages, grande chère et beau feu... Jouissez de votre doux loisir; moi je jouirai de mes très-douces occupations, de mes charrues à semoir, de mes taureaux, de mes vaches. »

... *Hanc vitam in terris Saturnus agebat* [3].

Ce qui ne l'empêchait pas, à certains moments de malaise, de se dépiter contre la rigueur du climat, écrivant à M. le marquis de Chauvelin [4]: « Me voilà, monsieur, redevenu taupe.

---

[1] *Mémoires de Wagnière et Longchamp*, t. Ier, p. 420.

[2] *Idem*, p. 372 et 372. — Voir aussi d'Alembert. Le château de Ferney reproduit par Catherine.

[3] *OEuvres de Voltaire*, t. LVIII; *Correspondance*, t. VI, p. 118.

[4] *Idem*, t. LX; *Correspondance*, t. VIII, p. 424. — Voir aussi d'Alembert, t. XV, p. 252; t. XVI, p. 174 et 179. (Notes de l'auteur.)

Votre Excellence saura que dès qu'il neige sur nos belles montagnes, mes joues deviennent d'un rouge charmant et que j'aurais très-bon air aux Quinze-Vingts. Cela me donne des regrets quelquefois d'avoir bâti et planté entre le mont Jura et les Alpes, mais enfin l'affaire est faite, et il faut faire contre neige bon cœur........ quoique je ne puisse plus suffire à la dépense d'un prince de l'empire et d'un fermier général [1] »

Tel nous apercevons Voltaire à Ferney, dans sa vie privée et littéraire, écrivant ses œuvres immortelles en prose, en vers, sur l'histoire, sur la philosophie, entretenant cette correspondance, où éclatent peut-être avec le plus de supériorité les qualités les plus brillantes de cet esprit vif, ardent, moqueur, sceptique, universel, impatient, comme le dit Condorcet [2], des persécutions de l'envie qu'il retrouvait parfois à Genève, après avoir cherché à leur échapper par la fuite, en Angleterre, à Berlin, à Paris, à Sceaux, élevant un théâtre pour son plaisir et son travail, et une église comme une réponse aux reproches d'impiété dont il était poursuivi ; double entreprise qui lui faisait dire : « Si vous rencontrez quelques dévots dans votre chemin, dites leur que j'ai achevé une église ; et si vous rencontrez des gens aimables, dites-leur que j'ai achevé mon théâtre [3]. »

Mais il avait à Ferney une autre tâche, une autre physionomie qui, pour être enfermée dans un cercle assez restreint, n'en empruntait pas moins ses traits principaux et ses ressources à des sentiments patriotiques et généreux,

---

[1] Recueil de MM. de Cayrol et Alphonse François, t. II, p. 132.

[2] Condorcet, *Notes sur Voltaire*, t. VII, p. 412.

[3] Recueil de MM. de Cayrol et Alphonse François, t. I, p. 340. (Notes de l'auteur.)

qui font le plus grand honneur à la nature élevée et noble de Voltaire. Je veux parler de cette haute tutelle qu'il a exercée sur le pays qu'il habitait et qu'il avait adopté, l'arrachant au néant pour lui donner le mouvement, la vie et la prospérité. Voltaire a créé Ferney, et ce n'est pas son moindre titre de gloire. C'était une bourgade ; il en fit une petite ville élégante, active, animée comme une ruche d'abeilles, industrieuse, florissante. On éprouve une véritable joie à suivre Voltaire dans l'accomplissement de cette entreprise, au service de laquelle il dépense avec prodigalité cette ardeur, ce feu, cette énergie, cette verve, cette persévérance que ne rebutent aucun obstacle, aucune entrave. Il marche à son but d'un pas assuré, et il l'atteint. « Si tous ceux qui habitent leurs terres faisaient ce que je fais dans la mienne, l'Etat serait encore plus florissant qu'il ne l'est. J'ai défriché des terrains considérables ; j'ai bâti des maisons pour les cultivateurs ; j'ai mis l'abondance où était la misère ; j'ai construit des églises ; mes curés, tous les gentilshommes, mes voisins, ne rendent pas de moi de mauvais témoignages, et quand les *Fréron* et les *Pompignan* voudront me nuire, ils n'y réussiront pas [1]. » Il écrivait à madame Necker : « Vous ne saviez pas ce qui était réservé au petit pays de Gex. Il va devenir, grâce à M. de Choiseul, un des plus florissants de l'Europe, et toutes les terres doubleront de prix dans très-peu d'années [2]... » A M. le maréchal duc de Richelieu : « Je suis parvenu à faire une assez jolie petite ville d'un hameau misérable et ignoré, et à établir un commerce qui s'étend en Amérique, en Afrique et en Asie. L'unique avantage que j'ai retiré de cet établissement, est la satisfaction d'avoir fait une chose qui n'est pas

[1] Recueil de MM. de Cayrol et Alphonse François, t. II, p. 121.
[2] *Idem*, p. 2017. (Notes de l'auteur.)

ordinaire aux gens de lettres; il me semble du moins que c'est se ruiner en bon citoyen [1]. » Une autre fois encore à M. le duc de Richelieu : « Je viens enfin à bout de fonder une assez jolie ville; il est vrai que c'est en me ruinant; mais on ne peut se ruiner pour une entreprise plus honnête. Quelques ministres me donnent des secours de toute espèce, excepté d'argent [2]. » « Une assez jolie salle de comédie, construite par Saint-Géran, dans Ferney même, donne l'air d'une petite ville assez agréable à un village affreux qui était autrefois l'horreur de la nature [3]. » Les maisons bâties par Voltaire lui coûtaient, disait-il, 300,000 fr. [4].

« Malgré les grands hommes tels que Fréron, Clément et Sabatier, Ferney est devenu un lieu assez considérable qui n'est pas indigne des attentions du ministère. Il y a non-seulement d'assez grandes maisons de pierres de taille, mais des maisons de plaisance très-jolies, qui orneraient Saint-Cloud et Meudon [5]. Je ne me mêle que de ma petite colonie. Je fais bâtir plusieurs maisons en pierres de taille, que des étrangers, nouveaux sujets du roi, habiteront ce printemps [6]. J'ai bâti pour Florian, à Ferney, une petite maison qui ressemble comme deux gouttes d'eau à un pavillon de Marly, à cela près qu'il est plus joli et plus frais. Nous avons quatre ou cinq maisons dans ce goût [7]. »

[1] Recueil de MM. de Cayrol et Alphonse François, p. 371.
[2] *Idem*, p. 439.
[3] *Idem*, t. II, p. 501.
[4] *Idem*, p. 514.
[5] *Idem*, p. 599.
[6] *OEuvres complètes de Voltaire*, t. LXVI; *Correspondance*, t. XIV, p. 451.
[7] *Idem*, p. 269. On voit encore aujourd'hui à Ferney la maison de Florian. (Notes de l'auteur.)

Il y a à Ferney, disent les Mémoires de Bachaumont, des jardins, des terrasses magnifiques, dépendances d'un très-beau château très-solidement bâti. Il n'y a pas de jours où M. de Voltaire ne mette des *enfants en nourrice*. C'est son terme pour dire qu'il plante des arbres; il y préside lui-même. Il a une grande quantité de tableaux, de statues, de choses rares qui doivent valoir un argent immense. Le village est composé d'environ quatre-vingts maisons, toutes très-bien bâties. La plus vilaine en dehors vaut mieux et est plus belle que la plus superbe des villages de nos entours de Paris. Il y a environ huit cents habitants, trois ou quatre maisons de bons bourgeois. Les autres habitants sont des horlogers, menuisiers, artisans de toute espèce. Sur ces quatre-vingts maisons, il y en a au moins soixante à M. de Voltaire. Il est certainement le créateur de ce pays-là. Il y a fait beaucoup de bien [1].

A l'égard de la grande quantité de tableaux, statues au château de Ferney, Wagnière répond que c'est fort exagéré. M. de Voltaire, dit son secrétaire, n'avait qu'une vingtaine de tableaux au plus et quelques bustes, parmi lesquels étaient plusieurs portraits de princes et d'hommes célèbres qui lui étaient chers... Il fait bâtir actuellement dix-huit maisons, ce qui les portera au nombre de cent environ... Il continue à augmenter Ferney; il y a peut-être dépensé cette année 100,000 francs au moins. Le théâtre est charmant... Il montre, aux amateurs qui vont le voir, le portrait du roi de Prusse, dont ce monarque lui a fait présent, ainsi que celui de Voltaire lui-même en porcelaine [2]...

---

[1] *Mémoires de Bachaumont*, 1775. Lettre de M. de Saint-Remy.
[2] *Mémoires de Wagnière et Longchamp*, t. I, p. 371, 272, 383 et 399. Voir aussi d'Alembert, t. XVIII, p. 16, 18 et 21. (Notes de l'auteur.)

Si j'insiste un peu sur ces détails particuliers, c'est qu'on en retrouve encore aujourd'hui quelques vestiges dans cette habitation et ce pays si longtemps animé de sa présence et de sa vie. Ainsi ce mausolée adossé à l'église, ces arbres plantés par lui, ces images reproduisant des traits aimés de Voltaire, ce portrait du petit Savoyard que, pendant son séjour à Sceaux, chez la duchesse de Maine, il avait fait venir à Paris pour ses commissions [1], l'ameublement conservé de sa chambre à coucher, cette charmille en vue du Mont-Blanc et de ce magnifique panorama, sous l'ombrage de laquelle il allait si souvent s'asseoir et chercher les inspirations de son génie, tous ces témoins de l'existence intime de l'homme illustre qui domine le dix-huitième siècle, frappent d'un indicible respect, surtout au contact de la vie journalière dans cette même enceinte, sous ces mêmes lambris, dans cette demeure autrefois habitée par lui.

. . . .

... Ferney était son fief, le pays de Gex son domaine. Il avait embrassé ses intérêts avec l'ardeur qu'il mettait au service de toutes les grandes idées ; il réclamait, sollicitait, insistait sans relâche et sans redouter de paraître importun, demandant justice en sa faveur auprès de M. de Jaucourt [2], auprès de M. Trudaine [3], auprès des ministres ou des hommes puissants qu'il cherchait à faire les coopérateurs de son œuvre : « Nous sommes bien peu de chose, je l'avoue, écrivait-il à M. de Trudaine ; mais nous travaillons, nous ferons entrer des espèces dans le royaume, nous y attirons des étran-

---

[1] Wagnière, t. II, p. 145.

[2] Le dirons-nous aussi, auprès de Mme de Pompadour, auprès de Mme du Barry !...

[3] Condorcet, *Eloge de M. de Trudaine*, t. I, p. 271. (Notes de l'auteur.)

gers, nous peuplons, et nous ne demandons d'autres secours que la liberté d'être utile. »

Il mettait un zèle, un dévouement admirable à propager l'industrie qu'il avait fondée à Ferney. Les manufactures de montres, dont il était le créateur, ouvraient une ère nouvelle à ce terrain enrichi par un commerce qui, chaque jour, grâce à lui, devenait plus prospère. C'est à la duchesse de Choiseul [1], à madame la comtesse d'Artois [2], qu'il adressait ses requêtes ou des échantillons de ses produits : « Pourrions-nous prendre l'extrême liberté d'envoyer de notre couvent, disait-il, les six montres que nous venons de faire à Ferney? Nous les croyons très-jolies et très-bonnes ; mais tous les auteurs ont cette opinion de leurs ouvrages... c'est une terrible chose qu'une colonie et une manufacture. »

A M. le maréchal de Richelieu : « Les artistes de ma colonie, monseigneur, qui ont fourni, selon vos ordres, une montre garnie de diamants pour les noces de madame la comtesse d'Artois, se jettent à vos pieds. Ils adressèrent cette montre à M. d'Ogny [3]... »

« Nous ferons des montres excellentes. Paris les tire toutes de Genève, et nous les donnons à un grand tiers meilleur marché qu'à Paris [4]. »

« Il est singulier que presque tous les horlogers que j'ai établis à Ferney travaillent pour les horlogers de Paris, qui met-

---

[1] Recueil de MM. de Cayrol et Alphonse François, t. II, p. 198 et 199.
[2] *Idem*, p. 363.
[3] Puis Voltaire ajoutait : « A M. d'Ogny, *qui la présenta lui-même à M*^{me} *du Barry, laquelle s'était chargée des présents.* »
[4] Recueil de MM. de Cayrol et Alphonse François, t. II, p. 209. (Notes de l'auteur.)

tent hardiment leurs noms aux montres qui se font *chez moi* [1]... »

« On fabrique ici des montres beaucoup mieux qu'à Genève, et le sieur Lépine, horloger du roi, l'un des plus habiles de l'Europe, y a son comptoir et ses ouvriers. On y travaille d'un côté pour Paris, et de l'autre pour le Bengale. Les Anglais nous ont préféré aux ouvriers de Londres, parce que nous travaillons à moitié meilleur marché [2]. Les montres à répétition, telles qu'elles sont ici, coûteraient plus de trente louis à Paris ; vous en avez à Ferney tant que vous voudrez pour dix-huit [3]. Comment avez-vous imaginé que vous auriez des montres à répétition, garnies de diamants, pour dix-huit louis ? Dans quel tome des *Mille et une Nuits* avez-vous lu cette anecdote ? Vous aurez pour dix-huit d'excellentes montres à répétition, garnies de marcassites aussi brillantes que des diamants, et ces mêmes montres coûteraient quarante louis à Paris. Donnez vos ordres, vous serez servi : vous aurez de très-belles montres et de très-mauvais vers, quand il vous plaira [4]. »

D'ailleurs tout ne marchait pas seul : « Un homme de mon âge, qui vient de bâtir quatre-vingt-quatorze maisons, qui est ruiné, qui a dix procès et dix actes de tragédie sur le corps, n'a pas de quoi rire [5]. » Une armée d'alguazils, ennemis du genre humain, selon son expression, mettaient des entraves à l'exploitation de ses terres, de ses manufactures ; il fallait leur livrer bataille. Tantôt irrité, tantôt découragé, il s'écriait que

---

[1] Recueil de MM. de Cayrol et Alphonse François, t. II, p. 371.
[2] *Idem*, p. 511.
[3] *Idem*, p. 401.
[4] *Idem*, p. 405.
[5] *OEuvres complètes de Voltaire*, t. LXVII, p. 323. (Notes de l'auteur.)

c'était une violence et une friponnerie non pas inouïe mais intolérable. « Si je n'en ai pas raison, je vais affermer Ferney et mes autres domaines, et je mourrai dans mes Délices sans remettre les pieds dans la frontière française. J'ai cherché dans ma vieillesse la liberté et le repos ; on me les ôte. J'aime mieux du pain en Suisse, que d'être tyrannisé en France[1]. »

C'est ainsi qu'il était toujours sur la brèche, discutant, combattant ici pour les droits communiers, là pour le défrichement des marais, d'un côté contre l'impôt de la gabelle, de l'autre contre l'intolérance du clergé[2] ; l'édification de son église[3] à Ferney était une source de difficultés pour lui ; les exigences du fisc pesaient avec indignité sur toutes ces populations. De là pour Voltaire, leur avocat et leur tuteur, des luttes vives, incessantes pour le triomphe de leurs droits. N'en vint-il pas même aux mains avec des malfaiteurs qui infestaient le pays ? Ne déclare-t-il pas dans une lettre que j'ai l'honneur de produire ici qu'il va se mettre sur la défensive ? « Père Adam ne tire pas mal son coup de fusil ; j'ai une petite baïonnette d'environ quatre pouces et demi dont je ne laisserai pas de m'escrimer. Nous mettrons tous nos petits garçons sous les armes[4]. »

[1] Recueil de MM. de Cayrol et Alphonse François, t. I, p. 296 et 300. (Notes de l'auteur.)

[2] Voir (dans *Voltaire à Ferney*) *Lettres inédites* à M. Fabri, Ferney, 17 juin 1761. — L'évêque prétendait que le seigneur de Ferney avait fait dans l'église, après la messe, une exhortation morale contre le vol, et que les ouvriers employés par lui à construire cette église n'avaient pas déplacé une vieille croix avec assez de respect... C'est alors qu'il imagina de faire une communion solennelle, qui fut suivie d'une protestation publique de son respect pour l'église. (Condorcet, t. VI, 181 et 182.)

[3] *Idem*, 17 juin 1761.

[4] *Idem*, 28 janvier 1765 à Ferney. (Notes de l'auteur.)

A l'occasion de l'alarme répandue dans ces contrées par la crainte de la dévastation et du pillage, Voltaire réclamait auprès des autorités... Plus tard, le calme, la paix et le bien-être succédèrent à ces dures épreuves : « Notre petit pays de Gex est bien changé, mandait Voltaire à M. de Rebecque en 1776 ; nous sommes à présent presque aussi libres que vous ; nous avons chassé soixante-douze coquins qui nous désolaient et qui nous volaient au nom de la ferme générale. On ne vient plus piller les maisons des habitants ; on ne condamne plus aux galères des pères de famille pour avoir mis dans leur marmite une poignée de sel de contrebande. Le pays est ivre de joie. Cette grande révolution m'a coûté beaucoup de peine : il m'a fallu sortir quelquefois de mon lit, et surtout écrire beaucoup ; mais le bonheur public rend toutes les fatigues légères [1]. »

C'était bien en effet son œuvre. Le petit pays de Gex, déjà dépeuplé par les suites de l'Edit de Nantes, séparé géographiquement de la France par le mont Jura, entre une frontière ouverte et des montagnes, ne pouvait répondre aux exigences fiscales de la ferme générale qu'à l'aide d'une armée ruineuse et vexatoire d'employés qui épuisaient les forces vitales de cette malheureuse contrée. Voltaire poursuivait la substitution d'un impôt régulier et normal à cette perception abusive, et l'avait enfin obtenue de la haute raison de Turgot... — EVARISTE BAVOUX. *Voltaire à Ferney. Sa correspondance avec la duchesse de Saxe-Gotha, suivie de lettres et de notes historiques, entièrement inédites, recueillies et publiées par MM. EVARISTE BAVOUX et A. F.* (Paris, Didier et Ce, 1860.)

CHAPITRE L.

PROJET D'UNE COLONIE DE PHILOSOPHES [1].
1766.

L'exécution du chevalier de la Barre, donna quelque temps à notre philosophe une si grande horreur pour sa patrie, qu'il était sur le point de prendre le parti de se retirer auprès de Clèves, dans une maison que lui offrait le roi de Prusse. Ce prince l'en sollicita beaucoup, lui promit sa protection et toutes sortes de secours. M. de Voltaire proposa à plusieurs gens de lettres pauvres de le suivre, mais aucun ne le voulut. Son intention était d'y former une espèce de société de philosophes pensant comme lui, c'est-à-dire de pures déistes. Le temps ayant adouci son indignation, et le Parlement de Paris n'ayant pas exécuté ses menaces contre lui, il renonça à son projet de quitter Ferney. —WAGNIÈRE [2]. Additions au *Commentaire historique*, t. I des *Mémoires sur Voltaire et ses ouvrages*, par LONGCHAMP et WAGNIÈRE. (Paris, Aimé André, 1826.)

[1] Le bruit se confirme de plus en plus des plaintes portées au roi par le parlement contre M. de Voltaire, et sa licence à critiquer ses arrêts, ainsi qu'à écrire sur des matières dangereuses et propres à répandre l'athéisme partout. On prétend que pour en empêcher les suites fâcheuses, ses amis l'ont engagé à solliciter une retraite auprès du roi de Prusse. (*Mémoires secrets* dits *de Bachaumont*, t. III, p. 74, du 11 août 1766.) (R. d'A.)

[2] Littérateur français, né en Suisse (1739-1787). Voltaire le prit à son service en 1754, et, remarquant son désir de s'instruire, il lui donna lui-même des leçons de latin. En 1756, il succédait à Collini comme secrétaire de l'illustre philosophe, qui le conserva auprès de lui jusqu'à sa mort, et dont il sut justifier l'attachement par un inaltérable attachement. (R. d'A.)

CHAPITRE LI.

GUERRE CONTRE L'ÉGLISE.
1762-1778.

Il se préparait alors une grande révolution dans les esprits. Depuis la renaissance de la philosophie, la religion exclusivement établie dans toute l'Europe n'avait été attaquée qu'en Angleterre. Leibnitz, Fontenelle et les autres philosophes moins célèbres, accusés de penser librement, l'avaient respectée dans leurs écrits. Bayle lui-même, par une précaution nécessaire à sa sûreté, avait l'air, en se permettant toutes les objections, de vouloir prouver uniquement que la révélation seule peut les résoudre et d'avoir formé le projet d'élever la foi en rabaissant la raison. Chez les Anglais, ces attaques eurent peu de succès et de suite. La partie la plus puissante de la nation crut qu'il lui était plus utile de laisser le peuple dans les ténèbres, apparemment pour que l'habitude d'adorer les mystères de la *Bible* fortifiât sa foi pour ceux de la constitution, et ils firent comme une espèce de bienséance sociale du respect pour la religion établie. D'ailleurs, dans un pays où la Chambre des Communes conduit seule à la fortune, et où les membres de cette chambre sont élus tumultuairement par le peuple, le respect apparent pour ses opinions doit être érigé en vertu par tous les ambitieux.

Il avait paru en France quelques ouvrages hardis; mais les attaques qu'ils portaient n'étaient qu'indirectes. Le livre même *de l'Esprit* n'était dirigé que contre les principes religieux en général; il attaquait toutes les religions par leur base, et laissait au lecteur le soin de tirer les conséquences et de faire les applications. *Emile* parut : la profession de foi du vicaire savoyard ne contenait rien sur l'utilité de la croyance d'un Dieu pour la morale, et sur l'inutilité de la révélation, qui ne se trouvât dans le poëme de la *Loi naturelle ;* mais on y avertissait ceux qu'on attaquait que c'était d'eux que l'on parlait. C'était sous leur nom, et non sous celui des prêtres de l'Inde ou du Thibet, qu'on les amenait sur la scène. Cette hardiesse étonna Voltaire et excita son émulation. Le succès d'*Emile* l'encouragea, et la persécution ne l'effraya point.

. . . .

Voltaire pouvait se croire sûr d'éviter la persécution en cachant son nom et en ayant soin de ménager les gouvernements, de diriger tous ses coups contre la religion, d'intéresser même la puissance civile à en affaiblir l'empire. Une foule d'ouvrages où il emploie tour à tour l'éloquence, la discussion et surtout la plaisanterie, se répandirent dans l'Europe, sous toutes les formes que la nécessité de voiler la vérité ou de la rendre piquante, a pu faire inventer. Son zèle contre une religion qu'il regardait comme la cause du fanatisme qui avait désolé l'Europe, depuis sa naissance, de la superstition qui l'avait abrutie, et comme la source des maux que ces ennemis de l'humanité continuaient de faire encore, semblait doubler son activité et ses forces. « Je suis las, disait-il un jour, de leur entendre répéter que douze hommes ont suffi pour établir le christianisme, et j'ai envie de leur prouver qu'il n'en faut qu'un pour le détruire. »

La critique des ouvrages que les chrétiens regardent comme inspirés, l'histoire des dogmes qui depuis l'origine de cette religion se sont successivement introduits, les querelles ridicules ou sanglantes qu'ils ont excitées, les miracles, les prophéties, les contes répandus dans les historiens ecclésiastiques et légendaires, les guerres religieuses, les massacres ordonnés au nom de Dieu, les bûchers, les échafauds couvrant l'Europe à la voix des prêtres, le fanatisme dépeuplant l'Amérique, le sang des rois coulant sous le fer des assassins ; tous ces objets reparaissent sans cesse dans tous ses ouvrages sous mille couleurs différentes. Il excitait l'indignation, il faisait couler les larmes, il prodiguait le ridicule. On frémissait d'une action atroce, on riait d'une absurdité. Il ne craignait point de remettre souvent sous les yeux les mêmes tableaux, les mêmes raisonnements. « On dit que je me répète, écrivait-il : eh bien ! je me répéterai jusqu'à ce qu'on se corrige. »

D'ailleurs, ces ouvrages sévèrement défendus en France, en Italie, à Vienne, en Portugal, en Espagne, ne se répandaient qu'avec lenteur. Tous ne pouvaient parvenir à tous les lecteurs ; mais il n'y avait dans les provinces aucun coin reculé, dans les pays étrangers aucune nation écrasée sous le joug de l'intolérance, où il n'en parvînt quelques-uns.

Les libres penseurs, qui n'existaient auparavant que dans quelques villes où les sciences étaient cultivées, et parmi les littérateurs, les savants, les grands, les gens en place, se multiplièrent à sa voix dans toutes les classes de la société, comme dans tous les pays. Bientôt connaissant leur nombre et leurs forces, ils osèrent se montrer, et l'Europe fut étonnée de se trouver incrédule.

Cependant ce même zèle faisait à Voltaire des ennemis de tous ceux qui avaient obtenu ou qui attendaient de cette religion leur existence ou leur fortune. Mais ce parti n'avait plus de Bossuet, d'Arnaud, de Nicole ; ceux qui les remplaçaient par le talent, dans la philosophie ou dans les lettres, avaient passé dans le parti contraire ; et les membres du clergé qui leur étaient le moins inférieurs, cédant à l'intérêt de ne point se perdre dans l'opinion des hommes éclairés, se tenaient à l'écart, ou se bornaient à soutenir l'utilité politique d'une croyance qu'ils auraient été honteux de paraître partager avec le peuple, et substituaient à la superstition crédule de leurs prédécesseurs une sorte de machiavélisme religieux.

Les libelles, les réfutations, paraissaient en foule; mais Voltaire seul, en y répondant, a pu conserver le nom de ces ouvrages, lus uniquement par ceux à qui ils étaient inutiles, et qui ne voulaient ou ne pouvaient entendre ni les objections ni les réponses.

Aux cris des fanatiques, Voltaire opposait les bontés des souverains. L'impératrice de Russie, le roi de Prusse, ceux de Pologne, de Danemarck et de Suède, s'intéressaient à ses travaux, lisaient ses ouvrages, cherchaient à mériter ses éloges, le secondaient quelquefois dans sa bienfaisance. Dans tous les pays, les grands, les ministres qui prétendaient à la gloire, qui voulaient occuper l'Europe de leur nom, briguaient le suffrage du philosophe de Ferney, lui confiaient leurs espérances ou leurs craintes pour le progrès de la raison, leurs projets pour l'accroissement des lumières et la destruction du fanatisme. Il avait formé dans l'Europe entière une ligue dont il était l'âme, et dont le cri de ralliement était : *raison et tolérance*. S'exerçait-il chez une nation quelque grande injustice, apprenait-on quelque acte de fanatisme, quelque insulte faite à l'humanité, un écrit de Voltaire dénonçait le coupable à l'Europe. Et qui sait combien de fois la crainte de cette vengeance sûre et terrible a pu arrêter le bras des oppresseurs !

C'était surtout en France qu'il exerçait ce ministère de la raison. Depuis l'affaire des Calas, toutes les victimes injustement immolées ou poursuivies par le fer des lois, trouvaient en lui un appui ou un vengeur. — CONDORCET. *Vie de Voltaire.*

CHAPITRE LII.

LE PORTATIF.
1764.

Voltaire avait assuré le succès de la grande *Encyclopédie* en lui apportant la force de sa collaboration (1755), quand la publication de l'œuvre fut soudainement suspendue par arrêt. Or, après sept ans d'attente, et comme la suspension durait toujours, on apprit à Paris qu'un *Dictionnaire philosophique*, mais portatif celui-là, venait de paraître en Suisse sans nom d'auteur. Un exemplaire arrive à Paris. Tous les amis de Voltaire de s'écrier sans réflexion : C'est de lui ! c'est son style ! A ces cris, l'orage se forme. Un abbé d'Estrée, ex-associé de Fréron, donne un exemplaire du livre au procureur général qui se propose d'instrumenter contre Voltaire ; l'évêque d'Orléans se déchaîne contre Voltaire ; on va même jusqu'à s'adresser au roi en termes très-forts contre Voltaire, et le roi promet de faire examiner le livre qu'on impute au philosophe. Instruit de tout ce bruit, de toutes ces dénonciations, celui-ci craint d'être obligé de fuir, il craint surtout que le scandale grossisse tellement autour du *Portatif* que la grande *Encyclopédie* ne puisse plus jamais reparaître. Il n'y a pas à hésiter. Voulant conjurer la tempête, il écrit net au censeur Marin qu'il proteste contre la calomnie dont il est victime. Puis il prie d'Argental, et Damilaville, et madame du Deffand, et madame d'Epinai, et d'Alembert, de dire, de répéter que le livre n'est pas de lui, qu'il est de plusieurs mains, que l'auteur du recueil est un nommé Debut, petit apprenti théologien de Hollande, et voilà qu'il fait agir, aller, venir le Debut qu'il a créé. Mais la tempête grossit toujours. Alors Voltaire imagine de désigner les auteurs des articles. L'article Messie est du premier pasteur de l'église de Lausanne, Polier de Bottens. Voltaire a chez lui la copie signée du pasteur; deux conseillers de Genève sont venus constater cette signature ; l'article Apocalypse est d'Abauzit ; l'article Enfer est tiré de Warbuton : l'article Baptême est bien de Middleton ; il ne voit dans ce recueil que Amour, Amitié, Guerre, Gloire, etc., tous articles destinés autrefois à la grande *Encyclopédie*. Et il écrit cela au président Hénault, qui doit examiner le livre pour le roi ; au duc de Richelieu, qui doit user de son influence à la cour ; à M. de Praslin, qui promet de parler en ce sens au Conseil ; enfin il en fait dire un mot en pleine Académie. Et voilà le roi, la cour, le Conseil, l'Académie qui en prennent leur parti et qui s'apaisent. Mais reste le parlement, et Voltaire a beau dire que le livre n'a été imprimé que pour tirer de la misère une famille malheureuse, il a beau vouloir circonvenir les conseillers les plus influents, Joly de Fleury n'en rédige pas moins son réquisitoire. Toutefois, pendant qu'il rédigeait, le livre incendiaire reapparaissait en Hollande avec plus d'éclat encore que la veille, *terriblement* augmenté pour employer l'expression même de Voltaire. — Georges Avenel. *OEuvres complètes de Voltaire*. Edition du journal le *Siècle*. (Paris, aux bureaux du *Siècle*, 1867.) T. I, Note.

CHAPITRE LIII.

LA STATUE DE VOLTAIRE.
1770.

En 1770, une société très-nombreuse de gens de lettres [1] forma le projet d'élever une statue à l'auteur de la *Henriade* et de tant d'autres ouvrages immortels; hommage que ce grand homme méritait de recevoir de son vivant.

Cette statue lui fut en effet érigée avec cette inscription :

A VOLTAIRE, PAR LES GENS DE LETTRES SES COMPATRIOTES
ET SES CONTEMPORAINS [2].

Ceux qui avaient formé le projet de ce monument, désiraient que le roi de Prusse, si respecté de tous ceux qui cultivent les lettres, si digne appréciateur des rares talents de

---

[1] Le 17 avril 1770, les philosophes tinrent une assemblée chez M⁽ᵐᵉ⁾ Necker. c'étaient Diderot, Suard, Chastellux, Grimm, Schomberg, Marmontel, d'Alembert, Thomas, Necker, Saint-Lambert, Saurin, Helvétius, Besnard, et les abbés Raynal, Arnaud et Morellet. Après un copieux dîner, il fut résolu d'élever une statue à Voltaire. Le statuaire Pigalle assistait à la séance. J.-J. Rousseau se fit inscrire sur la liste des souscripteurs et donna deux louis; mais les offrandes de La Beaumelle, de Palissot et de Fréron furent refusées. (R. d'A.)

[2] Cette statue est l'ouvrage du célèbre Pigalle. La tête est pleine d'enthousiasme et l'attitude de noblesse, de mouvement et d'expression. Il serait à souhaiter que l'artiste, trop attaché à l'idée de représenter un vieillard, n'eût pas fait du corps une espèce de squelette, que les connaisseurs regardent à la vérité comme un chef-d'œuvre de sculpture, mais qui paraît moins beau au commun des spectateurs. (Note de d'Alembert.)

cet illustre écrivain, si célèbre enfin lui-même par son génie, par ses victoires et par ses ouvrages, voulût bien permettre que son auguste nom fût mis à la tête des souscripteurs.

D'Alembert, qui avait reçu de ce grand prince les marques de bonté les plus signalées, eut l'honneur de lui écrire à ce sujet, et voici la réponse qu'il en reçut. Que ne peut-elle être gravée au bas de la statue de Voltaire! elle serait encore plus honorable pour lui que la statue même.

« A Sans-Souci, le 28 juillet 1770.

« Le plus beau monument de Voltaire, est celui qu'il s'est érigé lui-même. Ses ouvrages; ils subsisteront plus longtemps que la basilique de Saint-Pierre, le Louvre, et tous ces bâtiments que consacre l'éternité. On ne parlera plus français que Voltaire sera encore traduit dans la langue qui lui aura succédé. Cependant, rempli du plaisir que m'ont fait ses productions si variées, et chacune si parfaite en son genre, je ne pourrais, sans ingratitude, me refuser à la proposition que vous me faites, de contribuer au monument que lui érige la reconnaissance publique. Vous n'avez qu'à m'informer de ce qu'on exige de ma part, je ne refuserai rien pour cette statue [1], plus glorieuse pour ceux qui l'élèvent que pour Voltaire même. On dira que dans ce dix-huitième siècle, où tant de gens de lettres se déchiraient par envie, il s'en est trouvé d'assez nobles, d'assez généreux, pour rendre justice à un homme doué de génie et de talents supérieurs à tous les

---

[1] D'Alembert, à qui la lettre était adressée, répondit à cette offre du roi : « Votre Majesté désire savoir ce que nous demandons pour ce monument. « *Un écu*, Sire, *et votre nom.* » Ce prince a donné une somme considérable. (Note de d'Alembert.)

siècles; que nous avons mérité de posséder Voltaire; et la postérité la plus reculée nous enviera encore cet avantage... »

L'Académie française, ayant entendu la lecture de cette lettre, arrêta, d'une voix unanime, qu'elle serait insérée dans ses registres, comme un monument également honorable pour Voltaire et pour la littérature française [1]. — D'ALEMBERT, *OEuvres complètes*. (Paris, Belin, 1821), t. III.

CHAPITRE LIV.

VOLTAIRE ET LA LIBERTÉ DE CONSCIENCE. — AFFAIRE DES CALAS. — PROCÈS DE SIRVEN. — LA BARRE ET D'ETALLONDE. — LE GALÉRIEN PROTESTANT CHAUMONT. — LE CURÉ DE MOENS ROSSANT SES OUAILLES. — LES SERFS DU MONT JURA.
1762-1770.

Un jour, c'était au mois d'avril 1762, un réfugié français,

---

[1] Frédéric fit plus : il fit exécuter une statue de Voltaire dans sa manufacture de porcelaine, et la lui envoya, avec ce mot gravé sur la base : *Immortali*. — Voltaire écrivit au-dessous :

Vous êtes généreux : vos bontés souveraines
Me font de trop nobles présents ;
Vous me donnez sur mes vieux ans
Une terre dans vos domaines (*a*).

Et il dit à tous ses commensaux que le mot *Immortali* était la signature du donateur. (R. d'A.)

(*a*) *OEuvres de Voltaire*. Commentaire historique. (R. d'A.)

M. de Végobre [1], faisait une visite à Voltaire. « Qu'y a-t-il de nouveau ? Du nouveau ? — Il arrive la plus terrible histoire que les fastes judiciaires puissent enregistrer ! — Quoi donc ! Racontez vite ! — Il existe à Toulouse une famille de réformés, digne de considération et possédant une position honorable. Ils se nomment Calas. Un des fils s'est fait catholique, et le père, quoique sincèrement affligé de son changement de religion, lui a continué sa pension alimentaire. Le frère aîné mène une vie désordonné : il hante les salles d'armes et les billards et se tient dans un état d'ivresse à peu près continuel, et comme il est criblé de dettes, son père refuse d'apaiser ses créanciers et de lui donner les moyens de continuer ses désordres. Dès lors une exaltation furieuse s'est emparée de ce jeune homme : il a lu des ouvrages qui font l'apologie du suicide et un jour on a trouvé ce malheureux pendu à la tra-

---

[1] M. de Végobre fils, de qui nous tenons ces détails, a été durant toute sa vie le protecteur zélé de ses coreligionnaires français, et l'un des membres les plus respectables et des plus actifs de l'église de Genève. (Note de l'auteur.)

« Ce fut, dit M. G. Desnoiresterres, un négociant de Marseille, le sieur Audibert, qui, se rendant de Toulouse à Genève, vint lui raconter (à Voltaire) les faits comme il le savait, et, le premier, lui inspira l'ardent désir d'approfondir cet horrible mystère. » (p. 204 de *Voltaire et J.-J. Rousseau*.)

« C'est un ministre genevois qui lui mit entre les mains la cause de Calas et des Sirven : Moultou l'ami de J.-J. Rousseau, et qui doit équitablement partager avec Voltaire l'honneur de ces réhabilitations laborieuses. Mais ce n'est ni Moultou ni Genève qui lui révélèrent le prix de la tolérance religieuse. Née dans sa tête ou de son cœur, la tolérance avait été de tout temps la passion de Voltaire, et elle ne s'était pas refroidie à la cour du roi de Prusse. Elle était même la moins factice des liens qui unissaient l'écrivain et le prince. » A. Savous. *Le dix-huitième siècle à l'étranger.* (Paris, Amyot, 1861.) (R. d'A.)

verse d'une porte. Aussitôt le bruit s'est répandu que son père l'avait pendu lui-même parce qu'il avait manifesté le désir de se faire catholique : son père ! pauvre vieillard de 69 ans ! faible, infirme, fort incapable de soulever le corps géant de son fils, dont la taille dépassait six pieds ! Pour corroborer cette accusation, la confrérie des pénitents blancs a fait célébrer des messes pour le repos du défunt ; on a exposé une peinture qui le représente tenant d'une main la palme du martyre et de l'autre la plume qui devait signer son abjuration : on a fait courir le bruit que les réformés assassinent fréquemment en secret ceux de leurs enfants qui veulent passer au catholicisme. Bref, on a si bien fanatisé la population de Toulouse qu'elle a demandé à grands cris la mort du vieux Calas ; c'est un magistrat nommé David qui a conduit le procès, et malgré toutes les invraisemblances, les absurdités accumulées dans cette affaire, le malheureux a été déclaré coupable, condamné au supplice de la roue et exécuté le 9 mars dernier ! Il est mort comme un martyr, protestant de son innocence et pardonnant à ses juges qui sans doute, disait-il, avaient été égarés par de faux témoins…. Sa femme et ses filles étaient également accusées de ce meurtre : on a pourtant reculé devant l'idée de les mettre à mort ; on leur a rendu la liberté, et elles sont arrivées à Genève depuis trois jours. — Elles sont à Genève ! Que je les voie au plus tôt ! » s'écrie Voltaire qui pleurait à chaudes larmes et dont le corps frémissait à ce récit. M. de Végobre court chercher les dames Calas. Voltaire écoute le récit détaillé de leurs infortunes, et, convaincu de l'innocence de cette famille, il veut obtenir pour son chef une éclatante réhabilitation.

La tâche qu'il venait de prendre était lourde et dangereuse : il fallait combattre et réduire au silence une magistrature puissante, un clergé fanatisé, des préjugés les mieux enracinés peut-être entre tous. Mais les obstacles ne firent qu'exciter l'ardeur du philosophe. Il intéressa à cette cause le duc de Choiseul, ministre du roi ; il écrivit à tous les grands personnages sur lesquels il pouvait avoir quelque influence ; la duchesse d'Anville, arrière-petite-fille de Larochefoucauld, étant venue à Genève consulter Tronchin, celui-ci, d'accord avec Voltaire, la gagna entièrement à la cause de Calas. Enfin la révision du procès commença : Voltaire se fit remettre les longs et diffus mémoires des avocats qu'il transformait en pages brèves, concluantes, étincelantes d'esprit et d'éloquence. Il remplit les journaux des détails de cette affaire, multiplia les brochures, tint en haleine l'opinion publique, écrivit à tous les souverains. Enfin, au printemps de 1766, après quatre années d'effort et de travaux dont Ferney fut le centre et Voltaire le directeur, l'arrêt qui condamnait Calas fut cassé et son innocence reconnue ; l'accusateur David, accablé sous le poids de la réprobation universelle, perdit la raison ; le roi, cédant à l'entraînement général, accorda 36,000 livres à la veuve du martyr, et les Français reçurent de Voltaire une des plus hautes leçons qui aient jamais frappé le cœur d'une nation.

Une nouvelle occasion se présenta bientôt pour continuer le grand procès de la liberté humaine contre le fanatisme. Pendant que Voltaire était dans le premier feu de ses travaux des Calas, un de ces horribles drames, qui s'étaient joués par milliers durant les dragonnades sans que personne songeât à s'en formaliser, eut lieu dans une petite ville du Languedoc, et les Genevois n'eurent rien de plus pressé que de raconter le fait à Voltaire. Cela se passait en 1762 : Une famille du nom de Sirven s'était vu arracher une jeune fille qui, disait-on, avait manifesté quelque penchant pour le catholicisme, et qu'une lettre de cachet avait livrée à des religieuses. Les sœurs, rencontrant une vive résistance chez leur catéchumène, la traitèrent avec tant de rigueur qu'elle s'enfuit du couvent, et dans sa fuite nocturne ayant heurté la margelle d'un puits, elle y tomba et se noya. Au bout de quelque temps on retrouva son corps ; l'opinion publique, adroitement égarée comme à Toulouse, s'acharna sur la famille Sirven et accusa le père et la mère du meurtre de leur fille ! Ces infortunés, prévoyant leur arrestation, s'enfuirent au cœur de l'hiver ; la femme mourut de fatigue et de froid dans les neiges du Jura. Sirven, arrivé à Genève, fut conduit à Voltaire, qui frémit à la vue des souffrances physiques et des tortures morales endurées par ce père. Il embrassa sa cause avec autant d'ardeur que celle de Calas, et bientôt il put voir que l'opinion publique avait déjà fait des progrès véritables. Dès qu'à Paris, on apprit que Voltaire patronnait la cause d'un nouveau martyr protestant, des avocats du premier ordre s'offrirent pour le seconder. Avant que le procès s'engageât, il fallut que Sirven se constituât prisonnier à Toulouse. Voltaire, sûr de la majorité du Parlement, lui conseilla cette démarche dont le péril n'était plus qu'apparent, grâce à ses efforts ; et, en effet, ses amis l'emportèrent sur ses adversaires, et après neuf années de travaux, Sirven fut déclaré innocent : c'était une nouvelle leçon de liberté religieuse donnée autant à l'Europe qu'à la France, grâce aux brochures, aux incessantes correspondances de Voltaire.

. . . .

Les deux affaires des Calas et des Sirven ne furent pas, du reste, les seules occasions dans lesquelles Voltaire lutta contre le fanatisme religieux. Peu après un procès qui, sans lui, eût passé sans doute inaperçu comme tant d'autres analogues, jugés par l'inquisition, vint encore effrayer le monde civilisé, et ce fut Voltaire qui se chargea de mettre au ban de l'opinion publique les juges qui avaient fait trancher la tête du chevalier La Barre, dénoncé par un bourgeois d'Abbeville comme ayant profané, pendant la nuit, un crucifix en bois placé sur un pont [1]. — En outre, un des co-accusés de La Barre, le jeune d'Etallonde, fut recueilli à Ferney. Voltaire soigna son éducation et le fit nommer lieutenant du génie par le roi de Prusse, qui se montra heureux de participer à cet acte de réparation.

Il ne faut pas croire cependant que, malgré l'ardeur qu'il y mettait, Voltaire fût si hautement absorbé dans ces hautes questions judiciaires et ces vastes procédures que, durant leur cours, son esprit satirique dormît le moins du monde. Son esprit malicieux perçait encore à tout propos et donnait une couleur excentrique aux faits les plus intéressants. Ainsi les amis de Genève lui avaient recommandé un de leurs compatriotes nommé Chaumont, qui depuis vingt ans était aux galères pour cause de protestantisme. Par l'entremise de M. de Choiseul, Voltaire obtint la délivrance de ce malheureux, et voici comment M. Peyronet, pasteur de Dardagny, raconte à Paul Rabaut la visite de remercîment faite par Chaumont à son libérateur : « Il y a trois jours je conduisis mon petit pri-

---

[1] Ce ne fut pas l'inquisition, qui n'existait plus du reste depuis longtemps en France, qui jugea l'infortuné chevalier, mais bien le tribunal d'Abbeville. Il fut condamné à avoir la langue et la main droite coupées, et à être ensuite brûlé vif. Le Parlement de Paris permit, *par indulgence*, qu'il eût la tête tranchée avant d'être livré aux flammes. Le jeune chevalier subit son supplice (1766) avec le plus noble courage. Un exemplaire du *Dictionnaire philosophique* fut jeté dans le bûcher. Voltaire, dans un Mémoire des plus pathétiques et qui parut sous le nom de M. de Casen, a flétri l'assassinat juridique des exécrables magistrats du tribunal d'Abbeville. La mémoire de de La Barre fut réhabilitée par la Convention en 1793. (R. d'A.)

sonnier à Ferney. Nous parlâmes longtemps de la justice et de la nécessité de la tolérance ; enfin je dis à M. de Voltaire que je lui avais amené un petit homme qui venait se jeter à ses pieds pour le remercier de ce que, par son intercession, il avait été délivré des galères. — C'est Chaumont que j'ai laissé dans votre antichambre, et je vous prie de me permettre de le faire entrer. — Au nom de Chaumont, M. de Voltaire me témoigne un transport de joie et sonne de suite pour qu'on l'introduise. Jamais scène ne me parut plus bouffonne et plus réjouissante. — « Quoi, lui dit-il, mon pauvre petit bonhomme, on vous a mis aux galères ! Que voulait-il en faire de vous ? Quelle conscience de mettre à la chaîne un petit être qui n'avait commis d'autre crime que de prier Dieu en mauvais français ? » — Puis, changeant de ton, Voltaire se tourna vers moi et s'exprima de la manière la plus violente contre la persécution. Il fit venir dans sa chambre plusieurs personnes qu'il avait chez lui pour qu'on participât à la joie qu'il ressentait en voyant le petit Chaumont ; celui-ci, quoique proprement vêtu selon son état, était tout satisfait de se voir si bien fêté. Quelques piastres que Voltaire lui glissa dans la poche, achevèrent de le rendre le plus heureux du monde. »

. . . .

Si Voltaire prit chaudement la défense du faible opprimé contre le puissant oppresseur, ce ne fut pas seulement en faveur des protestants. Il sut aussi protéger sérieusement les habitants du pays de Gex et du mont Jura, ses voisins, contre la tyrannie des prêtres et des abbés. Dans ces circonstances, sa verve railleuse se donna largement carrière, et des faits peu importants prenaient sous sa plume une effrayante publicité. — Ainsi deux jeunes hommes de Moëns, village situé près de Ferney, soupaient un soir bruyamment dans une maison du hameau : cela déplut au curé ; mais au lieu de faire une remontrance paternelle à ces étourdis, il crut trouver des arguments plus solides en soudoyant des paysans, qui guettèrent, par son ordre, le départ des inculpés et les accablèrent de coups de bâton : l'un d'eux demeura longtemps sans connaissance. Le père va sur le champ confier ce fait à Voltaire, qui dicte rapidement quelques phrases à son secrétaire ; puis, remettant la feuille de papier au paysan : « A merveille, mon ami ! tenez, voici une plainte toute rédigée contre votre curé ; signez-moi cela, et nous le ferons aller loin ! — Moi, Monseigneur ! signer cette plainte contre mon curé !... mais demain je serais assommé à mon tour. — Tant mieux, mon ami, tant mieux ! Si cela arrive, son affaire n'en sera que plus mauvaise ! —Permettez, Monseigneur, il y a déjà assez d'os cassés sans y joindre encore les miens. » Voltaire dut se passer de la signature du prudent plaignant, mais il n'en réussit pas moins à faire punir le curé de Moëns, et il égaya sa correspondance des détails de cette anecdote.

La lutte ne resta pas dans le domaine des faits isolés, et bientôt elle prit un caractère plus élevé ; les habitants du mont Jura furent l'occasion d'un des plus éloquents et des plus irréprochables écrits de Voltaire. En 1770, les habitants de quelques communes du Jura étaient serfs ou esclaves, comme on voudra, des moines de l'abbaye de Saint-Claude ; ces malheureux, opprimés de diverses manières, s'adressèrent au philosophe de Ferney, qui prit aussitôt la plume en leur faveur. Il va sans dire qu'à l'aide de ce puissant auxiliaire ils gagnèrent haut la main contre les moines leur procès, dans les détails duquel nous ne pouvons entrer ici. — GABEREL, ancien pasteur. *Voltaire et les Genevois.* (Genève, Cherbuliez, 1855.)

CHAPITRE LV.

UN AUTRE CLIENT DE VOLTAIRE.
1764.

Dans le même temps il s'inquiétait du sort d'un autre protestant, bien résolu à faire tout ce qui serait en son pouvoir pour lui venir en aide. Mais il avait besoin de s'édifier, et il demandera à Végobre [1] des renseignements sans lesquels il ne pouvait rien entreprendre. « Pourriez-vous avoir la bonté de vous informer, lui écrivait-il le 1er mars, sans déplaire à personne et sans faire rougir personne, si Paul Achard, natif de Châtillon au département de Grenoble, lequel (par parenthèse) est aux galères depuis 1745, est parent de M. Achard, citoyen de Genève [2]? » Deux mois après, ce sont de nouveaux infortunés à secourir. Il s'agit des mariages des protestants et de la monstrueuse législation sous le coup de laquelle ils se trouvaient encore et se trouveront en France jusqu'à la veille de la Révolution, bien que dans la pratique les difficultés se sauvassent d'ordinaire, à moins des entraves que pouvait faire naître la déloyauté de l'un des conjoints, comme cela se rencontre dans le procès de Marthe Camp et du vicomte de Bombelles. « M. de Voltaire, écrivait le poète, fait bien des compliments à M. de Végobre, il est toujours à ses ordres. Il lui envoie le factum pour les Srs Potin ou plutôt pour les réfor-

---

[1] Charles de Manoël de Végobre, avocat protestant, de Lasalle en Languedoc, qui avait été obligé de se réfugier à Genève. (R. d'A.)

[2] Cabinet de M. Feuillet de Conches. Lettre autographe de Voltaire, à Végobre. Ferney, 1er mai 1764. (Note de l'auteur.)

més. » Et, peu de jours après (9 juin) : « ... M. de Beaumont, l'avocat qui plaide actuellement la légitimité du mariage du sieur Potin, compte gagner sa cause au parlement de Paris, et l'arrêt obtenu mettra en sûreté les mariages protestants sans aucune formalité. » Mais c'était trop espérer des juges; et les héritiers Potin en rappelleront d'une première sentence, qu'une seconde ne fera que confirmer¹. — Gustave DESNOIRESTERRES. *Voltaire et la société au XVIIIᵉ siècle. Voltaire et J.-J. Rousseau.* (Paris, Didier et Cⁱᵉ 1875.)

CHAPITRE LVI.

AFFAIRE LALLY-TOLLENDAL².

1766.

... Depuis l'affaire de Calas, toutes les victimes injustement immolées ou poursuivies par le fer des lois, trouvaient en lui un appui ou un vengeur.

¹ *Mémoire pour Philibert Potin, Antoine Potin, Marie Elisabeth et Suzanne Potin,* héritiers aux meubles, acquêts paternels de la feue dame Maincy leur tante. Daniel de Pernay, rapporteur de l'appel, Cassen, avocat. (Delormel, 1764.) (Note de l'auteur.)

² Thomas Arthur comte de Lally, baron de Tollendal, né en 1702, à Romans (Dauphiné), était fils de sir Gérard Lally, qui avait suivi en France Jacques II. Il entra fort jeune au service, et parvint au grade de général. Nommé gouverneur des établissements français dans l'Inde, il ne put partir qu'avec des ressources insuffisantes. Il conquit la côte de Coromandel et assiégea les Anglais dans Madras. Mais n'étant pas secondé par les chefs

Le supplice du comte de Lally excita son indignation. Des jurisconsultes jugeant à Paris la conduite d'un général dans l'Inde ; un arrêt de mort prononcé sans qu'il eût été possible de citer un seul crime déterminé, et de plus annonçant un simple soupçon sur l'accusation la plus grave ; un jugement rendu sur le témoignage d'ennemis déclarés, sur les Mémoires d'un jésuite qui en avait composé deux contradictoires entre eux, incertain s'il accuserait le général ou ses ennemis, ne sachant qui il haïssait le plus, ou qui il lui serait plus utile de perdre : un tel arrêt devait exciter l'indignation de tout ami de la justice, quand même les opprobres entassés sur la tête du malheureux général, et l'horrible barbarie de le traîner au supplice avec un bâillon, n'auraient pas fait frémir jusque dans leurs dernières fibres tous les cœurs que l'habitude de disposer de la vie des hommes n'avait pas endurcis.

Cependant Voltaire parla longtemps seul. Le grand nombre d'employés de la compagnie des Indes, intéressés à rejeter sur un homme qui n'existait plus les suites funestes de leur conduite ; le tribunal puissant qui l'avait condamné ; tout ce que ce corps traîne à sa suite d'hommes dont la voix lui est vendue ; les autres corps qui, réunis avec lui par le même nom, des fonctions communes, des intérêts semblables, regardent sa

---

d'escadre, sans argent pour payer ses soldats mutinés, il fut contraint de lever le siége. Bientôt, attaqué lui-même dans Pondichéry, abandonné par la flotte, à bout de force et de sacrifices, il dut, après 9 mois de résistance, se rendre. Conduit en Angleterre et relâché sur parole pour venir répondre aux calomnies de ses ennemis, il se constitua prisonnier à la Bastille, et y resta 18 mois sans être interrogé. Accusé enfin de trahison et de concussions par ceux-là même qui avaient causé sa ruine, Lally-Tollendal, après un procès inique, sans avoir pu obtenir de défenseur, fut condamné à mort par la grand'chambre du Parlement de Paris, et mené au supplice un bâillon à la bouche. (R. d'A.)

cause comme la leur ; enfin le ministère honteux d'avoir eu la faiblesse ou la politique cruelle de sacrifier le comte de Lally à l'espérance de cacher dans son tombeau les fautes qui avaient causé la perte de l'Inde ; tout semblait s'opposer à une justice tardive. Mais Voltaire, en revenant souvent sur ce même objet, triompha de la prévention et des intérêts attentifs à l'étendre et à la conserver. Les bons esprits n'eurent besoin que d'être avertis ; il entraîna les autres : et lorsque le fils du comte de Lally, si célèbre depuis par son éloquence et par son courage, eut atteint l'âge où il pouvait demander justice, les esprits étaient préparés pour y applaudir et pour la solliciter. Voltaire était mourant lorsque, après douze ans, cet arrêt injuste fut cassé ; il en apprit la nouvelle, ses forces se ranimèrent, et il écrivit : *Je meurs content ; je vois que le roi aime la justice ;* derniers mots qu'ait tracés cette main qui avait si longtemps soutenu la cause de l'humanité et de la justice. — CONDORCET. *Vie de Voltaire.*

CHAPITRE LVII.

AFFAIRE MONTBAILLI [1].
1771.

L'approbation que Voltaire accorda aux opérations du chancelier Maupeou, fut du moins utile aux malheureux. S'il ne put obtenir justice pour la mémoire de l'infortuné La Barre ; s'il ne

---

[1] Voir dans les *OEuvres complètes de Voltaire :* 1° *La Méprise d'Arras.* 1771. (C'est le conseil supérieur d'Arras qui avait condamné Montbailli

put rendre le jeune d'Etallonde à sa patrie; si un ménagement pusillanime pour le clergé l'emporta dans le ministre sur l'intérêt de sa gloire, du moins Voltaire eut le bonheur de sauver la femme de Montbailli. Cet infortuné, faussement accusé d'un parricide, avait péri sur la roue; sa femme était condamnée à la mort: elle supposa une grossesse, et eut le bonheur d'obtenir un sursis. — CONDORCET. *Vie de Voltaire.*

CHAPITRE LVIII.

PROCLAMATION DE LA LIBERTÉ DU PAYS DE GEX. — TRIOMPHE DE VOLTAIRE.

1776.

Le jour que les états du pays de Gex furent assemblés pour accepter ou rejeter les conditions de la liberté du pays que M. de Turgot leur proposait de la part du roi, tout le monde des environs courut à Gex pour savoir si les états signeraient. M. de Voltaire s'y transporta, et après bien des débats il fit

---

et sa femme); 2° *Fragment sur le procès criminel de Montbailli, roué et brûlé vif à Saint-Omer, en 1770,* pour un prétendu parricide; *et sa femme condamnée à être brûlée vive, tous deux reconnus innocents.*

Le premier infortuné en faveur duquel intervint Voltaire fut l'amiral Byng. Ayant été battu (1756), près de Minorque par l'amiral français La Galissonnière, il fut traduit devant un conseil de guerre, condamné à mort, et fusillé (14 mars 1757). Voltaire, qui avait connu l'amiral durant son exil à Londres (de 1726 à 1728), fit tout ce qui dépendait de lui pour le sau-

recevoir les conditions. La foule entourait la maison et attendait avec perplexité. Quand j'eus écrit la délibération et que l'on eut signé, on annonça aux habitants rassemblés que le pays était libre. Dans l'instant tout ce monde, dont la moitié pleurait de joie, se mit à crier ; « Vive le Roi et les Etats ! Dieu bénisse M. de Turgot et M. de Voltaire [1] ! » Les dragons

ver, mais ne put y parvenir, — l'orgueil britannique n'admettant pas que l'Angleterre puisse être vaincue par la France dans un combat naval.

Un autre client de Voltaire fut le maréchal de camp Morangiès, que la famille Verron accusait de lui avoir volé cent mille écus par la fraude et la violence. Voltaire prit la défense de l'officier dans une lettre adressée à Beccaria, l'auteur du *Traité des délits et des peines* (1772). Voir, pour cette intervention, *Affaire Morangiès*, dans les *OEuvres complètes de Voltaire* et aussi les *Mémoires de Bachaumont*. (R. d'A.)

[1] Lorsque Turgot arriva aux affaires, le public ne voyait point encore ce qu'il projetait, et les esprits les plus éclairés étaient seuls capables d'en avoir le soupçon. Voltaire était de ce nombre, témoin cet impromptu qu'il composa alors :

> Je crois en Turgot fermement :
> Je ne sais pas ce qu'il veut faire,
> Mais je sais que c'est le contraire
> De ce qu'on fit jusqu'à présent.

Dans une ode de 1775, destinée au grand réformateur, l'illustre vieillard, comparant le passé au présent, et s'abandonnant à l'espérance, saluait l'aurore d'un nouveau jour. La révolution, grâce à ce revirement de la politique, lui semblait accomplie, et oubliant la difficulté avec laquelle les peuples changent de forme, dans son transport, il chantait comme Virgile la renaissance des temps :

> Contemple la brillante aurore,
> Qui t'annonce enfin les beaux jours.
> Un nouveau monde est près d'éclore ;
> Até disparait pour toujours.

L'entrée de Turgot au ministère lui avait causé une joie si vive, que Turgot lui-même, dans les conjonctures délicates de sa position, avait été obligé de le prier indirectement d'en modérer les témoignages. En 1778,

de Ferney parurent en ce moment en superbe tenue et des lauriers dans les mains, qu'ils présentèrent à MM. les Syndics et Conseillers, et à M. de Voltaire ; ornèrent de rubans les chevaux de son carrosse, et le ramenèrent en triomphe chez lui. On le comblait de bénédictions sur le route ; il pleurait lui-même d'attendrissement. Ce moment est un de ceux qui ont le plus touché ce vieillard respectable, qui était passionné pour le bien public [1]. — *Mémoires sur Voltaire et sur ses ouvrages* par LONGCHAMP et WAGNIÈRE, ses secrétaires, t. I. Addition au *Commentaire historique*, par WAGNIÈRE.

dans l'enivrement de son triomphe, on le vit se précipiter, pour lui prendre les mains, en lui disant d'une voix étouffée par les larmes : « Laissez-moi baiser cette main qui a signé le salut du peuple. » (R. d'A.)

[1] « M. de Voltaire écrit qu'il a rendu libre le pays de Gex et de Ferney ; qu'il l'a débarrassé des corvées et des fermiers ; que soixante-douze commis se sont retirés de ce pays-là, et que le commerce va être libre au dehors avec Genève, la Suisse et la Savoie. Il ajoute qu'il mourra content après cette bonne œuvre. » (*Mémoires secrets, etc.* [Bachaumont], t. IX, p. 45, du 12 février 1776). — Tout cela est vrai, sauf qu'il ne put venir à bout de faire supprimer les corvées ; les états du pays s'y opposèrent, et rendirent ses efforts inutiles : Ce ne fut qu'en 1781 qu'on les abolit. (Wagnières, *Examen des Mémoires de Bachaumont, Mémoires sur Voltaire et sur ses ouvrages*, par Longchamp et Wagnière, t. I, p. 490). — Voltaire écrivait à son ami Chabanon (a) le 8 janvier 1876 : « Lorsque vous viendrez souper à Saconay ou à Ferney, vous ne verrez plus de pandoures des fermes générales, fouillant des religieuses et troussant leurs cottes sacrées. Ces petits scandales n'arriveront plus dans mon voisinage. Tous les alguazils de notre pays sont partis avec l'étoile des trois rois. Nous sommes libres aujourd'hui comme les Genevois et les Suisses, moyennant une indemnité que nous payons à la ferme générale. Je ne sais point de plus beau spectacle que celui de la joie publique ; il n'y a point d'opéra qui en

(a) Littérateur (1730-1792, membre de l'Académie française et de celle des Inscriptions. C'était un créole de Saint-Domingue. (R. d'A.)

CHAPITRE LIX.

DÉTAILS SUR VOLTAIRE ET SUR SA VIE A FERNEY, DE **1774** A **1778**. — (*Extraits des Mémoires secrets*, dits *Mémoires de Bachaumont.*)

LA VIE ORDINAIRE DE VOLTAIRE. — SA BIBLIOTHÈQUE. — SES RENTES. — LES DÉPENSES DE SA MAISON. — SA RÉCONCILIATION AVEC BUFFON. — SON COMMERCE DE MONTRES. — SA GALERIE DE TABLEAUX. — VISITES A FERNEY, ETC.

Extrait d'une lettre de Ferney, du 8 décembre 1774. — « M. de Voltaire est un homme si illustre, que tout en est intéressant. Je vais donc entrer dans des détails qui paraîtraient minutieux en tout autre cas. Sa vie ordinaire est de rester dans son lit jusqu'à midi. Il se lève alors et reçoit du monde jusqu'à deux heures, ou travaille. Il va se promener en carrosse jusqu'à quatre, dans ses bois ou à la campagne, avec son secrétaire et presque toujours sans autre compagnie. Il ne dîne

approche. — Vous qui aimez M. Turgot, vous auriez été enchanté de le voir béni par dix mille de nos habitants, en attendant qu'il le soit de vingt millions de Français. Il me semble qu'il fait un essai sur notre petite province. Le ministre fait, de son côté, des arrangements aussi utiles. L'âge d'or commence; c'est à vous de le chanter, je n'ai plus de voix; *vox quoque Mœrim deficit.* » On peut voir, par cette lettre, combien était grande la joie de Voltaire : c'est alors qu'il aurait pu s'écrier, comme il se promettait de le faire dans sa lettre du 20 décembre 1775 à *Papillon philosophe* (Mme de Saint-Julien) :

Et mes derniers regards ont fait fuir les *commis.*   (R. d'A.)

point, prend du café ou du chocolat. Il travaille jusqu'à huit et se montre alors pour souper quand sa santé le lui permet. On remarque depuis cet automne qu'elle est bien chancelante, qu'elle varie d'un jour à l'autre ; qu'il est si faible à certains jours qu'il est hors d'état de paraître, et le lendemain on ne s'en aperçoit plus. Il est d'une gaîté charmante. J'ai visité et compté sa bibliothèque ; elle est de 6210 volumes. Il y en a beaucoup de médiocres, surtout en fait d'histoire. Il n'y a pas trente volumes de romans ; mais presque tous ces livres sont précieux par les notes dont M. de Voltaire les a chargés. Il a 150,000 livres de rentes, dont une grande partie gagnée sur les vaisseaux. La dépense de sa maison se monte à 40,000 livres environ ; on en met 20,000 pour le pillage, les incidents, etc.; reste 90,000 livres qu'il amasse ou place. Il fait bâtir beaucoup de maisons qu'il loue à deux et demi pour cent du capital qu'elles lui ont coûté. Il commande une maison à son maçon comme un autre commanderait une paire de souliers à son cordonnier. Il a grande envie que Ferney devienne considérable : il secourt les habitants et leur fait tout le bien possible. En général, c'est lui qui se mêle de toute l'administration extérieure et intérieure de son bien. Madame Denis n'y a rien à voir et ne s'en mêle aucunement. J'ai visité l'église et le tombeau de ce philosophe, qui est dans le cimetière attenant l'église, de pierre de taille, et simple... » (T. VII, p. 288, du 22 décembre 1774.)

Extrait d'une autre lettre de Ferney, du 10 décembre 1774.

«.....Il (Voltaire) a reçu ces jours-ci de M. Turgot une lettre de quatre pages qui l'a comblé de joie ; mais ce qui l'a le plus affecté encore, c'est une réponse qu'il a reçue de M. de Buffon, auquel il avait écrit. Je suis bien aise de vous apprendre que ces deux grands hommes se sont réconciliés [1]. On en fait l'honneur à Madame de Florian, mais la gloire en est dûe à M. Gueneau de Montbeillard. Une des choses qui font le plus d'honneur à M. de Voltaire, c'est le soin qu'il prend de faire fleurir son village. Il établit une manufacture

[1] Un jour qu'on vantait à Voltaire l'*Histoire naturelle* de Buffon : « Pas si naturelle, » répondit-il. Ce trait piqua vivement Buffon, aussi lorsqu'en 1746 parut la *Dissertation sur les changements arrivés dans notre globe*, en parla-t-il avec peu de ménagement. Mais comme cette œuvre avait été publiée sans nom d'auteur, il déclara qu'il ignorait qu'elle était de Voltaire. Celui-ci ne continua pas moins de critiquer les idées du grand naturaliste. « Je n'ai pas voulu, disait-il, me brouiller avec lui pour des coquilles, mais je suis demeuré dans mes opinions (a). » Buffon, de son côté, n'était pas tendre non plus pour son illustre contradicteur, ainsi qu'on peut s'en convaincre par ce passage d'une lettre qu'il écrivait au président de Brosses, le 7 mars 1768 : « Comme je ne lis aucune des sottises de Voltaire, je n'ai su que par mes amis le mal qu'il a voulu dire de moi ; je lui pardonne comme un mal métaphysique qui ne réside que dans sa tête et qui vient d'une association d'idées... Voilà son motif particulier, qui, joint au motif général et toujours subsistant de ses prétentions à l'universalité et de sa jalousie contre toute célébrité, aigrit sa bile recuite par l'âge, en sorte qu'il semble avoir formé le projet d'enterrer tous ses contemporains. » *Correspondance inédite de Buffon*, publiée en 1860, par M. Nadault de Buffon, t. I. (R. d'A.)

(a) Voltaire avait dit, dans sa *Dissertation sur les changements arrivés dans notre globe* (1746) : « On a vu dans les provinces d'Italie, de France, etc., de petits coquillages qu'on assure être originaires de la mer de Syrie. Je ne veux pas contester leur origine ; mais ne pourrait-on pas se souvenir que cette foule innombrable de pèlerins et de croisés, qui porta son argent dans la Terre-Sainte, en rapporta des coquilles ? et aimera-t-on mieux croire que la mer de Joppé et de Sidon est venue couvrir la Bourgogne et le Milanais ? » (Voltaire, *OEuvres complètes* (Beuchot), t. XXXVIII, p. 565 et suivantes). Buffon, en lisant ces suppositions de l'auteur de la *Dissertation*, lança ce trait : « Pourquoi n'a-t-il pas ajouté que ce sont les singes qui ont apporté les coquilles au sommet des hautes montagnes et dans tous les creux où les hommes ne peuvent habiter ? cela n'eût rien gâté et eût rendu son explication encore plus vraisemblable. Comment se peut-il que des personnes éclairées, aient encore des idées aussi fausses sur ce sujet. » (R. d'A.)

de montres qu'il protége par son crédit et par son argent. En 1773, il est sorti de ce lieu quatre mille montres, objet d'un commerce de 400,000 livres. Il y a douze maîtres d'horlogerie, il y a entre autres un M. Delfin, beau-frère du fameux Lépine, et qui est auteur d'une pendule curieuse que Lépine a présentée au feu roi, comme de lui, et qui est réellement l'ouvrage de son beau-frère Delfin. (*Ibid.*, p. 289, du 15 décembre 1774.)

Extrait d'une lettre de Ferney du 6 janvier 1775. « Rien de plus vrai que la réconciliation de M. de Voltaire avec M. de Buffon. C'est ce dernier qui a fait les avances par un billet qu'il remit le 22 octobre dernier à madame de Florian, qui passait par Montbar. J'ai lu cet écrit, où il fait une espèce de réparation à M. de Voltaire de ce qu'il a pu écrire contre lui. Cette dame l'envoya sur-le-champ à ce grand poète, qui a été on ne peut plus content et qui a répondu au philosophe son confrère par une lettre très-touchante et très-honnête. Celui-ci a répliqué par une autre qui a cimenté la réunion de ces deux grands hommes [1]. M. de Voltaire, enchanté, a fait pré-

---

[1] Dans la réponse de Voltaire, aujourd'hui perdue, il appelait Buffon Archimède Ier. « On ne dira jamais Voltaire Ier » répliqua Buffon. Et alors Voltaire de répéter son mot : « Je savais bien que je ne pouvais rester brouillé avec M. de Buffon pour des coquilles! » Voici la lettre de Buffon : « Si vous jetez les yeux, Monsieur, sur la suscription de ma lettre, vous verrez que, dans le nombre assez petit des êtres de la première distinction, je pense très-hautement et de très-bonne foi que vous êtes le premier. Ce ne sera pas comme le mathématicien de Syracuse, que, par une extrême politesse pour moi, vous avez la bonté de nommer Archimède premier ; car jamais il n'existera de Voltaire second ; différence essentielle entre l'esprit créateur qui tire tout de sa propre substance, et le talent qui, quelque grand qu'il soit, ne peut produire que par imitation et d'après la matière... Le dernier trait, qui fait la plus douce impression sur mon cœur, est votre

sent à madame de Florian d'une montre d'or à répétition d'environ 60 louis, pour la remercier de cette heureuse négociation. Le vrai est que c'est M. Gueneau, ami de Buffon, qui a seul opéré ce rapatriement. »…. T. VII, p. 304, du 17 janvier 1775.

Extrait d'une lettre de Ferney du 1ᵉʳ septembre 1775. « M. de Voltaire continue à s'occuper infatigablement de tout ce qui peut contribuer à agrandir, améliorer ce petit endroit, et le rendre plus florissant. Il profite de son crédit sur l'esprit du nouveau ministère pour réussir, et il vient d'obtenir tout récemment une foire et un marché publics. Il fait bâtir actuellement dix-huit maisons, ce qui les portera au nombre de cent environ. Pour lui plaire, différentes personnes s'empressent de les acheter. Madame de Saint-Julien en a prise une. On dit que M. de Chabanon en prend une autre ; M. Henin, le résident de France à Genève, une troisième, etc. Le marché n'est point onéreux. M. de Voltaire les vend en rentes viagères modiques, sur sa tête et celle de madame Denis. Quant à la sienne, octogénaire, on sent que c'est une condition fort

signature ; j'ai ressenti un mouvement de joie en ouvrant votre lettre ; j'ai admiré avec plaisir la fermeté de votre main et la fraicheur de l'organe créateur qui la guide. Avec plusieurs années de moins, je suis plus vieux que vous. Autre supériorité dont je suis loin d'être jaloux ; mais n'est-il pas juste que la nature, qui, dès vos premières années, vous a comblé de ses faveurs, et dont vous êtes l'ancien amant de choix, continue de vous traiter avec plus d'égards et de ménagements qu'un nouveau venu comme moi, qui n'ai jamais rien obtenu d'elle qu'à force de la tourmenter ?... Si je jouissais d'une meilleure santé, je vous proteste, Monsieur, que j'irais avec empressement vous porter le tribut de ma vénération , j'arriverais à Dieu par ses Saints. M. et Mᵐᵉ de Florian, habitués dans le temple, me serviraient d'introducteurs.» (Buffon, *Correspondance inédite* (Hachette, 1860), t. I, Lettre de Buffon à Voltaire Iᵉʳ ; Montbard, le 12 décembre. 1774.) (R. d'A.)

— 300 —

douce; la nièce est plus que sexagénaire; d'ailleurs elle se porte mal.

« Le commerce des montres va de mieux en mieux, et M. de Voltaire travaille à l'obtenir absolument libre. Il profite de l'amitié de M. le baron d'Ogny, intendant-général des postes, qui lui a permis de les faire passer à Paris sous son couvert; ce qui les rend à bien meilleur compte et ne peut qu'en augmenter le débit [1].

---

[1] Voici quelques extraits de la correspondance de Voltaire, propres à donner une idée des soins qu'il donnait à son commerce de montres, et de l'activité qu'il y développait. « J'ai eu l'insolence d'envoyer à vos pieds et à vos jambes les premiers bas de soie qu'on ait jamais faits dans l'horrible abîme de glaces et de neiges où j'ai eu la sottise de me confiner. J'ai aujourd'hui une insolence beaucoup plus forte. A peine monseigneur Atticus-Corsicus-Pollion (le duc de Choiseul) a dit, en passant dans son cabinet : Je consens qu'on reçoive les émigrants, que sur-le-champ j'ai fait venir des émigrants dans ma chaumière. A peine y ont-ils travaillé, qu'ils ont fait assez de montres pour en envoyer une petite caisse en Espagne. C'est le commencement d'un très-grand commerce (ce qui ne devrait pas déplaire à M. l'abbé Terray). J'envoie la caisse à Monseigneur le duc par ce courrier, afin qu'il voie combien il est aisé de fonder une colonie quand on le veut bien. Nous aurons, dans trois mois, de quoi remplir sept ou huit caisses; nous aurons des montres dignes d'être à votre ceinture. » (A madame de Choiseul, 9 avril 1770.) — « Si Catherine II prend Constantinople, nous comptons bien fournir des montres à l'Eglise grecque. » (A Bernis, 11 mai 1770). — « La Turquie pourra être un meilleur débouché encore que Paris, lorsque la paix sera faite, car, enfin, il faudra bien qu'elle se fasse. » (Lettre au comte de Saint-Priest, ambassadeur de France près du Grand-Seigneur, 17 juin 1771). — « Monsieur, j'ai l'honneur d'informer votre Excellence que les bourgeois de Genève ayant malheureusement assassiné quelques-uns de leurs compatriotes, plusieurs familles de bons horlogers s'étant réfugiées dans ma petite terre que je possède au pays de Gex, et M. le duc de Choiseul les ayant mises sous la protection du roi, j'ai eu le bonheur de les mettre en état d'exercer leurs talents. Ce sont les meilleurs artistes de

« Outre l'utile, le philosophe de Ferney n'oublie pas l'agréable ; on travaille à une salle de comédie et à un théâtre public ; ce qui va bientôt nous procurer des plaisirs qui amuseront les tristes habitants de Genève et feront crier les ministres... »
(T. VIII, p. 208, du 15 septembre 1775.)

Extrait d'une lettre de Ferney du 30 octobre 1776. « Le patron se porte toujours à merveille pour son âge ; il lit sans lunettes l'impression la plus fine ; il a l'oreille un peu dure, en sorte que lorsqu'on fait quelque bruit, il est obligé de faire répéter les paroles qu'on lui adresse, ce qui le fâche ; car,

---

Genève ; ils travaillent en tout genre, et à un prix plus modéré que toute autre fabrique. Ils font en émail, avec beaucoup de promptitude, tous portraits dont on veut garnir les boites des montres. Ils méritent d'autant plus la protection de votre Excellence, qu'ils ont beaucoup de respect pour la religion catholique. — C'est sous les auspices de M. le duc de Choiseul que je supplie votre Excellence de les favoriser, soit en leur donnant vos ordres, soit en daignant les faire recommander aux négociants les plus accrédités. — Je vous prie, monseigneur, de pardonner à la liberté que je prends, en considération de l'avantage qui en résulte pour le royaume. » (Circulaire aux ambassadeurs de la cour de France près des gouvernements étrangers. — Voltaire, *OEuvres complètes* (Beuchot), t. LXVI, p. 294, 295.)

« J'aurai beaucoup d'obligation à M. le duc de Praslin, s'il daigne envoyer des montres au dey et à la milice d'Alger, au bey et à la milice de Tunis. » (A d'Argental, 26 septembre 1770). — A Catherine II, qui lui avait écrit de lui envoyer pour quelques milliers de roubles de montres, il en dépêchait aussitôt pour une somme de 39,238 livres de France. (Lettre de Voltaire à Catherine, 19 juin 1771.) « Nous souhaitons tous ardemment, disait-il quelques jours auparavant à l'impératrice de Russie, que toutes les heures de ces montres vous soient favorables, et que Moustapha passe toujours de mauvais quarts d'heures. » (A Catherine II, 30 avril 1771). — Le duc de Duras, premier gentilhomme de la chambre du roi, acheta un ou deux ballots de montres pour les présents de mariage du comte d'Artois. (R. d'A.)

quoiqu'il dise depuis vingt ans qu'il perd la vue et les oreilles, il ne voudrait pas qu'on s'en aperçût. C'est cette envie de paraître et de briller toujours qui fait qu'il n'aime pas à se trouver et à manger en grande compagnie; le babil des femmes, surtout, l'incommode, et leur conversation frivole et décousue l'ennuie. Il ne voit pas de médecin; quand sa santé l'inquiète, il consulte ses livres. Il continue à se purger trois fois par semaine avec de la casse; il ne va à la garde-robe que de cette manière. Il reste la plus grande partie de la journée au lit; il mange quelque chose quand il en a envie; il paraît le soir et soupe, mais pas toujours. Quelquefois sa casse le tracasse, et il se tranquillise. Il ne s'est pas beaucoup promené depuis que je suis ici. Il est resté souvent en robe de chambre, mais il fait régulièrement chaque jour sa toilette de propreté, et les ablutions les plus secrètes, comme s'il attendait pour le soir quelque bonne fortune. Quand il s'habille, c'est ordinairement avec magnificence et sans goût; il met des vêtements qui ne peuvent aller ensemble; il a l'air d'un vendeur d'orviétan...

« Il a décidément donné Ferney à madame Denis, sa nièce. Il continue à augmenter ce lieu; il y a dépensé peut-être cent mille francs, cette année, en maisons. Le théâtre est charmant, avec toutes les commodités possible pour les acteurs et les actrices.

« Je juge que M. de Voltaire est fort mal servi par ses correspondants de Paris, puisqu'il ignorait même l'existence de la *F...romanie*. Je suis le premier qui lui ai parlé de ce livre. Sa première question a été : *Y suis-je?* Je lui ai répondu que non, mais bien Rousseau. Ce qui l'a affligé, car il veut qu'on parle de lui, même en mal [1]. » (T. IX, p. 281, du 8 novembre 1776.)

---

[1] Wagnière, dans *Examen des Mémoires de Bachaumont* (p. 400

Extrait d'une lettre de Ferney, du 4 novembre 1776.
« ... Vous vous imaginez mal à propos qu'il voit beaucoup de monde : on ne vient presque plus le visiter. Il a tant d'humeur depuis quelque temps, qu'il ne se montre pas à tous ceux qui viennent au château, et on est quelquefois plusieurs jours avant de pouvoir en jouir. Il y a cependant toujours la table des étrangers; on l'appelle ainsi parce que le maître mangeant séparément, madame Denis aussi, depuis qu'elle est obligée de vivre de régime, cette table, régulièrement servie, ne sert en effet qu'aux allants et venants; et comme ils sont en petit nombre, il n'y a quelquefois personne à cette troisième table, bonne et bien fournie.

« ... J'ai été témoin de la réception d'une milady, à laquelle, après beaucoup de difficultés, le vieux malade se montra enfin, en lui disant qu'il sortait de son tombeau pour elle ; c'est tout ce qu'elle en eut ; il ne tarda pas à se retirer. La veille de la Saint-François dernière, plusieurs dames du voisinage étaient venues avec des bouquets pour lui souhaiter la bonne fête; on attendait dans le salon qu'il parût; il vient, disant d'une voix sépulcrale : *Je suis mort !* il effraya tellement son monde, que

des *Mémoires sur Voltaire*, t. I), dit : « Bien loin que M. de Voltaire eût toujours envie de briller, c'est que rien n'était plus remarquable que son attention à se mettre au niveau de ceux qui conversaient avec lui, et à ne leur parler que des objets qu'ils connaissaient le mieux et dont ils pouvaient discourir avec le plus d'avantage et de satisfaction. » Et, contrairement à ce que prétend le correspondant des *Mémoires secrets*, Wagnière ajoute que : « Jamais Voltaire n'était plus gai et plus aimable, quand il ne souffrait pas, que dans la compagnie de dames. » Enfin il relève l'erreur que commet le correspondant en disant que Voltaire avait « décidément donné Ferney à madame Denis. » Il avait donné cette terre à sa nièce au moment même de l'acquisition qu'il en fit en 1758, et le contrat était au nom de madame Denis. (R. d'A.)

personne ne lui fit de compliment. » (T. IX, p. 284, du 11 novembre 1776.)

Extrait d'une lettre de Ferney, du 5 juin 1777. « Nous sommes arrivés ici à notre retour d'Italie : nous avons eu le bonheur d'en voir le Seigneur, et nous en avons été d'autant plus flattés qu'il devient très-sauvage, et que nous avons rencontré dans notre route plusieurs grands et notables personnages qu'il avait refusés. Il a passé la journée entière avec nous. L'endroit de sa terre qu'il nous a montré avec le plus de complaisance, c'est l'église. On lit en haut, en lettre d'or : *Deo erexit Voltaire.* L'abbé de Lille s'écria : *Voilà un beau mot entre deux grands noms! Mais est-ce le terme propre?* ajouta-t-il en riant. *Ne faudrait-il pas* : dicavit, sacravit? *Non, non* repondit le patron. Fanfaronade de vieillard. Il nous fit observer son tombeau, à moitié dans l'église et à moitié dans le cimetière : « Les malins, continua-t-il, diront que je ne suis ni dehors ni dedans. » La religion l'occupe toujours beaucoup. En gémissant sur la petitesse de ce lieu saint, il dit : « Je vois avec douleur, aux grandes fêtes, qu'il ne peut contenir tout le sacré troupeau; mais il n'y avait que cinquante habitants dans le village quand j'y suis venu, et il y en a douze cents aujourd'hui. Je laisse à la piété de madame Denis à faire une autre église. » En parlant de Rome, il nous demanda si cette belle basilique de Saint-Pierre était toujours bien ferme sur ses fondements. Sur ce que nous lui dîmes qu'*oui*, il s'écria : *Tant pis!* » (T. X, p. 168, du 15 juin 1777.)

Extrait d'une lettre de Ferney du 10 juin 1777. « Pour vous continuer notre relation, nous vous ajouterons que M. de Voltaire, devant toujours exercer sa bienfaisance sur quelqu'un, n'ayant plus le père Adam, et étant brouillé avec madame Dupuits, ci-devant mademoiselle Corneille, a pris chez lui mademoiselle de Varicourt, fille de condition, dont le père est officier des gardes-du-corps, mais pauvre et chargé d'une nombreuse famille. Il l'a couchée sur son testament, et l'aurait voulu marier à son neveu M. de Florian. C'est une fille aimable, jeune, pleine de grâces et d'esprit. Elle est en embonpoint, et c'est quelque chose de charmant de voir avec quelle paillardise le vieillard de Ferney lui prend, lui serre amoureusement et souvent ses bras charmants [1]. (*Ibid.*, *ibid.*, du 18 juin 1777.)

Extrait d'une lettre de Genève du 1er septembre 1777.
« Nous avons été ces jours-ci chez le philosophe de Ferney. Madame Denis, sa nièce, nous a très-bien accueillis, mais elle n'a pu nous promettre de nous procurer une conversation avec

[1] Ces deux dernières lettres sont de M. de Trudaine, d'après Wagnière (p. 413 du 1er v. des *Mémoires sur Voltaire. Examen des Mémoires de Bachaumont*). « La seconde lettre de M. de Trudaine, dit-il, n'est point en tout aussi exacte que la première ; et il paraît s'y livrer avec un peu d'exagération, particulièrement en ce qui concerne mademoiselle de Varicourt. Il était mal informé en rapportant que M. de Voltaire l'avait mise sur son testament ; jamais il n'y a pensé ; d'ailleurs c'est madame Denis qui avait obtenu des parents de mademoiselle de Varicourt qu'elle dût demeurer auprès d'elle au château de Ferney. M. de Voltaire ne peut guère avoir pensé davantage à la marier à M. de Florian ; celui-ci, qui était neveu de M. de Voltaire, pour avoir épousé autrefois une sœur de madame Denis (madame de Fontaine), était alors remarié depuis trois ou quatre ans en troisième noces. Avant ce temps, mademoiselle de Varicourt n'était qu'un enfant, et à peine connue encore de madame Denis et de M. de Voltaire. Le chevalier de Florian (c'est le fabuliste), auteur de plusieurs petits ouvrages, et neveu du précédent, n'était rien à M. de Voltaire. L'auteur de la lettre se trompe aussi à l'égard de madame Dupuits, qui n'a jamais été brouillée avec M. de Voltaire. » — Rappelons ici que mademoiselle de Varicourt est la personne que Voltaire avait baptisée *Belle et Bonne*.

Le mot *fanfaronade*, qui se trouve dans la première lettre de Trudaine, a provoqué de la part de l'éditeur des *Mémoires sur Voltaire*, la note

son oncle. Elle a bien voulu cependant lui faire dire que des milords anglais souhaitaient de le saluer. Il s'est excusé sur sa santé, à l'ordinaire, et nous avons été obligés de nous conformer à l'étiquette qu'il a établie depuis quelque temps, pour satisfaire notre curiosité, car son amour-propre est très-flatté de l'empressement du public. Mais cependant il ne veut pas perdre son temps à recevoir des visites oiseuses, ou en des pourparlers qui le fatigueraient et l'ennuieraient. A une heure indiquée, il sort de son cabinet d'étude et passe par son salon pour se rendre à la promenade. C'est là qu'on se tient sur son passage, comme sur celui d'un souverain, pour le contempler un instant. Plusieurs carrosses entrèrent après nous, et il se forma une haie à travers laquelle il s'avança en effet. Nous admirâmes son air droit et bien portant. Il avait un habit, veste et culotte de velours cizelé, et des bas blancs. Comme il savait d'avance que des milords avaient voulu le voir, il prit toute la compagnie pour anglaise, et il s'écria dans cette langue : *Vous voyez ce pauvre homme !...* Quant aux valets et autres personnes qui ne peuvent entrer dans le salon, ils se tiennent aux grilles du jardin ; il y fait quelques tours pour eux. On se le montre, et l'on dit : « Le voilà ! le voilà ! » c'est très-plaisant. » (*Ibid.*, p. 239, du 23 septembre 1775.)

« ... Bien loin que M. de voltaire fût si flatté de l'empressement du public à se porter sur ses pas pour le voir, rien ne lui

---

suivante : « L'application du mot *fanfaronade*, par M. de Trudaine n'est peut-être pas ici trop juste. M. de Voltaire avait bien réellement, non-seulement dédié, mais aussi *bâti, érigé* cette église à ses frais. Le mot *crexit* est donc le mot propre, d'autant plus qu'en cette occasion il renfermait implicitement, et sans aucun doute, ceux de *sacrarit, dicavit*. Mais l'abbé de Lille, qui le savait bien, ne cherchait qu'à faire parler M. de Voltaire. » (P. 412 des *Mémoires sur Voltaire*.) (R. d'A.)

était plus à charge, et il évitait la foule tant qu'il pouvait. Il n'y avait point chez lui d'étiquette ni d'heure réglée pour rien. L'été, vers le soir, nous allions ordinairement nous premener, nous deux seuls, et quand il s'apercevait qu'il y avait dans les cours beaucoup de gens rassemblés, et qui semblaient attendre pour le voir passer, il donnait fort souvent ordre à son cocher de mener le carrosse à une sortie sur les derrières du jardin, sans qu'on s'en aperçût, pour gagner plus promptement les bois ou les champs... » (WAGNIÈRE, *Examen des Mémoires de Bachaumont*, p. 421 du t. I des *Mémoires sur Voltaire*.)

Extrait d'une lettre de Ferney du 4 octobre 1777. « J'ai dîné aujourd'hui chez M. de Voltaire en très-grande compagnie. L'automne le dérange et il redoute les approches de l'hiver : il se plaint de sa strangurie; il est cassé et a la voix éteinte : mais son esprit n'a que quarante ans. Il rabâche moins dans sa conversation que dans ses écrits. Il est précis et court dans les histoires qu'il raconte. Comme nous avions la jolie madame de Blot, il a voulu être galant, et il était plus coquet qu'elle de mine et de la langue. Pour vous donner une idée de la vigueur et de la force de son esprit, je ne vous en citerai que deux traits, ils suffiront. La comtesse parlant du roi de Prusse, louait son administration éclairée et incorruptible : « Eh! par où, s'écria-t-il, pourrait-on perdre ce prince? Il n'a ni conseil, ni chapelle, ni maîtresse. » On n'a pas manqué de parler de M. Necker, et j'étais curieux d'apprendre sa façon de penser sur son compte. Il a apostrophé un Genevois qui était à table avec nous : « Votre république, Monsieur, doit être bien glorieuse, lui a-t-il dit, elle fournit à la fois à la France un philosophe pour l'éclairer (M. Rousseau), un médecin pour la guérir (M. Tronchin), et un ministre pour remettre ses finances (M. Necker); et ce n'est pas l'opération la moins difficile. Il faudrait, a-t-il ajouté, lorsque l'archevêque de Paris, mourra, donner ce siége à votre fameux ministre Vernet, pour rétablir la religion. » Ce dernier persifflage, sans autre réflexion ultérieure, m'a décelé son jugement sur notre directeur général. Je l'avais pressenti par une citation écrite de sa main au bas d'un portrait de M. Turgot: *Ostendent nobis hunc lentum fata.* Le marquis de Villette était des nôtres, et paraît goûté du patron, qui lui a dit des douceurs. Je crois qu'elles sont intéressées, et qu'il s'agit de l'amadouer pour un mariage. Ce qui indispose encore plus le philosophe contre M. Necker, c'est la faveur qu'il accorde à la loterie royale de France, qui s'est étendue dans ces cantons. On vient d'établir à Ferney un bureau de cette loterie ; il redoute avec raison que les habitants de sa colonie ne donnent dans ce piége. » (*Mémoires de Bachaumont*, t. IX, p. 268, du 13 octobre 1777.)

Le propos de M. de Voltaire à madame de Blot n'est point supposé ; celui au Genevois est également réel, et l'un des convives me les a répétés dans la même journée. Mais je crois que dans le deuxième, le persifflage ne tombait que sur le professeur Vernet, et non sur M. Necker, avec qui M. de Voltaire était lié depuis longtemps, ainsi qu'avec madame Necker qu'il estimait et respectait. Il trouvait seulement, et ses amis aussi, un peu d'entortillement dans les ouvrages de M. Necker; et c'est pourquoi il était désigné quelquefois dans leurs discours ou dans leurs lettres, sous le nom de M. *de l'Enveloppe.*

L'inscription mise par M. de Voltaire au bas du portrait de Turgot n'est point rapportée exactement dans la lettre, il y avait : *Ostendent terris hunc tantum fata.* C'est une allusion heureuse tirée de Virgile. — (WAGNIÈRE, *Examen des Mémoires de Bachaumont*, p. 245 du t. I des *Mémoires sur Voltaire*, etc.)

CHAPITRE LX.

DÉPART DE VOLTAIRE POUR PARIS. — ARRIVÉE. — VISITE A D'ARGENTAL. — EFFET QUE PRODUIT SA PRÉSENCE A PARIS. — DÉPUTATION DES COMÉDIENS. — VISITE DE FRANKLIN. — DÉPUTATION DE L'ACADÉMIE FRANÇAISE. — VOLTAIRE TOMBE MALADE. — REPRÉSENTATION D'*Irène*. — VOLTAIRE, RELEVÉ DE SA MALADIE, ASSISTE A UNE SÉANCE DE L'ACADÉMIE. — IL SE REND A LA COMÉDIE FRANÇAISE. ENTHOUSIASME GÉNÉRAL. ON LE COURONNE. — NOUVELLE REPRÉSENTATION D'*Irène*. — COURONNEMENT DE LA STATUE DE VOLTAIRE. — NOUVELLE MALADIE DE VOLTAIRE. — SA MORT. — SON ENTERREMENT. — VERS FAITS A L'OCCASION DE SA MORT.

1778.

On a demandé souvent comment un vieillard plus qu'octogénaire, infirme, avait pu se décider à faire au milieu de l'hiver un aussi long voyage [1]? Il est difficile d'assigner les véritables raisons. Mais, s'il est permis de hasarder quelques conjectures, il est vraisemblable qu'il n'a pas voulu qu'une opinion accréditée par ses ennemis lui survécût. Beaucoup de gens croyaient que son séjour à Ferney n'était pas volontaire, mais une espèce d'exil.

. . . .

N'était-il pas naturel aussi qu'il revît un séjour, l'asile des

---

[1] Voltaire partit de Ferney pour Paris, accompagné de son secrétaire Wagnière et d'un domestique, le 5 février 1778. (R. d'A.)

talens et des beaux-arts? séjour unique, où chaque instant est marqué par une jouissance nouvelle, où le génie s'échauffe au flambeau de l'émulation, où la facilité d'être ignoré équivaut à la solitude la plus complète, et où la gloire d'être connu répand sur vos jours mille espèces d'agréments.

Avant que de descendre dans la tombe, du moins fallait-il embrasser une fois encore plusieurs vrais amis si constamment occupés à assurer sa tranquillité.

Ce fut le 10 février que M. de Voltaire arriva à Paris. Son premier devoir fut celui de l'amitié. Il va à pied chez M. le comte d'Argental qui prenait depuis cinquante années un intérêt si vrai à sa gloire, à sa réputation et à sa tranquillité.

L'empressement de le voir fut général. Des grands, des femmes, des personnes étrangères à la littérature venaient satisfaire une invincible curiosité. Ses ennemis, que ce moment inouï écrasait, attendaient avec des murmures impatients que la foule fût diminuée, mais ramassaient avec grand soin quelques fragmens de conversation, pour les affaiblir ou leur donner un sens dangereux. Une autre classe non moins inquiète redoutait l'enthousiasme, et s'efforçait par des menées sourdes de le calmer dès sa naissance. M. de Voltaire, étonné lui-même de sa gloire, recevait avec une extrême sensibilité les bontés, j'ai pensé dire les hommages de sa nation.

Les comédiens français députèrent vers lui. Il répondit à la harangue : *Je ne puis vivre désormais que pour vous et par vous.*

. . . .

Déjà il commença à s'apercevoir que les incommodités du voyage et les fatigues de la gloire dérangeaient un peu sa santé, ou donnaient plus d'activité à des douleurs, compagnons de son existence depuis plusieurs années. Il eut recours aux lumières de ce même M. Tronchin, qui lui avaient été si utiles vingt ans auparavant. M. Tronchin lui donna de ces remèdes dont les médecins amusent l'espérance des vieillards, et lui recommanda de résister autant qu'il le pourrait à la flatteuse indiscrétion [1] du public.

L'événement en justifia que trop la sagesse de ces conseils. Il fallut en venir à un repos absolu. Cette solitude forcée n'était interrompue que par quelques personnes qui se glissaient auprès de son lit. De ce nombre était le docteur Franklin...

Il lui présenta son fils; M. de Voltaire, en l'embrassant, lui répéta ces trois mots : *Dieu, Liberté, Tolérance* [2].

Il ménageait ses forces pour faire représenter une tragédie nouvelle. C'était *Irène*. Il en distribua les rôles, et mit chaque acteur de moitié dans les idées qu'il avait eues en la composant.

. . . .

Chaque jour était marqué par une nouvelle distinction. L'Académie française, dérogeant à ses usages, lui témoigna par deux députés [3] son empressement; il apprit au monde littéraire que le génie remplissait l'intervalle qui se trouve entre les souverains et ceux auxquels ils commandent.

Que lui manquerait-il dans ce moment de gloire? Rien, si ce n'est la force d'en jouir. Le physique se décomposait, et son âme survivait aux organes presque éteints, qui, jusques-là,

---

[1] On venait chez lui, comme on va à l'audience. Plusieurs ne se faisaient pas nommer ; d'autres se contentaient de le voir, de l'entendre. Quelques-uns remportaient de beaux compliments qu'ils n'avaient pas eu le courage d'entamer. (Note de l'auteur.)

[2] Il prononça ces trois mots, ou plutôt les deux premiers seulement, en anglais. (R. d'A.)

[3] Par trois : Marmontel, Saint-Lambert et le prince de Beauvau. (La Harpe, *Corresp. litt.*, t. II, p. 202.) (R. d'A.)

avaient si bien rendu ses affections. Dans ces instans de faiblesse on lui proposa de se réconcilier avec un Corps qui faisait en quelque sorte dépendre sa gloire de quelques actes de complaisance. Son respect pour les mœurs publiques lui fit tout adopter, et, sur le point de quitter la société, il désavoua ce que la faiblesse humaine et l'empire des passions avaient pu lui conseiller contre ses sages lois.

Au reste l'empressement des prêtres à ses dernières heures a quelque chose de très-extraordinaire. Espéraient-ils qu'un désaveu momentané dans un état d'épuisement décréditerait les productions d'une raison libre et vigoureuse? Voulaient-ils persuader qu'il faut tôt ou tard reconnaitre leur empire? Autant ils auraient pu tirer d'avantage d'un changement volontaire, autant ils devaient se défier d'un tribut payé aux usages. Les ressorts qu'on fit jouer dans cette occasion avaient quelque chose de puéril, dont la religion et la philosophie n'avaient nulle raison de s'applaudir.

La force de sa constitution lutta encore avec succès contre cette dernière maladie. On représenta la tragédie d'*Irène*. Les deux premiers actes méritaient les applaudissements qu'on leur donna.

. . . .

En sortant de cette pièce, plus de cinquante personnes furent se faire écrire chez l'auteur de *Mérope* et de *Zaïre*.

Quelques jours après, il assista à une séance de l'Académie française. Ses confrères furent le recevoir sous le portail du Louvre et le conduisirent à la place du Directeur. Le sort nomme à cette place selon l'usage ordinaire; mais on y dérogea, et une voix unanime le proclama Directeur pour le trimestre d'avril.

. . . .

En sortant de l'Académie il se rendit à la Comédie-Française. Il avait fallu tripler la garde pour prévenir les malheurs si communs dans les grandes affluences du peuple. Il fut porté plutôt que conduit dans la loge des Gentils-Hommes de la Chambre du Roi.

Un instant avant le lever du rideau, le plus ancien des comédiens, Brizard, suivi de ses camarades, parut dans la loge et posa sur sa tête une couronne de lauriers. Surpris et transporté, il ôta la couronne et dit avec une espèce d'attendrissement : *Eh ! voulez-vous donc me faire mourir à force de gloire ?* On joua ensuite *Irène*. Jamais les acteurs ne mirent plus de feu, plus d'intérêt, plus de vérité dans leur jeu, jamais on n'exécuta avec plus d'attention. Les applaudissements multipliés interrompirent seuls le silence attentif des spectateurs. La pièce achevée, une nouvelle scène s'offre, la toile se relève, et on voit la statue de M. de Voltaire entourée des acteurs et des actrices, qui y placent chacun une couronne de lauriers. Dans cette surprise qui tenait de l'enchantement pour le public, les bayonnettes des sentinelles qui se trouvaient derrière le buste, servirent à la hâte à former une manière d'arc de triomphe, où la quantité de couronnes s'entassaient en montagne. Une voix unanime appelle M. de Voltaire qui est retiré dans le fond de sa loge. M. de Villette réussit à la fin à le faire avancer; il se montre courbé sous le faix de la gloire, baissant le front jusque sur l'appui de la loge, et reste pénétré dans cette attitude. Au bout de quelques minutes, M. de Voltaire s'étant relevé d'un air délicieusement attendri, les démonstrations de l'enthousiasme n'ont plus de bornes. Dans ce parterre qui l'idolâtre avec ivresse, les voisins s'embrassent sans se connaître, et la tête n'y est plus. Après beaucoup de peine, on obtint le silence, Mlle Vestris lit, sur le bord du théâtre, ces vers de M. St-Marc (auteur d'*Adèle de Ponthieu*), qui sont un impromptu, fait pendant le spectacle :

— 314 —

> Aux yeux de Paris enchanté,
> Reçois en ce jour un hommage
> Que confirmera d'âge en âge
> La sévère postérité.
> Non tu n'as pas besoin d'atteindre au noir rivage
> Pour jouir de l'immortalité :
> Voltaire reçois la couronne
> Que l'on vient de te présenter,
> Il est beau de la mériter
> Quand c'est la France qui la donne.

Ce triomphe unique, dont les fastes littéraires d'aucune nation ne fourniraient le modèle, répandit la consternation parmi ses ennemis, éteignit les secrètes espérances de ses délateurs, et le récompensa dans un jour de soixante ans de travaux. La gravure s'empara du sujet et prêta son burin pour immortaliser ce beau jour; on lisait au-dessous de l'estampe ces mots : *l'Homme unique à tout âge.*

Chaque démarche de M. de Voltaire occasionnait une fête... Jamais un particulier n'excita une semblable rumeur.

. . . .

Au milieu de cette ivresse, il s'occupait de son retour à Ferney, et il serait même parti à la fin d'avril sans une indisposition de madame de Villette, qu'il ne voulut pas quitter...

Une strangurie, dont il était tourmenté depuis longtemps, l'engagea de prendre des calmants. Son extrême impatience ne lui permit pas de consulter les médecins, et il crut que les sages lenteurs de leur art étaient inutiles. Il prit dans une nuit ce qu'il aurait fallu prendre dans huit jours; imprudence qui lui ôta presque la faculté de s'exprimer; à peine distinguait-il les objets, ou si quelques moments plus heureux revenaient par intervalles, il retombait bientôt dans cet assoupissement léthargique, avant-coureur de la mort. Les quatre derniers jours il était si faible qu'il ne paraissait pas même souffrir. A ces derniers moments, M. le curé de Saint-Sulpice vint lui offrir son ministère, et s'approchant de son lit, il lui demanda s'il croyait en la divinité de Jésus-Christ ; le malade se retourna et répondit : « *Je crois... qu'il faut laisser mourir les gens en paix.* » Il expira en effet cinq ou six heures après, le trente de mai à onze heures du soir [1].

Les gens du monde, qui ne s'affligent de rien, apprirent sa mort avec ce regret tranquille qu'on accorde à ceux qui emportent avec eux quelques-uns de nos plaisirs. Dans la littérature, les uns se consolèrent de l'éclipse d'un astre qui, semblable au soleil, ne laissait presque voir dans sa course aucun de ceux qui roulaient avec lui ; les autres espérèrent que la médiocrité se produirait avec moins de risques ; et le petit nombre convenait que le flambeau du génie était éteint. Un parti, qui n'appartient point aux lettres, laissait percer cette joie secrète avec laquelle on contemple la dépouille d'un ennemi terrassé, et la vengeance, ce triste plaisir des âmes timides, médita une injure que la postérité reprochera à notre

---

[1] Outre la version cléricale sur la mort de Voltaire, version qui ne supporte pas l'examen et qui n'est qu'un tissu de mensonges et de calomnies, il en existe quatre autres : celle de Condorcet (*Vie de Voltaire*), de d'Alembert (*OEuvres complètes* [1821]. T. 5), de Grimm (*Gazette littéraire*), et du docteur Tronchin (*Manuscrit de la Lettre à Bonnet*, Bibliothèque publique de Genève). Les trois premières, à part quelques légers détails, ne diffèrent presque pas entre elles, et sont en parfaite concordance avec le récit du marquis de Luchet ; la quatrième seule détonne : mais on s'aperçoit aisément que le docteur genevois en écrivant sa lettre à Bonnet, qui était un ennemi de Voltaire, a voulu complaire aux rancunes de son compatriote. Le docteur Tronchin n'était pas du reste présent à la mort de Voltaire. Quant à la version cléricale, M. Gustave Desnoiresterres (*Retour et mort de Voltaire* [1876], p. 369-386) l'a réduite en poudre, et il n'en reste plus vestige. (R. d'A.)

siècle. Si la sépulture n'était qu'un devoir religieux, on excuserait des ministres trop faibles pour se mettre au-dessus des passions; mais c'est un devoir civil que la société doit à chacun de ses membres. Qu'importent des restes insensibles, dira-t-on, pour lesquels les honneurs et les injures sont également perdus? Rien sans doute, mais ce qui est quelque chose, c'est l'opinion qui gouverne les hommes. Si le refus des derniers devoirs n'est point un outrage chez la plupart des nations, c'est que nos tristes dépouilles ne sont point abandonnées à des mains étrangères, et l'on ne connaît pas ces scènes de scandale auxquelles la postérité ne s'accoutumera pas...

Le corps de M. de Voltaire fut donc transporté à l'Abbaye royale de Notre-Dame de Scellières, diocèse de Troyes. Voici l'extrait des actes du registre de sépulture : « Ce jourd'hui deux juin 1778, a été inhumé dans cette église, Messire François-Marie-Arouët de Voltaire, Gentil-Homme ordinaire du Roi, l'un des quarante de l'Académie française, âgé de 84 ans ou environ, décédé à Paris le 30 mai dernier, présenté à notre église ce jourd'hui, où il est déposé jusqu'à ce que, conformément à sa dernière volonté, il puisse être transporté à Ferney, lieu qu'il a choisi pour sa sépulture. La dite inhumation en présence de etc., etc. »

Mgr l'évêque de Troyes [1] crut que le prieur de Scellières ne pouvait pas procéder à cet enterrement, et que cet acte religieux pourrait avoir des suites fâcheuses. On voit par sa réponse respectueuse, mais ferme, qu'un homme d'esprit et éclairé peut détruire bien des difficultés.

[1] Claude-Mathias-Joseph de Barral. (R. d'A.)

« A Scellières, 5 juin 1778.

« Je reçois dans l'instant, Monseigneur, à trois heures après-midi, avec la plus grande surprise, la lettre que vous m'avez fait l'honneur de m'écrire en date du jour d'hier 2 juin : il y a maintenant plus de vingt-quatre heures que l'inhumation du corps de M. de Voltaire est faite dans notre église en présence d'un peuple nombreux. Permettez-moi, Monseigneur, de vous faire le récit de cet événement, avant que j'ose vous présenter mes réflexions.

« Dimanche au soir, 31 mai, M. l'abbé Mignot, conseiller au Grand Conseil, notre Abbé commendataire, qui tient à loyer un appartement dans l'intérieur de notre monastère, parce que son abbatiale n'est pas habitable, arriva en poste pour occuper cet appartement. Il me dit après les premiers compliments, qu'il avait eu le malheur de perdre M. de Voltaire, son oncle, que ce monsieur avait désiré dans ses derniers moments d'être porté après sa mort à sa terre de Ferney, mais que le corps qui n'avait pas été enseveli, quoiqu'embaumé, ne serait pas en état de faire un voyage aussi long ; qu'il désirait, ainsi que sa famille, que nous voulussions bien recevoir le corps en dépôt dans le caveau de notre église ; que le corps était en marche, accompagné de trois parents, qui arriveraient bientôt. Aussitôt M. l'abbé Mignot m'exhiba un consentement de M. le curé de Saint-Sulpice, signé de ce pasteur, pour que le corps de M. de Voltaire pût être transporté sans cérémonie ; il m'exhiba en outre une copie collationnée par ce même curé de Saint-Sulpice, d'une profession de la foi catholique, apostolique et romaine que M. de Voltaire a faite entre les mains d'un prêtre, approuvée en présence de deux témoins, dont l'un est M. le marquis de la Villevieille. Il me montra en outre une lettre du ministre de Paris, M. Amelot, adressée à lui et M. de Dampierre d'Hornoy, neveu de M. l'abbé Mignot et petit-neveu du défunt, par laquelle ces messieurs étaient autorisés à transporter leur oncle à Ferney ou ailleurs. D'après ces pièces qui m'ont paru et qui me paraissent encore authentiques, j'aurais cru manquer au devoir de pasteur, si j'avais refusé les secours spirituel dûs à tout chrétien et surtout à l'oncle d'un magistrat qui est depuis vingt-trois ans abbé de cette abbaye, et que nous avons beaucoup de raisons de considérer : il ne m'est pas venu dans la pensée que M. le curé de Saint-Sulpice ait pu refuser la sépulture à un homme dont il avait légalisé la profession de foi, faite tout au plus six semaines avant son décès, et dont il avait permis le transport tout récemment au moment de sa mort : d'ailleurs, je ne savais pas qu'on pût refuser la sépulture à un homme quelconque mort dans le corps de l'Eglise, et j'avoue que selon mes faibles lumières je ne crois pas encore que cela soit possible. J'ai préparé en hâte tout ce qui était nécessaire. Le lendemain matin sont arrivés dans la cour de l'abbaye deux carrosses, dont l'un contenait le corps du défunt, et l'autre était occupé par M. d'Hornoy, conseiller au Parlement de Paris, petit-neveu de M. de Voltaire; par M. Marchand de Varennes, maître d'hôtel du roi, et M. de la Houllière, brigadier des armées, tous deux cousins du défunt. Après-midi, M. l'abbé Mignot m'a fait à l'église la présentation solennelle du corps de son oncle, qu'on avait déposé ; nous avons chanté les vêpres des morts ; le corps a été gardé toute la nuit dans l'église, environné de flambeaux. Le matin, depuis cinq heures, tous les ecclésiastiques des environs, dont plusieurs sont amis de M. l'abbé Mignot, ayant été séminaristes à Troyes, ont dit la messe en présence du corps, et j'ai célébré une messe solennelle à onze heures, avant l'inhumation, qui a été faite devant une nombreuse assemblée. La famille de M. de Voltaire est repartie ce matin, contente des honneurs rendus à sa mémoire et des prières que nous avons faites à Dieu pour le repos de son âme. Voilà les faits, Monseigneur, dans la plus exacte vérité. Permettez, quoique nos maisons ne soient pas soumises à la juridiction de l'ordinaire, de justifier ma conduite aux yeux de votre Grandeur : quels que soient les priviléges d'un ordre, ses membres doivent toujours se faire gloire de respecter l'épiscopat, et se font honneur de soumettre leurs démarches, ainsi que leurs mœurs, à l'examen de nos seigneurs les évêques ; comment pouvais-je supposer qu'on refusait, ou qu'on pouvait refuser à M. de Voltaire, la sépulture qui m'était demandée par son neveu, notre Abbé commendataire depuis vingt-trois ans, magistrat depuis trente ans, ecclésiastique qui a beaucoup vécu dans cette abbaye, et qui jouit d'un grande considération dans notre ordre ; par un conseiller au Parlement de Paris, petit-neveu du défunt ; par des officiers d'un grade supérieur, tous parents et tous gens respectables ? Sous quel prétexte aurais-je pu croire que M. de Saint-Sulpice eût refusé la sépulture à M. de Voltaire, tandis que ce pasteur a légalisé de sa propre main une profession faite par le défunt, il n'y a que deux mois ; tandis qu'il a écrit et signé de sa propre main un consentement que ce corps fût transporté sans cérémonie ? Je ne sais ce qu'on impute à M. de Voltaire ; je connais plus ses ouvrages par sa réputation qu'autrement ; je ne les ai pas lus tous ; j'ai ouï dire à M. son neveu, notre abbé, qu'on lui en imputait de très-répréhensibles qu'il avait toujours désavoués : mais je sais, d'après les canons, qu'on ne refuse la sépulture qu'aux excommuniés, *latà sententia*, et je crois être sûr que M. de Voltaire n'est pas dans ce cas. Je crois avoir fait mon devoir en l'inhumant, sur la réquisition d'une famille respectable, et je ne puis m'en repentir. J'espère, Monseigneur, que cette action n'aura pas pour moi des suites fâcheuses ; la plus fâcheuse, sans doute, serait de perdre votre estime ; mais d'après l'explication que j'ai l'honneur de faire à votre Grandeur, elle est trop juste pour me la refuser.

« Je suis avec un profond respect, etc. [1] »

Un poète de ce siècle [2] fit ainsi l'épitaphe de M. de Voltaire :

> O Parnasse frémis de douleur et d'effroi !
> Pleurez Muses, brisez vos lyres immortelles ;
> Toi ! dont il fatigua les cent voix et les ailes,
> Dis que Voltaire est mort, pleure et repose toi.

Et on a écrit au bas d'un mausolée érigé par Mad. de *** à la gloire de M. de Voltaire.

> Le plus grand de son siècle en fut le plus aimable,
> Sur ses écrits, sur ses discours,
> La grâce répandit ce charme inexprimable
> Qui sans nous fatiguer nous attache toujours.
> Il épousa la gloire, il tourmenta l'envie,
> Chacun de ses travaux éternisa sa vie,
> Et ses bienfaits encore ont embelli ses jours.
> Les beaux Arts éperdus, l'amitié désolée
> Voudraient lui dresser un autel,
> Cherchant un jour son mausolée
> L'univers doutera s'il eut rien de mortel.

Le MARQUIS DE LUCHET. *Histoire littéraire de M. de Voltaire* (Cassel), t. II.

---

[1] Cette lettre est du prieur de l'abbaye de Scellières, dom Pothérat de Corbières. (R. d'A.)

[2] Ecouchard Le Brun. (R. d'A.)

CHAPITRE LXI.

APOTHÉOSE DE VOLTAIRE.
1791.

En 1791, l'Assemblée nationale, après un premier décret qui avait ordonné la translation des restes de Voltaire de l'abbaye de Scellières dans l'église de Romilly (8 mai), décréta le 30 mai que « M. F. Arouet était digne de recevoir les honneurs décernés aux grands hommes et qu'en conséquence ses cendres seraient transportées de l'église de Romilly dans celle de Sainte-Geneviève de Paris. » Cette translation, à laquelle on donna le caractère d'une fête nationale, eut lieu le lundi 11 juillet. David et Cellerier en furent les ordonnateurs, M.-J. Chénier composa un hymne que Gossec mit en musique. Mais donnons ici la parole à Michelet, le grand historien :

« ... La France, dès qu'elle peut parler, rend grâce à Voltaire. L'Assemblée nationale décrète au glorieux libérateur de la pensée religieuse les honneurs de la victoire. Elle est gagnée, il a vaincu; qu'il triomphe maintenant, qu'il revienne dans son Paris, dans sa capitale, ce roi de l'esprit. L'exilé; le fugitif, qui n'eut point de lieu ici-bas, qui vécut entre trois royaumes, osant à peine poser l'aile, comme l'oiseau qui n'a pas de nid, qu'il vienne dormir en paix dans l'embrassement de la France.

« Mort cruelle! il n'avait revu Paris, cette foule idolâtre, ce peuple qui l'avait compris, que pour s'en arracher avec plus de déchirement! Poursuivi sur son lit de mort, même après la mort, banni, enlevé la nuit par les siens, le 30 mai 78, caché dans une tombe obscure, son retour est décrété le 30 mai 91. Il reviendra, mais de jour, au grand soleil de la justice, porté triomphalement sur les épaules du peuple, au temple du Panthéon.

« Pour comble, il verra la chute de ceux qui le proscrivirent. Voltaire vient ; prêtres et rois s'en vont. Son retour est décrété, par un remarquable à propos, lorsque les prêtres, surmontant les indécisions de Louis XVI, ses scrupules, vont le pousser à Varennes, à la trahison, à la honte. Comment, pour ce grand spectacle, nous passerions-nous de Voltaire ? Il faut qu'il vienne voir à Paris la déroute de Tartufe. Il est le héros de la fête. Au moment où le prêtre laisse sa trame ténébreuse éclater au jour, Voltaire ne peut manquer de sortir aussi du caveau. Averti par l'audacieuse révélation de Tartufe, il se révèle en même temps, passe la tête hors du sépulcre, et dit à l'autre, avec ce rire formidable auquel croulent les temples et les trônes : « Nous sommes inséparables ; tu parais, je parais aussi. » (*Histoire de la Révolution*, t. II.)

CHAPITRE LXII.

VOLTAIRE A LA VOIRIE.

1814.

Une nuit de mai 1814, les ossements de Voltaire et de Rousseau furent extraits des cercueils de plomb où ils avaient été enfermés ; on les réunit dans un sac de toile et on les porta dans un fiacre qui stationnait devant l'église. Le fiacre s'ébranla lentement, accompagné de cinq ou six personnes, entre autres des deux frères Puymorin. On arriva vers deux heures du matin, par des rues désertes, à la barrière de la Gare, vis-à-vis de Bercy. Il y avait là un vaste terrain entouré d'une clôture en planches, lequel avait fait partie de l'ancien périmètre de la gare, qui devait être créée en cet endroit pour servir d'entrepôt au commerce de la Seine, mais qui n'a jamais existé qu'en projet. Ce terrain appartenait alors à la ville de Paris, n'avait pas encore reçu d'autre destination : les alentours étaient déjà envahis par des cabarets et des guinguettes.

Une ouverture profonde était préparée au milieu de ce terrain vague et abandonné, où d'autres personnages attendaient l'arrivée de l'étrange convoi de Voltaire et de Rousseau; on vida le sac rempli de chaux vive, puis on rejeta la terre par-dessus, de manière à combler la fosse sur laquelle piétinèrent en silence les auteurs de cette dernière inhumation de Voltaire. Ils remontèrent ensuite en voiture, satisfaits d'avoir rempli, selon eux, un devoir sacré de royalistes et de chrétiens. « Plut à Dieu, disait M. de Puymorin, qu'il eût été
« possible d'ensevelir à jamais avec les restes de ces deux
« philosophes impies et révolutionnaires, leurs doctrines pernicieuses et leurs détestables ouvrages ! »

Le BIBLIOPHILE JACOB (M. PAUL LACROIX). *L'Intermédiaire des chercheurs et des curieux*, 1re année (15 février 1864), p. 25-26 : La tombe de Voltaire a-t-elle été violée en 1814 ?

Le baron de Puymorin, petit-fils d'un des auteurs de cette odieuse profanation, s'inscrivit en faux contre le récit du savant bibliophile. Il avait parlé « de deux frères Puymorin », et M. de Puymorin de 1814 n'avait pas de frère. Il répondit :

« J'ai écrit de souvenir la note envoyée à l'*Intermédiaire*, et j'y ai fait entrer par mégarde, deux frères Puymorin, au lieu de cette simple désignation que j'avais consignée dans mes mémoires, *les deux Puymorin*. »

La curiosité publique fut excitée, l'affaire fit du bruit. Le 28 février, M. Dupeuty publiait dans le *Figaro* un article où il disait : « On avait parlé de la profanation nocturne des cendres de Voltaire, mais la question était restée indécise. Maintenant, il n'y a plus à douter : elles ne sont plus au Panthéon. Le tombeau, pèlerinage quotidien des étrangers, et devant lequel les dévots de l'art et de l'esprit français s'inclinaient avec émotion, croyant saluer les reliques du grand homme, ce tombeau est complétement vide ; bien plus, on ne sait ce que sont devenues les reliques. » M. Dupeuty ajoutait que, lorsque le cœur de Voltaire fut offert à l'Etat, Napoléon III pensa que ce qu'il y avait de plus naturel, c'était de le réunir à l'ensemble des dépouilles du poète. On en référa à l'archevêque de Paris, qui répondit qu'avant de prendre un parti quelconque, il était prudent de vérifier si les cendres de Voltaire étaient encore là, ou si, depuis 1814, il n'y avait plus rien au Panthéon qu'un tombeau vide. Napoléon III ordonna des fouilles. « Une de ces nuits dernières, dit M. Dupeuty, on est descendu dans les caveaux du Panthéon, on a soulevé la pierre qui, selon la croyance populaire, devait recouvrir les cendres de Voltaire. IL N'Y A EN EFFET PLUS RIEN. Que sont-elles devenues ? » (R. d'A.)

CHAPITRE LXIII.

LE CŒUR DE VOLTAIRE.
1864.

Après la mort du marquis de Villette (1793), c'est à sa veuve, la *Belle et Bonne* de Voltaire, qu'échut le cœur de ce grand homme, conservé dans une boîte de vermeil. Le dernier marquis de Villette, à défaut de postérité, institua un évêque de France son légataire universel; mais ce n'était là qu'un fidéi-commis ; le véritable destinataire était le comte de Chambord (3 juin 1859). Le testament fut attaqué par les héritiers naturels du marquis, MM. de Roissy et de Varicourt, et un arrêt de la cour d'Amiens (1er août 1861) en prononça l'annulation. « Les reliques voltairiennes, dit M. Gustave Desnoiresterres (*Retour et mort de Voltaire*), furent vendues à l'encan sans plus de façon... Mais le cœur du patriarche de Ferney ? C'est un dépôt qu'on se montrait peu jaloux de joindre à l'actif de la succession, et l'on ne trouva rien de mieux (et rien au monde n'était plus convenable) que de le rendre à l'Etat, dont il était la véritable et naturelle propriété. M. Léon Duval, membre de l'ordre des avocats de la Cour, fut chargé par MM. de Roissy de prendre les ordres de l'Empereur, qui décida que le cœur de l'auteur de tant de livres serait recueilli d'une manière définitive par notre Bibliothèque nationale, où le ministre de l'instruction publique, M. Duruy, se transportait le 16 décembre 1864, pour le recevoir des mains du célèbre avocat. On constata que le cœur était enfermé dans un récipient en métal doré sur lequel étaient gravés ces mots : « Le

cœur de Voltaire, mort à Paris le XXX may MDCCLXXVIII. »
M. Duruy, en présence de l'administrateur général et des
membres du comité consultatif, après avoir accepté ces précieux restes, arrêta qu'ils seraient conservés au Département
des Médailles, jusqu'au moment où l'état d'avancement des travaux permettrait de les installer au premier étage de la
rotonde qui se trouve à la jonction des rues Richelieu et Neuve-des-Petits-Champs. » (R. d'A.)

CHAPITRE LXIV.

Les ennemis de Voltaire.

L'ABBÉ DESFONTAINES [1].

1726-1739.

C'était en vain que Voltaire avait cru que la retraite de
Cirey le déroberait à la haine : il n'avait caché que sa personne, et sa gloire importunait encore ses ennemis. Un libelle

[1] Guyot, abbé Desfontaines, critique, né à Rouen en 1685, m. en 1745. Elève et professeur chez les Jésuites, il quitta la Compagnie de Jésus en 1715 pour se faire homme de lettres. On a de lui outre ses écrits périodiques (dans le *Journal des Savants, le Nouvelliste du Parnasse, les Observations sur les écrits modernes, les Jugements sur les écrits nouveaux)*, une édition de la *Henriade*, avec critique, 1728, un *Dictionnaire néologique*, 1726, in-12 ; la *traduction de Gulliver*, 1727, in-12 ; une *traduction de Virgile*, 1743, 4 vol. etc. L'abbé de la Porte a publié l'*Esprit de Desfontaines*. (R. d'A.)

où l'on calomniait sa vie entière vint troubler son repos [1]. On le traitait comme un prince ou comme un ministre, parce qu'il excitait autant d'envie. L'auteur de ce libelle était cet abbé Desfontaines qui devait à Voltaire la liberté et peut-être la vie. Accusé d'un vice honteux, que la superstition a mis au rang des crimes, il avait été emprisonné dans un temps où, par une atroce et ridicule politique, on croyait très à propos de brûler quelques hommes, afin d'en dégoûter un autre de ce vice pour lequel on le soupçonnait faussement de montrer quelque penchant [2].

Voltaire instruit des malheurs de l'abbé Desfontaines, dont il ne connaissait pas la personne, et qui n'avait auprès de lui d'autre recommandation que de cultiver les lettres, courut à Fontainebleau trouver madame de Prie, alors toute puissante, et obtint d'elle la liberté du prisonnier, à condition qu'il ne se montrerait point à Paris. Ce fut encore Voltaire qui lui procura une retraite dans la terre d'une de ses amies [3]. Desfontaines y fit un libelle contre son bienfaiteur. On l'obligea de le jeter au feu, mais jamais il ne lui pardonna de lui avoir sauvé la vie. Il saisissait avidement dans les journaux toutes les occasions de le blesser; c'était lui qui avait fait dénoncer, par un prêtre du séminaire, *le Mondain*, badinage ingénieux où Voltaire a voulu montrer comment le luxe, en adoucissant les mœurs, en animant l'industrie, prévient une partie des maux

---

[1] Ce libelle, œuvre de Desfontaines, était intitulé : *Apologie de Voltaire adressée à lui-même.* (R. d'A.)

[2] Ayant corrompu un ramoneur que, à cause de son fer et de son bandeau, dit Voltaire, il avait pris pour un Amour, il fut saisi, dit-on, et conduit à Bicêtre. (R. d'A.)

[3] Chez madame la présidente de Bernières, qui était parente de Desfontaines. (R. d'A.)

qui naissent de l'inégalité des fortunes et de la dureté des riches.

Cette dénonciation l'exposa au danger d'une nouvelle expatriation [1], parce qu'au reproche de prêcher la volupté, si grave aux yeux des gens qui ont besoin de couvrir des vices plus réels du manteau de l'austérité, on joignit le reproche plus dangereux de s'être moqué des plaisirs de nos premiers pères [2].

Enfin le journaliste publia la *Voltairomanie*. Ce fut alors que Voltaire, qui depuis longtemps souffrait en silence les calomnies de Desfontaines et de Rousseau [3], s'abandonna aux mouvemens d'une colère dont ces vils ennemis n'étaient pas dignes.

Non content de se venger en livrant ses adversaires au mépris public, en les marquant de ces traits que le temps n'efface point, il poursuivit Desfontaines qui en fut quitte pour désavouer le libelle, et se mit à en faire d'autres pour se consoler [4]. C'est donc à quarante-quatre ans, après vingt années de patience, que Voltaire sortit pour la première fois de cette modération dont il serait à désirer que les gens de lettres ne s'écartassent jamais...

[1] Voltaire se réfugia pendant quelque temps en Hollande (1736). (R. d'A.)

[2] En 1738. C'était la réponse de Desfontaines au *Préservatif* de Voltaire, satire où l'indigne abbé était flagellé de main de maître. (R. d'A.)

[3] J.-B. Rousseau. (R. d'A.)

[4] Le désaveu de Desfontaines est du 4 avril 1739. — Pour plus amples détails sur les démêlés de Voltaire avec Desfontaines, voir les *Ennemis de Voltaire*, par M. Ch. Nisard. (Paris, Amyot, 1853.) (R. d'A.)

LE FRANC DE POMPIGNAN [1]. — FRÉRON.

1760.

Le Franc de Pompignan, littérateur estimable et poëte médiocre, dont il reste une belle strophe [2], et une tragédie faible où le génie de Virgile et de Métastase n'ont pu le soutenir [3], fut appelé à l'Académie française. Revêtu d'une charge de magistrature, il crut que sa dignité, autant que ses ouvrages, le dispensait de toute reconnaissance ; il se permit d'insulter, dans son discours de réception, les hommes dont le nom faisait le plus d'honneur à la société qui daignait le recevoir, et désigna clairement Voltaire, en l'accusant d'incrédulité et de mensonge. Bientôt après, Palissot, instrument vénal d'une femme [4], met les philosophes sur le théâtre [5]. Les lois

---

[1] Jean-Jacques Le Franc, marquis de Pompignan, né en 1709 à Montauban, m. en 1784. Il fut d'abord magistrat (premier président à la cour des Aides de Montauban). Voulant se livrer tout entier à l'étude des lettres, il vint à Paris, s'occupa de traductions et de recherches savantes, et entra à l'Académie en mars 1760, succédant à Maupertuis. Dans son discours de réception, il attaqua violemment les philosophes ses contemporains. Il fut ridiculisé, bafoué par eux, Voltaire à leur tête. Il faillit en devenir fou. Auteur des tragédies d'*Enée et de Didon*, de *Zoraïde*, d'un *Voyage de Languedoc et de Provence*, de *Poésies sacrées*, d'*Odes*, d'*Epitres* et de *Poésies familières*, etc. (R. d'A.)

[2] Dans son ode sur la mort de Jean-Baptiste Rousseau. (R. d'A.)

[3] *Enée et Didon*. (R. d'A.)

[4] La princesse de Robecq. (R. d'A.)

[5] Dans *les Philosophes*, comédie en 3 actes (1760.) (R. d'A.)

qui défendent de jouer les personnes sont muettes. La magistrature trahit son devoir, et voit, avec une joie maligne, immoler sur la scène des hommes dont elle craint les lumières et le pouvoir sur l'opinion, sans songer qu'en ouvrant la carrière à la satire, elle s'expose à en partager les traits.

Crébillon déshonore sa vieillesse en approuvant la pièce. Le duc de Choiseul, alors ministre en crédit, protège cette indignité par faiblesse pour la même femme dont Palissot servait le ressentiment. Les journaux répètent les insultes du théâtre. Cependant Voltaire se réveille. *Le Pauvre Diable, le Russe à Paris, la Vanité*, une foule de plaisanteries en prose, se succèdent avec une étonnante rapidité.

Le Franc de Pompignan se plaint au roi [1], se plaint à l'Académie, et voit avec une douleur impuissante que le nom de Voltaire y écrase le sien. Chaque démarche multiplie les traits que toutes les bouches répètent, et les vers pour jamais attachés à son nom. Il propose à un protecteur auguste de manquer *à ce qu'il s'est promis à lui-même*, en retournant à l'Académie pour donner sa voix à un homme auquel le prince s'intéressait; il n'obtient qu'un refus poli de ce sacrifice, a le malheur, en se retirant, d'entendre répéter, par son protecteur même, ce vers si terrible :

Et l'ami Pompignan pense être quelque chose [2] !

et va cacher dans sa province son orgueil humilié et son ambition trompée : exemple effrayant, mais salutaire, du pouvoir du génie et des dangers de l'hypocrisie littéraire.

---

[1] *Mémoire présenté au Roi* par M. de Pompignan, le 11 mai 1760. (R. d'A.)

[2] C'est le dernier vers de la *Vanité*. (R. d'A.)

Fréron [1], ex-jésuite comme Desfontaines, lui avait succédé dans le métier de flatter, par des satires périodiques, l'envie des ennemis de la vérité, de la raison et des talents. Il s'était distingué dans la guerre contre les philosophes, Voltaire, qui depuis longtemps supportait ses injures, en fit justice et vengea ses amis. Il introduisit dans la comédie de *l'Ecossaise* [2] un journaliste méchant, calomniateur et vénal ; le parterre y reconnut Fréron, qui, livré au mépris public dans une pièce que des scènes attendrissantes et le caractère original et piquant du bon et brusque Freeport devait conserver au théâtre, fut condamné à traîner, le reste de sa vie, un nom ridicule et déshonoré. Fréron, en applaudissant à l'insulte faite aux philosophes, avait perdu le droit de se plaindre ; et ses protecteurs aimèrent mieux l'abandonner que d'avouer une partialité trop révoltante [3].

D'autres ennemis moins acharnés avaient été ou corrigés ou punis [4]; et Voltaire, triomphant au milieu de ces victimes

[1] Elie-Catherin Fréron, journaliste fameux, né à Quimper (1719-1776). Les encyclopédistes, Voltaire le premier, affectaient de l'appeler Jean Fréron. « Cela, dit M. Ch. Nisard, pourrait sembler peu plaisant, si l'on ne remarquait que le mot de Jean accolé à celui de Fréron et tous deux réduits à leurs simples initiales, J... F......, prête à une grossière équivoque. (*Les Ennemis de Voltaire*). » Il fit de bonnes études chez les Jésuites. Il se lia d'amitié avec Desfontaines, et collabora avec lui à une petite feuille qui paraissait sous le titre de *Lettres à M*** la comtesse de ****. Desfontaines étant mort, Fréron publia des *Lettres sur quelques écrits de ce temps*, qui firent place, en 1754, à l'*Année littéraire*. Il a publié en outre des *Opuscules*, 3 vol. in-12, etc.

[2] Représentée, pour la première fois, à la Comédie Française le 26 juillet 1760.

[3] Pour plus amples détails sur les démêlés de Voltaire et de Fréron, voir les *Ennemis de Voltaire* par M. Ch. Nisard.

[4] La liste en est longue, et le récit des démêlés de Voltaire avec eux tous

immolées à la raison et à sa gloire, envoya au théâtre à soixante-six ans, le chef-d'œuvre de *Tancrède*[1]. — CONDORCET. (*Vie de Voltaire.*)

CHAPITRE LXV.

CARACTÈRE, HABITUDES ET PORTRAIT DE VOLTAIRE.

On a plusieurs fois fait à M. de Voltaire le reproche de lésine et d'avarice. Cela est cependant un peu contradictoire avec ses libéralités, et avec la manière dont il recevait les étrangers, et avec les spectacles qu'il donnait chez lui, qui étaient de la plus grande somptuosité. Les rafraîchissements de toute espèce n'étaient pas épargnés dans les entr'actes et après les pièces. Il donnait ensuite à souper à tous les spectateurs et à leur suite, et puis le bal pendant toute la nuit.

---

demanderait au moins un volume : Contentons-nous d'en nommer ici les principaux : Clément (de Dijon), Sabatier (de Castres), Saint-Hyacinthe, Larcher, Chaudon, Forcemagne, Needman, de Paw, Warburton, les jésuites Nonnotte, Patouillet, Paulian, Ribailler, etc., etc. Nous avons omis dans cette brève énumération le nom de La Beaumelle, l'un des plus implacables ennemis de Voltaire, car déjà il a été question de leurs démêlés dans le chap. *Voltaire en Prusse.* Il a été aussi déjà question de J.-B. Rousseau. Quant à J.-J. Rousseau, sa place serait bien plutôt parmi les rivaux de Voltaire que parmi ses ennemis. On peut lire, sur ses rapports avec Voltaire, un excellent article de Saint-Marc Girardin, contenu dans la *Revue des Deux Mondes* du 15 novembre 1852. (R. d'A.)

1 Représenté le 3 septembre 1760. (R. d'A.)

Quoiqu'il nourrit dans sa maison soixante personnes au moins par jour, elle était réglée par ses soins de façon que, pendant les dix dernières années de sa vie, toutes ses dépenses ne montaient guère qu'à quarante mille francs par an.

. . . .

Personne ne connaissait mieux que M. de Voltaire toutes les nuances de l'art de la déclamation. Lorsqu'il faisait répéter devant lui quelques vers de ses pièces, il était presque toujours hors de lui-même, tant il entrait dans les diverses passions. Souvent il arrivait qu'il avait répété toute la pièce à lui seul.

A une représentation de *Zaïre*, dans laquelle il jouait le rôle de Lusignan, au moment de la reconnaissance de ses enfants, il fondait si fort en larmes qu'il oublia ce qu'il devait dire ; le souffleur, qui pleurait aussi, ne put lui donner la réplique. Alors M. de Voltaire fit sur-le-champ une demi-douzaine de vers neufs et très-beaux. Je n'ai pu malheureusement les écrire de suite, non plus que ceux qu'il composa en jouant *Zopire*, dans la scène avec Mahomet, ni ceux qu'il ajouta aussi sur-le-champ à son rôle de Trissotin, dans les *Femmes savantes*, à la scène avec Vadius, et qui étaient très-plaisants. Il ne s'en souvenait plus l'instant d'après. La même chose est arrivée dans plusieurs autres rôles que je lui ai vu jouer. Je l'ai vu aussi, après une représentation à Ferney, parler assez longtemps en vers à M. Marmontel, qui, tout étonné, resta muet et ne sut que lui répondre.

Une chose fort singulière, c'est que personne n'apprenait plus difficilement que lui ses propres vers ; ce qui provenait sans doute de l'impétuosité de son imagination qui le maîtrisait sans cesse, au point que, dans la plus grande chaleur d'une conversation à laquelle on l'aurait cru tout entier, ou dans le temps qu'il paraissait le plus occupé à une partie d'échec (seul jeu qu'il aimât), il me faisait demander pour écrire des vers qu'il venait de composer, ou des idées qui lui étaient venues; et si je n'arrivais pas sur-le-champ, il courait les écrire lui-même sur son agenda ou sur le premier morceau de papier qui tombait sous sa main.

Il avait une facilité étonnante à faire des vers, qu'il écrivait ordinairement de sa main quand l'ouvrage était de longue haleine. Il n'écrivait jamais le plan de ses pièces de théâtre. Après l'avoir arrêté dans sa tête, il l'exécutait en même temps qu'il faisait les vers. Il dictait ses lettres, ses ouvrages en prose et les petites pièces de poésie, avec une si grande rapidité, que très-souvent j'étais obligé de le prier de s'arrêter, ne pouvant écrire assez promptement pour le suivre. Il lisait même en dictant.

Ce qui marque bien, suivant moi, l'étendue et la force du génie dans cet homme extraordinaire, c'est que je l'ai vu très-souvent corriger dans une même heure des épreuves d'histoire, de pièces de théâtre, de philosophie, de métaphysique, de contes, de romans, et faire sur-le-champ à chacune des corrections et additions considérables, avec la plus grande facilité, malgré l'extrême différence des matières.

Quoiqu'il apprît et retînt difficilement ses propres vers, il savait cependant par cœur tous les bons vers des autres poètes, et les récitait souvent avec enthousiasme. Quand il assistait aux représentations de leurs pièces de théâtre, on l'entendait réciter tout bas les beaux endroits, avant que les acteurs ne les eussent prononcés, et lorsqu'ils les déclamaient mal, il disait à demi-voix : *Ah ! le malheureux ! le bourreau qui tue ainsi les beautés* de Corneille ! ou de Racine, ou de tel ou de tel autre que ce fût. Quand au contraire ces endroits étaient bien rendus, il s'écriait souvent et assez haut : *Bien ! admirable !* et cela sans acception d'aucun auteur, quoiqu'on l'ait accusé de jalousie envers tous. Il était un peu désagréable de se trouver à côté de lui aux représentations, parce qu'il ne pouvait se contenir quand il était vivement ému. Tranquille d'abord, il s'animait insensiblement ; sa voix, ses pieds, sa canne se faisaient entendre plus ou moins. Il se soulevait à demi de son fauteuil, se rasseyait ; tout-à-coup il se trouvait droit, paraissait plus haut de six pouces qu'il ne l'était réellement. C'était alors qu'il faisait le plus de bruit. Les acteurs de profession redoutaient même, à cause de cela, de jouer devant lui.

Il ne pouvait souffrir qu'on déclamât ou qu'on lût mal de beaux vers, encore moins qu'on les critiquât minutieusement ou mal à propos. Je rapporterai à ce sujet une petite anecdote. M. de Voltaire, après le dîner, passait dans le salon où il restait ordinairement une heure ou deux avec les convives, après quoi il se retirait et allait travailler dans son cabinet jusqu'au souper ; or, si le temps était beau, surtout l'été, il montait dans son vieux carrosse à fond bleu, parsemé d'étoiles d'or, à moulures sculptées et dorées, et goûtait le plaisir de la promenade dans sa campagne ou dans ses bois, quelquefois seul, quelquefois avec un ami ou des dames de la compagnie. Un jour, après qu'il fut parti, une dispute s'était élevée sur les difficultés de la poésie française, sur ses beautés et ses défauts. Un homme lettré avait soutenu que dans ses morceaux les plus parfaits elle était encore remplie de fautes. Pour le prouver, il avait pris un volume de Racine, qui se trouvait sur la cheminée, choisi une des plus belles scènes, et marqué des croix avec son crayon à côté de tous les vers qu'il supposait défectueux. Le lendemain, M. de Voltaire, en remettant ce volume dans sa bibliothèque, l'ouvre par hasard, voit toutes ces croix, et très-mécontent, écrit au bas de la page qui en était le plus chargée : *Ah ! bourreau, si je te tenais, je t'apprendrais à crucifier ainsi l'inimitable Racine !*

Il avait la méthode, quand il recevait un ouvrage nouveau, de le parcourir rapidement, en lisant quelques lignes de chaque page. S'il s'apercevait qu'il y eût quelque chose qui méritât l'attention, il y plaçait une marque, après quoi il relisait tout fort attentivement, et même deux fois quand l'ouvrage lui paraissait intéressant et bien fait, et il faisait des remarques aux marges. Il y en avait de très-curieuses, ainsi qu'une quantité prodigieuse de *sinets* sur lesquels il y a quelques mots écrits de sa main ou de la mienne.

Il était naturellement gai et sémillant. C'est pourquoi une chose me frappait toujours chez lui. Dans les conversations ou disputes sur des objets sérieux ou importants, il restait longtemps sans rien dire, écoutait tout le monde, la tête baissée, et semblait être alors dans une espèce de stupeur ou d'imbécillité. Quand les disputeurs avaient à peu près épuisé leurs arguments, il paraissait se réveiller, commençait par discuter avec ordre et précision leurs opinions, proposait ensuite la sienne. On le voyait s'échauffer par degrés ; à la fin, ce n'était plus le même homme, on croyait voir dans toute sa personne quelque chose de surnaturel, on était entraîné par la véhémence de son discours, de son action, et par la force de ses raisonnements. Il en était de même de sa colère ; il n'y arrivait que par degrés, et il fallait pour ainsi dire qu'on l'y portât. C'était toujours l'effet des répliques multipliées et de la longue résistance qu'on lui opposait. Mais sa dignité, sa sensibilité, étaient aussi promptes que vraies, quoique ses ennemis aient dit tant de fois le contraire. Ma reconnaissance lui doit cette justice, et certainement personne n'a été plus à portée que moi de connaître le fond et la bonté de son cœur. Quoique d'un caractère très-vif, je n'ai jamais connu personne à qui on pût mieux faire entendre la raison qu'à lui, malgré qu'il eût été d'abord d'un avis opposé. Je ne puis trop m'étendre sur ses qualités morales qu'on lui a si souvent et si injustement refusées.

. . . .

Il semblait que le travail fût nécessaire à sa vie. La plupart du temps nous travaillions dix-huit à vingt heures par jour. Il dormait fort peu, et me faisait lever plusieurs fois la nuit. Quand il composait une pièce de théâtre, il était en fièvre. Son imagination le tourmentait et ne lui laissait aucun repos. Il disait alors : « J'ai le diable dans le corps ; il est vrai qu'il faut l'avoir pour faire des vers. » Il ne faisait d'excès en aucun genre, excepté dans le travail. Il était très-sobre dans le boire, dans le manger. Anciennement il faisait un grand usage du café; mais dans les quinze dernières années de sa vie, il n'en prenait que deux ou trois petites tasses par jour, tout au plus, et avec de la crème. Il était auprès du sexe d'une amabilité et d'une politesse unique et enchanteresse. Lorsqu'il travaillait, on était fort souvent obligé de l'avertir qu'il n'avait pris aucune nourriture. Il n'avait point d'heure fixe pour ses repas, pour se coucher, ni pour se lever. En général, il passait la plus grande partie dans son lit à travailler. Il était, dans le fond, d'une constitution extrêmement forte, quoique presque tous les jours il souffrît des entrailles, ce qui souvent le mettait de mauvaise humeur. Il prenait alors de la casse, dont il usait deux ou trois fois par semaine, ainsi que de lavemens au savon. Lorsqu'il lui étai tarrivé de se mettre en colère contre ses domestiques, quelques heures après, s'il les voyait près de lui, il disait devant eux : « Je me suis fâché contre mes gens, je les ai grondés; mon Dieu, il faut qu'on me pardonne, car je souffrais comme un malheureux. » Ces espèces d'excuses qu'il leur faisait montrent bien la bonté de son cœur.

Il faisait peu de cas des médecins en général; il connaissait bien son tempérament, et se traitait lui-même. Jamais je ne l'ai vu en envoyer chercher un directement. Quand ils venaient le voir, ils parlaient médecine avec eux, et en raisonnaient fort bien.

Le fond de son caractère était extrêmement gai. Jamais il ne se permettait de railler quelqu'un en face, ni de dire des choses désobligeantes dans la conversation, à moins d'y être forcé. Il savait se mettre à la portée de tout le monde ; il avait la répartie prompte, agréable et spirituelle ; sa façon de raconter était très-plaisante ; il aimait à raisonner avec les personnes d'esprit et instruites ; mais souvent il recevait assez froidement celles qui ne venaient le voir que par curiosité, et qui ne savaient rien dire. Il est vrai aussi qu'il inspirait à beaucoup de ceux qui le voyaient pour la première fois une espèce de timidité et de crainte respectueuse dont on n'était pas le maître.

Il ne se piquait plus de suivre la mode dans ses habillements, et sa manière de se mettre, par cette raison, ne paraissait point élégante aux jeunes gens ; mais il aimait singulièrement la propreté, et il était toujours lui-même fort propre. Il avait l'odorat très-fin ; ses yeux étaient brillans et remplis de feu ; jamais il n'a fait usage de lunettes ; il se lavait souvent les yeux avec de l'eau fraîche simple. Dans les dernières années de sa vie, il ne se rasait plus, mais il s'arrachait la barbe avec de petites pincettes. Il était assez grand de taille, mais fort maigre. Sa figure n'avait rien de désagréable dans sa grande vieillesse, et il a dû être fort bien à cet égard étant jeune. Il avait toujours été courageux, et l'était encore extraordinairement dans l'âge le plus avancé.

Quand il voyait que c'était par un vrai désir de s'instruire qu'on l'interrogeait, il avait la complaisance de répondre. Lorsque mes enfants, encore tout jeunes, l'importunaient par leurs questions, dans le temps qu'il me dictait quelque chose, et que je les voulais faire taire, il me disait : « Laissez-les ; il faut toujours répondre juste aux enfants et leur rendre raison sur ce qu'ils demandent suivant leur portée, et ne pas les tromper. » Il avait la bonté d'en user ainsi avec eux...

Une chose assez singulière et que je puis certifier, c'est que, malgré les hommages qu'on lui rendait, les choses flatteuses qu'on lui disait ou qu'on lui écrivait, il ne croyait point du tout à sa gloire. Bien au contraire, sa modestie était extrême et sincère. Peut-être est-ce à cette persuasion où il était, que la république des lettres doit une grande partie des ouvrages qu'il a composés. Il travaillait toujours comme s'il avait encore à commencer sa réputation. — *Mémoires sur Voltaire et sur ses ouvrages*, par Longchamp et Wagnière, ses secrétaires. (Paris, Aimé André, 1826), t. I. Additions au *Commentaire historique*, par Wagnière.

CHAPITRE LXVI.

PORTRAIT DE VOLTAIRE A FERNEY.

Il était toujours en souliers gris, bas gris de fer, roulés, grande veste de basin, longue jusqu'aux genoux, grande et longue perruque, et petit bonnet de velours noir. Le dimanche il mettait quelquefois un bel habit mordoré uni, veste et calotte de même, mais la veste à grandes basques, et galonnée en or, à la bourgogne, galons festonnés et à lames, avec de grandes manchettes à dentelle jusqu'au bout des doigts, *car avec cela, disait-il, on a l'air noble.* M. de Voltaire était bon pour tous ses alentours et les faisait rire. Il embellissait tout ce qu'il voyait et tout ce qu'il entendait. Il fit des questions à un officier de mon régiment qu'il trouva sublime dans ses réponses. *De quelle religion êtes-vous, monsieur ?* lui demanda-t-il. — Mes parents m'ont fait élever dans la religion catholique. — *Grande réponse !* dit M. de Voltaire : *il ne dit pas qu'il le soit.* Tout cela paraît ridicule à rappeler et fait pour le rendre ridicule ; mais il fallait le voir, animé par sa belle et brillante imagination, distribuant, jetant l'esprit, la saillie à pleines mains, en prêtant à tout le monde ; porté à voir et à croire le beau et le bien, abondant dans son sens, y faisant abonder les autres ; rapportant tout à ce qu'il écrivait, à ce qu'il pensait ; faisant parler et penser ceux qui en étaient capables ; donnant des secours à tous les malheureux, bâtissant pour de pauvres familles, et bon homme dans la sienne ; bon homme dans son village, bon homme et grand homme tout à la fois, réunion sans laquelle on n'est jamais complétement ni l'un ni l'autre : car le génie donne plus d'étendue à la bonté, et la bonté plus de naturel au génie. — Le PRINCE DE LIGNES. *Lettres et pensées* (Genève, 1809). *Mon séjour chez M. de Voltaire* [1].

[1] C'est en 1764 que le prince de Lignes alla visiter Voltaire à Ferney. (R. d'A.)

CHAPITRE LXVII.

AUTRE PORTRAIT DE VOLTAIRE.

Genève, juin 1775.

J'ai enfin obtenu le but de mes désirs et de mon voyage : j'ai vu M. de Voltaire. Jamais les transports de Sainte-Thérèse n'ont pu surpasser ceux que m'a fait éprouver la vue de ce grand homme : il me semblait que j'étais en présence d'un dieu, mais d'un dieu dès longtemps chéri, adoré, à qui il m'était donné de pouvoir montrer toute ma reconnaissance et tout mon respect. Si son génie ne m'avait pas portée à cette illusion, sa figure seule me l'eût donnée. Il est impossible de décrire le feu de ses yeux, ni les grâces de sa figure. Quel sourire enchanteur ! il n'y a pas une ride qui ne forme une grâce. Ah ! combien je fus surprise quand à la place de la figure décrépite que je croyais voir, parut cette physionomie pleine de feu et d'expression ; quand, au lieu d'un vieillard voûté, je vis un homme d'un maintien droit, élevé et noble quoiqu'abandonné, d'une démarche ferme et même leste encore, et d'un ton, d'une politesse, qui, comme son génie, n'est qu'à lui seul !...

. . . .

Ferney, dimanche, 1775.

... Cet homme, chargé de tant de gloire et de tant d'années, qui, en éclairant l'Europe, est encore le dieu bienfaisant de Ferney, à qui on pardonnerait de se regarder comme le centre de tous les mouvements qui l'environnent, qui serait, ce me semble, ma première pensée, mon premier besoin, si j'avais le bonheur qu'une partie du sien me fût confiée, reçoit une prévenance, une marque d'attention, comme les autres reçoivent une grâce et une marque de bonté. Ce même jour, il voulait prendre une tabatière qui se trouvait sur la cheminée ; je vis son mouvement, car je ne puis le perdre de vue ; je m'avançai pour la lui remettre : il se mit presque à mes pieds pour me remercier ; et il faut voir de quelle grâce cette politesse est accompagnée. Cette grâce est dans son maintien, dans son geste, dans tous ses mouvements ; elle tempère aussi le feu de ses regards, dont l'éclat est encore si vif qu'on pourrait à peine le supporter, s'il n'était adouci par une grande sensibilité. Ses yeux, brillans et perçans comme ceux de l'aigle, me donnaient l'idée d'un être surhumain : mais ces regards ne semblent exprimer que la bienveillance et l'indulgence lorsqu'ils s'attachent sur sa nièce ; comme ils appellent les égards de tout ce qui l'entoure ! car c'est presque toujours avec le sourire de l'approbation qu'il l'écoute.

. . . .

Genève.

... Ses forces sont, je crois, en proportion de son génie ; sa tête paraît aussi féconde ; son âme paraît aussi ardente que s'il était dans la vigueur de l'âge ; sa vie n'a point de vide ; la pensée et son profond amour pour l'humanité et les progrès de la philosophie remplissent tous ses momens. Mais ce qui m'étonne toujours, ce qui me touche et presque me ravit, c'est qu'il paraît se dépouiller de tout ce que son génie a de puissant pour n'en plus conserver que la grâce et l'amabilité la plus parfaite. Quand il se réunit un moment à la société, jamais je ne l'ai vu ni distrait, ni préoccupé : il semble que sa politesse, qui a quelque chose de noble et de délicat, lui ait imposé la loi d'un parfait oubli de lui-même lorsqu'il se mêle avec ses semblables. Si vos yeux le cherchent, on est sûr de rencontrer dans les siens les regards de la bienveillance, et une sorte de reconnaissance pour les sentimens dont il est l'objet... — Madame J.-B.-A. SUARD (née PANCKOUCKE, (1750-1830)[1], *Lettres* écrites de Genève, contenues dans les *Mélanges de littérature* publiés par J.-B.-A. SUARD. (Paris, Dentu, an XII), t. II.

CHAPITRE LXVIII.

AFFECTION DE VOLTAIRE POUR SES AMIS.

Personne n'a parlé des charmes de l'amitié avec plus de sentimens que Voltaire. Ce qu'il en dit en divers endroits de ses ouvrages, tant en vers qu'en prose, suffirait pour nous convaincre qu'il en était lui-même vivement pénétré. Si cette passion a été pour lui une source de grands plaisirs, elle a aussi répandu bien de l'amertume dans sa vie. Il eut le malheur dans sa jeunesse de perdre plusieurs amis, et particulièrement M. de Génonville, dont il ne parla jamais depuis sans de vifs regrets...

La mort du président de Maisons et celle de la marquise du

---

[1] « Savez-vous, disait Panckoucke, le célèbre éditeur, à Voltaire, que si toutes les éditions de vos œuvres se perdaient, vous en trouveriez une dans la mémoire de ma sœur ? — Corrigée, madame » répondit vivement Voltaire en se tournant vers Mme Suard. (R. d'A.)

Châtelet ne lui coûtèrent pas moins de larmes. Il eut encore à déplorer la mort du marquis de Vauvenargues, de M. de Formont, etc. D'un autre côté, il eut le bonheur de ne pas survivre à quelques-uns de ses plus anciens amis, dont le commerce, pendant soixante années, a pu balancer le cruel souvenir des pertes qu'il avait faites. De ce nombre, sont le comte d'Argental, le maréchal de Richelieu, la marquise du Deffand, etc. Il eut la satisfaction de conserver longtemps plusieurs autres de ses anciens amis dont la carrière se termina avant la sienne. Parmi eux furent M. de Cideville, le comte d'Argenson, l'abbé d'Olivet, etc. Vers le milieu de sa vie, il acquit encore de nouveaux amis auxquels il ne fut pas moins attaché qu'aux anciens ; nous parlons de MM. de Saint-Lambert, Marmontel, d'Alembert, etc. Ce qui prouve peut-être le mieux combien Voltaire mettait de prix à l'amitié, c'est l'attachement qu'il conserva pour Thiriot, qui en paraissait peu digne sous presque tous les rapports. Son mérite consistait en un goût assez épuré de la littérature française et une excellente mémoire. Du reste, c'était une espèce de parasite qui passa presque toute sa vie chez les autres, où il amusait par le récit d'une foule de vers et d'anecdotes qu'il savait par cœur. C'était le nouvelliste littéraire de Voltaire, qui le donna depuis en cette qualité au roi de Prusse Frédéric II. Le premier, dans sa correspondance, lui reproche assez souvent sa paresse et sa négligence. Thiriot eut même, en quelques circonstances, des torts plus graves envers son ami et son bienfaiteur. Cependant celui-ci lui pardonnait et le supportait avec ses défauts en faveur de l'ancienneté de leur liaison, qui s'était formée au sortir du collége. On peut remarquer quelque chose de semblable à l'égard de madame du Deffand, dont l'esprit léger, versatile et caustique, s'exprimait quelquefois dans la société avec peu d'égards et de justice sur le compte de Voltaire, en même temps qu'elle lui marquait dans ses lettres tant d'amitié et d'admiration. Cette conduite n'était pas ignorée à Ferney, mais on la dissimulait, et elle ne parut point altérer l'attachement que Voltaire témoigna toujours à cette dame. On pourrait citer encore des exemples récens de l'extrême facilité de ce grand homme à dissimuler, à oublier même des torts dans des jeunes gens comblés de ses bienfaits, et qui depuis nombre d'années se disaient et qu'il croyait ses amis. Et quand ceux qui l'étaient véritablement lui faisaient quelque reproche sur ses liaisons avec des personnes qui leur en paraissaient indignes par leur injustice et leur ingratitude, il se contentait de répondre : *Est aliquid sacri in antiquis necessitudinibus : Il est quelque chose de sacré dans un long attachement.* Cela suffisait pour lui faire tout pardonner. Peut-on douter après cela que les traits dont il a peint l'amitié ne soient partis de son cœur. — *Mémoires sur Voltaire*, par LONGCHAMP et WAGNIÈRE, t. II. (Paris, Aimé André, 1826). Note.

CHAPITRE LXIX.

VOLTAIRE ET LES SOUVERAINS DE L'EUROPE.

Lié par un commerce épistolaire avec presque tous les souverains de l'Europe, qui briguaient l'honneur d'une lettre de lui, Voltaire, comme on l'a dit heureusement, fut en quelque sorte « le ministre des relations extérieures de la philosophie. » Le duc de Wurtemberg, l'électeur palatin, le duc et la duchesse de Saxe-Gotha sont presque ses flatteurs. Après le pape Benoît XIV, qui n'a pas osé refuser la dédicace de *Mahomet*, Elisabeth et ensuite Catherine II ne négligent rien pour gagner sa plume à leur cause et à leur politique. Christian VII, roi de Danemarck, s'honore d'avoir appris de lui à penser. Gustave III place sous son patronage la révolution politique qu'il accomplit à Stokholm (août 1772). Joseph II, tout en s'abstenant, par déférence à la volonté de Marie-Thérèse, de le visiter à Ferney (1777), médite déjà ces terribles édits contre les prêtres qui auraient si fort réjoui celui dont il était en réalité l'élève. Voltaire pouvait dire avec la familiarité du joueur qui gagne la partie : « J'ai brelan de roi quatrième. » — *Nouvelle Biographie générale* de FIRMIN DIDOT, frères, t. 46. *Biographie de Voltaire*, par EUGÈNE ASSE, p. 436.

CHAPITRE LXX.

VOLTAIRE CRIMINALISTE.

On connaît peu ce qu'on pourrait appeler *Voltaire criminaliste*, et cependant c'est là un des côtés les plus honorables de sa longue carrière. Avec quelle persistance et quelle force il demande une juste proportion entre le délit et la peine ; l'abolition de la torture, « invention excellente pour sauver le coupable robuste et pour perdre l'innocent faible de corps et d'esprit ; » l'abolition de la procédure secrète, de la confiscation, des supplices raffinés qui ajoutent à la mort même ; celle de la peine de mort, sauf dans le cas où il n'y aurait pas d'autre moyen de sauver la vie du plus grand nombre, le cas où l'on tue un chien enragé. Le procès Morangiès (1771), affaire où celui qu'il défendit n'était peut-être pas digne de sa protection, lui fournit pourtant l'occasion de développer les principes de la raison en matière de preuve, ceux qui exigent que la conscience du juge pèse les témoignages et ne les compte pas. Ce qu'il veut, c'est qu'on cherche à prévenir les crimes plus encore qu'à les punir. — *Nouvelle Biographie générale* de FIRMIN DIDOT, t. 46. *Biographie de Voltaire*, par EUGÈNE ASSE, p. 423-424.

CHAPITRE LXXI.

TRAITS DE BIENFAISANCE ET DE DÉSINTÉRESSEMENT DE VOLTAIRE.

Il a fort augmenté les revenus de la cure de Ferney ; il avait établi à ses frais un maître d'école en cet endroit. Il faisait beaucoup d'aumônes, non pas aux mendiants des rues et aux vagabonds, qu'il ne pouvait souffrir, mais aux habitants des environs de Ferney, qui peuvent attester combien de secours ils recevaient de lui dans leurs besoins et dans leurs maladies.

Il a payé longtemps pour l'instruction de quelques enfants suisses, dans les écoles de charité de Lausanne ; mais une partie des ministres de cette ville lui ayant fait une querelle sur ce qu'il avait dit nouvellement du fameux Saurin [1], il fut si piqué qu'il discontinua les contributions qu'il accordait à cet établissement respectable.

Un grand nombre de gens de lettres, et d'autres particuliers, pourraient aussi certifier les bienfaits et les secours qu'ils ont reçus de lui. Cependant beaucoup d'entre eux ne l'ont payé que de la plus noire ingratitude, et très-peu ont publié ses générosités à leur égard.

En 1771, il y eut une très-grande disette dans le pays de Gex, M. de Voltaire fit venir beaucoup de blé de Sicile, qu'il distribua aux habitants à un prix au-dessous de celui de l'achat. Voici ce que lui écrivait, à cette occasion, l'une des personnes chargées de cet approvisionnement :

« Monsieur, la commission que vous me donnâtes de vous expédier deux cents coupes de blé de Sicile, dont je vous laissai la montre à Ferney, le 13 de ce mois, est remplie... (suivent les détails du chargement). C'est un spectacle bien touchant, Monsieur, pour les cœurs sensibles, que de voir un philosophe dont le génie mérita l'hommage le plus général de notre siècle, s'occuper malgré les infirmités d'un grand âge, aux travaux les plus sublimes de la philosophie, pour éclairer les hommes, et descendre en même temps, par une tendre sollicitude, dans les détails de tous les besoins de ceux qui habitent son heureuse solitude. Puissiez-vous, Monsieur, être encore longtemps le Nestor des Français, l'organe respectable des peuples et des malheureux, pour lesquels vous avez plus d'une

---

[1] Joseph Saurin (1655-1737), membre de l'Académie des sciences, connu surtout pour avoir été soupçonné d'être l'auteur des fameux couplets satiriques attribués à J.-B. Rousseau. C'est le frère du célèbre théologien protestant, Elie Saurin, et le père de Bernard-Joseph Saurin, l'auteur de *Spartacus*. (R. d'A.)

fois réclamé et obtenu la protection des souverains. Vous avez autant mérité par vos vertus que par vos talents le monument que l'on élève à votre gloire, et vous avez fixé dès longtemps l'admiration et le respect avec lesquels je suis, etc.

« A Lyon, 21 juin 1771.

« CLAUSEAU le cadet[1]. »

Mémoires sur Voltaire et sur ses ouvrages, par LONGCHAMP et WAGNIÈRE, ses secrétaires. (Paris. Aimé André.) T. I. Additions au *Commentaire historique*, par WAGNIÈRE.

---

[1] « Mais, si ses ressources sont bornées, dit M. Gustave Denoiresterres (*Voltaire et Genève*), il ne reculera point devant les importunités. Les expédients ne lui manqueront point et il les indiquera au besoin avec cette aisance qui sait se faire accepter et dont nous trouvons un exemple dans la curieuse lettre qui suit. Elle est à l'adresse de l'intendant de Dijon, M. Amelot : « Monsieur, vos bontés pour notre chétif païs égalent nos désastres. Il y a des temps où il faut savoir souffrir, et ces temps ne sont pas rares. La disette est un de nos grands maux. C'était peu d'établir des fabriques de montres à Ferney, il fallait des fabriques de pain. J'ai fait venir des blés et farines de Genève, de Lyon, de Marseille. Tous les environs sont tombés aussitôt chez moi comme des affamés. J'ai été obligé de donner du blé jusqu'à des Francs-Comtois. Je suis à bout, et j'ai quatre-vingts personnes à nourrir. — Il y a une trentaine de sacs de blé saisis depuis longtemps au bureau de Meyrin sur les monopoleurs. Si vous pouvez, Monsieur, me donner, comme je le crois, un ordre pour acheter cette petite partie, ce faible soulagement pourra subvenir pour quelques jours, car il y a du blé à Gex par les soins de Mr Fabri; mais on l'économise avec une juste raison jusqu'à la moisson qui ne sera ni prompte ni abondante. Je vous supplie, Monsieur, d'avoir la bonté de m'honorer d'un mot de réponse sur cet objet pressant (*a*). Quel est l'homme qui ait jamais réuni à un tel degré cette ar-

(*a*) Archives de la Côte-d'Or. Intendance, liasse 1836. Lettre de Voltaire à M. Amelot, intendant de Dijon ; à Ferney, 29 juin 1771. On lit en tête de la lettre, de la main de l'intendant : « Je prie M. Robinet de m'envoyer promptement un projet de réponse. Ce 5 juillet 1771 »; et plus bas, de la main sans doute de M. Robinet : « Je me suis borné à former le projet de

On lit à la page 154 du *Commentaire historique* (t. XLVIII de l'édition de Kehl) : « Je ne puis assez m'étonner de la bassesse avec laquelle tant de barbouilleurs de papier ont imprimé qu'il avait fait une fortune immense par la vente continuelle de ses ouvrages. »

Wagnière ajoute, dans ses *Additions* : « MM. Cramer [1], de Genève, peuvent rendre témoignage du contraire. Je puis d'ailleurs certifier derechef à tous les détracteurs de M. de Voltaire, que jamais, pendant les vingt-cinq années que j'ai eu le bonheur de lui être attaché, il n'a exigé la moindre rétribution d'aucun de ses ouvrages ; qu'au contraire, je lui en ai vu souvent acheter des exemplaires pour les donner à ses amis, et qu'il n'a jamais voulu souffrir que ceux qu'il en gratifiait me fissent quelque présent, dans la crainte que l'on ne dit qu'il se servait de mon nom pour les vendre. — (*Ibid.*, *ibid.*, p. 37.)

---

deur, ce zèle qui ne se lassent point et qui lassent la résistance? Et Condorcet n'a-t-il point raison de dire au ministre Turgot, son ami, en lui envoyant en 1774 la requête du pays de Gex (*a*) : « Je voudrais qu'elle fût discutée dans le Conseil, que le roi vit que le plus grand écrivain de la nation est aussi un des hommes les plus bienfaisants et un des meilleurs citoyens. C'est vraiment un homme bien extraordinaire, et, quoiqu'on en puisse dire, si la vertu consiste à faire du bien et à aimer l'humanité avec passion, quel homme a eu plus de vertu? L'amour du bien et de la gloire sont les seules passions qu'il ait connues (*b*). » Voilà la part du bien, elle est incontestable, il ne faut ni la nier ni l'amoindrir (p. 480-482.)

[1] Ils avaient publié une édition des *OEuvres de Voltaire*. (R. d'A.)

réponse sur ce qui concerne les grains déposés à Versoix. J'ignore ce qu'il y a à répondre sur les autres objets, d'ailleurs l'approche du départ est une bonne excuse pour différer d'y répondre. »

(*a*) Voltaire. *OEuvres complètes* (Beuchot), t. XLVIII, p. 30 à 35. *Au Roi en son Conseil.*
(*b*) Condorcet. *OEuvres* (Paris, Didot, 1847-1849), t. I, p. 247. Lettre de Condorcet à M. Turgot ; ce jeudi, août 1774. (Notes de l'auteur.)

Il a fait bâtir et donné des maisons, des portions de maisons et de terrains, à bien des paysans de Ferney.

Un habitant de ce lieu, qui lui devait six cents livres par obligation, lui faisant part en ma présence, d'un petit malheur qui venait de lui arriver, obtint sur-le-champ de M. de Voltaire la remise de sa dette.

Il me serait difficile de rapporter toutes les actions particulières de bienfaisance de M. de Voltaire. Il les faisait si simplement et si singulièrement, que l'on ne pouvait même s'en douter. En faisant du bien, il avait encore l'art de ménager l'amour-propre de ceux qu'il obligeait.

Je suis bien aise de trouver ici l'occasion de confondre un peu la calomnie, en rendant hommage à la vérité. Il y a bien, il est vrai, des personnes que je connais, qui ont eu part à sa munificence et à ses secours, mais qui se sont bien gardés de lui en témoigner quelque reconnaissance ; au contraire... — (*Ibid.*, *ibid.*, p. 41-42.)

On a su dans toute l'Europe l'intérêt qu'il prit à plusieurs procès fameux ; mais il y a beaucoup d'autres traits de M. de Voltaire qui prouvent également son humanité, et qui n'ont guère été connus hors des limites de Ferney, et quelquefois même hors de sa maison. Je n'en citerai que deux pour ne pas trop allonger ces Additions.

Deux de ses domestiques avaient fait chez lui un vol assez considérable. La justice, qui en avait eu connaissance par la rumeur publique, avait commencé des informations. Dans l'intervalle, M. de Voltaire ayant appris en quel lieu ces gens étaient cachés, me chargea aussitôt de les aller trouver, de leur dire de se sauver promptement pour n'être pas pendus, ce qu'il n'aurait pu empêcher s'ils avaient été arrêtés ; enfin, de leur donner l'argent nécessaire pour faciliter leur évasion et faire leur route. J'ajoutai, par son ordre, qu'il se contentait de leurs remords et qu'il espérait même que son indulgence les corrigerait. Ces misérables furent touchés et indiquèrent volontairement les endroits où étaient cachés quelques-uns des effets volés. Ils parvinrent à se sauver la nuit suivante en gagnant le pays étranger. Longtemps après, M. de Voltaire apprit qu'ils s'étaient toujours conduits honnêtement, quoiqu'ils eussent été pendus en effigie.

Un homme qui commettait beaucoup de dégâts dans le village fut enfin dénoncé. Sur le point d'être arrêté, il prit le parti de venir avec sa femme implorer la miséricorde de M. de Voltaire; ils se jetèrent à ses pieds en se désespérant, pleurant et témoignant leur repentir. M. de Voltaire attendri ne put retenir ses larmes, et s'agenouilla lui-même pour les faire lever, en leur disant : « Mettez-vous à genoux devant Dieu, et non pas devant moi qui ne suis qu'un homme. Allez-vous-en, je vous pardonne et n'y retombez plus. » (*Ibid., ibid.* 61-62.)

Ferney... devint bientôt un lieu de plaisance, peuplé de douze cents personnes, toutes à leur aise, et travaillant avec succès pour elles et pour l'Etat. — Voltaire, *OEuvres complètes.* (Edition de Kehl), t. XLVIII, p. 171.

Tous ces colons l'adoraient. Ayant été malade, en 1775, ainsi que madame Denis, tous les habitants furent si transportés de joie de sa convalescence, que les jeunes gens se formèrent en compagnies militaires de dragons et d'infanterie, donnèrent de très-jolies fêtes; et le jour de Saint-François il y eut une illumination superbe dans tout Ferney, avec un beau feu d'artifice donné par madame Denis.

Les jeunes gens venaient chaque dimanche dans son château. Ils y trouvaient toutes sortes de rafraîchissements ; il venait les voir danser, les excitait et partageait la joie de ces colons, qu'il appelait ses enfants.

Une des compagnies de dragons, dans le temps de cette convalescence dont nous venons de parler, fit faire une médaille d'or avec le portrait de M. de Voltaire, pour être donnée à celui qui montrerait le plus d'adresse à l'exercice du fusil. La compagnie d'infanterie fit les frais d'un second prix qui consistait en une médaille en l'honneur de Turgot, et pour le remercier de l'affranchissement du pays de Gex. Elle offrait d'un côté le buste de ce ministre, et de l'autre ces mots : *Tutamen regni*. Elle fut gagnée à l'arquebuse par madame de Saint-Julien, née La-Tour-du-Pin [1]....

On ignore peut-être que dès l'instant qu'on eut appris à Genève la nouvelle de la perte de la bataille de Rosback, M. de Voltaire écrivit à son banquier à Berlin de donner de sa part

---

[1] Elle était la nièce du marquis de Latour-Du Pin-Gouvernet, le mari de mademoiselle Livry de Corsembleu, l'ancienne maîtresse de Voltaire ; c'était une des meilleures amies du patriarche. Il lui disait, dans une charmante épître en vers :

    Tu quittes le fracas des villes et des cours,
    Les spectacles, les jeux, tous les riens du grand monde,
        Pour consoler mes derniers jours
        Dans ma solitude profonde.
    En habit d'amazone, au fond de mes déserts,
    Je te vois arriver plus belle et plus brillante
    Que la divinité qui naquit sur les mers.
    D'un flambeau dans tes mains la flamme étincelante
    Apporte un jour nouveau dans mon obscurité ;
    Ce n'est point de l'amour le flambeau redoutable,
        C'est celui de la vérité ;
    C'est elle qui t'instruit et tu la rends aimable. (R. d'A).

aux officiers français blessés et prisonniers l'argent dont ils pouvaient avoir besoin, et de leur rendre tous les services qui dépendraient de lui. Il prit même aussi la liberté d'en recommander quelques-uns particulièrement aux bontés du roi de Prusse. — *Mémoires sur Voltaire et sur ses ouvrages*, etc., etc. t. I., p. 66.

———

Il est inutile que j'entre ici dans les détails de la querelle de M. de Voltaire avec J.-J. Rousseau. Assez d'autres en ont parlé. Peut-être a-t-elle été poussée trop loin par M. de Voltaire, mais ce que je puis affirmer avec vérité, c'est que les premiers torts vinrent de M. Rousseau. Lorsque celui-ci fut obligé de sortir de Paris, M. de Voltaire me chargea de lui écrire pour lui offrir de sa part une petite maison et un domaine appelés l'*Hermitage*, qu'il avait auprès de Ferney. Je fis sept copies de ma lettre, et les adressai à différents endroits, ne sachant où M. Rousseau s'était retiré. Ce fut en réponse à cette lettre qu'il en écrivit une de la dernière grossièreté à M. de Voltaire, qui, après l'avoir lue, dit avec un signe de pitié : *C'est dommage que la tête ait tourné à cet homme.* Mais ce qui l'irrita, non sans raison, ce fut l'espèce de dénonciation que Rousseau dans ses *Lettres de la Montagne*, fit contre M. de Voltaire, et les démentis formels qu'il lui donnait sur des choses où celui-ci avait parfaitement raison. Dès lors les autres gens de lettres avec lesquels le citoyen de Genève étaient aussi brouillés, ne cessaient d'aigrir le solitaire de Ferney contre lui, et contre tous ceux qui les attaquaient, sous prétexte que leurs ennemis se déclaraient aussi contre M. de Voltaire, ce qu'il aurait souvent ignoré sans ces bons avis. On lui eût épargné bien du temps et des chagrins si on ne l'eût

ainsi excité à se défendre et à se venger ; car il est certain, je le répète, que jamais il n'attaquait personne le premier. Ses amis, dans ces occasions, lui rendaient un mauvais service [1].
— *Ibid.*, *Ibid.*, p. 67-68.

Un de ces jeunes gens... (de la monstrueuse affaire d'Abbeville) était dans un régiment du roi de Prusse... — VOLTAIRE, *OEuvres complètes* (édit. de Kehl), t. XLVIII, *Commentaire historique*, p. 209.

C'était M. d'Etallonde, que ce monarque avait fait officier à la demande de M. de Voltaire. Depuis, il en obtint aussi un

[1] Ce qu'on lit dans cette remarque de Wagnière, confirme l'offre faite par Voltaire à Rousseau, d'une habitation voisine de Ferney, et la réponse insultante de celui-ci. Il en est parlé dans la lettre de Voltaire à Hume, du 24 octobre 1766 (t. 59 de l'édition de Kehl, p. 495), lettre qui fut imprimée dans la même année, et du consentement de l'auteur ; tandis que la dénégation de cet acte de générosité ne se trouve que dans des papiers recueillis chez Rousseau après sa mort. On ne peut supposer que Wagnière écrivant son récit plusieurs années après la mort de Voltaire et celle de Rousseau, ait menti effrontément et sans aucun intérêt. Son témoignage doit être ici d'un tout autre poids que l'assertion tardive et suspecte de Jean-Jacques.
— GUSTAVE DESNOIRESTERRES. *Voltaire et J.-J. Rousseau*, p. 322-323. (R. d'A.)

— A propos de M. de Voltaire et de Jean-Jacques Rousseau, il faut conserver ici une anecdote qu'un témoin oculaire nous conta l'autre jour. Il s'était trouvé présent à Ferney le jour que M. de Voltaire reçut les *Lettres de la Montagne*, et qu'il y lut l'apostrophe qui le regarde ; et voilà son regard qui s'enflamme, ses yeux qui étincellent de fureur, tout son corps qui frémit, et lui qui s'écrie avec une voix terrible : Ah ! le scélerat ! Ah ! le monstre ! Il faut que je le fasse assommer dans les montagnes entre les genoux de sa gouvernante.... Calmez-vous, lui dit notre homme, je sais que Rousseau se propose de vous faire une visite et qu'il viendra dans peu à

congé pour ce jeune homme, qu'il invitait à venir passer quelque temps avec lui. Il lui envoya l'argent nécessaire pour le voyage, et le retint dix-huit mois à Ferney. Tous ceux qui l'ont connu peuvent certifier quelle était son honnêteté et la douceur de ses mœurs. Sa personne, indépendamment de son malheur, inspirait le plus tendre intérêt. On voulait qu'il demandât des lettres de grâce ; mais ni lui, ni M. de Voltaire ne voulurent y consentir, attendu que *grâce* suppose une offense, un crime [1]. — *Ibid., ibid.*, p. 89.

———

Ayant lu, dans une gazette de Berne, qu'un inconnu avait

Ferney.... Ah ! qu'il y vienne, répond M. de Voltaire.... Mais comment le recevrez-vous ?.... Comment je le recevrai ?.... Je lui donnerai à souper, je le mettrai dans mon lit, je lui dirai : Voilà un bon souper ; le lit est le meilleur de la maison ; faites-moi le plaisir d'accepter l'un et l'autre et d'être heureux chez moi....

Ce trait m'a fait un sensible plaisir. Il peint M. de Voltaire mieux qu'il ne l'a jamais été ; il fait en deux lignes l'histoire de toute sa vie. — GRIMM. *Gazette littéraire.* — Décembre 1766, p. 137, de l'édition Eugène Didier. (R. d'A.)

[1] M. de Voltaire s'occupe depuis longtemps de l'affaire de M. d'Etallonde de Morival, ce jeune gentilhomme impliqué dans le procès criminel d'Abbeville, qui est actuellement au service du roi de Prusse. Le philosophe de Ferney vient de publier en sa faveur un mémoire intitulé : *Le cri du sang innocent.* Il était adressé au *Roi en son Conseil.* On ne peut qu'être attendri de cette requête où il fait parler l'accusé. A la suite est un *Précis de la procédure d'Abbeville (Mémoires secrets,* etc., dits *de Bachaumont,* t. VIII, p. 188, du 1er septembre 1775.)

Ce n'est qu'en 1788 qu'on accorda à d'Etallonde des lettres d'abolition. — Mais le 25 brumaire, an II (novembre 1793), la Convention réhabilita la mémoire de de La Barre, de d'Etallonde et de Calas, victimes du fanatisme, et ordonna la restitution de leurs biens à leur famille. La Convention décréta en outre « pour honorer les mœurs et pour venger la nature du soup-

proposé un prix de cinquante louis à celui qui ferait le meilleur mémoire pour la formation d'un code criminel, le philosophe de Ferney fit savoir à la Société économique de Berne qu'il serait ajouté par un autre inconnu cinquante louis à ce prix; et il composa la brochure intitulée *Prix de la justice et de l'humanité*[1], qui est une espèce d'instruction pour ceux qui auraient voulu travailler sur ce sujet. — *Ibid., ibid.*, p. 98.

... On a cru longtemps que M. de Voltaire retouchait les ouvrages de M. de Ximenès[2]. — (*Mémoires secrets*, etc., dits de Bachaumont, t. I, p. 43, du 11 février 1762.)

çon d'un parricide, que sur la place de Toulouse où le fanatisme a fait mourir Calas, il sera élevé aux frais de la République, une colonne de marbre sur laquelle cette inscription sera inscrite :

« La Convention nationale
A la Nature à l'amour paternel
A Calas, victime du fanatisme. »

(Voyez La *Feuille villageoise*, IV° année, p. 208). (R. d'A.)

[1] En adressant cet ouvrage à La Harpe, Voltaire lui écrivait, le 17 novembre 1777 : « Vous devez vous y intéresser, mon cher confrère, non pas en qualité d'académicien, mais en qualité de Suisse du pays de Vaud ; car enfin vous êtes mon compatriote. Je suis membre d'une société de Berne. Un des membres de la société a donné cinquante louis, et moi cinquante autres pour un prix qui sera adjugé à celui qui aura fourni la meilleure méthode de corriger l'abominable loi criminelle reçue en France et dans plusieurs états de l'Allemagne. Nous venons au secours de l'humanité et de la raison bien cruellement traitées. Si vous connaissez quelque jeune candidat de la chicane à qui vous vous intéressiez, et à qui vous vouliez faire gagner cent louis d'or, donnez-lui ce programme à lire, et faites-lui gagner le prix, à moins que vous ne vouliez nous faire l'honneur de le gagner vous-même. » (R. d'A.)

[2] Augustin-Louis, marquis de Ximenès, littérateur et bel esprit, né à Paris (1726-1817). Il descendait d'une famille espagnole, mais non du cardinal

On pourrait le croire et le dire avec raison, ainsi que de bien d'autres, qui ne s'en sont jamais vantés. — WAGNIÈRE, *Examen des Mémoires de Bachaumont.*

On découvre quelques indices de cette vérité dans la correspondance générale de Voltaire. Il est certain que parmi les écrivains célèbres, aucun n'a plus que lui encouragé les jeunes gens de lettres qui montraient d'heureuses dispositions. Il les favorisait de sa bourse, de ses conseils et de sa plume. Il leur donnait des plans, corrigeait leurs vers, améliorait leur besogne, le tout avec une discrétion qu'ils gardaient aussi scrupuleusement que lui. Dans les premiers temps, Desfontaines† Linant, La Mare, du Resnel [1], Moncrif [2], Bernard [3], La

---

Ximenès, quoiqu'il le prétendit lui-même. Auteur d'*Epicharis ou la Mort de Néron*, de *don Carlos*, d'*Amalasonthe*, tragédies, et de divers autres ouvrages. Il était parvenu à gagner la bienveillance de Voltaire, qui le recevait familièrement à Ferney. On dit même qu'il était très-avant dans les bonnes grâces de Mme Denis ; ce qu'il y a de certain, c'est qu'elle refusa de l'épouser. Voltaire le chassa des Délices, à propos du manuscrit de l'*Histoire de la guerre de 1741*, qu'il lui avait soustrait ; mais six ans plus tard il consentit à le recevoir en grâce, à la condition qu'il signerait pour lui les *Lettres sur la Nouvelle Héloïse* (1761), pamphlet virulent dirigé contre Rousseau, et qui a passé longtemps pour être de Ximenès. (R. d'A.)

[1] Jean-François du Bellay du Resnel, abbé des Sept-Fontaines (1692-1761), fut membre de l'Académie française et de celle des Inscriptions. Il a traduit en vers l'*Essai sur la critique* et l'*Essai sur l'homme* de Pope. 1730 et 1737. (R. d'A.)

[2] Paradis de Moncrif, littérateur (1687-1770). On lui doit un grand nombre d'ouvrages, entre autres l'*Histoire des Chats* (1727). Après avoir été secrétaire des commandements du comte de Clermont, il devint lecteur de la reine Marie Leczinska. Il était en correspondance avec Voltaire, qui estimait médiocrement son talent littéraire, mais ménageait en lui le lecteur de la reine. (R. d'A.)

[3] Gentil-Bernard, ou plus exactement Bernard (1710-1775), poète. C'est

Bruère[1], etc., en fourniraient des exemples. Il aidait le premier dans ses traductions de l'anglais, les deux suivants dans leurs œuvres dramatiques, le quatrième dans ses versions en vers français des poëmes de Pope, les trois derniers dans leurs opéras, et notamment ceux de *Castor et Pollux* et de *Dardanus*, qu'il a revus et corrigés. M. de Saint-Lambert a commencé son poëme des *Saisons* à la cour de Lunéville, étant journellement avec M. de Voltaire, à qui il communiquait les premiers essais. Celui-ci sans doute, par une censure juste et sévère, n'était pas inutile au jeune poète; il en est question en plusieurs endroits des écrits de Voltaire; il dit dans une lettre de 1749, à son ami M. d'Argental, en parlant de M. de Saint-Lambert : « J'ai là un terrible élève. J'espère que la postérité m'en remerciera; car, pour mon siècle, je n'en attends que des vessies de cochon par le nez. » Dans des temps plus rapprochés de nous on trouverait aussi de pareils exemples, quoique Wagnière, alors non moins discret que Voltaire, n'en cite qu'un seul. Ne pourrait-on, à ce sujet, hasarder une observation qui, si elle n'est pas d'un grand poids, est du moins singulière ? C'est que les deux principaux ouvrages dramatiques de La Harpe, les mieux écrits, les deux seuls qu'il ait jugés dignes d'entrer dans la première édition de ses œuvres, enfin *Warwick* et *Mélanie*, ont été composés pendant deux longs séjours qu'il fit au château de Ferney, à deux époques différentes. On ne peut douter aussi que Voltaire n'ait revu (au moins pour le style) les principaux ouvrages de madame du Châtelet et du roi de Prusse. On aperçoit même, à l'égard de celui-ci, une grande différence de style entre ses œuvres

---

Voltaire qui, épris des grâces de son esprit et de sa personne, lui donna le surnom de GENTIL. (R. d'A.)

[1] Secrétaire du duc de Nivernais et rédacteur du *Mercure*. (R. d'A.)

publiées avant ou après 1753, époque de la séparation des deux auteurs, et surtout dans les poésies. S'il était obligeant à cet égard avec les étrangers, à plus forte raison a-t-il pu l'être avec des parents ; et l'on peut croire que les ouvrages historiques de l'abbé Mignot, son neveu, avaient été lus et corrigés par l'oncle avant d'être livrés à l'impression. Il en était de même, sans doute, d'une certaine comédie intitulée la *Coquette corrigée*, attribuée à madame Denis. Cette comédie n'a été ni jouée, ni imprimée, et on la croit perdue. Enfin ce qu'avance Wagnière se vérifiera dans le supplément aux œuvres de Voltaire, par divers écrits, tant en vers qu'en prose, qui ont été imprimés sous des noms étrangers, et qu'on a revendiqués à juste titre au nom de cet inépuisable auteur. — (Note de l'Éditeur des *Mémoires sur Voltaire*, etc.), p. 194-195.

M. de Voltaire, doué d'un cœur aussi actif que son esprit, a favorisé de sa recommandation auprès du ministre de la guerre un jeune médecin chargé de deux hôpitaux dans le pays de Gex, et qui venait solliciter à Paris une augmentation d'appointements. Muni de la lettre de M. de Voltaire, M. Coste a été très-bien accueilli de M. le duc de Choiseul ; il a eu l'honneur de dîner avec madame la duchesse ; et ses appointements, qui n'étaient que de 50 écus, ont été portés à 1200 livres ; et il a reçu en outre 600 livres pour les frais de voyage. — (*Mémoires secrets*, dits de *Bachaumont*, t. XIX, p. 112, du 21 août 1769.)

En 1755, un élève de l'école militaire de Berlin, nommé Mingard, âgé de 16 ans, que le roi avait distingué plusieurs fois aux exercices, étant très-curieux d'assister au spectacle de la cour, s'adressa à M. de Voltaire par le billet suivant :

> Ne pouvant plus gourmander
> Le goût vif qui me domine,
> Daignez, Seigneur, m'accorder
> Un billet pour voir *Nanine*.

M. de Voltaire y fit cette réponse impromptu :

> Qui sait si fort intéresser,
> Mérite bien qu'on le prévienne ;
> Oui, parmi nous viens te placer,
> Nous dirons tous : qu'il y revienne.

Il conduisit en effet le jeune homme à la comédie, et le présenta au roi, qui les retint tous deux ce soir même à son souper. M. de Voltaire quitta Berlin peu de temps après. M. Mingard, ayant dans la suite négligé le soin de sa fortune pour des objets frivoles, tomba dans la disgrâce de sa famille, et, par une suite de catastrophes sinistres, s'est trouvé très-malheureux. Réfugié à Paris et sans ressources, il s'adressa à un homme de lettres qu'il engagea à écrire en sa faveur à M. de Voltaire. L'homme de lettres le recommanda en effet, en rappelant à M. de Voltaire l'anecdote de Berlin. Celui-ci répondit par une lettre assez laconique et un peu vague. Mais quelques semaines après, M. Mingard reçut avec surprise des secours de la part de sa famille, accompagnés d'une lettre pleine de tendresse, et crut ne devoir qu'à M. de Voltaire cet heureux changement, qui semblait renouveler pour lui la réconciliation de l'enfant prodigue. Ce trait de bienfaisance, quoiqu'un peu ancien, n'a guère été connu jusqu'ici. — (*Ibid.*, t. V., p. 28, du 5 décembre 1769.)

CHAPITRE LXXII.

AUTRES TRAITS DE BIENFAISANCE. — ADOPTION DE
MADEMOISELLE CORNEILLE (1760).

Voltaire avait un grand plaisir à faire du bien ; il donnait beaucoup, faisait un noble usage de sa fortune (deux cent mille francs de rente), et ses générosités étaient rehaussées par des paroles et des procédés empreints d'une spirituelle délicatesse. Un jour [1] on l'informa qu'un laboureur de Ferney était en prison pour une dette de 7500. Voltaire donna l'ordre de payer cette somme, et comme on lui présentait que ce pauvre homme n'ayant pour tout bien qu'une nombreuse famille, cet argent serait entièrement perdu : « Tant mieux, dit-il, on ne perd point quand on rend un père à sa famille, un citoyen à l'Etat. » — Une autre fois une veuve des environs, mère de deux enfants, étant poursuivie par ses créanciers, eut recours à Voltaire, qui, non-seulement lui prêta l'argent sans intérêt, mais encore l'aida à mettre son bien en valeur. Ce fonds étant plus tard vendu, Voltaire le racheta beaucoup plus cher qu'il ne valait réellement et remit la différence à la veuve. — Un habitant du village, qui lui devait 600 livres, perdit ses bestiaux. Voltaire lui envoya deux belles vaches et la quittance de sa dette. — Un agriculteur, ayant perdu un procès et se trouvant ruiné, alla trouver le seigneur de Férney et lui conta

[1] En 1759. V. p. 40 du premier volume des *Mémoires de Longchamp et Wagnière*. (R. d'A.)

ses malheurs : celui-ci fit examiner son affaire par des légistes genevois, qui déclarèrent que la condamnation était injuste ; lorsque le pauvre homme vint reprendre ses papiers, Voltaire les lui rendit, enveloppant une somme de mille écus, et lui dit : « Voilà, mon ami, de quoi réparer les torts de la justice. Un nouveau procès ne serait qu'un nouveau tourment : ne plaidez plus, et si vous voulez vous établir sur mes terres, je m'occuperai de votre sort. » — Les jésuites d'Ornex voulaient agrandir leur territoire en acquérant à vil prix un bien de mineurs engagé pour 15,000 francs et valant quatre fois cette somme. La ruine des possesseurs, la famille De Prez de Crassier[1], était inévitable, lorsque Voltaire fournit les 15,000 livres

---

[1] M. G. Desnoiresterres *(Voltaire et J.-J. Rousseau)* écrit : « MM. Desprez de Crassy. » — Le 2 janvier 1761, Voltaire écrivait à Helvétius. « Vous aurez peut-être ouï dire à quelques frères que j'ai des Jésuites tout auprès de ma terre de Ferney ; qu'ils avaient usurpé le bien de six pauvres gentilshommes, de six frères, tous officiers dans le régiment de Deux-Ponts ; que les Jésuites, pendant la minorité de ces enfants, avaient obtenu des lettres patentes pour obtenir à vil prix le domaine de ces orphelins ; que je les ai forcés de renoncer à leur usurpation, et qu'ils m'ont apporté leur désistement. Voilà une bonne victoire de philosophes. Je sais bien que frère Croust cabalera, que frère Berthier m'appellera athée ; mais je vous répète qu'il ne faut pas plus craindre ces renards que les loups de jansénistes, et qu'il faut hardiment chasser aux bêtes puantes. Ils ont beau hurler que nous ne sommes pas chrétiens, je leur prouverai bientôt que nous sommes meilleurs chrétiens qu'eux.... » — Quelques jours après (le 13 janvier), Voltaire mandait à Thiriot : « Vous demandez des détails sur mon triomphe *de gente Jesuiticâ :* Ce triomphe n'est qu'une ovation : nul péril, nul sang répandu. Les Jésuites s'étaient emparés du bien de MM. de Crassy, parce qu'ils croyaient ces gentilshommes trop pauvres pour rentrer dans leurs domaines. Je leur ai prêté de l'argent sans intérêt pour y rentrer ; les Jésuites se sont soumis ; l'affaire est faite. S'il y a quelque discussion, on fera un petit *factum* que vous lirez avec édification.... » (R. d'A.)

pour dégager leur bien, et leurs affaires furent depuis si bien dirigées qu'à l'époque de l'expulsion de l'ordre des jésuites, ce furent précisément les De Prez qui purent acheter tous les immeubles de ces religieux.

C'était surtout quand il s'agissait d'hommes de lettres que Voltaire savait entourer ses dons de procédés qui ajoutaient encore au prix du service. Un auteur, Arnaud de Baculard, jeune homme fort pauvre, reçut de grosses sommes de la main du poète, qui voulait l'encourager dans ses essais dramatiques. Devenu riche, il voulut rendre cet argent à son protecteur, qui le refusa en disant : « Un enfant ne rend pas les dragées que lui a données son père. » — Un M. Thiriot, qui avait été clerc de notaire avec lui, se trouvait dans une misère profonde : Voltaire le garda pendant un an à Ferney, puis il lui procura la place de correspondant littéraire du grand Frédéric ; enfin, lorsque Thiriot le quitta, Voltaire, tout en l'aidant à faire sa malle, y glissa cinquante louis. — Le trait le plus remarquable de sa bienfaisance est du reste bien connu : on sait qu'il eut pour objet la nièce du grand Corneille, jeune personne fort pauvre. Voltaire la reçut à Ferney, l'adopta, soigna son éducation, et pour lui faire une dot convenable il composa une édition des œuvres de Corneille, accompagnée de remarques de sa main. Le livre se vendit 90,000 francs, et mademoiselle Corneille fut mariée à M. Dupuis du pays de Gex. Dans un moment d'embarras, le jeune ménage emprunta 12,000 francs à Voltaire : lors de la naissance du premier enfant, le bienfaiteur vint faire visite à la jeune femme et laissa sur la table un beau vase d'argent dans lequel se trouvait la quittance des 12,000 livres. — GABEREL, ancien pasteur, *Voltaire et les Genevois*. (Genève, J. Cherbuliez, Paris, même maison, 1855.)

TRAIT DE GÉNÉROSITÉ DE VOLTAIRE ENVERS LA HARPE.

— « Voulez-vous bien, recommandait-il (Voltaire) à l'un de ses correspondants, épargner un port de lettres à M. de La Harpe, qui n'est pas riche [1]. » Sans doute le service était médiocre, quoique moins petit qu'on le supposerait. Mais la générosité de Voltaire est parfois plus effective ; et une lettre inédite, trouvée ces derniers temps dans la boutique d'un épicier, nous révèle un acte charmant de bonté, demeuré caché jusque-là, et que La Harpe lui-même ne connut jamais. Nous la transcrivons d'autant mieux qu'elle est bonne à recueillir, en attendant qu'elle trouve place dans une édition plus ample de la correspondance.

« Monsieur le contrôleur général, s'il fallait en France pensionner tous les hommes de talent, ce serait, je le sais, pour nos finances, une plaie bien honorable, mais bien désastreuse, et le trésor n'y pourrait suffire ; aussi, et quoique peu d'hommes puissent se rencontrer d'un aussi solide mérite que M. de La Harpe, ne viens-je pas réclamer une pension pour ce mérite dans l'indigence ; je viens simplement, monsieur, empiéter sur vos attributions, et contrôler le chiffre de 2,000 livres dont Sa Majeté a bien voulu me gratifier. Il me semble que M. de La Harpe n'ayant pas de pension, la mienne est trop forte de moitié, et qu'on doit la partager entre lui et moi.

« Je vous aurai donc, Monsieur, une dernière reconnaissance

[1] Cabinet de M. Feuillet de Conches. *Lettres autographes de Voltaire à M. Bacon* (substitut du procureur général), 3 septembre 1774. Ces lettres, au nombre de soixante-treize, la plupart fort intéressantes, partent de 1771 et s'arrêtent à l'année 1777. (Note de l'Auteur.)

si vous voulez bien sanctionner cet arrangement et faire expédier à M. de La Harpe le brevet de sa pension de mille livres, sans lui faire savoir que je sois pour quelque chose dans cet événement. Il serait aisément persuadé, ainsi que tout le monde, que cette pension est une juste récompense des services qu'il a rendus à la littérature [1]. »

N'est-ce pas charmant et vraiment attendrissant, et n'y a-t-il pas, dans ce mystérieux bienfait de quoi faire [oublier ou pardonner bien de dures et terribles moments ? Si la date de ce billet nous est inconnue, nous trouvons dans une lettre à d'Alembert, du 10 août 1767, une indication qui nous le fait supposer antérieur de quelques mois seulement. « ... Je ne ris point, lui écrivait-il, quand on me dit qu'on ne paie point vos pensions ; cela me fait trembler pour une petite démarche que j'ai faite auprès de M. le contrôleur général en faveur de M. de La Harpe ; je vois bien que, s'il fait une petite fortune, il ne la devra jamais qu'à lui-même. Ses talents le tireront de l'extrême indigence, c'est tout ce qu'il peut attendre [2]. » La négociation n'aboutit point ; mais, pour avoir échoué, elle ne doit pas, en stricte justice, moins compter à l'actif des bonnes œuvres du patriarche, et nous nous serions fait un scrupule de le passer sous silence. — Gustave DESNOIRESTERRES. *Voltaire et la société au XVIIIe siècle. Voltaire et Genève.* (Paris, Dentu et Ce, 1876.)

---

[1] Le *Monde illustré*, 9 mai 1863. Lettre de Voltaire au contrôleur général (Lavardy), sans date.

[2] Voltaire, *OEuvres complètes* (Beuchot), t. LXIV, p. 329. Lettre de Voltaire à d'Alembert ; 10 august 1767. (Notes de l'auteur.)

... — Le commis du vingtième[1] était mort sans pouvoir assurer le sort d'un domestique qui lui avait donné des preuves du plus complet dévouement. Voltaire, à qui madame Denis venait d'apprendre la détresse de ce pauvre diable, s'attendrit, et, ce qui était mieux, dépêche aussitôt à d'Alembert un mandat dont nous ignorons le chiffre, pour lui venir en aide. « Permettez-moi que je vous adresse ce petit billet, qui me coûte beaucoup plus de peine à vous écrire qu'il ne coûte d'argent, car à peine puis-je me servir de ma main[2]. — Gustave DESNOIRESTERRES. *Voltaire et la société au XVIIIe siècle. Voltaire et Genève.* (Paris, Dentu et Ce, 1876.)

VOLTAIRE PROTECTEUR DE MALLET DU PAN [3].

... La jeunesse lui est particulièrement sympathique; il est heureux de rencontrer dans une intelligence encore tâton-

---

[1] Damilaville, l'un des plus dévoués amis de Voltaire; mort le 13 décembre 1768. (R. d'A.)

[2] Voltaire, *OEuvres complètes* (Beuchot), t. LXVI, p. 64. Lettre de Voltaire à d'Alembert. (Notes de l'auteur.)

[3] Publiciste (1749-1800). Il continua les *Annales politiques* de Linguet, publia de 1779 à 1782, des *Mémoires politiques et littéraires sur l'état de l'Europe*, vint à Paris et rédigea, de 1783 à 1788, le *Journal historique et politique de Genève*, qui fut ensuite réuni au *Mercure de France*. En 1792, la Cour le chargea d'une mission secrète auprès des souverains coalisés contre la France. En 1799, il passa en Angleterre où il publia le *Mercure britannique*. On a de lui des *Mémoires et correspondances*, etc. qui ont été publiés par M. Sayous. Paris, 1861, 2 vol. in-8°. (R. d'A.)

nante des facultés brillantes que le temps et l'étude développeront; et, s'il peut lui venir en aide, il ne s'y épargnera point. Un jeune homme de vingt ans, d'une ancienne famille genevoise, le fils d'un honnête pasteur aimé et vénéré de son troupeau, qui annonçait de grands talents et de rares facultés d'écrivain et même de polémiste, s'était précipité dans la mêlée avec la fougue un peu irréfléchie et l'excès de son âge; il s'était courageusement constitué le champion d'une cause qu'il était peu habile à défendre, celle des natifs, et la brochure avait obtenu les honneurs du bûcher, ni plus ni moins que l'*Emile* et le *Dictionnaire philosophique*[1]. C'était tout ce qu'il en fallait pour être reçu, choyé, reconforté à Ferney; et lorsque l'occasion s'en présentera, le patriarche le recommandera avec toute la chaleur d'une réelle amitié, insistant sur sa valeur, et se portant le garant de sa personne comme de sa science. Ainsi épaulé, ainsi appuyé, Mallet du Pan, car c'était lui, après avoir passé plusieurs années auprès du poète, partait pour Cassel, où il fut accueilli avec toute la considération que lui méritait un tel patron, par le landgrave de Hesse Frédéric, dans les premiers jours de l'année 1772. — Gustave DESNOIRESTERRES. *Voltaire et la société au XVIIIe siècle. Voltaire et Genève.* (Paris, Didier et Cie, 1876.)

---

[1] Sayous, Mémoires et correspondances de Mallet du Pan (Paris, Amyot, 1851), t. I, p. 16, 17. — « Ce fut, nous est-il dit, à la pressante recommandation de madame Pictet qu'il plaça chez le landgrave de Hesse Mallet du Pan, très-jeune encore et qui commença ainsi sa carrière. » Bibliothèque de Genève, Manuscrits. C. 49. *Relation du séjour de Voltaire en Suisse*, par mademoiselle Rosalie de Constant. (Note de l'auteur.)

« Je prie M. Delaleu, écrivait le poète à son notaire, le 4 mai 1772, de vouloir bien avoir la bonté de payer les frais de chancellerie dans l'affaire du sieur Sirven et de sa famille, qui enfin a été rétablie dans tous ses droits ; je lui serai très-obligé. » Il disait à M. Bacon, le 13 avril suivant : « S'il faut encore de l'argent, on donnera tout ce qu'il faudra. » Cabinet de M. Feuillet de Conches, *Lettres inédites de Voltaire à M. Bacon, substitut du procureur général.* — Cité par M. Gustave DESNOIRESTERRES, p. 469 de *Voltaire et Genève.*

La duchesse de Saxe-Gotha voulut lui payer mille louis les *Annales de l'Empire*, ouvrage qu'il avait entrepris à la prière de cette duchesse. « Faut-il que la petite-fille d'Ernest-le-Pieux, répondit-il, veuille, par sa générosité, me faire tomber dans le péché de simonie ? » Il n'accepta qu'un portrait et se plaignit même des ornements ajoutés à un objet par lui-même si précieux. — Evariste BAVOUX, *Voltaire à Ferney. Sa correspondance avec la duchesse de Saxe-Gotha*, 10 février, 16 mars et 30 juillet 1754.)

Voltaire était bon et bienfaisant... Rien n'a été moins fondé que le reproche d'avarice que l'on fait à ce grand homme... L'avare amasse, ne jouit pas et meurt en thésaurisant. Voltaire avait l'art de jouir et d'augmenter sa fortune. La lésinerie n'eut jamais accès dans sa maison : je n'ai jamais connu d'homme que ses domestiques pussent voler plus facilement. Est-ce là un avare ? Je le répète, il n'était avare que de son temps. — COLLINI [1], *Mon séjour auprès de Voltaire.* (Paris, 1809), p. 182-183.

[1] Il fut, on le sait déjà, secrétaire de Voltaire, de 1752 à 1756.

A VOLTAIRE EST DUE LA GLOIRE DE LA PRATIQUE DE L'INOCULATION EN FRANCE.

Pendant son séjour à Constantinople, où son mari était ambassadeur dès 1716, lady Wortley Montague eut occasion d'être témoin par ses propres yeux de l'extension que prenait cette pratique en Turquie, et de recueillir les témoignages des Circassiens sur l'infaillibilité du procédé de l'inoculation. Elle écrivait à Londres dans une lettre datée d'Andrinople, lettre qui est la 31e de son recueil : « J'écrirais bien à nos médecins de Londres, ajoutait-elle, si je les croyais assez généreux pour sacrifier leur intérêt particulier à celui de l'humanité; mais je craindrais, au contraire, de m'exposer à leur ressentiment, qui est dangereux, si j'entreprenais de leur enlever le revenu qu'ils tirent de la petite vérole. » Ce qu'elle craignait d'écrire, elle osa le pratiquer dès son retour à Londres, qui eut lieu en 1719. Milady se mit dès lors à faire de la médecine d'autant plus morale qu'elle était plus illégale; elle dénicha pour sa garantie le docteur Mead, qui la seconda et y trouva amplement son compte, pendant que tous les autres crétins de marchands de santé boudaient contre leur vente en boudant contre l'humanité.

Et ils boudèrent longtemps; car la découverte ne se fit jour en France que trente ans plus tard; et c'est à Voltaire qu'en revint la gloire [1]. Les médecins français se refusant à cette innovation, Voltaire prit le docteur Tronchin, de Genève, pour

---

[1] Voyez *Revue complémentaire des sciences*, livr. de juillet 1856, t. 2, p. 379. (Note de l'auteur.)

son docteur Mead; et la foule du grand monde donna l'exemple au peuple, en allant se faire inoculer à Genève [1].

Mais ce fut alors le tour du crétinisme sacerdotal à prêter les mains au crétinisme médical : comment l'inoculation pouvait-elle n'être pas une œuvre maudite de Dieu et funeste aux hommes, puisque M. de Voltaire la patronnait? On la maudissait donc dès lors du haut de toutes les chaires profanes et sacrées; mais sans s'en inquiéter davantage, l'inoculation répondait aux anathèmes de ces deux sortes de fanatisme par des succès qui sont la voix de Dieu. — F.-V. RASPAIL. *Histoire naturelle de la santé et de la maladie chez les végétaux et chez les animaux en général. Et en particulier chez l'Homme.* (Paris 1860), t. III.

MÉDAILLE FRAPPÉE EN L'HONNEUR DE VOLTAIRE.

La France semble le pays de l'Europe qui rende le moins de de justice au grand poète qui fait aujourd'hui l'honneur de notre patrie et de son siècle. Tandis que, sans être exilé, il semble dans une sorte de proscription, dans un éloignement injurieux que ses ennemis lui reprochent, les étrangers s'empressent de lui rendre hommage et de le couronner de gloire. Les souverains le comblent de leurs bienfaits et lui consacrent des monuments durables de leur estime et de leur vénération. On vient de frapper en son honneur, dans les États de l'électeur Palatin [2], une très-belle médaille, comme au

---

[1] Correspondance de Voltaire. Lettre du 12 avril 1755. (Note de l'auteur.)

[2] Charles-Théodore. C'est un des princes souverains qui ont témoigné à Voltaire le plus d'attachement. (R. d'A.)

génie qui ôte aux *nations le bandeau de l'erreur*. Il est inutile d'ajouter combien la superstition et le fanatisme s'élèvent contre le titre auguste que lui défèrent de concert la raison, la philosophie et l'humanité. — (*Mémoires secrets*, dits de *Bachaumont*; t. XIX, p. 82, du 7 juin 1769.)

INGRATITUDE DES COMÉDIENS QUI JOUÈRENT DANS *Sémiramis*[1], ENVERS VOLTAIRE.

Pour un conseil qu'un poète est toujours en droit de donner à qui se charge de l'interpréter, Sarrazin lui avait répondu avec la dernière insolence. Quatre ou cinq comédiens, peu satisfaits de leur rôle, lui refusaient le salut. La Noue, qui avait joué avec tant de zèle *Mahomet*, à Lille, ne se gênait pas de dire le plus de mal de *Sémiramis*. « En un mot, je n'ai essuyé d'eux que de l'ingratitude et de l'insolence. Permettez, je vous en prie, que je ne sacrifie rien de mes droits pour des gens qui ne m'en sauraient aucun gré, et qui en sont indignes de toutes façons[2]. » Il ressort de là ce qu'on savait déjà, qu'à moins de mécontentement, Voltaire abandonnait ses droits d'auteur aux comédiens, comme les bénéfices qui pouvaient lui revenir de ses livres aux libraires et aux gens de lettres nécessiteux. Et s'il tient à faire sentir qu'il est blessé, l'argent passera cette fois encore en petits cadeaux à l'adresse de mesdemoiselles Dumesnil et Clairon, et de l'acteur Grandval. — Gustave DESNOIRESTERRES, *Voltaire à la cour* (Paris, Didier et Ce, 1871.)

---

[1] Jouée le 29 août 1748. (R. d'A.)

[2] Voltaire, *OEuvres complètes* (Beuchot), t. LV, p. 201. Lettre de Voltaire à d'Argental ; à la Malgrange, le 4 octobre 1748. (Note de l'auteur).

BIBLIOGRAPHIE

I. — Liste des principaux ouvrages de Voltaire.

1714.

L'Anti-Giton, — conte en vers.

1716.

Vers sur le Régent et sa fille, la duchesse du Berry.

1717.

La Bastille, — petit poëme.

1718.

OEdipe, — tragédie en cinq actes, composée en 1713, représentée le 18 novembre 1718, dédiée à Madame, mère du Régent, imprimée en 1719 avec des lettres écrites par l'auteur à son ami de Génonville. Grand succès.

1719.

Le Cadenas, — conte en vers.

1720.

Artémire, — tragédie, jouée le 15 février. Chute.

1723.

La Ligue, ou Henri-le-Grand, — poëme épique. Publié sous la rubrique *Genève* par l'abbé Desfontaines, d'après un manuscrit incomplet. Ce n'est qu'en 1728 que parut l'édition de l'auteur : la *Henriade de M. de Voltaire*, poëme épique. Londres, in-4°, orné de gravures.

1724.

Mariamne, tragédie en cinq actes, représentée le 6 mars. Chute.

1725.

L'Indiscret, — comédie en un acte et en vers, représentée le 1ᵉʳ août.

La Fête de Bellébat, ou le Curé de Courdimanche, — divertissement de société en collaboration.

1727.

Essai sur les guerres civiles de France. — Publié d'abord en anglais.

1730.

La Mort de mademoiselle Lecouvreur, — petit poëme.

Brutus, — tragédie en cinq actes, jouée le 11 décembre. Dédiée à lord Belingbroke. Seize représentations. Grand succès lors des reprises, en 1790, 91 et 92.

1731.

Histoire de Charles XII, roi de Suède. — Composée en 1727 et 1728. Imprimée à Rouen.

Epître des Vous et des Tu. — Adressée à son acienne maitresse Suzane de Livry, alors marquise de Gouvernet.

1732.

Les Originaux, ou Monsieur du Cap-Vert, — comédie en trois actes et en prose, représentée sur un théâtre de société.

Epître à Uranie, ou le Pour et le Contre, — petit poëme philosophique, composé en 1722, intitulé d'abord *Epître à Julie* et adressé à madame de Rupelmonde.

Eriphyle, — tragédie en cinq actes, jouée le 7 mars, mais imprimée seulement après la mort de Voltaire.

Samson, — opéra en cinq actes, non représenté alors. Musique de Rameau.

Zaïre, — tragédie en cinq actes, représentée le 13 août. Dédiée à Falkener, marchand anglais. Grand succès.

1733.

Le Temple du goût, — composé en 1731. C'est une revue de tous les littérateurs de l'époque.

Epître à madame du Châtelet sur la Calomnie.

La Mule du pape, conte.

Tanis et Zélide, ou les Rois pasteurs, — tragédie pour être mise en musique. Non représentée ni imprimée alors.

1734.

Adélaïde du Guesclin, — tragédie en cinq actes, jouée le 18 janvier 1734. Chute. Cette pièce subit plusieurs transformations : elle devint le *Duc d'Alençon*, le *Duc de Foix*, *Alamire*. En 1765, la tragédie primitive reparaissait avec succès, grâce au talent de Le Kain.

Lettres philosophiques. — Ecrites en 1726-1727. Imprimées à Rouen dès 1731, mais non publiées. Brûlées par sentence du parlement, et condamnées à Rome le 4 juillet 1752.

Remarques sur les Pensées de Pascal. — Composées en 1728, insérées dans les *Lettres philosophiques*.

L'Echange, — comédie en trois actes, en prose, représentée chez madame du Châtelet.

Traité de métaphysique. — Composé pour madame du Châtelet. Non imprimé du vivant de Voltaire.

1735.

La Mort de César, — tragédie en trois actes, composée en 1731, jouée au collége d'Harcourt par les élèves, le 11 août 1735, et sur le Théâtre-Français le 29 août 1743. En 1747, les pensionnaires du couvent de Beaune la représentèrent pour la fête de la prieure.

1736.

Ode sur le fanatisme.
Alzire, ou les Américains, — tragédie en cinq actes, jouée le 27 janvier. Dédiée à la marquise du Châtelet. Grand succès.
Le Mondain, — satire. L'auteur fut obligé de se retirer pendant quelque temps à l'étranger.
La Crépinade, — satire contre Jean-Baptiste Rousseau.

1738.

Discours en vers sur l'homme. — Les deux premiers parurent sous ce titre : *Epîtres sur le bonheur*.
L'Enfant prodigue, — comédie en cinq actes, jouée sans nom d'auteur le 10 octobre. Vingt-deux représentations, puis reprise. Succès.
Éléments de la philosophie de Newton. — Parurent en Hollande, mais incomplets. L'auteur ne donna une édition complète qu'en 1748.
Essai sur la nature du feu et sur sa propagation.—Mémoire couronné par l'Académie des sciences.
L'Envieux, — comédie en trois actes et en vers (contre l'abbé Desfontaines). Non représentée ni imprimée alors.

1739.

Vie de Molière, — avec des jugements sur ses ouvrages.

1740.

Exposition du livre des Institutions physiques par madame du Châtelet.
Préface de l'Anti-Machiavel, ouvrage de Frédéric II.
Zulime, — tragédie en cinq actes, jouée le 8 juin. Succès.
Pandore, — opéra en cinq actes, non représenté.

1741.

Stances à madame du Châtelet. (Si vous voulez que j'aime encore.)

1742.

Mahomet, ou le Fanatisme, — tragédie en cinq actes, jouée à Lille en avril 1741, et après en août 1742. Défendue d'abord. Dédiée au pape Benoît XIV. Grand succès.

1743.

Mérope, — tragédie en cinq actes, commencée en 1736, jouée le 29 février 1743. Grand succès.

1745.

La Princesse de Navarre, — comédie-ballet, jouée à Versailles le 25 février.
Le Poëme de Fontenoy.
Le Temple de la gloire, — opéra en cinq actes, joué le 27 novembre à l'occasion de la victoire de Fontenoy.
Manifeste du roi de France pour Charles-Edouard.

1746.

Discours de réception à l'Académie.

Le Monde comme il va, — conte en prose, imprimé en 1748.

Le Crocheteur borgne, — conte en prose. Attribué d'abord à Bordes et au chevalier de Boufflers. Imprimé en 1774.

Cosi-Sancta, — nouvelle africaine. Imprimée après la mort de l'auteur.

1747.

Zadig, ou la Destinée, — histoire orientale composée à Sceaux, chez la duchesse du Maine.

La Prude, — comédie en cinq actes et en vers, composée en 1740, et jouée au château de Sceaux le 15 décembre. Appelée aussi *la Devote*.

1748.

Sémiramis, — tragédie en cinq actes, jouée le 29 août. Dédiée au cardinal Querini. Reçue d'abord froidement, puis grand succès.

1749.

Nanine, ou le préjugé vaincu, — comédie en trois actes, en vers de dix syllabes. Représentée le 16 juillet.

La Femme qui a raison, — comédie de société en trois actes, faite en collaboration.

1750.

Oreste, — tragédie en cinq actes, représentée le 12 janvier. Dédiée à la duchesse du Maine. Grand succès.

Memnon, ou la Sagesse humaine, — histoire orientale.

Bababec et les Fakirs, — conte.

La Voix du Sage et du peuple. — Condamnée le 22 janvier 1751.

Rome sauvée, ou Catilina, — tragédie en cinq actes, jouée

sur un théâtre de société le 8 juin 1750, puis sur le Théâtre-Français en 1752.

Timon. — Réponse au discours de J.-J. Rousseau sur les sciences et les arts.

1751.

Le Duc d'Alençon, — tragédie faite pour les frères du roi de Prusse. Même sujet qu'*Adelaïde du Guesclin*.

Le Siècle de Louis XIV. — Publié par M. de Francheville, conseiller aulique de S. M. et membre de l'Académie royale des sciences et belles-lettres de Prusse. Berlin, 1752. Condamné en cour de Rome le 22 février et le 16 mai 1753.

Idées de la Mothe Le Vayer.

1752.

Micromégas, — histoire philosophique.

Amélie, ou le Duc de Foix, tragédie, jouée le 17 août. Même sujet qu'*Adelaïde*.

Défense de milord Bolingbroke. — Signée : Dr Goodnatur'd Wellwisher, chapelain du comte de Chesterfield.

La Religion naturelle, — poëme en quatre parties. Imprimé seulement en 1756, et réimprimé en 1756, sous le titre de la *Loi naturelle*. Condamné au feu par le Parlement de Paris le 23 janvier 1759.

Diatribe du docteur Akakia, médecin du pape. (Contre Maupertuis.) — Brûlée à Berlin par le bourreau, le 24 décembre 1752.

1753.

Supplément au Siècle de Louis XIV.

Abrégé de l'Histoire universelle, — fragments de l'*Essai sur les mœurs*. Condamné à Rome le 21 novembre 1757.

Histoire des croisades. (Fragments de l'Essai.) Condamnée à Rome le 11 mars 1754.

Annales de l'Empire.

1754.

Essai sur l'Histoire universelle. — Nommé plus tard par l'auteur : *Essai sur les mœurs et l'esprit des nations.* — Composé vers 1740 pour madame du Châtelet.

1755.

L'auteur arrivant dans sa terre aux Délices. (Hymne à la Liberté.)

L'Orphelin de la Chine, — tragédie jouée le 20 août. Dédiée au maréchal de Richelieu. Succès.

La Pucelle d'Orléans, — poëme divisé en quinze chants, par M. de V... Louvain. Edition désavouée par Voltaire. Ouvrage condamné à Rome le 20 janvier 1757.

1756.

Poëme sur le désastre de Lisbonne, ou Examen de cet axiome : « Tout est bien. » Attribué par Voltaire à P. Liébaut. C'est ce poëme qui valut à Voltaire la fameuse Lettre de J.-J. Rousseau, du 18 août 1756.

Les deux Consolés, — conte en prose.

Histoire des voyages de Scarmentado, — roman.

Songe de Platon, — conte en prose.

Edition complète de l'*Essai*, sous le titre : *Essai sur l'Histoire générale et sur les mœurs et l'esprit des nations.* — Condamnée par la cour de Rome le 21 novembre 1757.

1759.

Candide, ou l'Optimiste, — roman présenté comme traduit

de l'allemand du docteur Ralph. Condamné en France, puis à Rome le 14 mai 1762.

Socrate, — ouvrage dramatique en trois actes, traduit de l'anglais de feu M. Thompson, par feu M. Fatema, comme on sait. Pièce allégorique qui fut défendue.

Précis de l'Ecclésiaste. — En vers.

Précis du Cantique des cantiques. — En vers.

Ces deux ouvrages furent brûlés par le bourreau le 3 septembre 1759, et condamnés à Rome le 3 décembre de la même année.

Histoire de l'empire de Russie sous Pierre-le-Grand (1re partie).

Mémoires pour servir à la vie de Voltaire, — écrits par lui-même. (Contre le roi de Prusse.) Publiés après sa mort.

1760.

Les Quand. — (Contre Le Franc de Pompignan.)

Le Russe à Paris, — satire signée Yvan Alethof, secrétaire de l'ambassade russe.

Le Café, ou l'Ecossaise, — comédie en cinq actes et en prose, traduite de l'anglais de Hume, par Jérôme Carré. (Contre Fréron.) Imprimée d'abord, puis jouée le 26 juillet. Dédiée au comte de Lauraguais. Seize représentations.

Tancrède, — tragédie jouée le 3 septembre. Dédiée à la marquise de Pompadour. Grand succès.

1761.

Lettres sur la Nouvelle Héloïse.

Anecdotes sur Fréron.

Lettre de M. Eratou (Arouet) à M. Clocpitre, et Réponse.

Les Car. — Les Ah! ah! (contre Pompignan.)

Sermon du rabbin Akib, — traduit de l'hébreu.

Lettre de Charles Gouju à ses frères. — Condamnée à Rome le 25 mai 1762.

1762.

Le Droit du Seigneur, — comédie en cinq actes et en vers. Donnée sous le titre de l'Ecueil du Sage, faite en quinze jours, et signée successivement Hurtand, Legouz, Picardet, Rigardet, Melin de Saint-Gelais, Picardin. Jouée le 18 janvier.

Extrait des Sentiments de Jean Meslier, adressés à ses paroissiens — ouvrage condamné à être brûlé à Paris, et puis condamné à Rome le 8 juillet 1765.

Pièces originales concernant les Calas.

A Monsieur le Chancelier, par Donat Calas.

Mémoire de Donat Colas, etc., etc.

Idées républicaines.

Sermon des Cinquante, — attribué à M. du Martay ou à la Métrie, et condamné à Rome le 8 juillet 1765.

La Pucelle d'Orléans, — poëme divisé en vingt chants. Première édition avouée par l'auteur. Genève.

1765.

Saül, — drame traduit de l'anglais de M. Hat. Saisi par la police, proscrit en France et condamné à Rome le 8 juillet 1765.

Olympie, — tragédie, faite en cinq jours, imprimée d'abord, jouée à Ferney, puis à Paris le 17 mars 1764.

Dialogue entre un caloyer et un homme de bien, — condamné à Rome le 8 juillet 1765.

Additions à l'Essai sur l'Histoire générale.

Histoire de Russie (2me partie).

Catéchisme de l'honnête homme — signé D. J. J. R. C. D. G. (Dom Jean-Jacques Rousseau, ci-devant citoyen de

Genève). Opuscule condamné à Rome le 8 juillet 1765.

Ce qui plait aux dames, — conte en vers.

L'Education d'un prince, — conte en vers.

L'Education d'une fille, — conte en vers.

Les Trois manières, — conte en vers.

1764.

Thélème et Macare, — conte en vers.

Arzolan, — conte en vers.

L'origine des métiers, — conte en vers.

Théâtre de Corneille avec commentaires.

Jules César, — tragédie en trois actes de Shakespeare, et l'Héraclius espagnol. Parurent dans l'édition du Théâtre de Corneille.

Discours aux Welches.

Supplément au Discours aux Welches.

Dictionnaire philosophique portatif. — Un vol. in-8°. Brûlé à Paris le 19 mars 1765, et à Rome le 8 juillet de la même année.

Le Triumvirat, — tragédie, représentée le 5 juillet sous le titre — d'Octave et le jeune Pompée.

Le Blanc et le Noir, — conte.

Jeannot et Colin, — conte.

1765.

La Philosophie de l'histoire, — signée l'abbé Bazin, condamnée à Rome le 12 décembre 1768.

Collection de Lettres sur les miracles, — écrites à Genève et à Neufchâtel, par M. le professeur Théro, M. Covélle, M. Needham, M. Baudinet et M. Montmolin. Imprimées dans les OEuvres de Voltaire sous le titre de — Questions sur les miracles. — Condamnées à Rome le 29 novembre 1771.

1766.

Relation de la mort du chevalier de La Barre, 15 juillet, — signée Cassen, avocat au Conseil du roi.

Avis au public sur les parricides imputés aux Calas et aux Sirven, — signé Cassen.

Commentaires sur le Livre des délits et des peines, — par un avocat de province. Condamnés à Rome le 28 juillet 1768.

Questions de Zapata, — traduites par le sieur Tamponnet, docteur en Sorbonne. Condamnées à Rome le 29 novembre 1771.

Le Philosophe ignorant.

1767.

Les Scytes, — tragédie, composée en dix jours, jouée le 26 mars. Six représentations.

Honnêtetés littéraires.

Examen important de mylord Bolingbroke. — Condamné à Rome le 29 novembre 1771.

La Défense de mon oncle contre ses infâmes persécuteurs, — par A....t de V*.*. Condamnée à Rome le 29 novembre 1771.

L'Ingénu, — histoire véritable, tirée des manuscrits du P. Quesnel.

Charlot, ou la Comtesse de Givry, — pièce dramatique en trois actes et en vers, jouée à Ferney.

Essai sur les Dissentions des Eglises de Pologne. — Signé Bourdillon. Condamné à Rome le 12 décembre 1768.

Mémoire pour Sirven. — Signé Cassen.

1768.

L'Homme aux quarante écus, — roman. Brûlé à Paris et condamné à Rome le 29 décembre 1771.

La Princesse de Babylone, — roman.

La Guerre civile de Genève, — poëme en cinq chants.

L'A, B, C, — dialogue curieux, traduit de l'anglais de Huet. Condamné à Rome le 11 juillet 1776.

Conseils raisonnables à M. Bergier, — par une Société de théologiens : Chambon, Dumoulin, Desjardins et Verzenot. Condamnés à Rome le 1er mars 1770.

La profession de foi des théistes, — par le comte Da... au R. D., trad. de l'allemand. Condamnée à Rome le 1er mars 1770.

Discours aux Confédérés catholiques de Kaminiek en Pologne. — Signé major Kaiserling. Condamné à Rome le 11 août 1769.

Les Singularités de la nature. — Condamnées à Rome le 16 janvier 1770.

Instruction du gardien des Capucines de Raguse à frère Podiculoso. — Condamnée à Rome le 2 décembre 1770.

L'Epitre aux Romains, — traduite du comte de Passeran. Condamnée à Rome le 1er mars 1770.

Les Remontrances du Corps des pasteurs du Gevaudan. — Condamnées à Rome le 1er mars 1770.

Les Droits des hommes et les usurpations des autres, — traduites de l'italien.

Les Colimaçons du R. R. l'Escarbotier. — Ecrit condamné à Rome le 1er mars 1770.

Homélie du pasteur Bourn, — prêchée à Londres, traduite de l'anglais. Condamnée le 1er mars 1770.

Précis du Siècle de Louis XV. — D'abord défendu.

1769.

Histoire du Parlement de Paris. — Signée : l'abbé Big... ou l'abbé Bigorre.

— 586 —

Les Lettres d'Amabed, — traduites par l'abbé Tamponnet. Roman. Condamné à Rome le 1er mars 1779.

Collection d'anciens Evangiles, — par l'abbé B***.

Les Guèbres, ou la Tolérance, — tragédie, par M. D*** M***. Non représentée.

Le Baron d'Otrante, — opéra-buffa en trois actes. Non représenté.

Les Deux Tonneaux, — opéra-comique. Non représenté.

Tout en Dieu. — Signé : l'abbé de Tilladet. Condamné à Rome le 9 décembre 1770.

Dieu et les hommes. — Signé : docteur Obern. Traduit par J. Aimon. Condamné au feu à Paris le 18 août 1770, et à Rome le 3 décembre de la même année.

Le Dépositaire, — comédie en cinq actes et en vers. Non représentée.

De la Paix perpétuelle, — proposée par le docteur Goodheart, traduction de M. Chambon. Ecrit condamné à Rome le 3 décembre 1770.

— 1770.

Sophonisbe, — tragédie de M. Mairet, réparée à neuf. Jouée le 15 janvier 1774. Chute.

Questions sur l'Encyclopédie, — par des Amateurs. Parurent de 1770 à 1772 en 9 volumes.

1771.

Supplique des serfs de Saint-Claude.

La Méprise d'Arras, — plaidoyer contre la sentence du Conseil supérieur d'Arras, qui avait condamné à mort les époux Montbailli.

Lettres de Memmius à Cicéron, — traduites par l'amiral Sheremetof.

1772.

Jean qui pleure et Jean qui rit, — petit poëme.
La Bégueule, — conte en vers.
L'Anniversaire de la Saint-Barthélemy, — ode.
Les Pélopides, ou Atrée et Thyeste, — tragédie non représentée.

1773.

Les lois de Minos, — tragédie dédiée au maréchal de Richelieu, et non représentée.
Fragments sur quelques révolutions de l'Inde et sur la mort du comte de Lally.
Fragments sur l'Histoire générale.

1774.

Le Taureau blanc, — conte en prose.

1775.

Le Dimanche, ou les Filles de Minée, — conte en vers.
Diatribe à l'auteur des Ephémérides. — Ecrit supprimé par arrêt en date du 19 août.
Le Cri du sang innocent. — Au roi. Signé d'Etallonde, l'un des coaccusés du chevalier de La Barre.
Histoire de Jenny, — roman.
Les Oreilles du comte de Cherterfield, — conte.
Don Pèdre, roi de Castille, — tragédie non représentée.

1776.

La Bible enfin expliquée par plusieurs aumôniers de S. M. L. R. D. P. (Sa Majesté le roi de Prusse). — Condamnée et supprimée.

Lettres chinoises, indiennes et tartares, — à M. Paw, par un bénédictin.

Commentaire historique sur les œuvres de l'auteur de la Henriade.

Un Chrétien contre six Juifs, ou Réfutation du livre intitulé : Lettres de quelques Juifs portugais, allemands et polonais, par l'abbé Guénée.

1777.

Requête au roi pour les serfs de Saint-Claude.

Commentaire sur l'Esprit des lois.

Catalogue d'Evhemère.

Précis de la Justice et de l'Humanité.

Dernières remarques sur les Pensées de Pascal. — Condamnées à Rome le 18 septembre 1789.

Histoire de l'établissement du Christianisme, — ouvrage posthume.

1778.

Irène, — tragédie en cinq actes. Composée en 1777, représentée à Paris pour la première fois le 16 mars 1778.

Pensées. — ouvrage posthume.

Agatocle, tragédie en cinq actes, représentée le 30 mai 1779, jour de l'anniversaire de la mort de Voltaire.

II. — Liste des éditions des Œuvres complètes de Voltaire.

1. Œuvres de Voltaire. — Genève, les frères Cramer, 1768-78, 30 vol. — Suppl. (Correspondance). Paris, 1796, 15 vol., en tout 45 vol. in-4°, fig.

2. Les Œuvres de Voltaire (avec des avertissements et des notes par Condorcet). — De l'imprimerie de la Société littéraire et typographique (à Kehl), 1784 et 1785-89, 70 vol. in-8°. — Tables analytiques et raisonnées des matières contenues dans les œuvres de Voltaire, rédigées par P. N. Chautreau. Paris. Déterville, 1801, 2 vol. En tout 72 vol.

3. Les mêmes (de la même édit.) (Kehl) de l'imprimerie de la Société typographique, 1785, 92 vol. in-12.

4. Les mêmes. Nouv. édit. avec des notes et des observations critiques par Palissot. Paris, Stoupe, 1792-1800, 55 vol. in-8°.

5. Œuvres complètes de Voltaire. — Edit. compacte. Paris, Desoër, 1817 et ann. suiv., 13 tomes in-8°, divisés en 24 vol., avec table analytique des matières.

6. Les mêmes. (Edit. commencée avec des notes par Beuchot, et continuée par Louis Dubois.) Paris, Mme Perronneau, 1817-20, 56 vol. in-12.

7. Les mêmes. Paris, Déterville et Lefèvre, 1817-20, 42 vol. in-8°.

La table forme le 42e vol. avec le millésime 1820.

8. Les mêmes. Paris, A. A. Renouard, 1819-25, 66 vol. in-8°, avec 160 gravures de Moreau jeune.

9. Les mêmes. Paris, E. A. Lequien, 1820 et ann. suiv., 70 vol. in-8°.

10. Les mêmes. Paris, Carez, Thomine et Fortic, 1820-1826, 60 vol. in-18.

11. Voltaire. — Edition Touquet. Paris, l'éditeur, rue de la Huchette, n° 18, 1821 et ann. suiv., 75 vol. in-12.

12. OEuvres complètes de Voltaire. — Paris, Chasseriau et Bossange père, 1823-27, 72 vol. in-8°.

13. Les mêmes, avec des remarques et des notes historiques, scient. et litt., par MM. Arago, Auguis, Clogenson, Daunou, Etienne, François de Neufchâteau, J.-V. Leclerc, Ch. Nodier, etc. Paris, Dalibon et Delangle, 1824 et ann. suiv., 95 vol. — Table analytique des matières, par M. Miger, 1822, 2 vol. En tout 97 vol.

14. Les mêmes, avec des remarques et des notes historiques, scientifiques et littéraires. Paris, Baudouin frères, 1824-34, 97 volumes in-8°, y compris deux de table analytique.

1re édit. Baudouin.

15. Les mêmes, en un volume. Paris, Roux-Dufort frères, 1825-32, 96 livr. formant un volume en 4 parties.

16. Les mêmes. Paris, Verdière, Ponthieu, Bossange père, 1829, 3 vol. in-8°.

17. Les mêmes, avec des remarques et des notes historiques, scientifiques et littéraires. Nouv. édit., revue par M. Léon Thiessé. Paris, Baudouin frères, 1826, 75 vol. in-8°.

18. Les mêmes. Nouvelle édit. collationnée sur les éditions

originales, avec notes, préfaces, avertissement, etc., par Beuchot. Paris, imp. de Firmin Didot, 1828-40, 72 vol. in-8°.

<small>La table alph. et analytique occupe les deux derniers volumes. Elle est de Miger. Cette édition est sans contredit la meilleure et la plus complète de toutes. Elle a été utilisée dans les éditions postérieures.</small>

19. Les mêmes, avec des notes, préfaces, avertissements, remarques historiques et littéraires. Paris, Arm. Aubrée, 1829 et ann. suiv., 54 vol. in-8°.

20. Les mêmes. Paris, Verdière, 1829 et ann. suiv., 75 vol. in-18.

21. Les mêmes, avec préfaces, avertissements, notes, remarques historiques, etc. Paris, Drevet, 1829 et ann. suiv., 50 vol. in-12.

22. Les mêmes, avec des notes et notices sur la vie de Voltaire; ornées de 50 vignettes gravées sur acier, par MM. Lefèvre, Blanchard et Hopwood. Paris, Furne, 1835-38, 13 vol. grand in-8° à 2 colonnes.

23. OEuvres complètes de Voltaire, avec les notes et une table analytique; illustrées de 50 gravures sur acier. Paris, Houssiaux, 1852 et ann. suiv., in-8°.

24. Les mêmes. Paris, F. Didot, 1859, 13 vol. in-8°.

25. Les mêmes. Paris, Bry aîné, 1856-59, 20 vol. in-8°.

26. Les mêmes. Paris, Hachette, 1859-71, 40 vol. in-18°.

27. Les mêmes avec préfaces, notes et commentaires nouveaux par George Avenel. Paris, aux bureaux du *Siècle*, 8 vol. in-4°, 1860-1870 (Edition du journal le *Siècle*).

III. — Œuvres choisies.

1. OEuvres choisies de Voltaire, précédées de sa vie par Condorcet, et ornées d'un beau portrait. Paris, 1826, 25 vol.

2. OEuvres choisies de Voltaire. — Paris, Treuttel et Wurtz, 1858, 55 vol. in-8°.

En dehors des éditions des OEuvres complètes de Voltaire et de ses OEuvres choisies, il existe un nombre très-considérable d'éditions de ses ouvrages séparés, tels que *la Henriade, la Pucelle, l'Histoire de Charles XII,* le *Siècle de Louis XIV,* le *Théâtre,* les *Poésies légères,* les *Romans et Contes,* la *Correspondance ;* et chaque jour ces ouvrages immortels sont de nouveau publiés.

IV. — Recueils séparés.

1. Lettres de Voltaire et de sa célèbre amie. — Genève, 1782, in-8°.

2. Lettres inédites de Voltaire, adressées à madame la comtesse de Lutzelbourg (publiées par M. Massé). Paris, 1812, in-12.

3. Choix de lettres inédites de Voltaire au marquis de Vauvenargues (publiées par Roux-Alphéran). Aix, 1815, in-8°.

4. Lettres inédites de la marquise du Châtelet, et supplé-

ment à la correspondance de Voltaire avec le roi de Prusse et avec différentes personnes célèbres. Paris, Lefebvre 1818.

5. Pièces inédites de Voltaire, imprimées d'après les manuscrits originaux, pour faire suite aux différentes éditions publiées jusqu'à ce jour. (Publiées par M. JACOBSEN, d'après les manuscrits de Thiériot.) Paris, Lequien, 1820, in-8° de 464 p. et in-12.

6. Lettres inédites de Voltaire, de madame Denis et de Collini, adressées à M. Dupont. — Paris, Mougié, 1812, in-8°.

7. Lettres inédites de Voltaire à mademoiselle Quinault, à M. d'Argenson, au président Henault, à Damilaville, à Mme d'Epinay et autres personnages remarquables. — Paris, 1822, in-8°.

8. Lettres de Voltaire. — Paris, F. Didot, 1824, in-8°. Quatre lettres.

9. Correspondance inédite de Voltaire avec Hennin (ministre résident de France en Suisse). Paris, 1825, in-8°.

10. Lettres inédites de Voltaire. — Paris, imp. de Moquet, 1840, in-8°.

11. Correspondance de Voltaire et du président de Brosses. Dijon, 1835, in-4°.

12. Correspondance inédite de Voltaire et de Frédéric II, — par M. FOISSET. 1836.

13. Lettres inédites de Voltaire recueillies par M. de CAYROL et annotées par M. ALPHONSE FRANÇOIS, précédées d'une préface de M. SAINT-MARC GIRARDIN, de l'Académie française. — Paris, Didier et Ce (1856), 2 vol. in-8°.

14. Voltaire à Ferney. Sa correspondance avec la duchesse

de Saxe-Gotha, suivie d'autres lettres et des notes pour Mezerai; contre le P. Daniel, entièrement inédites et recueillies par MM. Évariste, Baroux et A. F. — Paris, Didier et C° (1860), in-8°.

<small>La 2ᵉ édit. est augmentée de 25 lettres inédites.</small>

15. Le dernier volume des Œuvres de Voltaire. Mlle de la Cochonnière. — La dernière partie de Candide. — Du pouvoir temporel, etc. — Préface par Edouard Didier. Paris, Henri Plon, 1862, in-8°.

16. Voltaire. — Lettres inédites sur la tolérance. Paris, Cherbuliez, 1863, in-8°.

17. Lettres et poésies inédites de Voltaire adressées à la reine de Prusse, à la princesse Ulrique, à la margrave de Bareuth ; — publiées d'après les originaux de la bibliothèque royale de Stockolm, par Victor Advielle.

18. Six lettres inédites de Voltaire, avec notes et éclaircissements, par Perroud, 1874, in-8°.

19. Les vraies lettres de Voltaire à l'abbé Moussinot, publiées pour la première fois sur les autographes de la bibliothèque nationale, par Courtat, 1875.

On trouve encore des Lettres de Voltaire, négligées par ses éditeurs et publiées depuis dans les *Mémoires de Lekain ;* dans les *Lettres inédites de Henri IV et de plusieurs personnages célèbres* (Paris, 1802); dans les *Lettres inédites de plusieurs hommes célèbres, publiées par* Giraud (Dijon, 1819, in-8° et in-12) ; dans les *Lettres inédites recueillies en Suisse par le comte de* Golowkin (Genève, 1821, in-8° et in-4°) ; dans le journal le *Temps* (1ᵉʳ mai 1840); dans les *Œuvres de Condorcet,* publiées par A. DE CONDORCET, O'CONNOR et F. ARAGO (Paris, 1847), dans la *Revue française* (février 1866).

— Parmi les curiosités bibliographiques qui se rattachent à Voltaire, il faut mettre en première ligne un exemplaire des OEuvres complètes, qui a appartenu à M. Duplessis, ancien recteur de l'Académie de Douai. Cette magnifique collection se compose de 75 t. en 90 vol. in-8º appartenant à l'édition de Lefebvre, que l'on a illustrés par 12,860 figures, et qui ont coûté au-delà de 20,000 francs. Voyez à ce sujet le Bulletin d'annonces du *Courrier de la librairie*.

V. — Principaux Ecrits

RELATIFS A LA PERSONNE DE VOLTAIRE

1. Journal satirique intercepté, ou Apologie de Voltaire et de La Motte; par Bourguignon (GACON). 1719.

2. Apologie de M. de Voltaire (par l'abbé PELLEGRIN). 1725.

3. Mémoire par Louis Travenol contre le sieur de Voltaire (par J.-Ant. RIGOLEY DE JUVIGNY). 1746.

4. Recueil de toutes les pièces concernant le procès entre M. de Voltaire et le sieur Travenol, violon de l'Opéra. (Sans date.)

5. Voltairiana, ou Eloge amphigourique de F.-Marie Arouet. 1748.

« Je crois, dit Beuchot, le savant éditeur de Voltaire, avec M. Leschevin, que les éditeurs de cette turpitude littéraire pourraient fort bien être TRAVENOL fils et MANNOURY. »

6. Voltaire âne, jadis poète. 1750.

7. Huit (les) philosophes aventuriers de ce siècle, ou Rencontre imprévue de MM. de Voltaire, d'Argens, Maupertuis, Prévot, Crébillon, Mouhi et M. de Mainvillion dans l'auberge de madame Tripaudière, comédie en prose. 1752.

8. La querelle de M. de Voltaire et de M. de Maupertuis, par PIDANSAT DE MAIROBERT. 1753.

9. Ode et Lettre à M. de Voltaire, en faveur de la famille du grand Corneille ; par Lebrun. Avec la réponse de M. de Voltaire. 1760.

10. Epître à Voltaire ; par Gazon Dourxigné. 1760.

11. Epître du Diable à M. de V... (Voltaire). 1760.

<small>Contenue dans le t. II des *Mélanges politiques et littéraires* de la Bibliothèque de Genève.</small>

12. Parallèle de M. de Voltaire et de M. Crevier, comme historien (par de Passe). 1761.

13. La Confession et la mort de M. de Voltaire. 1761.

14. Relation de la maladie, de la confession, de la fin de Voltaire, et de ce qui s'en suivit ; par moi, Jos. Dubois (ou plutôt par Nic.-Jos. Selis.) 1761.

15. La Laïs philosophe, ou Mémoire de madame D***, et ses discours à M. de Voltaire. 1761.

16. Codicile de Voltaire, trouvé dans ses papiers après sa mort. 1762.

17. Testament littéraire de M. de Voltaire. 1762.

<small>Attribué par les auteurs des *Mémoires secrets* à l'avocat Marchand.</small>

18. De La Beaumelle. Lettres à Voltaire. 1763.

19. Voltaire, poëme en vers libres ; par Leclerc de Montmercy. 1764.

20. La Vérité, ode à M. de Voltaire, suivie d'une dissertation historique sur le gouvernement de Genève et ses révolutions. 1765.

21. M. de Voltaire peint par lui-même, ou Lettres de cet écrivain, dans lesquelles on verra l'histoire de sa vie, de ses ouvrages, de ses querelles, de ses correspondances, et des principaux traits de son caractère, avec un grand nombre d'anecdotes, de remarques, etc. 1766.

22. Mémoire au premier syndic de Genève sur un libelle (de Voltaire); par le prof. J.-Jacob VERNET. 1766.

23. Le Voltaire dévoilé, ou Réponse à l'homme aux quarante écus. Pour étrennes du nouvel an 1769, par Jean DOMBRE. 1768.

24. Testament politique de M. de V... (Voltaire) (composé par MARCHAND). 1770.

25. Voltaire déifié, poëme en deux chants (par RANDOM, avocat). 1771.

26. Discours sur Shakespeare, et sur M. de Voltaire, par Jos. BARETTI. 1772.

27. Epître à M. de Voltaire; par le chevalier DU COUDRAY; suivi d'une lettre de Voltaire. 1773.

28. Cinquantaine (la) dramatique de M. Voltaire, suivie de l'inauguration de sa statue, intermède en un acte (en prose); ornée de chants et de danses. Par l'auteur du poëme du Luxe (le chevalier DU COUDRAY). 1774.

29. Mois (le) d'Auguste, épître (en vers), à M. de Voltaire; par François de NEUFCHATEAU. 1776.

30. Précis historique de M. de Voltaire, par J.-Fr. de la HARPE.

Imprimé dans les œuvres de l'auteur, édition de 1777, et réimprimé dans d'autres éditions.

31. Initiation (l') de Voltaire dans la loge des Nœuf-Sœurs (7 avril 1778); par L.-Théod. Juge, de Tulle.

<small>Impr. dans les *Miscellanées*, première partie.</small>

32. Vers de Voltaire et son apothéose au Parnasse (par Guy de Chabanon). 1778.

33. Éloge de Voltaire, lu à l'Académie de Berlin, le 26 novembre 1778 (par Frédéric II, roi de Prusse). 1778.

34. Éloge de Voltaire, suivi de Poésies diverses (par Cubière de Palmezeaux). 1778.

35. Éloge de M. de Voltaire; par le marquis de Luchet. 1778.

36. Éloge de M. de Voltaire: par M. C. Palissot. 1778.

37. Ombre (l') de Voltaire aux Champs-Élysées, comédie-ballet, en prose et en vers, dédiée aux manes de ce grand homme, par M. Moline. 1779.

38. Éloge de Voltaire, prononcé dans la séance publique de l'Académie française le 4 mai 1779; par d'Alembert.

39. Muses (les) rivales, ou l'Apothéose de Voltaire, comédie en un acte et en vers libres; par La Harpe. 1779.

<small>Représentée pour la première fois, par les comédiens français, le 1er février 1779.</small>

40. Aux manes de Voltaire, dithyrambe qui a remporté le prix au jugement de l'Académie française (par La Harpe). 1779.

41. Discours prononcé dans l'Académie française, le jeudi 4 mars 1779, par M. Ducis, qui succédait à Voltaire. 1779.

<small>— En tête du t. I des *OEuvres complètes* de Ducis. Paris, Nepveu, 1819.</small>

42. Éloge de Voltaire, pièce qui a concouru pour le prix en 1779; par M. le marquis de Pastoret. 1779.

43. Éloge de Voltaire; par Gazon Dourxigné. 1779.

44. Voltaire, poëme lu à la fête académique de la loge des Neuf-Sœurs; par Flius des Oliviers. 1779.

45. Éloge de Voltaire prononcé dans la loge maçonnique des Neuf-Sœurs; par La Dixmérie. 1779.

46. Éloge de Voltaire, poëme qui a concouru pour le prix de l'Académie française en 1779; par P.-J.-B. Nougaret. 1779.

47. Épître à Voltaire, pièce qui a obtenu l'accessit au jugement de l'Académie française, en 1779; par de Murville. 1779.

48. Voltaire, ode. Pièce qui a concouru pour le prix de l'Académie française en 1779; par M. Geoffroy. 1779.

49. Éloge lyrique de M. de Voltaire, récité à la fin des « Muses rivales » (de J. Fr. de La Harpe), par les acteurs du théâtre de Lyon; par Benech. 1779.

50. Réflexions impartiales sur les éloges de Voltaire qui ont concouru pour le prix de l'Académie française. 1779.

51. Lettre d'Ant. Sabatier, de Castres, à l'abbé Fontenoi..., sur feu M. de Voltaire. 1779.

Réimprimée à la suite de la Ve édition des « Trois siècles littéraires » de l'auteur.

52. Mémoires et anecdotes pour servir à l'histoire de Voltaire au Temple de la Gloire. 1780.

53. Réflexions sur l'éloge de M. de Voltaire, par d'Alembert (par Joly de S.-Vallière). 1780.

54. Essai sur le jugement qu'on peut porter de M. de Voltaire, suivi de notes historiques et anecdotiques. Lettre à M***. 1780.

55. Lettre à M. Mercier, abbé de St-Léger, sur les démêlés de Voltaire avec Saint-Hyacinthe, dans laquelle on trouve des anecdotes littéraires, et quelques lettres de Voltaire et de Saint-Hyacinthe; par L. Lavesque de Burigny. 1780.

56. Mémoires et anecdotes pour servir à l'histoire de Voltaire, 1780.

57. Éloge de Voltaire; par J.-Fr. de La Harpe. 1780.

58. Mort (la) de Voltaire, ode, suivie de son Éloge, avec la tragédie d'Éryphile, et autres pièces, pour servir de suite aux mémoires et anecdotes de cet homme illustre. 1780.

59. Éloge de Voltaire; par un anonyme.

Imprimé en 1780 à la suite de la *Mort de Voltaire*, ode, etc.

60. Mémoires et anecdotes pour servir à l'histoire de Voltaire. 1780.

61. Voltaire. Recueil de particularités curieuses de sa vie et de sa mort (par le P. Élie Harel). 1780.

62. Vengeance (la) de Pluton, ou suite des « Muses rivales, » en un acte et en prose (suivie des pièces détachées); par Cubières. 1781.

63. Histoire littéraire de Voltaire, contenant sa vie littéraire et privée (par le marquis de Luchet). 1782.

64. Éloge de Voltaire, ode qui a concouru pour le prix de l'Académie française; par L. de La Vicomterie; suivi d'une lettre du roi de Prusse à l'auteur. 1782.

65. Voltaire, et le serf du Mont-Jura ; discours en vers libres, couronné par l'Académie française, en 1782 ; par le chevalier DE FLORIAN. 1782.

Réimprimé parmi les Mélanges de poésies et de littérature de l'auteur. 1787.

66. Discours en vers à la louange de M. de Voltaire, suivi de quelques autres poésies ; par le marquis DE XIMENÈS ; et précédé d'une lettre de M. de Voltaire à l'auteur. 1784.

67. Voltaire triomphant, ou les Prêtres déçus, tragi-comédie en un acte et en prose. 1784.

Attribué à Anacharsis Clootz.

68. Mémoires pour servir à l'histoire de M. de Voltaire (par CHAUDON). 1785.

Cet ouvrage a été réfuté par Wagnière, le secrétaire de Voltaire.

69. Dialogue entre Voltaire et Fontenelle (par RIVAROL). 1785.

70. Éloge lyrique de M. de Voltaire, dédié aux amateurs de la belle littérature, par l'abbé DE SAINT-RÉMY. 1785.

71. Vie privée du roi de Prusse, ou Mémoire pour servir à l'histoire de Voltaire. 1785.

72. Vie (la) de M. de Voltaire ; par M*** (l'abbé T.-J. Du Vernet). 1786.

73. Apologie de Voltaire (par J.-E. L'HOSPITAL, de Bordeaux). 1786.

74. Vie de Voltaire, par M. DE CONDORCET ; suivie des Mémoires de Voltaire, écrits par lui-même. 1787.

75. Compte rendu de la vie de Voltaire, de Condorcet ; par J.-FR. DE LA HARPE.

Imprimé dans le *Mercure de France*.

76. Éloge de Marie-Franç. de Voltaire, suivi de notes instructives et édifiantes ; par M. M. EGELING. 1788.

77. Anecdotes intéressantes et peu connues concernant Voltaire, depuis 1762 jusqu'à sa mort. 1789.

78. Voltaire aux Français, sur leur Constitution (par LAYA). 1789.

79. Le Voltaire dévoilé ou l'homme aux quarante écus. 1789.

80. Pétition à l'Assemblée nationale relativement au transport de Voltaire. 1791.

81. Rapport sur la translation des cendres de Voltaire à Sainte-Geneviève fait au nom de Comité de constitution par M. GOSSIN. — Discours de REGNAUD, à la suite du Rapport. L'Assemblée nationale décrète la translation des cendres de Voltaire au Panthéon. 1791.

Moniteur.

82. Translation de Voltaire à Paris et détails de la cérémonie qui aura lieu le 4 juillet. Arrêtés par le district du département de Paris, sur le Rapport de M. CHARRON, officier municipal, commissaire de la translation. (1791).

83. Récit de la translation des dépouilles de Voltaire au Panthéon.

Moniteur du 13 juillet 1791.

84. Détails exacts et circonstanciés de tous les objets relatifs à la fête de Voltaire, extrait de la *Chronique* de Paris. 1791.

85. L'Apothéose de Voltaire ou le Triomphe de la religion et des mœurs, 1791.

86. Réponse d'un ami des grands hommes aux envieux de la gloire de Voltaire ; par Ph. Gudin. 1791.

87. Éloge véridique de M. de Voltaire, l'un des grands hommes nationaux qui reposent au temple de mémoire. 1791.

88. Veuve (la) de Calas à Paris, ou le triomphe de Voltaire, pièce en un acte et en prose ; par J.-B. Pujoulx. 1791.

89. Bienfaisance (la), de Voltaire, pièce dramatique en un acte et en vers ; par Willemain d'Abancourt, représentée pour la première fois sur le théâtre de la nation, le 30 mai 1791.

90. Sur la statue de Voltaire, faite par Houdon, placée dans la Salle de l'Institut.

Le *Magasin encyclop.*, II⁰ année, 1796, t. II, p. 274.

91. Vie de Voltaire, suivie d'anecdotes qui composent sa vie privée ; par F. J. B. V. 1799.

92. Lettre d'un vieillard de Ferney à l'Académie française ; Éloge de Voltaire. etc. (par le chev. J. Aude). 1799.

93. Vie de Voltaire ; par Y. Cousin d'Avalon. 1801.
Imprimée en tête du Voltairiana.

94. Soirées de Ferney ou Confidences de Voltaire, recueillies par un ami de ce grand homme (Simien Despréaux). 1802.

95. Voltaire, ou une Journée de Ferney, comédie en deux actes, mêlée de vaudeville ; par Pus, Barré, Radet et Desfontaines. 1802.

96. Rapport fait à la Société des Sciences et Belles-Lettres de Montpellier, sur l'inauguration de la statue de Voltaire au Musée de la même ville ; par P.-E. Martin Choisy. 1803.

Le *Magasin encyclop.*, année 1803, t. VI, p. 426.

97. Une soirée de deux prisonniers, ou Voltaire et Richelieu ; par MM. D. (Desprès) et Z. (Deschamps). 1803.

Représentée pour la première fois sur le théâtre du Vaudeville, le 6 germinal an XI.

98. Epître à Voltaire ; par M.-J. Chénier. 1806.

99. Réponse de Voltaire à M.-J. Chénier ; par Auguste d'Aldeguier. 1806.

100. Voltaire chez Ninon, fait historique en un acte et en prose, mêlé de vaudevilles ; par Moreau et La Fortelle. 1806.

101. Sur Voltaire ; par le marquis de Vauvenargues.

Imprimé dans les OEuvres de ce dernier, publiées par le marquis de Fortia d'Urban. 1807.

102. Mon séjour auprès de Voltaire ; par Come-Alex. Colini, secrétaire de Voltaire. 1807.

103. Parallèle entre Voltaire et J.-J. Rousseau ; par le marquis de Saint-Martin.

Imprimé dans les OEuvres posthumes de l'auteur. 1807.

104. Inhumation de Voltaire. Extrait du registre des actes de sépulture de l'abbaye royale de Notre-Dame de Scellières, diocèse de Troyes.

Magasin encyclopédique, XIXe année, 1814 ; t. I, p. 229.

105. Voltairiade (la), ou Aventures de Voltaire dans l'autre monde, occasionnées par un événement arrivé dans celui-ci, par M. Jos. Grambert. 1815.

106. La Chambre de Voltaire.

Bibliothèque universelle (Genève, 1816), t. III, p. 87.

107. Aux détracteurs de Voltaire et de J.-J. Rousseau, ode ; par Moline. 1817.

108. Canne (la) de Voltaire et l'Écritoire de Rousseau; dialogue (en vers); par de MONTBRUN. 1817.

109. Jugement philosophique sur J.-J. Rousseau et sur Voltaire; par H. AZAÏS. 1817.

110. Vie politique, littéraire et morale de Voltaire, où l'on réfute Condorcet et ses autres historiens, en citant et en rapprochant un grand nombre de faits inconnus et très-curieux; par LEPAN. 1817.

111. Voltaire et Rousseau, ou le Procès des morts, conte si l'on veut (par Rigomer BAZIN). 1817.

112. Voltaire (de), de J.-J. Rousseau et de Montesquieu. 1817.

113. Voltaire jugé par les faits; par M***. 1817.

114. Voltaire et son génie; son arrivée et son triomphe dans l'autre monde; drame en trois actes et en prose. Ouvrage posthume de M. BROS, ancien chanoine honoraire de Meaux; publié par M. CRUSSAIRE, son exécuteur testamentaire. 1817.

115. Parallèle de Voltaire et de J.-J. Rousseau; par H.-B. DE SAINT-PIERRE.¹

¹ Imprimé dans le t. XII de l'édition des Œuvres de l'auteur, publiée par Aimé Martin. 1818-1820.

116. Histoire littéraire et philosophique de Voltaire; par R.-J. DURDENT. 1818.

117. Lettre philosophique, politique et littéraire de Voltaire aux Français, publiée par E. B. D. M. 1818.

118. Vie privée de Voltaire et de Mme du Châtelet, ou Six mois de séjour à Cirey; par l'auteur des « Lettres péruvien-

nes » (Mme DE GRAFIGNY), suivie de cinquante Lettres inédites, en vers et en prose, de Voltaire. 1820.

119. Famille (la) Siryen, ou Voltaire à Castres, mélodrame en trois actes, par Frédéric DUPETIT-MÉRÉ et J.-B. DUBOIS. 1820.

Représentée sur le théâtre de la Gaîté, le 29 juin 1820.

120. Vie de Voltaire (en anglais) ; par STANDISH.

Revue encyclopédique, t. IX, p. 380. (1821.)

121. Vie de Voltaire; par M. F.-A.-J. MAZURE. 1821.

122. Souscription pour l'érection d'un monument à la mémoire de Voltaire et de J.-J. Rousseau ; par TOUQUET. 1822.

123. Cordonnier (le), de Voltaire, ou la Fuite de Berlin, comédie.

Jouée sur le théâtre des Variétés, en mars ou avril 1822.

124. Epître du Diable à M. de Voltaire ; par la marquise D*** (Cl.-Mar. GIRAUD). 1823.

125. Histoire de la vie et des ouvrages de Voltaire, suivie des jugements qu'ont portés sur cet homme célèbre divers auteurs estimés; par L. PAILLET DE WARCY. 1823.

126. Anecdotes relatives à Voltaire et à Fréron ; par M. B. S. (BERRIAT SAINT-PRIX).

Imprimées dans le Journal de la Librairie, année 1824.

127. Cornélie, ou la Pupille de Voltaire, comédie en un acte et en vers : nouvelle proie de la censure théâtrale ; par le chevalier Th. P*** (Théodore Princeteau). 1825.

128. Mémoires sur Voltaire et sur ses ouvrages, par S.-G. LONGCHAMP et J.-L. WAGNIÈRE, ses secrétaires; suivis de

divers écrits inédits de la marquise du Châtelet, du président Hénault, de Piron, d'Arnaud Baculard, Thiériot, etc., tous relatifs à Voltaire. 1823.

<small>Publiés par Decroix et Beuchot.</small>

129. Voltaire et un Jésuite, dialogue en vers ; par Constant Taillard. 1826.

130. Lettre de Colini, secrétaire de Voltaire, à M. Schoepflin (27 novembre 1754). 1827.

131. Notice historique sur Voltaire, par Berville. 1827.

<small>Imprimée en tête du Théâtre de Voltaire, qui fait partie de la Collection des meilleurs ouvrages de la langue française, publiée par les frères Baudoin.</small>

132. Notice sur la vie et les ouvrages de Voltaire ; par L.-S. Auger. 1827.

133. Voltaire et J.-J. Rousseau. Lettres à C.-J. Panckoucke. 1828.

134. Voltaire chez les Capucins, comédie anecdotique en un acte (en prose), mêlée de couplets ; par Dumersan et Dupin. 1830.

135. Voltaire à Francfort, comédie anecdotique en un acte (en prose), mêlée de couplets ; par Oubry et Brazier. 1831.

136. Voltaire ; par Ed. Richer.

<small>Imprimé dans la *France littéraire*, publié par Ch. Malo, à L. 1832.</small>

137. Jeunesse (la) de Voltaire, ou le Premier Accessit, comédie historique en un acte, mêlée de couplets ; par Saint-Hilaire. 1833.

138. Voltaire et Madame de Pompadour, comédie en trois

actes; par J.-B. P. Lafitte et Ch. Desnoyers. 1833.
Pièce représentée sur le Théâtre-Français.

139. De l'athéisme imputé à Voltaire ; par Senancour.
France littéraire (1834), t. XIII, p. 350-364.

140. Un Proscrit chez Voltaire, vaudeville anecdotique en un acte; par Saint-Hilaire et Simonnin. 1836.
Le proscrit était d'Etallonde de Morival, co-accusé du chevalier de La Barre.

141. Voltaire en vacances, comédie-vaudeville en deux actes; par Villeneuve et de Livry. 1836.

142. Pantoufle (la) de Voltaire, vaudeville en deux actes ; par J.-B. Simonnin. 1836.

143. Voltaire étrangement défiguré par (M. de Courchamps) l'auteur des « Souvenirs de Madame de Créqui » ; par M. de Cayrol. 1836.

144. Voltaire et la Littérature anglaise de la reine Anne; par Villemain.
Revue des Deux Mondes, n° du 1er avril 1837.

145. Essai sur Voltaire, sa vie, ses ouvrages et son influence au XVIII° siècle ; par Aubert de Vitry.
Imprimé dans le *Moniteur*, n°⁸ des 22 et 27 novembre 1837.

146. Voltaire (notice sur sa vie et ses ouvrages) ; par Philarète Chasles.
Imprimé dans le *Plutarque français*, publié par Mennechet. 1837.

147. Secrétaire (le) de Voltaire, nouvelle.
Imprimé dans le *National* du 25 décembre 1838.

148. Voltaire et la Révolution française, par C. NAGEL. 1839.

149. HAREL. Discours sur Voltaire. 1844.

150. Romain CORNUT. Discours sur Voltaire. 1844.

151. Renaissance du Voltairianisme, à propos d'un livre de M. Michelet *(Du Prêtre, de la Femme et de la Famille)*; par Emile SAISSET.

Revue des Deux Mondes, n° du 1er février 1845.

A cet article, qui était une violente attaque de l'éclectisme doublé de cléricalisme contre l'esprit voltairien, un des plus honorables écrivains de cette époque, le savant et spirituel F. Genin, répondit dans la *Revue indépendante* (n° du 10 février 1845), par un admirable et vigoureux morceau littéraire intitulé : « Les honnêtetés philosophiques. »

152. Voltaire and J.-J. Rousseau; by F. BROUGHAM. 1845.

Traduit en français par l'auteur. 1845.

153. Voltaire et son temps. Etudes sur le XVIII° siècle. Par L.-F. BUNGENER. 1850.

154. Rapports de Voltaire avec J.-J. Rousseau; par Saint-Marc GIRARDIN.

Revue des Deux Mondes, n° du 15 novembre 1852.

155. Voltaire et les natifs de Genève.

Bibliothèque universelle de Genève (août 1853), t. XXIII, p. 440-462.

156. Les intérieurs de Voltaire; par M. Gustave DESNOIRESTERRES.

Revue de Paris, année 1853.

157. O. HONORÉ. Voltaire à Lausanne. 1853.

158. Les Ennemis de Voltaire (Guyot, Desfontaines, Cath.

Fréron et Laur. Angliviel de La Beaumelle) par M. Ch. NISARD. 1853.

159. Ménage et finances de Voltaire; par NICOLARDOT. 1855.

160. Voltaire ; par Eugène NOËL. 1855.

161. GAULLIEUR. Étrennes nationales. III° année (Genève, 1855). Anecdotes inédites sur Voltaire. 1855.

162. Voltaire et les Tronchin.
Revue suisse. Année 1855.

163. J. GABEREL. Voltaire et les Genevois. 1856.

164. Voltaire et le président de Brosses; par FOISSET. 1858.

165. Le Roi Voltaire ; par Arsène HOUSSAYE. 1858.

166. Friedrich der Grosse und Voltaire, von J. VENEDEY. 1859.

167. Aug. BÉRANGER. Voltaire poëte tragique. Dissertation. 1860.

168. CLOGENSON. Lettre à Monsieur le rédacteur du *Nouvelliste de Rouen* sur la naissance de Voltaire. 23 février 1860.

169. DE MANNE. Galerie historique des comédiens de la troupe de Voltaire. 1861.

170. La Suisse chrétienne et la philosophie du XVIII° siècle, pages inédites de Rousseau et de Voltaire.
Revue des Deux Mondes, n° du 15 mars 1862.

171. Voltaire au foyer, a propos en vers, par Amédée ROLLAND. Joué au Théâtre-Français en 1864.

172. Une page de la vie de Voltaire. L'aventure de Franc-

fort d'après les nouveaux documents publiés en Allemagne, par Saint-René Taillandier.

Revue des Deux Mondes, n° du 15 avril 1865.

173. Voltaire au château de Sulli ; par M. Jules Loiseleur.

Revue contemporaine (1866). T. LIV, p. 391.

174. Voltaire et ses maîtres. Épisode de l'histoire des humanités en France ; par Alexis Pierron. 1866.

175. Les statues de Voltaire, par Alfred de Courtois.

Revue Britannique, n° de mai 1862.

176. Voltaire en Angleterre, par M. Gustave Desnoiresterres. (C'est un extrait de la *Jeunesse de Voltaire*, du même auteur.)

Revue Britannique, n° d'avril 1867.

177. Gustave Desnoiresterres. Voltaire et la société française au XVIII° siècle. Paris, Didier et C°, 8 vol. 1867-1876.

La Jeunesse de Voltaire, 1 vol.
Voltaire au château de Cirey, 1 vol.
Voltaire à la Cour, 1 vol.
Voltaire et Frédéric, 1 vol.
Voltaire aux Délices, 1 vol.
Voltaire et J.-J. Rousseau, 1 vol.
Voltaire et Genève, 1 vol.
Voltaire, son retour et sa mort, 1 vol.

Ce remarquable ouvrage a été — et c'était justice — couronné par l'Académie française.

178. Le vrai Voltaire, l'homme et le penseur ; par Édouard de Pompéry. 1867.

179. Voltaire au Collége. — Sa famille. — Ses études. —

Ses premiers amis. Lettres et documents inédits. Par Henri BEAUNE. 1867.

180. M. l'abbé MAYNARD. Voltaire, sa vie et ses œuvres. 1868.

181. Les Clients de Voltaire (les Calas), discours prononcé par M. CALARY, à l'ouverture de la Conférence des avocats du barreau de Paris, le 26 décembre 1868.

182. Récit inédit de la mort de Voltaire, envoyé à Catherine II, par le prince Ivan BARIATINSKI, son ambassadeur à Paris (17-18 juin 1778).
Journal des Débats du 30 janvier 1869.

183. Défense de Voltaire contre ses amis et contre ses ennemis. Par M. COURTAT. 1872.

184. MIGNARD. Voltaire et ses contemporains bourguignons. 1874.

185. Albert BARBEAU. L'exhumation de Voltaire. 1874.

186. Voltaire. Six conférences de David-Frédéric STRAUSS. Ouvrage traduit de l'allemand sur la 5e édition; par Louis NARDAL. 1876.

187. ARMEL DE KERVAN (E.-D.-M.) Voltaire, ses hontes, ses crimes, ses œuvres et leurs conséquences sociales. 1877.

188. Voltaire et l'Église; par l'abbé MOUSSINOT (M.-B.). 1878.

189. Histoire complète de la vie de Voltaire; par RAOUL D'ARGENTAL (M.-B.). 1878.

190. Voltaire à Paris; par Édouard DAMILAVILLE (M.-B.). 1878.

191. Voltaire et Rousseau ; par Eugène NOEL.
Bibliothèque utile.

192. Voltaire et Rousseau; par F. SAIN.
Bibliothèque utile.

193. Profanation du tombeau de Voltaire à Ferney.
Revue encyclopédique, t. XXI, p. 223.

194. Voltaire à Bruxelles.
Imprimé dans les « Archives historiques et littéraires du nord de la France et du midi de la Belgique », nouv. série, t. II.

195. La statue de Voltaire, conférence de M. DESCHANEL.
Revue politique et littéraire. T. IV.

196. Voltaire (7 leçons) ; par Saint-Marc GIRARDIN.
Même *Revue*, T. V.

197. Les correspondants de Voltaire, Bolinbroke, par M. REYNALD.
Même *Revue*. T. V.

— On trouve des renseignements curieux sur les derniers instants et les funérailles de Voltaire, dans les œuvres inédites de P.-J. GROSLEY, Paris, 1813. 2 vol. in-8°. On en trouve également de forts intéressants sur Voltaire et sa Bibliothèque dans les *Études sur la Russie et le Nord de l'Europe*, par M. Leouzon Leduc (p. 354-355).

VI. — Principaux écrits relatifs aux ouvrages de Voltaire.

1. Nouvelles remarques sur l'OEdipe de M. de Voltaire et sur ses Lettres critiques, où l'on justifie Corneille, etc. (par l'abbé Gérard). 1719.

2. Lettres critiques, ou Parallèle des trois poèmes épiques anciens ; savoir : l'Iliade, l'Odyssée d'Homère et l'Enéide de Virgile, avec la Ligue, ou Henri le Grand, de M. de Voltaire (par de Bellechaume). 1724.

3. Lettres critiques sur la Henriade de M. de Voltaire (par Saint-Hyacinte). 1728.

4. Remarques historiques et critiques sur l'Histoire de Charles XII ; par M. de La Motraye. 1732.

5. Lettres servant de réponse aux Lettres philosophiques sur les Anglais par M. de Voltaire (par l'abbé Molinier). 1735.

6. Réponse ou critique des *Lettres philosophiques* de M. de V***, par le R. P. D. P. B. (Lecoq de Villexay). 1735.

7. Avant-propos (ou Jugement) de la Henriade ; par Frédéric II. roi de Prusse. 1736.

8. Lettre du P. de Tournemine, jésuite, au P. Brumoy, sur la tragédie de Mérope. 25 décembre 1738.

Imprimée en tête de Mérope, en 1746, t. III des OEuvres diverses de Voltaire.

9. Préface des Œuvres de M. de Voltaire ; par LINANT. 1738-39.

10. Voltairomanie (la), ou Lettre d'un jeune avocat, en forme de mémoire, en réponse au libelle du sieur de Voltaire, intitulé : *le Préservatif*, etc. (par l'abbé DESFONTAINES). 1738.

11. Médiateur (le) (entre Voltaire et l'auteur de la *Voltairomanie*), lettre à M. le marquis de *** ; par J.-B. D. 1739.

12. Lettre sur les vrais principes de la religion, où l'on examine le livre de la « Religion essentielle à l'homme » (de Mlle Hubert), avec la Défense des « Pensées de Pascal » contre la critique de Voltaire, et trois lettres relatives à la philosophie de ce poète (par D. R. BOULLIER). 1741.

13. Remarques historiques, politiques, mythologiques et critiques sur la Henriade de Voltaire, par le sieur L*** (LE BRUN). 1741.

14. Lettre d'un Quaker à François de Voltaire, à l'occasion de ses remarques sur les Anglais (par Josias MARTIN). 1745.

15. Préface de la Henriade ; par MARMONTEL. 1746.

16. Parallèle de la Henriade et du Lutrin (par l'abbé BATTEUX). 1746.

17. Préface des Œuvres de M. de Voltaire ; par M. H. DUMONT et J. BERTHAUD. 1748.

18. Parallèle des quatre Electres de Sophocle, d'Euripide, de M. de Crébillon et de M. de Voltaire (par GAILLARD). 1750.

19. Lettre du roi de Prusse (Frédéric II) à Voltaire (sur Nanine), 10 janvier 1750.

<small>Imprimée pour la première fois complète dans le Voltaire de Beuchot, et à sa date.</small>

20. Lettre sur le Testament politique du cardinal de Richelieu (contre Voltaire). (Par de Foncemagne.) 1750.

21. Dissertation historique sur les ouvrages de M. de Voltaire ; par M. (Baculard) d'Arnaud, de l'Académie de Berlin. 1750.

22. Remarques sur le « Siècle de Louis XIV » ; par M. de La Beaumelle. 1753.

<small>Imprimées avec des éditions de l'ouvrage de Voltaire.</small>

23. Mémoire de M. de Voltaire, apostillé par M. de La Beaumelle ; précédé d'une Lettre à Madame D. (Denis). 1755.

24. Relation de la querelle de M. de La Beaumelle avec M. de Voltaire ; par M. R. (Roques). 1755.

25. Réflexions historiques et littéraires sur le poème de la Religion naturelle de Voltaire ; par Thomas. 1756.

26. Religion (la) naturelle et révélée, ou Dissertations philosophiques, théologiques et critiques contre les incrédules (par Malleville). 1756.

27. Lettre à M. de Voltaire, sur son poème sur la Destruction de Lisbonne ; par J.-J. Rousseau. 1756.

28. Epître d'un homme désintéressé à M. de Voltaire, sur son poème de « la Religion naturelle ; » examen du Voltairianisme, en prose et en vers. 1757.

29. Remarques sur la « Religion naturelle », poème de M. de V..., suivies d'une addition de Genève du même poème. 1757.

30. Lettre écrite de Genève à M. de Voltaire ; par le prof. Jacob Vernet. 1757.

31. Lettres critiques sur les Lettres philosophiques de Voltaire (par Boullier). 1759.

32. Oracle (l') des nouveaux philosophes, pour servir de suite et d'éclaircissement aux OEuvres de M. de Voltaire (par l'abbé Guyon). 1759.

33. Sentiment d'un inconnu sur l'Oracle des nouveaux philosophes, pour servir d'éclaircissement et d'errata à cet ouvrage; dédié à M. de Voltaire (par Chaumeix). 1760.

34. Lettre de Diderot à Voltaire, sur Tancrède. 28 novembre 1760.

Imprimée dans les OEuvres de Diderot. 1760.

35. Les tragédies de M. de Voltaire, ou *Tancrède* jugé par ses sœurs, comédie en un acte et en prose. 1760.

36. Lettre à M. de Voltaire, en réponse au *Supplément du Siècle de Louis XIV*; par La Beaumelle. 1761.

37. Lettre du czar Pierre à M. de Voltaire, sur son Histoire de Russie (par La Beaumelle). 1761.

38. Apologie pour la nation juive, ou Réflexions critiques sur le premier chapitre du tome VII des OEuvres de M. de Voltaire, au sujet des Juifs; par l'auteur de l'*Essai sur le luxe* (Isaac Pinto, juif portugais). 1762.

39. Erreurs (les) de Voltaire (par l'abbé Cl.-Fr. Nonnotte). 1762.

Voltaire répondit à Nonnotte, en 1763, par ses *Eclaircissements historiques*.

40. Anti-Uranie, ou le Déisme comparé au Christianisme, épitres à M. de Voltaire; suivie de Réflexions critiques sur

plusieurs ouvrages de ce célèbre auteur. Par le P. B. C. (le P. Bonhomme, cordelier). 1763.

41. Examen historique des quatre beaux Siècles de M. de Voltaire (dans les premiers chapitre du « Siècle de Louis XIV); par Roustan, ministre protestant. 1764.

42. Pensées philosophiques de M. de Voltaire ; par Constant d'Orville. 1765.

43. Poétique de M. de Voltaire, ou observations recueillies dans ses ouvrages ; par La Combe. 1765.

44. Remarques sur un livre (de Voltaire) intitulé « Dictionnaire philosophique portatif »; par un membre de la Société pour la propagation de la doctrine chrétienne (attribuées à A. du Bois, professeur à Lausanne). 1765.

45. Ami (l') de la vérité, ou Lettres impartiales semées d'anecdotes curieuses sur les pièces de théâtre de Voltaire (par Gazon-Dourxigné). 1767.

46. Supplément à la « Philosophie de l'Histoire », de feu l'abbé Bazin ; par Larcher. 1767.

En réponse à l'écrit de Larcher, Voltaire publia la « Défense de mon Oncle. »

47. Réponse à la « Défense de mon Oncle », précédée de la Relation de la mort de l'abbé Bazin, etc. (par Larcher). 1767.

48. Lettre d'un ami à un ami sur les « Honnêtetés littéraires », ou Supplément aux Œuvres de Voltaire (par l'abbé Nonnotte). 1767.

49. Lettres de quelques juifs portugais, allemands et polo-

nais, à M. de Voltaire; suivies d'un petit Commentaire extrait d'un plus grand. Par Ant. Guénée. 1769.

50. Lettres sur quelques ouvrages de M. de Voltaire (par Rich. de Bury). 1769.

51. Réponse aux « Conseils raisonnables » (de Voltaire), pour servir de supplément à la « Certitude des preuves du Christianisme »; par l'abbé Bergier. 1769.

52. Dictionnaire anti-philosophique, pour servir de commentaire et de correctif au « Dictionnaire philosophique », et autres livres qui ont paru de nos jours contre le christianisme (par l'abbé L. Mayeul Chaudon). 1769.

53. Observations sur « la Philosophie de l'Histoire », et sur le « Dictionnaire philosophique », avec des réponses à plusieurs difficultés; par l'abbé Le François. 1770.

54. Mauvais (le) Dîner, ou Lettre sur le dîner du comte de Boulainvilliers; par le R. P. Viret, cordelier. 1770.

55. Tableau philosophique de l'esprit de M. de Voltaire, pour servir de suite à ses ouvrages et de mémoire à l'histoire de sa vie (par Sabatier [de Castres]). 1771.

Réimprimé sous ce titre : *Vie polémique de Voltaire et histoire de ses proscriptions*; par G...y. (Louis-Julien Geoffroy). 1802.

56. Dictionnaire philosophique de la Religion, où l'on établit tous les points de la doctrine attaquée par les incrédules, et où l'on répond à toutes les objections; par l'auteur des « Erreurs de Voltaire » (l'abbé Nonnotte). 1772.

57. Réflexions sur la Jalousie, pour servir de commentaire aux derniers ouvrages de Voltaire (par Le Roy). 1772.

Voltaire répondit par sa *Lettre sur un écrit anonyme*.

58-59. A l'auteur de l'Epître à Uranie (en vers); précédé d'une lettre à M. Bignon, du 8 mars 1732. 1775.

60. Commentaires sur la Henriade; par Laur. Angliviel DE LA BEAUMELLE, revus et corrigés par M. F*** (FRÉRON). 1775.

61. Le chevalier DE RUTLIDGE. Observations à messieurs de l'Académie française, au sujet d'une lettre de M. de Voltaire. 1776.

<small>Discussion à propos de Shakespeare.</small>

62. Lettres (neuf) à M. de Voltaire, ou Entretiens sur plusieurs ouvrages de ce poète; par CLÉMENT (de Dijon). 1777.

63. Lettre sur l'Origine des sciences et sur celle des peuples de l'Asie; adressée à M. de Voltaire; par Jaq.-Silv. BAILLY. 1777.

64. Apologie de Shakespeare, en réponse à la critique de M. de Voltaire, traduit de l'anglais de Mme MONTAGUE. 1777.

65. Discours sur Shakespeare et sur M. de Voltaire; par J. BARETTI, secrétaire, pour la correspondance étrangère, de l'Académie royale britannique. 1777.

66. Voltairimeros, ou Première Journée de M. de V*** (de Voltaire dans l'autre monde (par l'abbé BASTON). 1779.

67. Supplément aux « Erreurs de Voltaire », ou Réfutation complète de son « Traité sur la tolérance »; par un ecclésiastique du diocèse de Reims (l'abbé LOISSON). 1779.

68. Parallèle de Racine, de Crébillon et de Voltaire, avec des remarques grammaticales sur quelques vers des tragédies de Crébillon; par D'ACARQ. 1779.

69. Lettres (sur la religion révélée) contre Voltaire; par le baron Alb. DE HALLER; traduites en français par KŒNIG. 1780.

70. Authenticité (l') des livres, tant du Nouveau que de l'Ancien Testament, démontrée, et leur véridicité défendue; ou Réfutation de la « Bible enfin expliquée », de V*** (de Voltaire). (Par l'abbé CLÉMENCE, chanoine de Rouen.) 1782.

71. De la Tragédie, pour servir de suite aux (neuf) Lettres à Voltaire; par CLÉMENT (de Dijon). 1784.

72. Observations sur les écrits de M. de Voltaire, principalement sur la Religion, en forme de notes; par E. GUERNESEY-GIBERT, ministre de la chapelle royale de Saint-James. 1788.

73. Examen des Ouvrages de Voltaire, considéré comme poète, comme prosateur, comme philosophe; par: LINGUET. 1788.

74. Analyses et critiques des ouvrages de Voltaire, avec plusieurs anecdotes intéressantes et peu connues qui le concernent, depuis 1762 jusqu'à sa mort. 1789.

75. Esprit de Voltaire dans ses écrits; par NONNOTTE. 1799.

76. Génie (le) de Voltaire apprécié dans tous ses ouvrages; par Ch. PALISSOT. 1806.

77. Voltaire, ou le Triomphe de la philosophie moderne, poème en huit chants avec un épilogue; suivi de diverses pièces en vers et en prose; par Jos. BERCHOUX. 1814.

78. Commentaire sur le Théâtre de Voltaire, par DE LA

Harpe ; imprimé d'après le manuscrit autographe de ce célèbre écrivain, et approprié aux différentes éditions de ce théatre ; recueilli et publié par *** (Decroix). 1814.

79. Philosophie (la) du dix-huitième siècle dévoilée par elle-même; ouvrage adressé aux pères de famille et aux instituteurs chrétiens, et suivi d'observations sur les notes dont Voltaire et Condorcet ont accompagné les « Pensées de Pascal », par Goubju. 1816.

80. Encore quelques mots sur Voltaire ; petite lettre sur un grand sujet. 1817.

81. Peignot. Recherches sur les œuvres de Voltaire. 1817.

82. Questions importantes sur les nouvelles éditions des OEuvres complètes de Voltaire et de J.-J. Rousseau, par l'abbé Clausels de Montals ; avec ces paroles de Louis XVI, pour épigraphe : « Ces deux hommes ont perdu la France. » 1817.

83. Recherches sur les ouvrages de Voltaire, contenant : 1° des réflexions générales sur ses écrits ; 2° une notice raisonnée des différentes éditions de ses OEuvres choisies ou complètes, depuis 1732 jusqu'à ce jour ; 3° le détail des condamnations juridiques qu'ont encourus la plupart de ses écrits ; et 4° l'indication raisonnée des principaux ouvrages où l'on a combattu ses principes dangereux ; par J.-J. E. G., avocat. 1817.

Attribuées à Gabriel Peignot.

84. Mandement de MM. les vicaires généraux, administrateurs du diocèse de Paris, contre la nouvelle édition des OEuvres de Voltaire et de celles de Rousseau. 1817.

85. Lettre de l'éditeur des OEuvres complètes de Voltaire,

en douze vol. in-8°; à MM. les vicaires-généraux du chapitre métropolitain de Paris, au sujet de leur dernier mandement (signée DESOER, éditeur). 1817.

86. Notes critiques et littéraires sur la Henriade; par M. DAUNOU.

Jointes aux éditions du poëme de Voltaire, Paris, F. Didot, 1819 (1823), in-folio.

87. Sur la date de l'ortographe dite de Voltaire; par BEUCHOT.

Imprimé dans la Bibliographie de la France, année 1819, p. 191.

88. Fidèles (les) catholiques aux évêques et à tous les pasteurs de l'Eglise de France, au sujet des nouvelles éditions de Voltaire et de Rousseau. 1821.

89. Introduction pastorale de Mgr. l'évêque de Troyes (Ant. de BOULOGNE), sur l'impression des mauvais livres et notamment sur les OEuvres complètes de Voltaire et de Rousseau. 1821.

90. Lettres de M. TOUQUET à Sa Grandeur Mgr. l'évêque de Troyes, Et.-Ant. de Boulogne, archevêque élu de Vienne, en réponse à son Instruction pastorale contre les éditions des OEuvres complètes de Voltaire et de J.-J. Rousseau. 1821.

91. Lettre de M. BEUCHOT, adressée à plusieurs journaux, relative aux OEuvres complètes de Voltaire, en 50 vol. in-12.

Imprimée dans le « Journal de la Librairie, » 1821, p. 280.

92. Epuration (de l') de Voltaire, ou Voltaire neutralisé par la religion et la morale; suivie de la création d'un grand jury de religion et de morale littéraire, et dédiée à l'ombre auguste du roi-martyr Louis XVI; par Aug. HUS. 1825.

93. Exploitation du Voltaire-Touquet. Recueil des traités, sentences, transactions, jugements, arrêts, actes divers, relatifs à cette opération. 1825.

94. Lettre de M. DALIBON à M. Beuchot, relative à son édition de Voltaire, et Réflexions de M. Beuchot à ce sujet.

Imprimée dans le Journal de la Librairie, 1824, p. 707.

95. LEPAN. Commentaires sur les tragédies et les comédies de Voltaire. 1826.

96. Voltaire apologiste de la religion chrétienne ; par l'auteur des « Apologistes involontaires » (M. l'abbé MÉRAULT). 1826.

97. Voltaire et la littérature anglaise de la reine Anne; par VILLEMAIN.

Imprimé dans la *Revue des Deux Mondes*. 4º série, t. X, 1837.

98. Pucelle (la) de Chapelain et la Pucelle de Voltaire; par M. Saint-Marc GIRARDIN.

Deux articles imprimés dans la *Revue des Deux Mondes*, n⁰ˢ du 15 septembre et du 1ᵉʳ décembre 1838.

99. Bibliographie voltairienne, par M. QUÉRARD. 1842.

Extrait du tome X de la *France littéraire* du même auteur.
Travail important, qui ne contient pas moins de 1,131 articles, presque tous annotés.

100. La Philosophie de Voltaire avec une introduction et des notes, par Ernest BERSOT. 1848.

101. Idées de Voltaire sur l'île de Corse. 1857.

102. DUBOIS-REYMOND. Voltaire considéré comme homme de science. Discours prononcé à l'Académie royale des sciences

de Berlin, pour la fête commémorative de Frédéric II ; traduit de l'allemand par E. LÉPINE. 1869.

L'original allemand a été publié à Berlin en 1863.

103. E. DUBOIS-REYMOND. Voltaire physicien.

Revue des cours scientifiques de la France et de l'étranger (n° 34, 25 juillet 1868).

104. La Physique de Voltaire ; par Edgar SAVENEY (Emile SAIGEY).

Revue des Deux Mondes, du 1ᵉʳ janvier 1869.

105. L'Histoire naturelle de Voltaire ; par Edgar SAVENEY (Emile SAIGEY).

Revue des Deux Mondes, du 15 janvier 1869.

106. Le Charles XII de Voltaire et le Charles XII de l'Histoire ; par M. A. GEOFFROY.

Revue des Deux Mondes, n° du 15 novembre 1869.

107. A. GÉRARD. La Philosophie de Voltaire, d'après la critique allemande.

Revue philosophique, n° de mai 1877.

108. Essai sur la Pucelle de Voltaire, considérée comme poème épique ; par M. EUSÈBE SALVERTE.

Imprimé dans les « Veillées des Muses », n° V, p. 66-95.

109. Treize Lettres inédites de Voltaire ; par M. NALIS.

Revue politique et littéraire, tome X.

(R. d'A.)

ICONOGRAPHIE

Les traits de Voltaire ont été reproduits plusieurs fois par la peinture et la sculpture.

Le premier portrait est celui de Largillière, peint en 1720. Voltaire en avait fait don à Suzanne de Livry ; mais, après la visite que, peu de temps avant sa mort, il fit à cette ancienne maîtresse, devenue la marquise de Gouvernet, celle-ci renvoya au donateur le précieux souvenir. « Voltaire aperçut son portrait, dit M. Desnoiresterres, un Voltaire de vingt-quatre ans, aux yeux vifs, à la physionomie éveillée, auquel il ne ressemblait guère. La vieille marquise, qui ne s'était pas sentie le courage de se séparer de la jolie toile de Largillière, ne crut pas devoir la garder davantage, et elle la renvoya à l'hôtel de Villette, aussitôt après cette lamentable entrevue de fantômes. » (*Retour et mort de Voltaire.*)

Après la mort de Voltaire, l'œuvre de Largillière fut acquise par le marquis de Villette. Elle devint plus tard la propriété de MM. Roissy et de Varicourt, héritiers du dernier des Villette ; vendue à l'encan avec toutes les autres reliques voltairiennes, elle fut achetée par un amateur au prix de six mille deux cents francs.

Un autre célèbre portrait de Voltaire, que l'on place souvent en tête de ses œuvres, est celui de La Tour, exécuté vers 1736. Il est conservé au musée de Versailles sous le n° 2674.

Parmi les innombrables portraits dus à la gravure, nous citerons, d'après le *Dictionnaire Larousse* (art. *Voltaire*), ceux de Tardieu (d'après Largillière et d'après Houdon); Balechou, Cathelin; Ticquet et Langlois (d'après La Tour et d'après Liotard, peintre suisse) ; L. de Carmontelle (eau-forte représentant Voltaire se promenant dans les environs de son château des Délices); B.-M. Alix, B.-L. Henriquez, J. Barbié, Daniel Berger, Bernigeroth, Blanchard père, H. Bonvoisin (d'après Boitard); Etienne Fiquet (1762) ; J.-J. Haid, Soliman (1829); Mariage, Hopwood (Salon de 1837); Th.-Casimir Regnault (Salon de 1864); J.-D. Huber, etc.

Le comte de Caylus a gravé une composition représentant *Voltaire à la Bastille*. Le même sujet a été gravé par A. Fauchery, d'après Deveria (Salon de 1835). Un tableau d'Henri Schelesinger, intitulé *le Premier Amour de Voltaire*, a paru au Salon de 1848. A. Blancher a gravé, d'après Steuben, *Ninon offrant sa bibliothèque au jeune Voltaire*. Une composition de M. Saint-Aubin, *Voltaire écrivant le poème de la Pucelle*, a été gravée par Ransonnette. M. Léon Dansaert a exposé, au Salon de 1865, un tableau intitulé *Voltaire à Postdam*. P.-C. Baquoy a gravé une composition de Monsiau, représentant *Voltaire et Frédéric*. *Le Couronnement de Voltaire au Théâtre-Français* a été représenté par plusieurs artistes, notamment par Ch.-Et. Gaucher, d'après Moreau le jeune. Une estampe de Macret, d'après Fauvel, représente la *Réception de Voltaire aux Champs-Elysées*. Legrand a gravé, d'après Dardel, l'*Apothéose de Voltaire*.

Deux portraits de Voltaire sont célèbres entre tous : la statue de Pigalle (*V.* le chap. *la Statue de Voltaire*), dans la bibliothèque de l'Institut, à Paris, et celle de Houdon.

Pigalle a représenté Voltaire assis sur un rocher; il est presque entièrement nu, n'ayant qu'un manteau jeté sur l'épaule gauche; il tient de la main droite un crayon et de l'autre un volume. Son regard s'élève vers le ciel ; un léger sourire effleure ses lèvres ; sa tête, que ne recouvre pas la perruque historique, est chauve. A ses pieds est un masque. Cet emblème donna lieu à l'épigramme suivante, qu'on trouve dans les *Mémoires de Bachaumont* (1ᵉʳ février 1775) :

> Certain jour, chez Pigalle, en contemplant Voltaire.
> Je disais : Qu'a donc mis le fameux statuaire
> Sous les pieds de notre Apollon?
> Et pourquoi lui fait-on écraser du talon
> Ce masque hideux, dont la bouche effroyable
> Semble ouverte pour aboyer?
> Est-ce l'Envie? Est-ce le Diable?
> Quelqu'un cria dans l'atelier?
> Oh! ce n'est rien ; c'est l'abbé Sabatier [1].

« Il faut avouer, dit l'éminent archéologue Eméric-David, en parlant de l'œuvre de Pigalle, que l'idée de montrer un écrivain aussi célèbre, âgé de soixante-quatorze ans, tel qu'il se trouvait alors, maigre, décharné, réduit à l'état de squelette, il faut, dis-je, avouer qu'une semblable idée devenait, à cause de ces circonstances, totalement inconvenante. C'était mettre au jour la nature humaine dans sa misère, là où d'ingénieux embellissements devaient, au contraire, en faire admirer la sublimité. L'artiste faisait trop voir par cette indifférence pour la dignité d'un grand homme, combien le moral de l'art lui était étranger. Mais si, laissant à part cette faute contre le goût, on considère la statue en elle-même, si l'on remarque la vérité de l'imitation, la précision presque générale des attaches et des bras, la fermeté des saillies, la vie qui respire dans l'ensemble de l'image, et si l'on se rappelle l'époque

---

[1] Sabatier (de Castres). Voyez plus avant la note qui le concerne.

à laquelle cette figure appartient, on est étonné d'une étude si approfondie. »

Ce fut au salon de 1781 que Houdon exposa la célèbre statue que l'on admire dans le péristyle du Théâtre Français, et qui fut alors offerte par Mme Denis à l'Académie.

Le poëte, enveloppé d'une toge, est assis dans un fauteuil, le corps légèrement penché en avant ; la bouche sardonique, les yeux vifs et perçants. « Il faut savoir gré à Houdon, dit Quatremère de Quincy, d'avoir rejeté l'habillement bourgeois et devenu suranné du vieillard de Ferney, costume qui seul eût désenchanté l'aspect d'une statue honorifique. Aussi tout le monde a rendu justice à l'emploi qu'il a cru devoir faire du genre de costume des philosophes antiques, en l'appropriant au caractère idéal d'un monument public. Ajoutons que l'artiste a su y opérer, par une fusion habile, l'heureux accord de la vérité personnelle de détails ou de portrait avec la propriété idéale d'un style conventionnel. » Une reproduction en bronze de cette statue a été érigée en 1870, à Paris, sur l'ancien boulevard du Prince-Eugène, qui a pris le nom de boulevard Voltaire.

Une statue par Espacieux a été exposée au salon de 1814. D'autres statues ont été exécutées depuis pour la façade de l'Hôtel-de-Ville de Paris et la façade du nouveau Louvre.

Un buste, œuvre d'Houdon, et qui a servi évidemment de modèle pour la tête de la statue, est placé dans le foyer de la Comédie Française.

Le Cabinet Denon possédait aussi un buste de Voltaire en terre cuite, par Pigalle.

Le buste de Voltaire à Ferney. — Le Conseil municipal de Ferney, après quatre ans d'attente et de pétitions successives, a été enfin autorisé cette année à ériger, sur la place publique de la petite ville qu'a habitée Voltaire, le buste de ce grand homme.

Le buste Voltaire, qui sera élevé à Ferney sur un piédestal, est fait depuis longtemps. Il avait été offert primitivement, dit le *Progrès de l'Ain*, à la commune, par M. Gustave David, de regrettée mémoire, décédé conseiller général du canton de Ferney, et vient d'être de nouveau proposé par l'honorable M. David père, propriétaire actuel du château de Voltaire.

La cérémonie d'inauguration n'aura pas lieu à l'époque du centenaire, elle sera renvoyée à la fin de Juillet, le jour de la fête du pays, soit du tir à l'oiseau. Cette fête a été créée par Voltaire en 1775 et subsiste encore. (R. d'A.)

FIN.

TABLE DES MATIÈRES

	Pages.
Épître à Voltaire, par M.-J. Chénier	VII
Extrait de l'*Essai sur la Satire*, par le même	XXVI
CHAP. Ier. Enfance de Voltaire	1
II. Voltaire au collége	3
III. Premiers débuts dans le monde. — Vie dissipée d'Arouet. — Anecdotes. — Refus d'une charge d'avocat du Roi. —Voltaire est admis au Temple	12
IV. Premier voyage de Voltaire en Hollande. — Ses amours avec Mademoiselle du Noyer	18
V. Voltaire chez le Grand-Prieur. — Voltaire à Saint-Ange	21
VI. Premier exil à Sulli	24
VII. Voltaire à la Bastille	26
VIII. La première représentation d'*Œdipe*	30
IX. Les amours de Voltaire avec Suzanne de Livry.	31
X. Voltaire chez Bolingbroke, au château de la Source	38
XI. L'aventure du pont de Sèvres	40

Chap. XII. Voyage en Hollande avec madame de Rupelmonde. — Rupture avec Jean-Baptiste Rousseau 44

XIII. Voltaire à Maisons. Il est atteint de la petite vérole. — *Mariamne*. Lecture de la *Henriade*. — *L'Indiscret*.................... 46

XIV. Outrages exercés sur la personne de Voltaire par le chevalier de Rohan 51

XV. Voltaire à Londres 53

XVI. Retour de Voltaire en France et dans ses pensions............................... 58

XVII. *Brutus*. — Voltaire aspire à l'Académie. *La Mort de César*. — *L'Élégie sur la mort de M*^{lle} *Lecouvreur*. — Fuite en Normandie. — *Charles XII*. — *Eryphile*. — *Zaïre*. — *Adélaïde Duguesclin*. — *Le duc de Foix*. — *Le Temple du Goût*. — Les *Lettres philosophiques* et les *Remarques sur Pascal*. — Poursuites. — Fuite de Voltaire à Monjeu et en Hollande. — L'*Epître à Uranie*. — Voltaire change de vie.—Accroissement de sa fortune. — L'excellent usage qu'il en fait........... 60

XVIII. Premiers rapports de Voltaire avec la marquise du Châtelet 76

XIX. Premières relations de Voltaire avec Frédéric II.................................. 80

XX. Voltaire à Cirey 84

XXI. Le président Hénault à Cirey.............. 86

	Pages.
Chap. XXII. La vie à Cirey.	88
XXIII. Disgrâce de Voltaire.	119
XXIV. Voltaire désigné pour succéder au cardinal Fleury, comme membre de l'Académie française, échoue par les intrigues de Maurepas et du théatin Boyer.	120
XXV. Voltaire diplomate.	123
XXVI. Voltaire à la Cour. — Sa réception à l'Académie. — Le violon Travenol.	127
XXVII. Voltaire et madame du Châtelet chez la duchesse du Maine à Sceaux.	130
XXVIII. Voltaire et madame du Châtelet au Jeu de la Reine, à Fontainebleau. — Départ précipité. Séjour à Sceaux, chez la duchesse du Maine.	134
XXIX. Rivalité de Voltaire et de Crébillon.	141
XXX. Départ de Paris. — Amusements à Cirey. — Premier voyage en Lorraine.	144
XXXI. Second voyage en Lorraine. — Aventure tragi-comique.	150
XXXII. Retour de Voltaire à Luneville. Il va à Paris pour la première représentation de *Sémiramis*.	155
XXXIII. Troisième voyage en Lorraine. — Voltaire tombe malade en route.	159
XXXIV. Occupations de Voltaire à Lunéville. — Découverte que fait madame du Châtelet à Cirey et ce qui s'y passe. — Retour de Voltaire à Paris en février 1749.	161

	Pages.
Chap. XXXV. Occupations de Voltaire à Paris. — Séjour à Cirey. — Quatrième et dernier voyage en Lorraine. — Mort de madame du Châtelet.	167
XXXVI. Voltaire retourne à Cirey et de là à Paris.....	176
XXXVII. Voltaire, consolé par ses amis, reprend son train de vie...........................	180
XXXVIII. Représentation d'*Oreste*..................	183
XXXIX. Voltaire, mécontent des acteurs de la Comédie Française, établit un théâtre dans sa propre maison. Il y fait représenter *Mahomet*, *Catilina*, etc. — Il devine le génie de Lekain et le prend chez lui comme élève. — Sa réconciliation avec les comédiens du Théâtre Français..................................	185
XL. Les déboires de Voltaire à la cour. — Il se décide à aller en Prusse....................	198
XLI. Départ de Voltaire pour la Prusse...........	208
XLII. Voltaire en Prusse. — Fêtes à la cour. — Représentation de *Rome sauvée*. — Enivrement de Voltaire. — Brouille avec Maupertuis. — Intrigues contre Voltaire. — La Beaumalle. — Le juif Hirschel. — Querelle scientifique entre Maupertuis et Kœnig. — Voltaire prend parti pour ce dernier. — La diatribe du docteur *Akakia*. — Mécontentement de Frédéric. — La *Diatribe*, brûlée par la main du bourreau. — Remise au Roi de la croix de l'Ordre de Mérite. — Apparente réconciliation.............................	210

	Pages.
Chap. XLIII. Indisposition de Voltaire. — Le Roi lui envoie du quinquina. — Voltaire se décide à aller prendre les eaux de Plombières. — Départ pour Strasbourg. — Séjour à Leipzig. — Arrivée à Gotha. — Départ pour Plombières. — Séjour à Cassel. — Voltaire continue son voyage. — Récit de l'*Aventure de Francfort*. — Départ de cette ville	222
XLIV. Voltaire à l'abbaye de Sénones	234
XLV. Départ de Voltaire pour la Suisse. — Prangins. — Monrion. — Les Délices	237
XLVI. Réconciliation de Voltaire avec Frédéric II	244
XLVII. Tentative de négociation de Voltaire avec le margrave de Bareith, pour établir la paix entre la France et la Prusse	247
XLVIII. Achat de Ferney et de Tournay	251
XLIX. Voltaire à Ferney. — Généralités	253
L. Projet d'une colonie de philosophes	271
LI. Guerre contre l'Eglise	272
LII. Le Portatif	276
LIII. La Statue de Voltaire	278
LIV. Voltaire et la liberté de conscience. — Affaire de Calas. — La Barre et d'Etallonde. — Le Galérien protestant Chaumont. — Le curé de Moens rossant ses ouailles. — Les serfs du Mont Jura	280
LV. Un autre client de Voltaire	288
LVI. Affaire Lally-Tollendal	289

	Pages.
Chap. LVII. Affaire Montbailli	291
LVIII. Proclamation de la liberté du pays de Gex. — Triomphe de Voltaire	292
LVIX. Détails sur Voltaire et sur sa vie à Ferney, de 1774 à 1778	295
LX. Départ de Voltaire pour Paris. — Arrivée. — Visite à d'Argental. — Effet que produit sa présence à Paris. — Députation des comédiens. — Visite de Franklin. — Députation de l'Académie française. — Voltaire tombe malade.— Représentation d'*Irène*. — Voltaire, relevé de sa maladie, assiste à une séance de l'Académie. — Il se rend à la Comédie Française. — Enthousiasme général. On le couronne. — Nouvelle représentation d'*Irène*. — Couronnement de la statue de Voltaire. — Nouvelle maladie de Voltaire. — Sa mort. — Son enterrement. — Vers faits à l'occasion de sa mort	309
LXI. Apothéose de Voltaire	321
LXII. Voltaire à la voirie	322
LXIII. Le cœur de Voltaire	325
LXIV. Les Ennemis de Voltaire	326
LXV. Caractère, habitudes et portrait de Voltaire	332
LXVI. Portrait de Voltaire à Ferney	339
LXVII. Autre portrait de Voltaire	341
LXVIII. Affection de Voltaire pour ses amis	343
LXIX. Voltaire et les souverains de l'Europe	345

		Pages.
Chap. LXX.	Voltaire criminaliste.	346
LXXI.	Traits de bienfaisance et de désintéressement de Voltaire.	347
LXXII.	Autres traits de bienfaisance. — Adoption de Mlle de Corneille. — La Harpe. — Mallet du Pan.	362

BIBLIOGRAPHIE.

I.	Liste des principaux ouvrages de Voltaire.	373
II.	Liste des éditions des OEuvres complètes de Voltaire.	389
III.	OEuvres choisies.	392
IV.	Recueils séparés.	392
V.	Principaux écrits relatifs à la personne de Voltaire	396
VI.	Principaux écrits relatifs aux ouvrages de Voltaire	415

Iconographie. 427

Page 206, ligne 32 (vers), au lieu de : *ainsi donc*, lisez : ainsi dans.
 ligne 34 (vers), au lieu de : *vous flattez dans*, lisez : vous flattez donc.
 ligne 36 (vers), après le mot *décadence*, il faut un point.
— 207, ligne 23 (vers), au lieu de : *sont encore*, lisez : sent encore.
— 208, ligne 4 de la note, au lieu de : *être à sage*, lisez : être à charge.
— 216, ligne 5, au lieu de : *manuscrites*, lisez : manuscrits.
— 230, ligne 6, au lieu de : *Donc*, lisez : Dorn.
— 232, ligne 3 de la note, au lieu de : *à enlever*, lisez : enlever à.
— 235, ligne 9, au lieu de : *laboureurs*, lisez : laborieux.
 ligne 19, au lieu de : *refertoire*, lisez : refectoire.
— 238, ligne 11, au lieu de : *Cremer*, lisez : Cramer.
— 239, ligne 22, au lieu de : *interdisait*, lisez : interdisaient.
— 254, ligne 23, au lieu de : *abordé*, lisez : absorbé.
— 260, ligne 21, au lieu de : *émergeant*, lisez : insurgeant.
— 267, ligne 20, au lieu de : *nous ferons*, lisez : nous fesons.
— 299, ligne 14, au lieu de : *prise*, lisez : pris.
— 303, ligne 19, au lieu de : *il vient*, lisez : il vint.
— 366, ligne 24, au lieu de : *Dentu et C°*, lisez : Didier et C°.
— 367, ligne 11, au lieu de : *Dentu et C°*, lisez : Didier et C°.
— 368, ligne 22, au lieu de : *Diclier et C°*, lisez : Didier et C°.
— 385, ligne 16, au lieu de : *Capucines*, lisez : Capucins.

GENÈVE. — Imprimerie ZIEGLER et C°, rue du Rhône, 52.

ERRATA

Page 3, ligne 4 de la note 3, au lieu de : *Genève 1876*, lisez : 1786.
— 11, ligne 12, au lieu de : *sa tête*, lisez : la tête.
— 13, ligne 21, au lieu de : *se reportent*, lisez : se portent.
— 16, ligne 14, au lieu de : *devrait*, lisez : devait.
— 33, ligne 4 de la note, au lieu de : Gœty, lisez : Goetz ; et, dans la sous-note, au lieu de : *fils légitime*, lisez : fils légitimé.
— 43, ligne 15, au lieu de : *il écrivit*, lisez : il écrivait.
— 55, ligne 26, au lieu de : *qui voulut*, lisez : qui voulait.
— 58, ligne 5, au lieu de : *accourait*, lisez : accourut.
    Même page, ligne 2 du chapitre XVI, au lieu de : **avant l'expiration de son arrêt d'exil**, lisez : avant que son arrêt d'exil fut levé.
— 76, ligne 16. Le nom de l'auteur de l'article, qui est CONDORCET, a été omis.
— 91, ligne 25, au lieu de : *a faites*, lisez : a faite.
— 121, ligne 2 de la note, au lieu de : 742, lisez : 1742.
— 143, ligne 12, au lieu de : *ne lui pardonna point*, lisez : ne le lui pardonna point.
    Même page, ligne 18, au lieu de : *saura*, lisez : saurait.
— 146, ligne 11, au lieu du chiffre 2 correspondant à la note, il faut le chiffre 1.
— 157, ligne 1 de la note 1, au lieu de : *ce qu'était*, lisez : ce qu'étaient. — Même note, ligne 3, au lieu de : *Monhi*, lisez : Mouhi. — Même note, ligne 10, au lieu de : *parle aussi*, lisez : parle ainsi.
— 167, ligne 6, au lieu de : *ce qu'il s'y était passé*, lisez : ce qui s'y était passé.
— 169, ligne 18, au lieu de : *le suivait alors*, lisez : le suivait ordinairement.
— 201, ligne 12, au lieu de : *mécontant*, lisez : mécontent.

www.ingramcontent.com/pod-product-compliance
Lightning Source LLC
Chambersburg PA
CBHW060514230426
43665CB00013B/1507